실과교육과정과 평가

| 방기혁 이춘식 김형균 김종우 이동원 공저 |

Practical Arts Curriculum and Evaluation

양 성 원

PREFACE

교육과정은 교육 목표를 달성하는 데 필요한 교육 내용과 학습 활동을 체계적으로 정리한 전체 계획이고, 교육 평가는 교육과정의 계획과 실천에서 교육목표의 설정, 목표 실현을 위한 교육 활동의 계획과 과정의 적절성, 그리고 교육목표의 성취 여부 판단 등에 대한 일련의 과정을 의미한다는 측면에서 교육과정과 교육 평가는 매우 밀접한 관계를 갖는다. 실과교육을 위한 실과교육과정과 실과교육과정 운영에 의한 실과교육 평가도 이러한 관계를 유지하면서 계속적으로 이어져 오고 있다.

이 책은 실과교육과정과 평가에 대한 내용이 서로 유기적으로 연계되고, 이론과 실제가 적절히 균형을 유지될 수 있도록 제5부 제13장으로 구성하여 집필하였다.

제1부는 실과교육과정을 기본적으로 이해하기 위하여 '실과교육과정의 기초'에 대한 내용을 다루었다. 제1장의 '실과교육과정의 이해'에서는 교육과정의 개념 및 유형과 실과교육과정의 구성을 다루었고, 제2장의 '실과교육과정의 성립과 변천'에서는 교육과정의 시기를 실과교육과정 제정 이전의 시기, 실과교육과정 시기, 그리고 개정 실과교육과정 시기로 구분하여 내용의 변화를 고찰하였다. 제3장의 '외국의 실과 관련 교육과정'에서는 미국, 영국, 그리고 일본의 교육제도 내에서 우리나라의 실과교육과 관련 있는 내용을 교육과정과 실제 측면에서 살펴보았다.

제2부는 '실과교육과정 개발'에 대한 내용을 다루었다. 이를 위하여 제4장의 '실과교육과정 개발의 실제'에서는 교육과정 개발 유형, 교육과정 개발 모형, 그리고 실과교육과정 개발 절차에 대한 내용을 체계적으로 구성하였으며, 제5장의 '실과교육과정의 목표'에서는 실과교육 목표의 기초, 실과교육의 성격과 목표에 대한 내용을 다루었다. 또한 제6장의 '실과교육과정의 내용'에서는 실과교육 내용 선정과 조직, 실과교육 내용의 방향과 교육과정 내용을 다루었다.

제3부는 '실과교육과정 실행과 평가'에 대한 내용을 구성하였다. 제7장의 '실과교육과정 실행과 운영'에서는 실과교육과정 실행에 대한 개념, 요인, 모형, 실과교육과정 운영에 대한 개념과 학교 및 지역 수준의 실과교육과정 운영에 대한 내용을 구체적으로 다루었으며, 제8장에서는 '실과교육과정 평가'에 대한 내

용을 실과교육과정 평가의 개념과 모형, 영역과 준거로 구분하여 살펴보았다.

제4부는 '실과 교과서'에 대한 내용을 다루었다. 제9장의 '교과서의 개발과 실과 교과서의 변화'에 대한 내용은 교과서의 체제를 살펴보고, 이에 따른 실과 교과서의 변화를 비교 · 고찰하였다. 제10장의 '실과 단원의 구성과 전개'에 대한 내용은 단원의 개념과 유형을 알아보고, 실과 단원의 구성과 전개가 어떻게 되었는지를 고찰하였다.

마지막으로 제5부에서는 '실과교육 평가'에 대한 내용을 구성하였다. 이를 위하여 제11장의 '실과교육 평가의 기초'에서는 실과교육 평가의 개념과 평가 도구 개발 절차 및 모형에 대한 내용을 고찰하였으며, 제12장에서는 '실과교육 평가 방법'을 실과교육과정기별로 고찰하고, 교육 목표 영역별 실과 평가의 방향을 구체적으로 알아보았다. 또한 제13장에서는 '실과교육 평가의 실제'에 대한 내용을 실과 교과서 단원 평가와 실과 수행 평가로 구분하여 실제적인 자료 중심으로 구성하였다.

일상생활에서 교육적 가치가 있는 내용으로 미래 인재에게 요구되는 창의적 문제 해결 능력, 공감 능력, 대인관계 능력 등의 역량을 개발할 수 있는 실과교육은 실과교육과정의 토대 위에서 운영되고, 실과교육과정 운영에 대한 결과는 실과교육 평가를 통하여 알 수 있게 된다. 이러한 측면에서 실과교육과정과 평가에 대한 이론 및 실제를 폭넓게 다룬 이 책은 실과교육에 기여할 수 있을 것으로 판단된다.

이 책은 앞으로 계속적인 노력을 기울여 질적인 발전이 이루어지도록 할 것을 약속드리고, 이 책이 출판되기까지 여러 가지로 도움을 주신 분들에게 감사드린다. 특히, 원고 집필부터 출판까지 계속적으로 지원해주신 양성원 대표님과 관계자 여러분께 진심으로 감사의 마음을 드린다.

2016년 8월

저자 대표 방기혁

CONTENTS

[제3부] 실과교육과정 실행과 평가

[제4부] 실과 교과서

[제5부] 실과교육 평가

제1부

실과교육과정의 기초

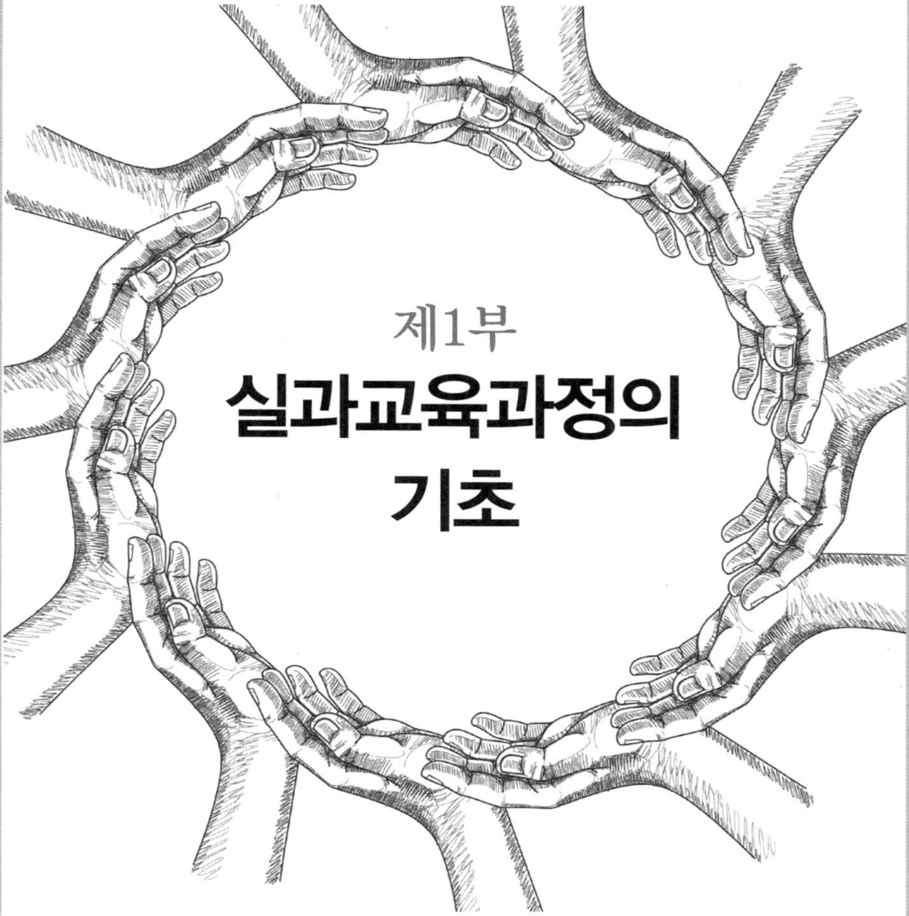

제1장 | 실과교육과정의 이해

제2장 | 실과교육과정의 성립과 변천

제3장 | 외국의 실과 관련 교육과정

제1장 실과교육과정의 이해

개요

교육과정의 개념을 교육 내용으로서의 교육과정, 학습 경험으로서의 교육과정, 학습 계획으로서의 교육과정, 학습 성과로서의 교육과정으로 구분하여 살펴보고, 교육과정의 유형도 시대적 상황과 학자들의 견해에 따라 구분된 교과 중심 교육과정, 경험 중심 교육과정, 학문 중심 교육과정, 인간 중심 교육과정을 교육 사조 및 특징 중심으로 살펴보았다. 또한 실과교육과정의 이해를 위해서는 국가 수준의 실과교육과정을 목표, 내용, 교수 · 학습방법, 평가 등으로 구분하여 교육과정기별 내용을 비교 · 고찰하였다.

목표

1. 교육과정의 개념을 교육 내용, 학습 경험, 학습 계획, 학습 성과로 구분하여 설명할 수 있다.
2. 교육과정의 유형별 특징을 시대별로 구분하여 설명할 수 있다.
3. 실과교육과정의 특징을 교육과정기별로 구분하여 설명할 수 있다.

1절 교육과정의 개념 및 유형

개요

교수요목으로 시작한 교육과정의 초기 개념뿐만 아니라 시대적 · 교육적 상황에 따라 변화된 여러 가지 개념을 교과 내용, 학습 경험, 학습 계획, 학습 성과로서의 교육과정으로 구분하여 특징을 알아본다.

1. 교육과정의 개념

교육과정(教育課程)은 '커리큘럼(curriculum)'의 번역어로 '쿠레레(currere)'에 어원을 두며 '경주마들이 달리는 코스'를 의미한다. 경기에서 말이 달리는 코스는 경기를 있게 만드는 규약이고, 합의된 트랙을 벗어나면 실격 처리되는 경주의 속성처럼 공부과정에서 이수해야 하는 교수요목(course of study), 즉 교사가 학생에게 가르쳐야 할 내용의 주제 또는 제목을 나열한 것(김종서, 1975)으로 이해할 수 있다.

교수요목은 교육 상황에서 무엇을 가르칠 것인가에 대한 해답으로서 각 과목별로 학생들에게 가르칠만하다고 생각되는 주제를 나열한 것이기 때문에 교육과정의 초기 개념으로 받아들여진다. 그러나 오늘날에는 교육과정이 교육학의 전문 분야로서 각 과목의 교수요목을 작성하는 것보다 학교에서 가르치는 모든 교수요목이 하나의 통합된 전체로서 어떻게 서로 관련을 맺어야 하는가에 대한 접근이 요구된다. 과거 실용주의가 팽배하던 시기에 교육과정을 학생들이 가지는 교육적 경험의 총체로 받아들인 것이 이를 의미한다. 이러한 교육과정은 지침으로서의 교육과정(계획 단계), 실천으로서의 교육과정(전개 단계), 성과로서의 교육과정(이수 단계)으로 나누어진다. 이를 학교 교육에 결부시켜 보면, 교육행정기관의 의사 결정과 그에 따른 교과 단위의 교육과정 제정, 실행기관 및 실행가의 교수요목 설계, 교육 수혜자의 과정 이수 결과에 대응시킬 수 있다. 따라서 교육과정은 국가, 사회, 학교, 개인이 주체가 되어 계획, 전개, 이수 단계로 이어지는 일련의 형식이자 내용으로 볼 수 있다(윤선영, 2014).

교육과정 개념 정의는 학자 · 시대 · 장소에 따라 매우 다양하게 정의되어 왔다. 이는 교육을 통해 추구하는 바가 시대에 따라 다르고 학자들 간에 교육에 대한 견해가 다르기 때문이다.

루이스와 미엘(Lewis & Miel, 1972)은 교육과정을 의도된 교육과정과 실현된 교육과정으로 구분하고, 의도된 교육과정을 교수요목, 의도된 학습 결과, 의도된 학습 참여 기회, 실현된 교육과정을 다시 제공된 학습 기회, 학습자의 실제 학습 참여, 학습자의 실제 경험으로 정의하였다. 그리고 교육과정을 정해진 시간과 공간 안에서 다른 사람들과 여러 방법을 통하여 학습자들에게 학습 참여 기회를 제공하려는 일련의 의도라고 하였다. 자이스(Zais, 1976)는 교육과정의 개념을 학습 프로그램, 강좌 내용, 계획된 학습 경험, 학교의 지원 아래 학습자가 갖게 되는 경험, 일련의 의도된 학습 성과의 구조적 체계, 교육 행위를 위한 (문서화된) 계획으로서의 교육과정으로 분류하였으며, 테너와 테너(Tanner & Tanner, 1980)는 교육과정 개념에 대한 여러 학자들과 자신의 견해를 종합하여 조직된 지식의 축적된 전통, 사고의 양식, 공동체 경험, 안내된 경험, 계획된 학습 경험, 인지적 · 정의적 내용과 절차, 수업 계획, 수업 목표, 기술적 생산 체제, 지식과 경험의 재구성으로 구분하였다. 또한 세일러, 알렉산더와 루이스(Saylor, Alexander & Lewis, 1981)는 교육과정의 개념을 교과, 경험, 목표, 계획된 학습 기회로서의 교육과정으로 분류하고, 슈베르트(Schubert, 1986)는 내용 또는 교과목, 계획된 활동 프로그램, 의도된 학습 결과, 문화적 재생산, 경험, 개별적인 과업과 개념, 사회 재건을 위한 안건, 경주로서의 교육과정으로 분류하였다.

교육과정 개념에 대한 여러 학자들의 논의의 특징을 종합해보면 교육과정의 개념은 교육 내용으로서의 교육과정, 학습 경험으로서의 교육과정, 학습 계획으로서의 교육과정, 학습 성과로서의 교육과정 등으로 구분할 수 있다.

가. 교육 내용으로서의 교육과정

교육 내용으로서의 교육과정은 교육과정을 교사가 가르치고 학생이 필수적으로 배워야 하는 교육 내용으로 보는 입장으로 역사적으로 가장 오래되고 널리 알려져 있다. 즉, 교육과정을 학습자들에게 가르쳐야 할 교육 내용에 해당하는 조직화된 지식으로 보며, 계열적 · 체계적 조직의 교과로 구성된다. 일정한 교과 내용이 미리 정해져 있고, 그 내용에 대한 학습 능력이 부족한 학생들을 위해서는 보충학습, 교정학습 등을 통해서 모두가 효과적으로 잘 학습하도록 여러 가지 방법과 기술이 활용된다.

이 교육과정에서 가장 중요한 문제는 교육 목표를 달성하기 위해서 어떤 교과목들을 제공할 것인가 하는 것과 교과목 속에 어떤 지식과 내용을 포함하도록 할 것인가를 결정하는 문제이다. 뿐만 아니라 이런 교과 내용을 학습하는 데 가장 적절한 방법은 무엇인가에 대한 각별한 연구도 필요하다(권정숙 외, 2008).

나. 학습 경험으로서의 교육과정

학습 경험으로서의 교육과정은 학습자 자신의 경험이 교육과정 계획의 출발점이 되어야 한다는 입장이다. 이것은 학습자의 경험을 우선으로 하는 과정으로 20세기 듀이(Dewey)에 의해 주창된 이론이다. 학습자들에게 의의가 있고 심리에 알맞으며, 그리고 목적적인 학습 경험을 제공하는 데 역점을 둔다. 학습자들은 문제를 해결하려는 데 성실하고 철저한 노력을 해야 하며, 교수는 학습자들의 요구와 흥미를 만족시켜 주는 것이다. 따라서 가장 효과적인 교육과정이란 바로 학습자들의 필요에 기반을 둔 학습 경험을 제공하는 것이어야 한다.

교육과정을 학습 경험으로 보는 관점은 계획된 경험으로 보는 관점과 계획되지 않은 또는 의도하지 않은 경험으로 보는 관점으로 구분할 수 있다. 계획된 학습 경험으로 보는 견해는 오늘날 가장 보편화된 개념으로 바람직한 학습 경험의 기회를 학습자에게 제공하기 위해 학교가 선정하는 모든 수단(Krug, 1964)으로 교육과정을 보고 있다. 또한 계획되지 않은 학습 경험으로서의 교육과정은 일반적으로 '잠재적 교육과정(latent curriculum)'이라는 용어로 사용되며, 학교교육과정을 통하여 학습자에게 계획된 학습 경험을 제공하는 것도 중요하지만 학교나 교사가 의도적으로 학습 경험을 제공하지 않아도 은연중에 학습자들이 학습 경험을 하는 경우가 있다는 것을 전제로 한다. 그리고 주로 학습자들의 가치관, 태도, 신념과 관련되는 정의적 측면에 영향을 주며, 교사의 언어와 행동 양식, 학교의 전통과 풍토 등을 중시한다.

다. 학습 계획으로서의 교육과정

학습 계획으로서의 교육과정은 학습을 위한 하나의 계획으로 교육과정을 보는 입장으로 교육과정의 종합적 접근에 해당된다. 학습 효과를 얻기 위해서는 학교에서 학생들이 경험하게 되는 모든 활동을 사전에 보다 철저하게 계획하는 일이 중요하다.

타일러(Tyler, 1949)는 교육과정을 교육 목적을 달성하기 위하여 계획되는 모든 학습이라고 정의하였으며, 맥도널드(Macdonald, 1965)도 수업 전에 이루어지는 모든 계획적 노력이라고 하였다. 또한 세일러, 알렉산더와 루이스(1981)는 학습자에게 여러 형태의 학습 기회를 제공하기 위한 계획이라고 교육과정을 정의하였으며, 슈베르트(1986)도 계획된 활동인 프로그램으로서의 교육과정이라는 표현을 사용하면서 학습자들에게 전달되는 계획된 모든 활동으로서의 교육과정은 범위와 계열, 해석, 교과에 대한 해석 및 균형, 동기 유발 장치, 교수 방법 등과 같이 미리 계획할 수 있는 모든 것을 포함한다고 하였다.

따라서 교육과정은 의도된 계획으로서 문서화를 통하여 구체적으로 기록되고 제시되는 계획으로 학교의 전 과정에서 요구되는 교육 내용의 선정, 수업 시수 및 시간 배당 등 교육의 전체 계획과 교육 내용의 편성 또는 조직 및 구체적인 교수 · 학습 활동까지 계획으로 보는 견해이다.

라. 학습 성과로서의 교육과정

학습 성과로서의 교육과정은 1960~1970년대 초에 교육 성과에 대한 관심이 증대되면서 대두되었다. 존슨(Johnson, 1967)은 교육과정을 의도된 일련의 구조화된 학습 결과들로 봄으로써 교육과정이 학습 경험을 통해 성취해야 하는 것이라고 하였다. 이것은 학습자의 경험과 관계없이 의도된 목표 달성을 중요시하고, 교육과정을 계획된 결과로 간주함으로써 결과를 더 강조하고 있으며, 그 계획은 결과를 가져오기 위한 수단적 절차로 보고 있다. 즉, 수업을 통하여 도달해야 할 의도된 학습 성과를 교육과정으로 보고자 하는 것으로 교육과정을 수업에 해당하는 학습 경험의 계획이라기보다는 학습 경험을 통하여 성취해야 할 그 무엇으로 받아들인다. 이는 의도된 학습 성과의 구조적 체계만을 교육과정으로 보아 수업의 결과로 규정하고, 그 결과를 성취하는 데 사용되는 수단, 즉 학습 활동, 자료, 결과를 달성하는 데 이용되는 수업 내용 등을 배제하였다.

2. 교육과정의 유형

교육과정의 유형은 교육과정이 내용 면에서 어떠한 성격을 가지고 있는가, 그 교육과정이 어떠한 형식을 갖추고 있는가, 그리고 그 내용과 형식이 어떻게 구성되어 있는가에 따라 구분할 수 있다. 즉, 교육과정의 유형 구분은 일차적으로 무엇에 우선 가치를 부여하여 어떤 방향을 지향하고 있는가가 매우 중요하다.

이러한 교육과정의 유형은 시대적 상황과 학자들의 견해 등에 따라 다양하게 분류할 수 있다. 여기서는 우리나라 교육과정에 영향을 준 교과 중심 교육과정, 경험 중심 교육과정, 학문 중심 교육과정, 인간 중심 교육과정으로 구분하였다.

가. 교과 중심 교육과정

교과 중심 교육과정은 전통주의적 관점에서 접근된 것으로 교육의 목적을 문화유산 전달에 두고 있다. 따라서 교육과정의 내용은 문화유산으로부터 선정된 것이고, 인류에게 알려진 것 중에서 가장 영구적이고, 확정적이며, 객관적인 사실, 개념, 법칙, 가치, 기능들이다.

이 교육과정의 기본 입장은 교육이란 이전 세대의 문화유산이나 정보를 후세대들에게 전달하는 것이라는 것이고, 인간은 선천적으로 기본 능력을 가지고 태어났기 때문에 인간의 선천적 제 능력을 도야하기 위해서는 무엇보다도 먼저 교과의 조직이 인간의 능력을 잘 도야시킬 수 있도록 구성되어야 한다는 것이며, 각 교과는 각기 다른 자체의 논리를 가지고 있다는 것이다. 그리고 감성보다 이성을 중시한다는 것이다. 이는 교육의 목적이 논리적이고 체계적인 인간을 기르기 위한 것이고, 이러한 인간을 기르기 위해서는 보다 잘 개발되고 체계화된 교과가 이성적인 인간을 만드는 주된 도구가 될 수 있다는 입장이다(정찬기오, 문승한, 1997).

전통적인 관점에서 접근한 교과 중심 교육과정은 교과 내용을 강조한다. 특히, 교육받은 사람이라면 누구나 알아야 하는 사실, 기본 지식과 기능, 전통적 가치 등에 초점을 맞추고 있는데, 이의 주된 교육 내용은 문화유산 전달이다. 교과는 문화유산을 분류하고 논리적으로 체계를 세운 것으로 학습자가 학습해야 할 지식의 저장고 역할을 한다. 이 지식은 인류 생활의 경험이 축적된 문화유산으로 이를 학습하여 자신의 장래 생활에 대비할 수 있다고 가정한다. 또한 이 교육과정은 교사 중심의 교육과정이다. 교사는 학습자보다 많은 지식과 기술이 있어야 하며, 학습자들에게 강의법 등과 같은 방법으로 지식과 기술을 전달해야 한다. 이 과정에서 교사가 주도하는 설명 위주의 교수법이 많이 요구된다. 이와 같이 교과 중심 교육과정은 교과에 초점이 맞추어져 있고, 교사 중심의 수업이 강조되며, 교과서 중심의 교재를 사용한다. 또한 지필검사용 시험지를 사용하여 정기적으로 평가하며, 평점을 강조하는 특징을 가지고 있다. 즉, 전통적인 학급 상황이 요구되고 교과서와 학습장이 중시되며, 평가를 통해 학습자에 대한 교사의 통제력을 강화시켜준다.

전통적 교육과정은 사실의 회상, 기본 지식과 기능의 숙달, 그리고 전통적 가치의 주입이 강조된다. 그러므로 학습자들이 정보를 획득했는가, 기본 기능을 숙달했는가, 그리고 합의된 가치들을 내면했는가를 측정해 내는 일이 평가의 주요한 과제이다(박도순, 홍후조, 1987).

이 교육과정은 논리적으로 조직된 지식의 체계가 경험을 해석하는 데 유효하고, 조직이 단순 명료하여 누구에게나 용이하게 이해될 수 있다. 또한 학습 결과의 평가가 용이하고, 교사와 학습자 및 학부모들에게 최대한 안정감을 주며, 학습자의 지적 능력 발전에 도움이 된다. 그러나 단편적이며 분과적인 교과조직이므로 전체로서의 통일성 및 관련성이 부족하고, 학습자의 흥미, 능력, 필요가 무시되며, 성인사회의 요구를 강요하는 단점이 있다. 또한 학습 지도가 일률적으로 전개되고 교사의 전제(專制)가 되기 쉬우므로 학교에서 목표로 하고 있는 민주적 가치와는 거리가 있으며, 사고력 등의 고등 정신 기능 함양에는 어려움이 있다.

교과 중심 교육과정의 하위 유형은 가장 전통적인 유형으로 개개 교과나 과목의 종적 체계는 있어도 횡적 관련이 전혀 없도록 조직된 분과형과 두 개 이상의 과목이 각각의 교과형을 유지하면서 서로 관련지어져 있는 상관형, 상관형 교육과정에서 광역형 교육과정으로 이행하는 과정에서 생긴 과도기적 형태의 융합형, 그리고 동일 교과 영역에 속하는 몇 과목들을 하나의 교과 영역으로 묶어서 조직하는 광역형 교육과정의 네 가지로 구분할 수 있다.

표 1-1 교과 중심 교육과정의 하위 유형

유형	조직 방법	예	특징
분과형 (separated type)	해설적 설명 조직법	국어, 물리, 화학, 생물	• 기본형 • 계열성은 있으나 관련성, 통합성, 현실성, 다양성이 부족하다.
상관형 (correlated type)	사실 상관법 기술 상관법 규범 상관법	역사 지리, 생활 지도 및 상담, 무용	• 계열성과 관련성이 있으나 포괄성과 통합성은 부족하다. • 한정된 상관만 보장된다.
융합형 (confused type)	중심 이동법	사회과 (일반 사회)	• 임시적, 시한적, 과도기적 특징을 갖는다. • 실험학교, 연구학교에서 시한적으로 실시한다.
광역형 (broad field type)	주제법	일반 과학, 일반 기술, 사회과학개론	• 한 교과에서 모든 지식 내용을 포괄할 수 있다. • 박식주의로 흐를 가능성이 있다. • 계열성은 없으나 관련성, 포괄성, 다양성은 존재한다.

출처 : 정찬기오, 문승한(1997).

교과 중심 교육과정의 철학적 배경은 본질주의 교육 사조이다. 이 본질주의 교육 사조는 문화유산 가운데서 기본적인 것을 선정하여 다음 세대에 전달하는 것을 목표로 한다. 따라서 교육과정에는 문화유산을 이해하고 그가 살고 있는 세계를 알게 하는 것이 중요하다. 이들에게 있어서 교과란 학문 또는 지식의 체계를 말하며, 이를 학습하게 함으로써 앞으로의 여러 문제를 해결할 수 있는 능력을 기른다고 본다. 그러므로 수업에 앞서서 미리 정해진 계획의 조직으로부터 출발하고, 일률적인 교재가 주어지며, 학습 활동은 한정된 교과 영역에서만 행해진다(정성봉, 1999).

나. 경험 중심 교육과정

경험 중심 교육과정은 학습자의 경험을 기초로 한 교육과정으로 교육과정을 학습 이전에 의도한 계획으로 보기보다는 교사와 학습자 간의 상호작용을 통해 학습자가 경험하는 것으로 본다. 이 교육과정은 학습자들의 흥미와 필요를 토대로 학습 내용을 구성하고, 학생들의 자발적 활동을 촉구하며, '행함으로써 배운다(learning by doing)'는 원칙에 의해 학습자의 활발한 학습 활동이 전개되도록 한다. 또한 실제적인 생활의 장을 부여하고 생활 문제와 결부되는 학습 활동을 영위할 수 있으므로 생활 문제를 올바르게 종합적으로 처리할 수 있는 능력을 기를 수 있고, 민주사회에서 필요로 하는 창의성, 사회성, 관용 정신, 반성적 사고 방식 등의 능력을 기르는 데 크게 도움이 되며, 수업 진행에 있어 학습 현장에서 학습자와 교사의 공동 계획을 하는 경우가 많아 다양한 학습을 전개할 수 있다.

이 교육과정은 학습자의 전인적 발달을 중시한다. 자기 생활의 개선을 목표로 하고 그에 활용할 수 있는 경험을 강조하며, 자기의 생활 경험을 직접적으로 받아들인다. 내용은 학습자와 교사, 학부형, 교육 행정가, 기타 많은 사람들에 의해 구성되고 통제된다. 개개의 학습자가 학습 장면에서 다양한 반응을 보이며, 획득된 학습 결과가 다양하기를 기대한다. 또한 학습과정의 끊임없는 변화를 도모하고 진보를 촉진한다(노영희, 홍현진, 2011).

경험 중심 교육과정은 학습자의 흥미나 필요를 토대로 구성되는 교육과정이므로 학습자들의 자발적인 활동을 촉진하고, 역동적인 학습을 할 수 있으며, 민주적 가치를 체득하기에 유리한 장점을 가지고 있다. 또한 실제적인 생활의 장을 부여하고 생활 문제와 결부되어 생활 문제를 올바르게 종합적으로 처리할 수 있는 능력을 기를 수 있으며, 사회적 · 물리적 · 인적 환경과 자원을 많이 이용할 수 있다. 그러나 교육과정의 기본적인 분류가 명확하지 않고 일정한 지적 계통이 없으며, 구체적인 사항이나 경험을 학습하는 어린이들의 학습 수준에는 적합하나 일반적인 경험이나 법칙 또는 원칙적인 지식을 구하는 단계에 달한 학습자에게는 적합하지 못한 단점이 있다. 또한 행정적으로 통제하기가 어렵고, 교직적인 교양이나 지도 방법이 미숙한 교사가 다루면 아주 저조한 교육이 되기 쉽다.

경험 중심 교육과정의 하위 유형은 기본형에 해당하는 활동형과 생활 · 흥미 · 경험을 넓은 영역으로 묶어 학생들이 학습하도록 조직해 놓은 광역형, 동심원적 구조를 가지고 있는 중핵형, 학습자들의 현재 욕구와 경험을 중심으로 구성하여 초등학교 저학년에서 많이 활동되는 현성형 교육과정으로 구분할 수 있다.

표 1-2 경험 중심 교육과정의 하위 유형

유형	조직 방법	예	특징
활동형 (activity type)	구안법	유희, 이야기, 관찰 소품	• 기본형 • 수평적 조직과 수직적 조직이 가능하다. • 포괄성, 통합성, 현실성이 있다. • 계열성, 관련성, 발전성은 보장되기 어렵다.
광역형 (broad field type)	작업 단원 구성법	사회생활, 언어생활	• 현실성과 다양성은 있으나 계열성은 없다.
중핵형 (core type)	동심원 조직법	각종 현장	• 생활 · 경험 · 요구 중심의 중핵과정+지식 중심의 주변과정 • 교과목 간의 관련성은 없다. • 통합성이 뚜렷하고 포괄성, 발전성을 지닌다.
현성형 (emerging type)	일정한 방법 부재	즉석 프로그램 (보물찾기 등)	• 현실성은 강하나 계열성, 관련성은 없다. • 유능한 교육과정 전문가를 필요로 한다.

출처 : 정찬기오, 문승한(1997).

경험 중심 교육과정의 철학적 배경은 진보주의 교육 사조이다. 진보주의는 실용주의를 철학적 바탕으로 하고 민주주의 사상의 발전에 힘입어 20세기에 들어와 정립된 아동 중심 교육 이론이다. 이 철학적 배경의 가장 중요한 기조인 아동 중심 교육 사상은 코메니우스(Comenius)에서 시작하여 루소(Rousseau), 헤르바르트(Herbart), 페스탈로치(Pestalozzi), 프뢰벨(Frobel)로 이어지고, 듀이(Dewey)에 이르러 그의 철학과 교육 이론을 바탕으로 새로운 교육 개혁 운동으로 발전하였다(정성봉, 1999).

다. 학문 중심 교육과정

학문 중심 교육과정은 교육의 기본 목적을 지적 성장으로 보고, 교육 내용이 학문 및 지식 자체로 구성되어야 한다고 보았다. 학습자들이 지식의 구조를 이해하면 더 빨리 이해할 수 있고, 교과의 기본 구조를 잘 조직하면 어떠한 학습자들도 가르칠 수 있다는 것이다. 즉, 어떠한 교과이든지 어떠한 학습자이든지 학문이나 지식의 구조를 중시한다는 것이다. 모든 교과는 기본 구조를 가지고 있으며 교과의 구조란 그 교과를 구성하는 기본 개념, 법칙과 원리, 주제 또는 요소들 간의 상호관련성을 의미한다. 이 때문에 학습자들이 교과를 공부할 때 교과의 구조를 파악할 수 있도록 교육과정 자료나 교수 방법을 조직하는 일이 매우 중요하다. 이와 같이 지식의 구조와 학문의 기본 개념을 가르쳐야 한다는 브루너(Bruner)의 주장은 학습의 경제성에 그 기초를 두고 있고, 지식이나 학문의 구조는 학습의 전이를 높이며, 기억을 오래가게 할 뿐만 아니라 고등 지식과 기초 지식 간의 간격을 좁힐 수 있다는 것이다.

학문 중심 교육과정에서 교사는 지식과 학문 영역에 대한 탐구의 권위자가 되어야 한다. 교사는 담당하고 있는 교과 지도와 생활 지도 영역 등에 대한 폭넓은 지식을 가지고 있어야 한다. 여기에서 교과에 관한 지식은 각 학문마다 영역으로 구분되는 지식의 내용을 말하는 것으로 학문의 내적 지식 체계를 의미한다.

이러한 학문 중심 교육과정은 체계화된 지식을 교육 내용으로 선정하여 교육과정을 구성하기 때문에 능률적이고 질 높은 교육이 가능하며, 기본 개념을 학습하게 되므로 그곳에서 얻어진 지식은 다른 사태에 잘 전이되고 생성력이 있어 새로운 지식을 생산할 수 있다. 또한 학문 탐구 방법을 체득할 수 있고, 내적 동기 유발 방법을 교수과정에서 사용하므로 학문 자체에 대하여 희열을 느끼고 적극적으로 참여하게 되는 장점이 있다. 그러나 지식을 가르치는 것과 덕을 가르치는 것은 별개의 것이라는 것과 오늘날 우리가 당면하고 있는 정치적 · 사회적 · 경제적 · 문화적 문제들은 각각 독립된 학문으로 해결할 수 없는 복잡한 것이기 때문에 지식의 구조를 가르친 결과로 이러한 문제들을 해결하는 데 도움이 되지 않는다는 비판이 있다. 또한 각 학문에 내재되어 있는 지식의 구조는 학생이 배우기에는 너무 어려우며, 교육은 사회에서 필요로 하는 유용한 것을 중심으로 가르쳐야 하는데 지식의 구조는 실생활에 별로 쓸모가 없다는 지적이 있다.

학문 중심 교육과정의 하위 유형은 기본형에 해당하는 분과형, 학습 대상 집단의 수준이나 학습 과제의 수준을 고려하여 여러 과정으로 구분하는 다과정형, 프로그래밍 기법에 의하여 조직하는 개별화형 교육과정으로 구분할 수 있다.

표 1-3 학문 중심 교육과정의 하위 유형

유형	조직 방법	예	특징
개념 중심 분과형 (concept centered type)	나선형 조직 방법	• 물리 과학 연구위원회 • 학교 수학연구회 • 생물 교육과정연구회	• 학구적 지식 · 기능 · 가치를 중심으로 한다. • 발전성과 계열성은 있다. • 관련성과 다양성은 매우 부족하다.
과정 중심 다과정형 (process centered type)	동질 집단 편성법	• 2중 진급안 • 4과정안	• 다양성, 관련성, 포괄성은 다소 지닌다. • 평가의 도구나 방법의 개발이 과제이다.
방법 중심 개별화형 (method centered type)	프로그래밍법	• 무학년제 • 프로그램안 • CAI안	• 다양성, 현실성, 발전성, 관련성이 있다.

출처 : 정찬기오, 문승한(1997).

학문 중심 교육과정은 1950년대 옛 소련과의 경쟁에서 우위를 획득하지 못한 상황과 지식 및 기술이 폭발적으로 증가하는 경향을 반영하여 경험 중심 교육과정에 대한 반성으로 미국에서 등장한 교육과정이다. 브루너의 회의 보고서인 '교육의 과정(The Process of Education)'에서 학문의 구조라는 관점에 기반을 둔 원리를 제공하였다. 즉, 교과는 주어진 것이 아니라 역동적이고 진화하는 어떤 것이고, 각 학문은 그 자체의 고유한 탐구 방법이 있으며, 교육의 목적은 어린이들의 마음속에 여러 가지 상이한 '탐구 양식'을 개발시켜 주는 데 있어야 한다는 것이다.

라. 인간 중심 교육과정

인간 중심 교육과정은 이전의 학문 중심 교육과정에서 지적인 측면을 강조하고 정의적인 측면을 무시하여 전인교육에 문제가 있다는 것, 과학 기술의 발달에 의한 인간 소외 현상이 심화되었다는 것, 그리고 학습 내용이 학습자들에게 너무 어렵거나 분량이 많다는 것 등의 문제들이 유발되면서 태동되었다.

인간 중심 교육과정의 궁극적인 교육 목적은 학습자에게 자아실현을 위한 잠재적 능력을 최대한으로 발휘할 수 있도록 하는 것이다. 이러한 자질을 갖춘 학습자는 지적인 능력뿐만 아니라 심미적이고 도덕적인 측면도 발달한 사람으로 간주한다. 따라서 인간 중심 교육과정은 전인교육, 즉 인간성의 특정 어느 부분만이 아니라 전면적인 인간성 계발을 강조하고, 학습자의 정의적 · 사회적 발달에 영향을 미치는 잠재적 교육과정을 중시하며, 학생의 자아실현을 목표로 한다. 또한 학교 환경이 인간 중심적으로 조성되어 학습자들이 인간적인 경험을 할 수 있도록 교육환경의 인간화에 초점을 두고 있고, 인간주의적인 교사를 요구하고 있으며, 학습의 과정뿐만 아니라 학습자가 자율적으로 평가하는 것을 지향한다.

이러한 특성에 비추어 인간 중심 교육과정은 학습자를 조화로운 인간으로 성장시킬 수 있다는 가장 두드러진 장점을 가지고 있다. 즉, 전인교육을 통해 인지적 학습뿐만 아니라 정의적인 발달도 가능하기 때문에 지식과 도덕성을 겸비한 인간이 될 수 있고, 공동의식과 사회 발전에 기여하는 삶을 지향하는 교육과정으로 사회성의 성장 및 신체적인 부분의 균형적인 학습이 가능하다. 또한 학습자가 개별적인 자기성장을 할 수 있도록 하고, 개별적인 경험과 그 안에서 내적 성찰의 기회를 주어 긍정적으로 자아개념을 형성할 수 있도록 돕는다. 자율적이고 개방적인 교육환경을 조성함으로써 학습한 내용이 조금 더 편안하고 자연스럽게 학습자에게 내재화될 수 있는 장점도 있다. 그러나 학습자 개인의 경험과 실존적 의미를 강조하는 이 교육과정에서는 교사의 투철한 교육관이 요구된다. 학습자의 전인적 발달을 위한 교사의 세심한 배려와 노력이 없다면 불가능하다는 것이다. 교사와 학습자의 관계가 중요한 만큼 교사 자신이 이미 인간적인 존재여야 하며, 이러한 교육관으로 학습자와의 관계를 유지해야만 실현이 가능하다. 도덕적 · 심미적 교육의 강화와 교과 통합, 교과 시간의 융통성 있는 운영이 쉽지 않기 때문에 현재 학교 현장에 바로 적용하는 것도 무리가 있다. 따라서 입시 위주의 교육과 행정 조건이 수정되지 않으면 실제적인 교육과정 운영이 어렵다. 또한 학습자의 능동적인 학습을 중요시하여 그들의 노력에 의한 시행착오와 실제적인 체험을 강조하기 때문에 학습의 경제성은 기대할 수 없으며, 단시일 내에 교육목표 달성이 어렵기 때문에 성과의 측정도 어렵다는 단점을 가지고 있다.

▌표 1-4 교육과정 유형의 비교

구분	교과 중심 교육과정	경험 중심 교육과정	학문 중심 교육과정	인간 중심 교육과정
시기	제1차 교육과정기 (1954~1963)	제2차 교육과정기 (1963~1973)	제3차 교육과정기 (1973~1981)	제4차 교육과정기 이후 (1981~현재)
개념	학교의 지도하에 학습자가 배우는 모든 교과와 교재	학교의 지도하에 학습자들이 가지게 되는 모든 경험	구조화된 일련의 의도된 학습 결과로서 각 학문에 내재해 있는 지식 탐구 과정 조직	학교에서 갖는 모든 의도적 · 비의도적 경험
배경	• (구)본질주의, 항존주의 • 형식도야설(능력심리학)	• 진보주의, 자연주의 • 동일요소설	• 구조주의, (신)본질주의, 인지심리학 • 일반화설(동일원리설), 형태이조설(구조적 전이설)	• 실존주의, 현상학, 인본주의 심리학 • 학문 중심 교육과정 비판, 교육의 수단화 극복
유형	분과형, 상관형, 융합형, 광역형	활동형, 생활형, 생성형, 중핵형(동심원)	분과형(나선형), 다과정형, 개별화형	균형형, 개인형, 관련형
교육 원리	• 교사 중심 교육 • 논리적, 체계적 학습 • 계통학습 • 지적 영역의 학습	• 아동 중심 교육 • 문제해결력 함양, 과외 활동 중시 • 전인교육 중시	• 탐구과정과 방법 중시 • 지식의 구조 중시 • 나선형 교육과정 • 대담한 가설	• 잠재적 교육과정 중시 • 통합교육과정 중시 • 인간주의적 교사 • 학교 환경의 인간화
교육 목적	문화유산 전달, 이성의 계발, 과거 지향(내용), 미래 지향(목적)	• 생활인 양성 • 현재 지향	• 탐구력 배양, 지적 수월성 도모 • 미래 지향	• 전인적 인간 형성, 자아실현 • 현재와 미래 지향
교육 내용	• 문화유산+기본 지식(3R's), 진리 • 교수요목/논리적 배열(분과형)	• 생활경험, 계획된 경험/심리적 배열(통합형) • 교과 : 놀이, 일 → 역사, 지리 → 과학적, 논리적 지식	• 지식의 구조(지식 탐구 과정의 조직) • 나선형 교육과정+계열성+절충적 배열	• 포괄적 내용(지, 덕, 체), 실존적 경험 • 균형성, 필요 충족성, 다면 충족성
방법	강의법, 수업의 사전 계획성	문제해결학습, 구안법	발견법, 탐구법, 내적 동기유발, 직관적 사고	성장
장점	• 지식 전달 용이(체계적 조직) • 문화유산 전달, 통제, 평가 용이 • 초임교사도 쉽게 운영 가능 • 교사, 학습자, 학부모 안정감(사전 계획)	• 학습자의 흥미, 필요가 자발적 활동 촉진 • 현실적, 실제적 생활문제 해결 능력 함양 • 민주시민으로서의 자질 함양 용이 • 개인차에 따르는 학습 용이	• 고등정신능력 함양 • 지적 수월성 확보 • 높은 학습 전이 가능 • 탐구, 발견, 창의적 활동을 통해 교육의 질 향상	• 전인교육을 통해 인간의 성장 가능성이 조화롭게 발전 • 개별적 자기성장 조장 • 교육과 교육환경의 인간화에 기여
단점	• 학생의 필요와 흥미 무시 • 수동적인 학습 태도 형성 • 단편적인 지식 주입	• 학생의 기초학력 저하 초래 가능 • 교육시간의 경제성 무시 • 교육과정 운영이 어려움 • 행정적 통제가 어려움	• 정서적 성장에 도움이 안 됨(정의적 영역 소홀) • 소수정예주의 교육과정, 비인간화, 비민주화 • 실생활과 유리되어 실용성이 적음	• 개념 모호, 이론 미비 • 실천을 위한 구체적인 지침 미약 • 개인의 성장만 중요시하고 교육과 사회와의 관계 경시

2절 실과교육과정의 구성

개요

국가 수준의 실과교육과정 문서, 실과 교과서, 실과 수업 계획 등을 포괄하는 실과교육과정을 이해하기 위하여 국가 수준의 실과교육과정을 목표, 내용, 교수 · 학습 방법, 평가 등으로 구분하여 교육과정기별 특징을 알아본다.

1. 실과교육과정의 체제

교육과정은 학자들의 여러 개념 정의를 통하여 교육 내용으로서의 교육과정, 학습 경험으로서의 교육과정, 학습 계획으로서의 교육과정, 학습 성과로서의 교육과정 등으로 구분하기도 하고, 내용과 성격이 어떻게 구성되었는가에 따라 교과 중심 교육과정, 경험 중심 교육과정, 학문 중심 교육과정, 인간 중심 교육과정으로 구분하기도 한다. 또한 우리나라와 같이 국가에서 교육과정을 개발하고, 이를 위한 편성 · 운영 지침 등을 개발하는 체제 속에서는 국가 수준의 교육과정, 시 · 도 교육청 수준의 교육과정, 학교 수준의 교육과정, 그리고 학급 수준의 교육과정으로 구분하기도 한다. 이에 따라 학교 수준에서 운영할 수 있는 교육과정은 시 · 도 교육청 수준의 교육과정을 지침으로 하여 편성하고 각 학급에서 운영할 수 있도록 한다. 이러한 일련의 체제 속에서 교과교육과정의 중요성이 드러나며, 실과교육과정도 개발, 편성, 운영되고 있다.

일반적으로 실과교육과정은 네 가지로 구분된다. 즉, 각 학교에서 실천해 주기를 바라는 실과교육의 일반적, 공통적, 요강적 기준으로 고시해 놓은 국가 수준의 실과교육 문서를 교육과정으로 보는 경우, 교육부가 고시한 실과교육과정에 터하여 편찬된 실과 교과서를 교육과정으로 보는 경우, 학교에서 실제로 이루어지고 있는 실과 수업을 교육과정으로 보는 경우, 교육부가 고시한 실과교육과정 문서, 실과 교과서, 학교의 실과 수업과 같이 실과교육 전반의 상황을 모두 포함하는 종합적인 의미로 교육과정을 보는 경우 등이 이에 해당된다(정성봉, 1999). 우리나라의 경우는 네 번째와 같이 국가 수준의 실과교육과정 문서, 실과 교과서, 실과 수업 계획 등을 모두 포괄하는 개념으로 실과교육과정을 받아들이는 것이 타당하다.

2. 교육과정기별 실과교육과정의 이해

가. 실과교육 목표

학교교육과정은 일반적으로 바람직한 인간상과 이를 위한 교육 목적을 제시하고, 이를 위한 구체적인 교육과정을 제시한다. 실과교육과정은 이러한 구체적인 교과교육과정에 해당된다. 각 교과교육과정에서 제시하고 있는 교육과정의 내용을 통하여 학교교육과정의 교육 목적을 달성할 수 있다고 기대하기 때문에 실과교육의 목적을 달성하는 것은 학교교육과정에서 매우 중요하다.

실과교육과정에서 교육 목적을 달성하기 위한 목표는 교육과정기에 따라 변화를 가져왔다. 이에 대한 내용은 〈표 1-5〉와 같다.

표 1-5 실과교육과정기별 전체 교육 목표의 변화 및 특징

교육 과정기	전체 목표	특징
교수 요목기	• 작업 목적과 사회생활과의 관계 인식 • 자발적 활동 및 근로 의지 단련 • 인고 · 인내 정신 양성 및 창조 · 생산	• 작업과 사회와의 관계 인식 및 관련 역량 습득
제1차	• 의식주와 직업에 대한 이해, 기능 및 지식 습득 • 가정과 사회 협력 및 활동 • 건전한 생활 영위 능력 함양	• 실생활에 필요한 기능과 직업에 대한 기초적인 이해 강조
제2차	• 의식주와 직업에 대한 이해, 기능과 태도 습득 • 가정과 사회 협력 및 활동	• 실생활에 필요한 기능과 직업에 대한 기초적인 이해 강조 • 제1차와 대동소이
제3차	• 실생활에 필요한 기초 지식 및 기능 함양 • 가정 및 사회 생활 능력 습득 • 창조적 생활 태도 함양 • 인간관계 이해 및 민주 시민 생활 영위	• 실생활에 필요한 기능과 직업에 대한 이해 강조 • 일반 목표와 학년 목표 구분 제시
제4차	• 실생활에 필요한 개인 소양 계발 • 건전한 생활태도 확립 및 변화 대처 • 사회 발전에 기여할 수 있는 자질 계발	• 실생활에 필요한 소양 계발 및 사회 발전 자질 계발 • 전체 목표, 교과 목표, 학년 목표 구분 제시
제5차	• 실생활에 필요한 개인 소질 계발 • 미래 생활에 대처할 수 있는 능력 및 태도 함양	• 실생활에 필요한 소질 계발 및 미래 대처 능력 함양 • 제4차와 같이 목표를 구분하여 제시
제6차	• 일상생활에 필요한 일 경험 및 소질 계발 • 실생활 대처 능력 배양	• 실생활에 필요한 소질 계발 및 대처 능력 함양 • 총괄 목표, 하위 목표, 학년별 영역별 목표 구분 제시

교육 과정기	전체 목표	특징
제7차	• 개인, 가정, 산업생활에 필요한 지식과 기능 습득 • 미래 사회의 대처 능력 및 태도 함양	• 개인, 가정, 산업 생활로 구분 • 총괄 목표와 하위 목표 구분 제시
2007 개정	• 개인, 가정, 산업 기술 세계에 대한 지식, 능력, 가치 판단력 함양 • 건강한 가정생활 영위 및 산업 기술에 대한 기본 소양 습득 • 현재와 미래 가정 및 사회 주도 능력 및 태도 함양	• 가정생활과 기술 세계로 구분하여 목표 제시 • 총괄 목표와 하위 목표 구분 제시
2009 개정	• 가정생활과 기술의 세계에 대한 지식, 능력, 가치 판단력 함양 • 건강한 가정생활 영위 및 산업 기술에 대한 기본 소양 습득 • 현재와 미래 가정 및 사회 주도 능력 및 태도 함양	• 가정생활과 기술 세계로 구분하여 목표 제시 • 2007 개정과 동일 • 총괄 목표와 하위 목표 구분 제시
2015 개정	• 가정생활과 기술의 세계에 대한 지식, 능력, 가치 판단력 함양 • 건강한 가정생활 영위 및 산업 기술에 대한 기본 소양 습득 • 현재와 미래 가정 및 사회 주도 능력 및 태도 함양	• 가정생활과 기술 세계로 구분하여 목표 제시 • 2007, 2009 개정과 동일 • 총괄 목표와 하위 목표 구분 제시

나. 실과교육 내용

교육과정에서 내용은 교과를 통하여 이루어진다. 교과란 학교가 가르치는 것이며, 학교에서 가르치는 지식은 학습자들이 알만한 가치가 있는 내용이어야 한다. 그러나 알만한 가치가 있는 내용을 모두 가르칠 수 없기 때문에 내용 선정 기준을 마련해야 한다.

타일러(1949)는 교육 목표와 상관없이 교육 내용을 선정할 수 있는 일반적인 원칙을 첫째, 학습 경험은 목적을 달성하기 위한 충분한 학습 기회를 제공하는 것이어야 하고, 둘째, 선정된 학습 경험은 학습자로 하여금 만족을 느끼게 하는 경험이어야 하며, 셋째, 학생들의 현재 수준에서 경험 가능한 것이어야 한다. 그리고 넷째, 하나의 교육 목표를 달성하는 데 여러 가지의 다른 학습 경험이 활용될 수 있어야 하며, 다섯째, 같은 학습 경험을 했더라도 교육의 결과는 달라질 수 있고, 의도하지 않았던 결과를 초래할 수도 있다는 것을 예견하여야 한다고 하였다. 또한 이돈희(1998)는 교육 타당성 측면에서 교육 대상의 타당성, 교육 계획의 타당성, 교육 방법의 타당성을 만족시켜야 한다고 하였다. 즉, 교육 내용은 교육받을 대상인 학습자의 특성에 비추어 타당한 것이어야 하며, 교과로서 선정된 내용과 학교가 달성하고자 하는 교육 목적, 교육 기간, 주어진 환경과 여건, 그리고 교육에 대한 사회적 필요 등에 비추어서 타당한 것이어야 한다. 또한 교육 내용은 해당 내용을 교수하기 위해 선택할 수 있는 교수·학습 방법에 타당한 것이어야 한다.

실과교육 내용은 생활에의 유용성이나 사회적 요구가 반영된 교육 목표를 구현할 수 있는 내용으로 구성한다. 정해진 교육 목표를 달성하기 위한 가장 효과적인 것이어야 하고, 최선의 수단이 될 수 있어야 한다. 이는 교과 내용의 가치를 교과 외적인 것, 즉 학습자의 흥미나 필요, 사회적 요구 등을 조사하여 정해진 목표 달성의 수단으로서 적절한가에 두기 때문에 내용 선정의 외재적 기준이라고 한다. 그러나 이와는 다르게 교과가 그 자체로서 가르칠 만한 가치가 있기 때문에 가르쳐야 한다는 견해가 있다. 이는 교과가 미리 준비된 교육 목표를 달성하기 위한 효과적인 수단이 되기 때문에 가치가 있는 것이 아니라 그 자체로서의 내재적 가치를 갖기 때문이다. 이 경우에 교과는 지식 그 자체의 성격이나 본질에 충실해서 선택되는데, 이를 내용 선정의 내재적 기준이라고 한다(김경배 외, 2001).

이와 같이 내용 선정 기준에는 두 가지의 관점이 있는데, 내재적 기준이 강조된 것은 학문 중심 교육과정이고, 외재적 기준이 강조된 교육 내용관은 타일러에게서 찾아볼 수 있다. 타일러(1949)는 교육 내용, 즉 학습 경험의 선정 문제는 정해진 교육 목표를 달성하기 위해 학습 경험을 결정하는 일과 학습자들의 학습 경험을 유도할 수 있는 외적 조건을 형성하는 일이라고 하였다.

선정된 내용은 어떤 순서로 어떻게 관련지어서 가르칠 것인가에 대한 문제를 해결하고, 학습 경험의 효과를 극대화하기 위하여 효과적으로 조직을 해야 한다.

교육 내용 조직의 대표적인 일반 원리에는 계속성(continuty), 계열성(sequence), 통합성(integration)이 있다. 계속성은 교육 내용 중에서 중요한 원리나 개념 또는 기술 등에 완전히 익숙해지도록 그것을 연습하고 훈련할 수 있는 기회가 반복적으로 계속 주어지는 것이고, 계열성은 단순히 반복되는 계속성과는 달리 학습의 내용이 단계적으로 깊어지고 넓어져서 내용이 심화 및 확대되는 것을 의미한다. 그리고 통합성은 한 교과 내에서의 여러 내용들이나 각 교과들을 서로 수평적으로 관련짓도록 하는 것과 교과에서 배운 내용을 자신의 주변에서 일어나는 일들과 관련짓도록 하는 것을 의미한다.

실과교육과정에서 교육 내용을 선정하고 조직한 결과는 〈표 1-6〉과 같이 주요 특징을 유지하면서 영역과 내용의 변화를 가져왔다.

▮표 1-6 실과교육과정기별 교육 내용의 영역 및 특징

교육 과정기	영역	특징
제1차	• 미화 작업 • 재배 • 사육 • 공작 • 기구 · 기계 다루기 • 조리 • 재봉 · 뜨개 • 세탁 · 염색 • 위생 · 보건 • 문서 정리	• 종래의 작업, 요리 · 재봉, 공작 등의 내용 통합 • 영역별 나선형 조직 • 내용이 광범위하고 과다하게 제시 • 내용을 일감, 기능, 이해로 구분하여 제시 • 내용의 기능 부분은 남녀 구분 이수 • 6학년 교과서는 남녀 구분 편찬
제2차	• 재배 • 사육 • 일 • 기구 제작 • 생활 향상 • 관리교육 • 가정생활	• 영역에 대한 소항목 영역별 나선형 조직 • 모든 내용을 남녀 구분 없이 이수 시작 • 재배 및 사육 영역 강화 • 가정생활 내용은 각 영역에 분산 이수 • 생활 경험을 통한 교육 강조
제3차	• 재배 • 사육 • 설계 공작 • 기계 · 기구 조작 • 경영 계산 • 식품 조리 • 재봉 · 세탁 • 주택 및 환경위생 • 생활 계획	• 영역별 나선형 조직 • 가정생활 영역과 공작 영역 강화 • 단순 노작보다는 성실하게 협동하는 태도 육성에 역점 • 모든 내용 남녀 구분 없는 이수 정착
제4차	• 생활 계획과 관리 • 생활 기능 • 소비와 절약 • 일과 직업의 이해	• 4개 영역으로 통합 구성 • 영역별 나선형 조직 • 실용성 및 기본 기능 습득 강조 • 가정 영역 강화 • 재배 및 사육 내용 축소 • 근검절약의 실천 및 소비자 교육 중시 • 진로 관련 영역 신설에 의한 진로교육 계기 마련
제5차	• 생활 계획과 관리 • 생활 기능 • 소비와 절약 • 일과 직업의 이해	• 제4차의 대영역 유지 및 하위 영역 내용 보완 수정 • 영역별 나선형 조직 • 기초적 생활 기능 강조 • 보조 교과서 '실습 길잡이' 편찬 • 컴퓨터 교육 도입

교육 과정기	영역	특징
제6차	• 다루기 • 만들기 • 가꾸기 및 기르기 • 건사하기	• 내용 영역을 행동 중심으로 구성 • 영역별 나선형 조직 • 실생활 중심의 내용 구성 및 기본적인 노작 체험 • 조작 활동을 강조하는 실천 중심의 내용 체계 • 애완동물 관련 내용의 도입
제7차	• 가족과 일의 이해 • 생활 기술 • 생활자원과 환경의 관리	• 생활 기술 영역에 모학문 영역의 내용 대부분 구성 • 가족과 일의 이해 영역을 통해 진로교육 강화 • 실천적 환경교육의 강화 • 중등(기술 · 가정)과의 연계성 강조
2007 개정	• 가정생활 • 기술의 세계	• 영역별로 7개의 중영역 구성 • 중등(기술 · 가정)과의 연계성 강조 • 제6차의 진로교육 중영역을 각 영역에 분산 조직 • 소영역 수준에서 선택 요소 제시 • 생활 실천 및 유용성 강조
2009 개정	• 가정생활 • 기술의 세계	• 5 · 6학년군에 영역별 내용 구성 • 영역별로 6개의 중영역 구성 • 가정생활 영역의 중영역명에 형용사 도입 • 기술의 세계 영역의 중영역명에 생활 용어 도입 • 발명과 로봇 내용 도입
2015 개정	• 가정생활 • 기술의 세계	• 대영역을 5개의 하위 영역으로 구분 • 영역, 핵심 개념, 일반화된 지식, 내용 요소, 기능으로 세분화

다. 실과 교수 · 학습 방법

실과 교과를 가르치기 위한 가장 효과적인 교수 · 학습 방법은 교육 목표에 해당하는 지식이나 기술을 습득시키고 문제 해결력이나 창의력 등을 형성시킨다는 측면에서 매우 중요하다. 학습자의 특성이 모두 다르기 때문에 학습자 개개인의 지적 특성과 정의적 특성 등에 적합한 개별 처치 교수 방법이 효과적이다. 학습자의 지적 특성에는 학습 적성, 일반 지능, 관련 선수 학습 정도, 학습 양식 등이 포함되며, 정의적 특성에는 학습 동기, 학습 흥미, 학습에 대한 자신감 등이 있다. 그러나 학습자의 특성도 중요하지만 효과적인 교수 · 학습을 위해서는 가르치는 내용도 고려해야 한다. 이는 교육과정이 무엇을 어떻게 가르칠 것인가에 대한 문제를 다루기 때문에 실과 교과의 특성, 즉 가르칠 실과교육 내용을 잘 반영하는 것이 중요하다는 것을 의미한다. 브루너가 지식의 구조를 발견 학습으로 가르쳐야 한다고 한 것과 듀이가 교과 자체보다는 학습자의 경험, 흥미, 필요 등을 중심으로 반성적 사고를 통하여 생활 속의 문제를 해결하는 방법으로 가르쳐야 한다고 한 것 등은 무엇을 가르쳐야 하는가와 어떻게 가르쳐야 하는가에 대한 방향을 제시한다.

따라서 실과 교과를 통하여 실과교육 내용을 가르치기 위해서는 무엇을 가르칠 것인가에 대한 접근과 함께 학습자의 특성뿐만 아니라 가르칠 내용의 특성에 의해서도 달라질 수 있으므로 이들을 고려하여 최선의 교수 · 학습 방법을 선택하는 것이 매우 중요하다.

표 1-7 실과교육과정기별 교수 · 학습 방법의 주요 특징

교육 과정기	특징	
제1차	• 기능 부분 남녀 분과 이수 • 지역사회와의 협력 강조 • 견학 강조	• 실제 활동 중심 및 기능 강조 • 국산 내용 사상 고취 • 타 교과와의 통합 학습 지도
제2차	• 모든 내용 남녀 공통 이수 • 타 교과와의 관련 지도	• 지역성에 알맞은 내용 선정 • 현장 실습 및 견학 강조
제3차	• 모든 내용 남녀 공통 이수 • 타 교과와의 통합학습 지도 • 단순 노작이 아닌 창의와 능률, 실질 강조	• 실습 강조 • 지역사회와의 연계 강조
제4차	• 모든 내용 남녀 공통 이수 • 실험 · 실습을 통한 협동 태도 함양 강조	• 실생활 적용 강조
제5차	• 모든 내용 남녀 공통 이수 • 지역화 교육과정 강조 • 컴퓨터 학습 지도 강조	• 실생활 적용 강조 • 안전교육 강조 • 실험 · 실습을 통한 협동 태도 함양 강조
제6차	• 지역화 교육과정 강조 • 학교 재량 시간과의 연계	• 안전교육 강조 • 노작 활동과 실습 및 실생활 적용 강조
제7차	• 모든 내용 남녀 공통 이수 • 노작 및 지역사회와의 연계 강조 • 안전교육 강조	• 재량 활동 시간과의 연계 • 문제 해결 중심의 수업 강조
2007 개정	• 재량 활동 시간과의 연계 • 문제 해결과정에 적용 · 실천 • 다양한 학습 자료 활용	• 체험 활동 중시 및 지역사회와의 연계 • 문제 해결 중심의 수업 강조 • 안전교육 강조
2009 개정	• 창의적 체험 활동과의 연계 • 다양한 학습 자료 활용 • 안전교육 강조	• 체험 활동 중시 및 교육 커뮤니티와 연계 • 문제 해결법, 프로젝트법, 실습법 강조
2015 개정	• 창의적 체험 활동과의 연계 • 다양한 학습 자료 활용 • 실험 · 실습 활동 시 유의사항 강조	• 체험 활동 중시 및 교육 커뮤니티와 연계 • 다양한 교수 · 학습 활동 강조

라. 실과교육 평가

실과교육 평가는 설정된 교육 목표의 달성 여부를 판단하고, 교수·학습과정의 점검을 통해 교사의 반성 자료로 활용한다는 측면에서 매우 중요하다. 이와 같이 평가는 교육 목표의 달성 정도를 확인하고 교육 목표, 내용의 선정과 조직, 교수·학습 방법, 그리고 평가 자체에 대한 전반적인 과정에서의 문제점을 확인하고, 그 다음 교육의 과정에 반영하여 개선하는 데 이용한다.

이를 위하여 교수·학습과정의 시점에 따라서 진단 평가, 형성 평가 그리고 총괄 평가를 실시한다. 진단 평가는 수업이 실시되기 전이나 수업 진행과정에서 실시할 수 있다. 수업이 시작되기 전에 실시하는 진단 평가는 학습자가 학습을 시작하기에 앞서서 어떤 출발점 행동을 하고 있는가를 평가하기 위해 실시하는 것이고, 수업과정에 실시하는 진단 평가는 학습자가 학습하는 도중에 계속해서 나타나는 문제를 진단하고 그것의 원인을 밝히기 위한 것이다. 형성 평가도 교수·학습이 진행되고 있는 도중에 학생의 학습에 대한 이해 정도를 파악하기 위하여 실시하는 평가이다. 그러나 현재의 학습 목표와 관련해서 교수 방법 및 교재 자체의 개선을 통해서 학습을 개선하고 증진시키려는 목적을 갖는다는 측면에서 진단 평가와 구별된다. 총괄 평가는 수업이 다 진행된 후에 학습에 대한 성과를 알아보기 위해 실시하는 평가이다. 즉, 일련의 학습과제를 학습한 다음에 교수·학습이 시작되기 전에 설정한 학습 목표가 어느 정도 달성되었는가를 알아보기 위한 것이다.

표 1-8 실과교육과정기별 교수·학습 방법의 주요 특징

교육과정기	특징
제1~3차	[미제시]
제4차	• 지식, 기능, 태도 등에 대한 균형 있는 평가 • 계획, 과정, 결과에 대한 계속적 평가
제5차	• 지식, 기능, 태도 등에 대한 균형 있는 평가 • 계획, 과정, 결과에 대한 계속적 평가 • 다양한 평가 방법 적용 • 자기 평가 기준 제시
제6차	• 목표 준거 평가 • 계획, 과정, 결과에 대한 계속적 평가 • 다양한 평가 방법 적용 • 자기 평가 기준 제시 • 기능 평가 시 실기 평가 방법 적용, 실기 평가 60% 반영 • 실기 능력 평가 중점 사항 안내

교육과정기	특징
제7차	• 균형 있는 평가 • 목표에 대한 성취 수준 평가 • 다양한 평가 방법 적용 및 사전 평가 계획 수립 실시 • 평가 기준 작성 활용 및 사전 안내 • 서술형 문항을 활용한 정의적 영역 평가 • 평가의 타당성 제고 • 기능 평가 시 실기 평가 방법 적용, 실기 평가 60% 반영 • 자기 평가 기준 제시 • 평가 결과의 활용
2007 개정	• 다양한 평가 방법 적용 및 사전 평가 계획 수립 실시 • 목표에 대한 성취 수준 평가 • 평가 기준 작성 및 활용 • 평가 결과의 활용
2009 개정	• 평가 계획 설정 • 균형 있는 평가 • 검사 도구의 제작 · 적용, 양적 평가와 질적 평가의 혼용 • 평가 주체의 다양화 • 평가 결과의 활용
2015 개정	• 성취 기준에 근거한 평가 계획 설정 • 균형 있는 평가 • 교수 · 학습과 연계된 평가 강화 • 평가 기준 사전 제시 및 다양한 평가 방법 적용 • 검사 도구의 제작 · 적용, 양적 평가와 질적 평가의 혼용 • 평가 결과의 활용

논의

1. 교육과정의 개념을 다양하게 구분하여 특징을 비교해보자.
2. 시대별로 특징을 가지고 있는 교육과정의 유형을 강조된 교육 사조 중심으로 설명해보자.
3. 실과교육과정의 체제를 이해하고, 국가 수준의 실과교육과정에 대해 교육과정기별로 특징을 비교 · 분석해 보자.

참 | 고 | 문 | 헌

김경배 외(2001). **교과교육론**. 학지사.

김종서(1975). 잠재적 교육과정의 개념. **교육과정연구, 2**, 29-54.

노영희, 홍현진(2011). **교육 관련 국제기구 지식정보원**. 한국학술정보(주).

박도순, 홍후조(1998). **교육과정과 교육평가**. 문음사.

방기혁(2002). 실과교육에 대한 반성 및 새로운 대안. **한국실과교육학회지, 15**(4), 1-14.

______(2012). 학교 환경 요인에 따른 실과교육과정 운영의 문제 및 개선 방안. **실과교육연구, 18**(3), 27-45.

성태제 외(2007). **최신 교육학개론**. 학지사.

윤선영(2014). Curriculum, programmes ou cursus - 교육과정의 개념과 프랑스어 교육과정 다시보기-. **프랑스어문교육, 46**, 7-31.

이돈희(1998). **교과교육학 탐구**. 교육과학사.

이원희(2010). **교육과정**. 교육과학사.

정성봉(1999). **실과 · 기술 가정 교육과정론**. 학지사.

Krug, E. A.(1964). *The shaping of the american high school*. New York: Harper.

Sayor, J. G., Alexander, W. M., & Lewis, A. J.(1981). *Curriculum planning for better teaching and learning*. New York: Holt, Rinehart and Winston.

Schubert, W. H.(1986). *Curriculum books: The first eight years*. Lanham MD: University Press of America.

Tanner, D., & Tanner, L. N.(1980). *Curriculum development: Theory into practice*. New York: Macmillan.

Tyler, R. W.(1949). *Basic Principles of Curriculum and Instruction*. University of Chicago Press. 이해명(역)(1994). **교육과정과 학습지도의 기본원리**. 교육과학사.

제2장
실과교육과정의 성립과 변천

개요

1895년부터 시작된 실과교육은 근대 시기부터 교육요목기에 해당하는 실과교육과정 제정 이전 시기, 실과교육과정이 제정된 이후의 제1차 시기부터 제7차 시기까지의 실과교육과정 시기, 수시 개정 및 부분 개정 체제가 도입되어 추진된 2007 개정 시기부터 2015 개정 시기까지의 개정 실과교육과정 시기로 구분하여 각 시기별 개정 중점과 주요 내용에 해당하는 목표, 내용, 지도 방법 등을 국가 문서 중심으로 고찰하였다.

목표

1. 실과교육과정 제정 이전의 시기, 실과교육과정 시기, 개정 실과교육과정 시기로 구분하여 각 시기별 실과교육과정의 주요 특징을 이해한다.
2. 실과교육과정 시기별로 개정 중점 내용을 비교하여 분석할 수 있다.
3. 실과교육과정 시기별로 주요 내용의 특징을 비교하여 설명할 수 있다.

1절 실과교육과정 제정 이전 시기

개요

실과교육과정 제정 이전 시기는 근대 시기, 일제 강점기, 해방 이후의 긴급 조치 시기, 교육요목 시기 등으로 구분할 수 있다. 각 시기별 개정 중점 및 내용의 변화를 시대 상황적 특징을 반영하여 알아본다.

1. 교육과정 제정 이전의 시기(1895~1945)

실과교육이 운영된 근거는 교육과정이 제정되기 이전인 1895년에 공포된(고종 32년, 4228. 7. 19) 소학교령에 의하여 지도된 여러 교과목 중 여자에게 지도된 재봉에서 찾을 수 있다. 그 후 1906년(광무 10년, 4239. 8. 27)에 공포한 보통 학교령인 칙령 제44호에서는 여자에게 수예를 지도하고, 남자에게는 창가, 수공, 농업, 상업 중에서 한두 과목을 가르치도록 하였다. 일제 강점기 시대에는 남자에게 수공을 가르치고, 여자에게는 재봉 및 수예, 재봉, 가사 및 재봉 등으로 변경하면서 재봉과 수예에 대한 내용을 계속 지도하였다. 1922년에 종전의 교육회를 전면 개정한 신교육회는 보통학교의 수업 연한을 6년으로 하고 보통학교의 이수과목으로서 실업 내용을 지도할 수 있도록 하였다. 6년제인 보통학교인 경우 4, 5, 6학년의 직업 교과목에 여자에게는 가사 및 재봉, 남자에게는 수공을 가르쳤다. 직업 교과목은 남자에게는 농업 초보와 상업 초보를 재량과목으로 가르치다가 1929년부터는 직업이라는 과목으로 변경하여 남자와 여자 모두에게 필수로 지도하여 직업교육을 강조하기 시작하였다. 1945년에는 미군정 당국에 의하여 교육에 대한 긴급 조치가 있던 시기로서 공포되었던 초등학교의 교과목은 공민, 국어 · 역사, 지리, 산수, 이과, 체조, 음악, 습자, 도화 · 공작, 요리 · 재봉, 실과 12개 과목으로 실과에 관련된 과목은 도화 · 공작, 요리 · 재봉, 실과가 있었다.

이 시기에 실과 및 실과 관련 교과에 배당된 시수는 남녀별로 교과 편제와 시간 배당이 다르게 되어 있는 것을 알 수 있다. 즉, 도화 · 공작은 남자의 경우 1학년부터 편제되어 있지만 여자는 4학년부터 남자보다 1시간이 적게 배당되어 있다. 그리고 요리 · 재봉은 여자들만 4학년부터 3시간씩 이수하도록 했으며, 실과는 남녀 같이 4학년 때부터 이수하되 남자는 3시간, 여자는 1시간씩 이수하도록 편제되었다.

▌표 2-1 교육과정 제정 이전의 초등학교 실과 관련 교과목 및 주당 교수 시간표

교과 \ 학년	1학년	2학년	3학년	4학년	5학년	6학년
도화 · 공작	2	2	2	남 3 여 2	4 3	4 3
요리 · 재봉	–	–	–	여 3	3	3
실과	–	–	–	남 3 여 1	3 1	3 1
계	2	2	2	남 6 여 6	남 7 여 7	남 7 여 7

출처 : 이원희 외(2010).

2. 교수요목기(1946~1954)

가. 개정 중점

1946년 9월 교육심의회에 의하여 제정된 교과목 및 교수 시수표에서는 공민, 지리, 역사, 직업을 종합하여 사회생활로 통합하고 도화 · 공작과 실과를 통합하여 미술, 요리 · 재봉과 실과 일부 내용을 종합하여 가사를 신설하였다. 이러한 변화를 통해 남학생에게는 미술을 1~6학년까지 주당 4시간 배당하고, 5, 6학년 여학생에게는 미술을 주당 1시간 적게 이수하도록 하며, 가사를 주당 2시간씩 지도하도록 하였다. 미술 시간 배당을 늘린 것은 공작을 통합하기 위한 조치로 해석된다. 교수요목기 초기의 교수요목은 내용 항목과 시간 배분만이 제시되어 내용 선정의 근거를 찾을 수가 없다. 이는 광복 이후 충분한 시간을 갖고 교수요목을 개발한 것이 아니라 일제 강점기의 교육 내용을 수정 · 제시한 것에 기인한다. 미군정이 끝나고 1948년 우리나라 정부가 수립된 이후 제정된 헌법과 교육법으로 교육의 기본 방침이 수립되었다. 즉, 교육법 제93조 제5항에 '일상생활에 필요한 의 · 식 · 주와 직업에 대하여 기초적인 이해와 기능을 기르며, 근로, 역행, 자립, 자활의 능력을 기른다'

라고 제시하여 교육적 의의 및 실과교육의 근거를 마련하였다.

그러나 정부 수립 이후 법적 근거에 의한 교육과정 마련은 한국전쟁으로 인하여 중단되고 교수요목에 의하여 교육이 이루어질 수밖에 없었던 것은 매우 아쉽다. 그리고 교수요목만이 제시되어 교육과정의 성격, 목표 등이 명확하게 구분되어 제시되지 못하고 단원 또는 제재명과 내용 요소만이 제시되었으며, 사회생활을 통하여 농업교육이 이루어져 체계적으로 이루어지지 못하였다. 또한 남존여비의 유교사상에 의하여 농업교육의 지도 내용과 시간이 남학생과 여학생에 따라 달랐으며, 교육 내용의 분량과 수준이 학생들의 지적 능력에 비하여 적절하지 못하였다.

나. 주요 내용

1) 목표

교수요목기의 목표는 총괄 목표만을 제시하고 있다.

(1) 총괄 목표

아동에게 작업의 목적이 일반 사회생활과 유기적인 관계를 가지고 있는 것을 인식하게 하여, 그 목적 달성의 의도를 왕성하게 하고, 자발적인 활동을 자아내게 할 것과 근로의 의지를 단련하게 하며, 인고·인내의 정신을 양성함으로써 창조·생산의 기쁨을 느낄 수 있도록 한다.

2) 내용

초등학교 5, 6학년의 남학생에게 적용된 교수요목 내용은 농업과 관련된 내용으로 분량이 매우 많았다는 것을 알 수 있다. 이 시기에 교수요목은 교수 시수가 한정되어 있고 학교에 작업 설비가 충분하지 못한 상황이었기 때문에 적당한 내용을 선택하여 지도할 수 있도록 하였다.

표 2-2 교수요목기의 농업교육 내용

목표 \ 학년	다섯째 학년	여섯째 학년
재배 및 사육	1. 흙 2. 정지 3. 농구 4. 좋은 씨앗 5. 보리 6. 볏짚의 가공 7. 닭 8. 뽕나무 9. 봄 누에와 여름 누에와 겨울 누에 10. 누에의 병과 예방법 11. 묘포 12. 꽃밭 13. 채소 • 무 • 배추 • 감자 • 마늘 • 고추 14. 거름 15. 집에서 만든 기름 16. 조 17. 콩	1. 씨앗 따기 2. 목화 3. 채소 • 채소와 온상 • 고구마 · 가지 • 외 • 참외 • 수박 • 양배추 • 파 • 양파 4. 채소의 저장과 가공 5. 채소의 병충해 6. 과목 7. 벼의 수확 8. 농업 가공 9. 화학 비료 10. 돼지 기르는 법 11. 달걀과 병아리 12. 소 13. 조림과 삼림 보호법 14. 못자리와 모심기 15. 벼 가꾸기와 병충해 16. 보리의 수확

3) 편제 및 시간 배당

직업이 포함된 사회생활과 공작을 통합한 미술은 전 학년에 시간을 배당하고 5, 6학년에서는 남녀를 구분하여 지도하였다. 미술은 5, 6학년에서 여학생에게 가사를 추가시키고, 주당 1시간씩 적게 이수시키도록 되어 있었다.

표 2-3 교수요목기의 초등학교 실과 관련 교과목 및 연간 수업 시간(1946. 9. 1)

교과 \ 학년	1학년	2학년	3학년	4학년	5학년	6학년
사회생활	160(4)	160(4)	200(5)	200(5)	남 240(6) 여 200(5)	240(6) 200(5)
미술	160(4)	160(4)	160(4)	160(4)	남 160(4) 여 120(3)	160(4) 120(3)
가사	–	–	–	–	여 80(2)	80(2)
계	1,120 (28)	1,120 (28)	1,200 (30)	1,360 (34)	1,360 (34)	1,360 (34)

주 : 1) 시간 수는 1년을 40주로 하여 교과별 연간 이수 시간을 나타낸 것임
2) 괄호 안의 시간은 주당 시간을 나타낸 것임

2절 실과교육과정 시기

개요
실과교육과정 시기에 해당하는 제1차 시기부터 제7차 시기까지의 특징을 개정 중점 내용 중심으로 알아보고, 각 실과교육과정기별 목표, 내용, 교수 · 학습 방법, 평가에 해당하는 내용을 세부적으로 알아본다.

1. 제1차 교육과정기(1954~1963)

가. 개정 중점

제1차 교육과정은 1954년 4월에 문교부령 제35호로 우리에 의해 최초로 제정 · 공포된 교과 중심 교육과정으로 초등학교 '교육과정 시간 배당 기준령'에서 지금까지의 도화 · 공작, 조리 · 재봉, 가사 등을 실과로 통합하여 현재와 같은 교과로 편성하였다. 이후에는 1955년 8월 문교부령 제44호로 공포된 초등학교 '교과과정'에 의하여 실과교육 내용이 완전하게 갖추어졌으며, 특수한 단원을 제외하고는 남녀의 구분 없이 학습할 것을 강조하였다. 그러나 기능 습득은 남녀를 구분하여 지도하도록 하였다.

제1차 교육과정 자체는 '교과 중심'이었으나, 교육과정을 기준으로 편찬한 교과서는 '생활 중심'을 지향하고 있었다. 이러한 근거는 계통적 학습을 중심으로 하던 종래의 교과 학습의 배열을 버리고, 생활 중심의 단원 학습으로 배열할 점, 예전의 소단원제를 버리고 대단원제를 택하여 학습의 생활화와 학습의 효과를 가져오게 한 점, 지식과 암기를 강요하는 주입식 학습을 피하고 학생의 생활과 경험을 토대로 이해와 기능 및 태도를 기르는 방향으로 전환하고자 노력한 점, 아동의 흥미를 중심으로 하는 작업 단원을 되도록 많이 설정하고, 작업을 통하여 학습자가 능동적으로 자신의 생활 경험을 심화 · 확충하는 방향으로 개선한 점 등에서 찾아볼 수 있다.

나. 주요 내용

1) 목표

초등학교 실과의 목표는 총괄 목표와 하위 목표로 구분하여 총괄 목표를 명확히 할 수 있도록 제시하고 있다.

(1) 총괄 목표

일상생활에 필요한 의식주와 직업에 대하여 기초적인 이해와 기능과 지식을 얻어, 부지런한 성격을 길러 가정 및 사회의 일원으로서 잘 협력하고 활동하며, 건전한 생활을 영위할 수 있는 능력을 가지게 함에 있다.

(2) 하위 목표

첫째, 실생활에 필요한 것을 자신이 만들고 처리해 나간다는 것의 중요성을 자각시킨다.

둘째, 실생활에 필요한 일에 대한 기초적인 지식과 기능을 가지게 한다.

셋째, 실생활에 있어 연구적인 태도와 고안하고 창작하는 능력을 조장하여 생활 개선과 산업 개량에 이바지하게 한다.

넷째, 근로를 애중(愛重)하는 정신을 기르며, 실천성 있는 성격을 기른다.

다섯째, 협조의 정신과 책임감을 조장한다.

여섯째, 일을 함에 있어서는 계획성 있고, 질서 있고 안전하게 수행해 나가는 습성을 기른다.

일곱째, 어느 정도 자기의 능력 환경과 직업의 성격을 구별할 줄 알아서 올바른 직업 선택을 할 수 있는 능력을 가지게 한다.

여덟째, 국가 산업에 관한 이해를 가지게 한다.

2) 내용

부령 제44호로 된 초등학교 실과교육과정의 교육 내용은 미화 작업, 재배, 사육, 공작, 기계 · 기구 다루기, 조리, 재봉 · 뜨개, 세탁 · 염색, 위생 · 보건, 문서 정리 10개의 영역에 걸쳐 나선형으로 구성되어 있다.

▮표 2-4 제1차 실과교육과정의 교육 내용

학년 / 영역	4학년	5학년	6학년
1. 미화 작업	• 교실 내의 청소 정돈 • 첩시물(貼示物) • 문단속	• 학교 부속 건물의 청소와 정리 • 방안 도배	• 교내 · 외의 환경 꾸미기
2. 재배	• 꽃밭 설계와 심어 가꾸기 • 감자 심기 • 간단한 농사 조력 • 나무 심기 • 해초 따기	• 채소 재배(잎줄기) • 채소 저장 • 수풀 가꾸기와 나무 심기 • 농사 조력	• 채소 재배 • 벼 · 보리 • 퇴비 • 묘목
3. 사육	• 닭치기 • 토끼 기르기	• 양돈 • 양어 • 학교 동물원	• 누에치기
4. 공작	• 종이 공작 • 쓰레받기 • 종이상자, 종이통, 종이그릇 • 목죽 공예 젓가락 • 뜨개바늘 등 • 수건걸이, 싸리비 등 • 농산 재료의 이용(새끼)	• 판지공 • 목죽공 • 연장 자루, 실패, 문패, 말뚝, 양복걸이, 기타 • 칠하기 • 금속 공작 • 농산 재료의 이용 공작 • 제작도	• 목공(옷걸이, 도마) • 금속공 • 시멘트 공작 • 농산 재료의 공작 • 제작도 • 폐물 이용
5. 기계 · 기구 다루기	• 기구의 손질 • 기계의 손질	• 기계 기구의 손질과 부리기 및 뜯어 맞추기	• 가정용 기계 기구 • 등사 • 배젓기
6. 조리	• 감자 찌기	• 밥 짓기 • 나박김치 • 건어	• 상보기 • 간단한 요리 • 김치 • 깍두기 • 통조림 • 젓 담그기
7. 재봉 · 뜨개	• 단정한 옷차림	• 간단한 의류 만들기 • 의류 수선 • 간단한 뜨개 • 간이 직조, 짜기	• 간단한 뜨개 • 간단한 재봉 • 수놓기
8. 세탁 · 염색	• 수건 빨기	• 세탁 • 간이 염색	• 세탁 • 물들이기
9. 위생 · 보건	• 기생충 구제 • 구강 위생 • 깨끗한 옷차림 • 전염병	• 응급 치료 • 소독	• 병구원 • 어린이 시중
10. 문서 정리	• 일기 쓰기 • 물가 조사	• 가계부 • 교내 판매부	• 가계부 • 증서류 • 제출 서류

▌표 2-5 남녀로 구분되는 기능 요소

항목 \ 영역	일감	기능		
		4학년	5학년	6학년
재봉 · 뜨개	• 간단한 의류 만들기 • 간단한 뜨개	–	(×) 헝겊 베기 (×) 헝겊을 뜨기 (×) 앞치마 마르기 (×) 단 접기 (×) 시치기, 감치기 (×) 공그르기	(×) 바늘 쓰기 (×) 고무 뜨기 (×) 메리야스 뜨기 (×) 겉 얽기, 안 얽기 (×) 코 늘이고 줄이기 (×) 그물뜨개
공작	• 목공 • 금속공	–	–	(○) 칼 쓰기 (○) 양철 자르기 (○) 양철 접기 (○) 양철 마르기
기계 · 기구 다루기	• 가정용 기계 다루기 • 배젓기	–	–	(×) 재봉틀 분해 소제하기, 부리기 (○) 고기잡이 배
조리	• 간단한 요리 예 : 경단 도넛 김치 깍두기	–	–	(×) 쌀가루 만들기 (×) 반죽하기, 빚기 (×) 삶기, 고물 묻히기 (×) 도넛 재료 반죽하기 (×) 잘하도록 하여 모양 만들기 (×) 기름에 일구기 (×) 무 썰기 (×) 양념 갖추기 (×) 버무려 넣기

주 : ○ : 남자에게만 요구한 기능
× : 여자에게만 요구한 기능

3) 편제 및 시간 배당

실과는 4학년에 주당 80~110분, 5학년에 80~110분, 6학년에서 90~130분을 이수하게 되어 있고, 주당 총 이수 시간의 7~10%를 실과에 할애하도록 되어 있는 것으로 보아 실과의 비중이 컸음을 알 수 있다.

▮표 2-6 제1차 교육과정의 초등학교 실과교육과정 시간 배당 기준(1954. 4. 20)

학년 / 교과	1학년	2학년	3학년	4학년	5학년	6학년
실과				7~10 (80~110)	7~10 (80~110)	7~10 (90~130)
계	100% (960분)	100% (1,000분)	100% (1,080분)	100% (1,120분)	100% (1,200분)	100% (1,240분)
총 수업 시간 수	840시간 (24)	875시간 (25)	945시간 (27)	980시간 (28)	1,050시간 (30)	1,085시간 (31)

주 : 백분율은 각 교과 및 특별 활동의 1년간 수업 시간 수에 대한 학년별 시간 배당량을 표시하고, ( ) 내는 매주 평균 수업 시간량을 표시함

4) 지도 방법

실과교육과정에는 실과를 지도할 때 유의해야 할 점을 다음과 같이 10가지를 구체적으로 제시하고 있다.

첫째, 실과는 종전에 초등학교에서 과(課)하여 오던 직업과 가사과 및 미술과 공작의 실용적인 교재를 뽑아내어 통합 단일화한 새로운 교과이다. 이것을 지도함에 있어서는 종전에 분과였다는 관념을 일소하고 종합적으로 다루며, 특수한 단원을 제외하고는 남녀 구분할 것 없이 같은 단원을 다 같이 학습하도록 할 것이다(기능의 '○'표는 남자만, '×'표는 여자만, 표 없는 것은 공통임).

둘째, 이 교과는 항상 실제 활동을 중심으로 하여 그 외 기법과 확실한 이해를 얻게 할 것이다.

셋째, 학생들로 하여금 학습 단원에 대한 목적과 필요성을 파악하게 하여 일상 자동적이며, 계획성 있게 작업을 하도록 할 것이며, 그리하여 계통적인 기능과 지식을 얻을 수 있게 지도해야 한다.

넷째, 서로가 협조하여 책임감을 가지고 꾸준히 일하는 태도를 알리도록 할 것이다.

다섯째, 용구를 중히 여기고, 재료를 아껴 쓰며, 작업장을 정돈하는 습성을 기르도록 할 것을 배운다.

여섯째, 일상생활에 활용하여 나가도록 선도할 것이다.

일곱째, 지역 사회 환경에 맞추어 기동성 있는 지도를 할 것이며, 특히 그 지역 사회의 특산물을 조장·발전시켜 나가도록 협력할 것이다.

여덟째, 자급자족의 정신을 길러 국산 애용의 사상을 고취할 것이다.

아홉째, 공장 및 기업 단체의 시설 운영 실태를 자주 견학시켜 생산과 직업 생활에 대한 지식과 이해를 깊게 할 것이다.

열째, 일감과 기능이 타 교과의 단원과 같은 내용을 가진 것은 긴밀히 관련시켜 학습시킬 것으로 되어 있다.

2. 제2차 교육과정기(1963~1973)

가. 개정 중점

1963년 2월 문교부령 제119호에 의한 제2차 교육과정은 생활 중심 교육과정으로 교육과정 시간 배당 기준령과 교육과정을 합쳐 일련의 체계를 갖춘 교육과정으로 공포하였다. 교육과정을 학교의 지도하에 학생들이 가지는 경험의 총체라고 정의하고 교과목의 내용을 학생들의 경험을 중요하게 생각한 경험 중심, 생활 중심으로 조직하였다. 이에 따라 이 시기의 교육과정 내용은 자주성, 생산성, 유용성을 강조하였고, 교육과정 조직에 있어서는 합리성, 그리고 교육과정 운영에 있어서는 지역성을 강조하였다. 또한 모든 교과를 통하여 생산성의 향상을 의도하였다. 즉, 실과교육을 강조하고, 국가 사회의 요구와 학생의 생활에 필요한 과제를 중심으로 생활 경험을 통한 교육을 강조하면서 유용한 사회인과 자활할 수 있는 실천인을 기르는 데 역점을 두었다.

나. 주요 내용

1) 목표

초등학교 실과교육의 목표는 총괄 목표와 하위 목표로 구분하여 제시하고 있다.

(1) 총괄 목표

일상생활에 필요한 의식주와 직업에 대하여 기초적인 이해 및 기능과 태도를 길러, 가정과 사회의 일원으로서 실천 협력하는 생활을 영위할 수 있게 함에 있다.

(2) 하위 목표

첫째, 실생활에 필요한 것을 스스로 만들고 처리해 나가려는 태도를 기른다.

둘째, 실생활에 필요한 일에 대한 기초적인 지식과 기능을 기른다.

셋째, 실생활에 필요한 일에 대한 연구적인 태도와 창조적인 능력을 기른다.

넷째, 근로를 애호하고 소질과 능력에 알맞은 일을 선택할 수 있게 한다.

다섯째, 국가 산업 경제의 당면 과제에 대한 이해를 깊게 하고, 사회와 협동할 수 있는 소양을 길러 생활의 개선과 상업의 향상에 이바지하게 한다.

2) 내용

제2차 교육과정에서는 재배, 사육, 일, 기구 제작, 생활 향상, 관리교육, 가정생활 등 7개 영역으로 구분하여 내용을 조직하였다. 제1차 교육과정에 제시되었던 미화 작업, 공작, 기계 · 기구 다루기, 조리, 재봉 · 뜨개, 세탁 · 염색, 위생 · 보건, 문서 정리 영역이 없어지고, 일, 생활 향상, 관리교육, 가정생활 영역이 신설되었다. 없어진 영역 중에서 위생 · 보건 영역은 체육과에서 지도하도록 하고, 미화 작업 영역의 청소 지도 내용은 삭제하였으며, 기구 제작 영역에 청소 용구 만들기 내용을 삽입하였다. 또한 조리 영역은 생활 향상 영역의 음식 만들기 내용을 조직하고, 공작과 기계 · 기구 다루기 영역은 기구 제작 영역의 지도 내용으로 하였다. 재봉 · 뜨개와 세탁 · 염색 영역은 생활 향상 영역의 지도 내용으로 하고, 문서 정리 영역도 생활 향상 영역의 지도 내용으로 축소하였다. 이와 반면에 신설된 영역 중에서 일 영역은 5, 6학년에 편재하여 여러 가지 일의 체험과 산업체에서 하는 일에 대한 이해, 직업 선택을 주요 내용으로 하였다. 관리교육 영역은 생활계획과 관리, 물품의 손질과 관리를 지도 내용으로 하고, 가정생활 영역은 4, 5, 6학년의 각 영역에 분산시켜 지도하도록 하였다.

▮표 2-7 제2차 실과교육과정의 교육 내용

영역 \ 학년	4학년	5학년	6학년
1. 재배	• 꽃 가꾸기 • 채소 가꾸기(옥수수, 감자, 호박 등)	• 땅의 보호와 나무 가꾸기	• 곡식 가꾸기(벼농사, 보리 농사) • 채소 가꾸기와 올 가꾸기
2. 사육	• 작은 집짐승 기르기(토끼, 닭, 거위, 오리 등)	• 누에치기와 물고기 기르기	• 큰 집짐승 기르기(돼지, 염소, 소 등)
3. 일		• 능력에 맞는 일의 체험 • 은행에서 하는 일에 대한 이해, 능력에 맞는 일의 체험과 직업 선택	• 공장에서 하는 일에 대한 이해
4. 기구 제작	• 간단한 연모 만들기	• 연모 사용법과 물품 만들기	• 기구의 사용과 물품 만들기 및 꾸미기
5. 생활 향상	• 금전 출납과 정리 • 여러 가지 폐품을 모아 이용하기	• 음식 만들기 • 옷 손질하기와 빨래하기 • 여러 가지 해산물 모으고 이용하기	• 여러 가지 폐품 모아 이용하기 • 음식 만들기 • 설계와 관리
6. 관리교육	• 생활 계획과 관리	• 물품의 손질과 관리	
7. 가정생활	(각 영역에 분산)		

3) 편제 및 시간 배당

주당 시간 배정은 남녀 구분 없이 4학년이 2~2.5, 5학년은 2.5~3, 6학년은 2.5~3.5시간을 운영하도록 되어 있다. 제2차 교육과정의 이수 시간은 제1차 교육과정과는 다르게 교과별로 주당 이수 시간으로 표시하고, 폭을 두어 운영의 융통성, 자율성, 신축성을 기할 수 있도록 하였다.

▮표 2-8 제2차 교육과정의 초등학교 실과교육과정 시간 배당 기준표(1963. 2. 15)

교과 \ 학년	1학년	2학년	3학년	4학년	5학년	6학년
실과				2~1.5	2.5~3	2.5~3.5
계	21	22	24	26	28	28

주 : 교과 활동 지도를 위한 주당 시간량을 최소 시간과 최고 시간으로 나타낸 것임

4) 지도 방법

제2차 교육과정에서는 실과 지도상의 유의점을 다음과 같이 6가지로 구분하여 제시하고 있다.

첫째, 실과 지도는 이론에 치우치지 아니하도록 하며, 남 · 녀를 구별할 것 없이 대부분의 학습 시간을 현장 실습에 충당하도록 유의한다.

둘째, 신체의 성숙도와 학습 흥미 등을 고려하여 지도하되, 자발적인 작업이 이루어지도록 유의하고, 창의성을 발휘할 수 있도록 한다.

셋째, 용구를 소중히 여기고 재료를 아껴 쓰며, 작업장과 기타 주변을 정돈하는 습성을 기르도록 유의한다.

넷째, 학습한 결과가 그대로 일상생활에 활용될 수 있도록 학습 내용은 지역성에 알맞은 것을 중점적으로 선정하고 기동성 있게 지도한다.

다섯째, 자연, 사생, 보건, 미술 등 다른 교과와의 관련에 유의하여 지도하되, 내용의 중복을 피하고 실효성을 존중하여 지도하도록 유의한다.

여섯째, 공장이나 기업 단체의 시설과 운영 실태를 자주 견학시켜, 생산과 일에 대한 지식과 이해를 깊게 하며, 생활의 기초와 직업 선택의 기회가 마련되도록 지도한다.

3. 제3차 교육과정기(1973~1981)

가. 개정 중점

1973년 2월 문교부령 제310호로 국민학교 교육과정이 제정 · 공포되었던 이 시기는 지식의 구조, 기본 개념과 학문의 원리 및 기초 이론을 중요시하는 학문 중심 교육과정이 강조되었다. 제3차 교육과정을 구성함에 있어서는 국민교육헌장 이념의 구현을 기본 방향으로 삼고, 국민적 자질의 함양, 인간 교육의 강화, 지식 · 기술의 쇄신을 기본 방침으로 하였다.

교육과정에 제시된 각 학문에 내재되어 있는 지식, 탐구과정을 체계적으로 조직하여 지식의 기본 개념 이해와 지식의 구조 및 탐구 능력 배양을 강조한 이 교육과정은 1960년대부터 미국에서 새롭게 대두된 학문 중심 교육과정의 사조를 받아들였으나 내용이나 형식에서 한국화된 교육과정의 성격을 지니기 위하여 노력하였다. 그러나 교사들에게는 생소했고 새로운 용어가 많이 사용되었으며, 학생들이 학습해야 할 내용들이 과다하여 학습하기 어려운 문제들이 나타났다.

1979년에는 교육과정 체제를 정비하여 문교부 고시 제424호를 공포하여 그동안 문교부령으로 공포된 교육과정을 고시하는 체제로 변화시켰다.

나. 주요 내용

1) 목표

실과의 교육 목표는 일반 목표 5개항과 학년 목표를 구분하여 제시하였다.

(1) 일반 목표

첫째, 의식주 및 산업 등에 대한 초보적인 경험을 얻게 함으로써 실생활에 필요로 하는 기초 지식과 기능을 길러 현대 생활을 영위할 수 있는 자질을 기른다.

둘째, 가정 및 사회생활에 있어 생산자로서 갖추어야 할 능력을 기르고, 아울러 현명한 소비자로서의 제품의 선택, 구매, 사용, 관리 등에 관한 기초적 능력을 기른다.

셋째, 자발적 노작과 여가를 활용하는 태도를 길러 생활을 향상시키며, 개척하려는 창조적 생활 태도를 기른다.

넷째, 의무, 책임, 협조 등의 인간관계에 대하여 이해시키고, 가정과 사회에 대한 올바른 이해력을 길러 줌으로써 명랑한 민주 시민으로서 생활할 수 있게 한다.

다섯째, 실생활에 필요한 기초적 지식의 습득을 통하여 장차의 자기 직업과 적성에 대한 관심을 갖게 한다.

(2) 학년 목표

학년 목표는 일반 목표와 일치시키고 4, 5, 6학년 아동의 심신 발달 단계를 고려해서 가정, 국가, 사회인으로서의 생활에 대한 이해, 기능, 태도 면의 기본 사항과 사회적 요구가 반영되어 있고, 능률과 실질, 작업, 노작, 기능 습득과 정신 자세의 확립 면까지도 제시되어 있다.

① 4학년

첫째, 가정의 일원으로서의 인간관계를 알게 하고, 협조적 생활 태도를 가지게 한다.

둘째, 꽃밭 가꾸기와 작은 집짐승 기르기 등을 통하여 재배와 사육에 대한 초보적인 지식과 기능 및 협동 정신을 기른다.

셋째, 일상생활에 필요한 극히 간단한 연모를 다룰 수 있고, 간단한 물품을 만들어 쓸 수 있는 능력을 길러 만드는 기쁨을 알게 한다.

넷째, 의복, 음식, 주택에 대하여 관심을 가지며 현명한 선택, 구입, 소비, 관리 등에 관한 기초적인 지식과 기능을 습득하게 한다.

다섯째, 자기 생활의 주변을 정리하고 생활에 도움이 될 일들을 구상하여 실천하게 한다.

② 5학년

첫째, 가족과 이웃에 대한 이해와 협조 정신을 가지게 하며 협동 생활의 의의를 알고 서로 협력하여 발전된 생활을 영위하려는 태도를 기른다.

둘째, 가꾸기 쉬운 곡식과 채소 가꾸기, 민물고기와 조개류 및 바닷말 기르기 등을 통하여 재배와 사육에 대한 초보적인 지식과 기능을 기르고 우리나라의 자원 보전 및 자원 개발에 대한 중요성을 알게 한다.

셋째, 일상생활에 필요한 간단한 기구를 다룰 수 있고 보관 관리할 수 있으며 여러 가지 물건을 만들어 쓸 수 있는 초보적인 능력을 기른다.

넷째, 의식주 생활의 중요성을 이해시키고, 간단한 의복, 조리 등에 관한 기능을 습득시켜 생활 합리화에 대한 관심을 가지게 하고 이를 활용하게 한다.

다섯째, 노력과 시간, 물자와 금전 등을 합리적으로 사용하는 습관을 길러 가정과 고장의 생활을 현대화시키고 한층 풍족하고 향상된 생활을 영위하게 한다.

③ 6학년

첫째, 과학적 설계 관리에 대한 기초적 지식을 습득시켜 안전하고 합리적인 일상생활을 영위하게 한다.

둘째, 채소의 속성 재배와 경제적인 집짐승 기르기, 물고기 낚기 등을 통하여 생산 의욕을 높이고 재배, 사육의 기계화와 현대화 및 수익 증대에 대하여 관심을 가지게 한다.

셋째, 여러 가지 제작 활동을 통하여 가공 방법의 초보적인 지식과 창조적 표현 능력을 기르고 좋은 산업 제품과 우리나라의 산업 구조에 대하여 흥미를 가지게 하며 가정과 산업 사회에 대한 초보적인 적응력을 기른다.

넷째, 가정생활의 구조와 의식주 관리 등에 대한 여러 가지 지식과 기능을 길러 성실하고 합리적인 생활 태도를 가지게 한다.

다섯째, 가정생활의 기능과 국가 사회와의 공익 관계를 이해시키고 국가 발전을 위하여 스스로 참여 봉사하려는 태도를 기른다.

2) 내용

제3차 교육과정에서 제시된 실과 지도 내용은 재배, 사육 · 어로, 설계 · 공작, 기계 · 기구 조작, 경영 · 계산, 식품 조리, 재봉 · 세탁, 주택 및 환경 위생, 생활 계획의 9개 영역으로 설정하여 남녀 모두가 이수하도록 하고, 내용 조직은 단순한 노작에 그치지 않고 창의와 능률, 실질을 고려해서 성실하게 협동하는 태도를 기르는 데 역점을 두었다. 이 시기의 영역은 제2차 교육과정기에 있었던 일, 생활 향상, 관리 교육, 가정생활 영역을 삭제하고 일과 생활 향상 영역의 지도 내용을 생활 계획, 경영 · 계산, 식품 조리 영역에 포함시켰다. 또한 관리교육과 가정생활 영역의 지도 내용은 주택 및 환경 위생과 생활 계획 영역에 각각 축소 또는 확대하여 포함시켰다.

표 2-9 제3차 실과교육과정의 교육 내용

영역 \ 학년	4학년	5학년	6학년
1. 재배	• 꽃밭 만들기와 가꾸기, 쉬운 꽃 가꾸기	• 농사일 알아보기와 곡식 및 채소 가꾸기 • 땅의 보호와 나무 가꾸기	• 오이, 토마토 등 채소의 올가꾸기
2. 사육 · 어로	• 고장에서 기르는 작은 집짐승의 종류를 알아보기, 토끼, 닭 등 작은 집짐승 기르기	• 잉어, 금붕어 등 담수 물고기 기르기 • 조개류, 바닷말 등 알아보기와 기르기	• 돼지, 염소 등 집짐승 기르기 • 낚시 다루기와 물고기 잡기

영역 \ 학년	4학년	5학년	6학년
3. 설계 · 공작	• 공작칼, 가위, 송곳, 톱, 망치 등 간단한 연모를 사용해 여러 가지 필요한 물건 만들기	• 펜치, 송곳, 칼, 톱, 망치, 함석, 가위 등 간단한 연모를 사용하여 여러 가지 물품 만들기	• 간단한 건축물의 설계도 이해 • 연모의 사용과 물품 만들기 및 꾸미기
4. 기계 · 기구 조작	• 시계 태엽 감기 및 시간 맞추기 • 라디오, 텔레비전 등의 다이얼 맞추기, 다루기 • 플레시 전지약 넣기	• 전기의 이용에 대한 이해 • 가정용 전기 기구에 대한 이해 • 전화 받기와 걸기	• 재봉틀 등 기계 · 기구의 손질과 관리 • 지역 사회의 공장에서 하는 일에 대한 이해 • 전기 및 기구 다루기
5. 경영 · 계산	• 상점과 물건 사기	• 금융 기관의 이용 • 보험 • 계산	• 협동과 능률 올리기 • 협동조합 • 계산 • 판매 수입과 생산 비용의 계산
6. 식품 조리	• 일상 식품의 영양에 대한 이해 • 과자, 과일, 우유 등 다루기	• 조리용 계기와 불 다루기 • 안전하고 위생적인 설거지 • 간단한 조리	• 기초적인 주식과 부식 만들기 • 식단 꾸미기 • 식품의 품질, 비용을 고려한 재료 선택
7. 재봉 · 세탁	• 일상생활에서 옷 입기와 손질하기 • 단추 달기, 걸레 만들기 등 간단한 바느질하기	• 빨래 용구, 세제의 종류 및 분량, 속옷 등의 빨래 • 다리미의 종류 알아보기, 천에 따라 올바르게 다림질하기 • 의복의 간단한 수선	• 옷을 계획성 있게 마련하기 • 바느질하기 • 옷감의 성질과 짜임새
8. 주택 및 환경 위생	• 집 청소와 정리 정돈의 필요성 알아보기 • 먼지 털기, 쓸기, 닦기 • 청소 연모 다루기 • 학용품과 책 정리	• 가구류의 정리, 청소 등 환경 위생 및 미화 • 물품의 손질과 관리 • 그릇 닦기 등 살림 기구 및 기구 손질	• 환경 꾸미기 • 환경 위생 생활
9. 생활 계획	• 아침, 저녁에 할 일 알고 실천하기 • 가정에서의 몸가짐과 자기에게 알맞게 집안 일 맡아하기 • 능력에 맞는 일의 체험, 직업의 이해	• 안전한 가정생활 • 가정의례 준칙의 정신과 내용에 대한 이해 및 실천	• 지역 사회를 위한 활동 • 응접 및 방문

3) 편제 및 시간 배당

주당 시간은 실과가 이수해야 할 최소 시간량으로 4, 5학년에서 주당 2시간씩 배정하여 연간 70시간을 확보하도록 하였고, 6학년은 주당 3시간이 배정되어 연간 105시간을 이수하도록 하였다.

표 2-10 제3차 교육과정에서의 초등학교 실과교육과정 시간 배당 기준(1973. 2. 14)

교과 \ 학년	1학년	2학년	3학년	4학년	5학년	6학년
실과	–	–	–	70(2)	70(2)	105(3)
계	770(22)	805(23)	875(25)	980(28)	1,050(30)	1,085(31)

주 : 계는 교과 활동을 위한 연간 최소 시간량이고, ( )는 35주일 경우의 주당 평균 시간량을 의미함

4) 지도 방법

제3차 교육과정에서 실과를 지도하는 데 유의할 점은 다음과 같다.

첫째, 남녀를 구별할 것 없이 대부분의 수업 시간을 실습 위주로 지도하도록 한다.

둘째, 신체의 성숙도와 학습 흥미 등을 고려하여 지도하되 자율적으로 작업에 임하도록 하고, 학습한 결과가 일상생활에 활용될 수 있도록 지도한다.

셋째, 작업의 지도에 있어서는 단순한 육체적 노작에 그치지 않도록 유의하고, 창의와 능률, 실질을 고려하여 성실하게 협동하는 태도를 기르도록 유의한다.

넷째, 설계 공작, 경영 계산, 환경 위생, 생활 계획 등의 영역에서는 타 교과와의 관련에 특히 유의하여 실과교육의 목표에 위배되지 않도록 한다.

다섯째, 고장의 실정을 고려하여 현장 견학, 현장 실습 등을 수시로 실시하고 지역 사회와의 유대를 강화하도록 한다.

4. 제4차 교육과정기(1981~1986)

가. 개정 중점

제4차 교육과정은 제3차 교육과정에서 나타난 여러 가지 교육과정의 문제들, 즉 학습 내용의 과다, 학습하기 어려운 교육 내용, 교과목 위주의 분과교육, 기초교육·일단 교육의 소홀, 전인교육·인간교육의 미흡 등의 문제점을 보완하고, 교육 정상화를 위한 1980년 7·30 교육 개혁 추진, 국민정신교육의 강화, 급변하는 정치·사회적 현실과 이에서 파생되는 제요구의 필요 반영 등과 같은 개정 방침을 가지고 있었다.

이에 따라 1981년 12월 31일 문교부 고시 제442호로 고시된 교육과정에서는 국민정신교육의 체계화, 전인교육의 강화, 과학 기술교육의 심화, 교육 내용의 양과 수준의 적정화에 두고 건전한 심신의 육성, 지력과 기술의 배양, 도덕적인 인격의 형성, 민족 공동체 의식의 고양을 강조하였다. 그리고 교육과정의 이념은 종합적이고 복합적인 성격을 지녀 교과 중심, 경험 중심, 학문 중심 교육과정의 토대 위에 변화와 미래에 대한 인식을 강조하는 미래 지향적 교육과정의 인식이 반영되어 지금까지 소홀히 해온 인간 중심 교육과정 성격을 반영하게 되었다.

나. 주요 내용

1) 목표

실과 교과 목표는 전체 목표와 교과 목표를 제시하고, 각 학년 목표도 세부적으로 제시하였다.

(1) 전체 목표

실생활에 필요한 기초적인 일의 경험을 통하여 개인의 소양을 계발하고, 건전한 생활 태도를 확립하게 하여 현실과 미래의 변화에 대처하게 하며, 나아가 사회 발전에 기여할 수 있는 기본적인 자질을 기른다.

(2) 교과 목표

첫째, 가정생활의 본질과 원만한 가족 관계를 이해하게 하여 가족 성원으로서의 보람을 가지게 하며, 자조, 근면, 협동하는 생활의 실천으로 자아를 실현하고, 바람직한 인간관계를 증진하게 한다.

둘째, 생활 주변의 간단한 일을 스스로 선택하여 계획, 실천하게 함으로써 기본적 생활 기능을 익히게 한다.

셋째, 가정생활의 소비 형태와 일용품의 유통 구조를 이해하게 하고, 생활자원을 합리적으로 선택, 활용, 관리하는 데 필요한 지식과 기능을 습득하게 하여, 현명한 소비자의 자질을 가지게 한다.

넷째, 일상생활과 각종 산업의 연관성을 이해하게 하여, 직업 세계에 대한 관심을 가지며 직업을 존중하는 태도를 기른다.

(3) 학년 목표

① 4학년

첫째, 가족의 구성, 개인과 가족의 관계를 이해하게 하고, 가족의 역할을 존중하게 하며, 가정에서의 자신의 위치를 확인하여 가족생활에 적극적으로 참여하게 한다.

둘째, 간단한 연모의 사용법을 습득하게 하고, 자신이 협조해야 할 집안일을 합리적으로 계획, 실천하게 하여 일에 대한 처리 능력과 계획적인 생활 태도를 가지게 한다.

셋째, 가정의 수입원과 지출의 형태를 자신의 용돈과 결부시켜 이해하게 하여 물자와 금전의 사용 및 지출을 합리화하고, 절약, 저축하는 생활 습관을 가지게 한다.

넷째, 가족생활에서 기본적으로 요구되는 것과 생계, 직업 등을 이해하게 하여, 가정 경제에 대한 관심을 가지게 한다.

② 5학년

첫째, 생활 환경의 위생적인 관리에 참여하게 하여 생활의 향상과 일의 관계를 이해하게 하며, 생장에 따른 관심의 변화를 자각하고 가족의 역할을 존중하는 태도를 가지게 한다.

둘째, 의식주 생활의 초보적인 일을 경험하게 하고, 계획적인 작업과 관리를 통하여 능률적으로 일을 할 수 있게 한다.

셋째, 가족과 개인에게 필요한 일용품을 바르게 구입하고, 이를 효과적으로 사용하며 관리할 수 있는 능력과 계획성 있는 소비자로서의 태도를 가지게 한다.

넷째, 일의 보람과 직업의 중요성을 이해하게 하여 직업을 존중하는 태도를 가지게 한다.

③ 6학년

첫째, 환경의 조성과 보호, 이웃과의 협동에 관하여 이해하게 하고, 바람직한 생활환경의 조성과 일상생활에서의 원만한 대인 관계를 위하여 힘쓰게 한다.

둘째, 일상생활에 필요한 기구의 사용, 자원의 재활용, 식량 자원의 생산과 이용 등에 관한 기초적인 학습을 통하여 일용품을 만드는 기능을 익히고, 환경을 보호하며 생산을 소중히 여기는 태도를 가지게 한다.

셋째, 생산품의 유통과 구매, 여러 가지 산업 분야의 생산에 관한 초보적인 지식과 기능을 습득하게 하여 생산품에 대하여 올바르게 인식하고, 합리적으로 구매하여 절약하는 태도를 가지게 한다.

넷째, 직업의 세계를 폭넓게 이해하게 하여 산업사회의 변화에 관심을 가지고, 자신의 적성 발견과 소질의 계발에 힘쓰게 한다.

2) 내용

초등학교 실과교육과정의 내용은 생활 계획과 관리, 생활 기능, 소비와 절약, 일과 직업의 이해라는 4개의 영역으로 나누어 나선형으로 내용을 구성하였다. 교육 내용은 실용적인 것보다 기능적인 것을 강조하였으며, 가정 영역 강화, 경험 확대, 재배와 사육 내용의 정선 등이 이루어졌다. 특히, 일과 직업의 이해 영역을 신설하여 진로교육 내용을 학년별로 제시한 것은 두드러진 특징이라고 할 수 있다.

표 2-11 제4차 실과교육과정의 교육 내용

학년 영역	4학년	5학년	6학년
1. 생활 계획과 관리	• 가족의 기능과 역할 • 생활 계획과 실천 • 생활 환경의 정리	• 집안일 돕기 • 작업의 계획 • 청결하고 안전한 생활 • 주거의 설계	• 이웃과의 협동 • 초대와 모임의 계획과 실행 • 의생활의 계획 • 환경 보호
2. 생활 기능	• 주거 환경 가꾸기 • 판지로 만들기 • 기초 만들기 • 옷 입기와 손질하기 • 부엌일과 음식 다루기 • 재배와 사육	• 가구의 정돈과 손질 • 목재로 만들기 • 간단한 바느질 • 빨래하기 • 채소 가꾸기 • 부엌일과 음식 만들기 • 가정 기기 다루기	• 나무 가꾸기와 이용 • 금속 재료 및 합성수지로 만들기 • 음식 다루기와 상차리기 • 헌옷의 재생 • 곡물의 생산 • 수산물의 생산
3. 소비와 절약	• 가정 수입의 근원과 성격 • 지출의 합리화 • 식품의 합리적 이용 • 낭비 없는 의생활	• 수집과 보관하기 • 식품의 선별과 이용 • 목재의 선택 • 옷감의 품질 • 가정 기기의 선택	• 생산품의 유통 • 식품의 선택과 구입 • 의복의 선택과 구입 • 금속 재료 및 합성수지의 선택
4. 일과 직업의 이해	• 생계와 직업의 관계 • 생산과 부업의 중요성	• 일의 보람 이해 • 직업의 중요성 이해	• 직업과 능력과의 관계 • 직업 적성의 발견

3) 편제 및 시간 배당

주당 시간은 4, 5, 6학년에서 각각 주당 2시간씩 배당하여 연간 68시간씩을 이수하도록 하였다.

▌표 2-12 제4차 교육과정의 초등학교 실과교육과정 시간 배당 기준(1981. 12. 31)

교과 \ 학년	1학년	2학년	3학년	4학년	5학년	6학년
실과	–	–	–	68(2)	68(2)	68(3)
총계	782(23)	816(24)	918~(27~)	1,020~(30~)	1,088(32~)	1,088(32~)

주 : 총 시간 수는 연간 34주를 기준으로 한 최소 시간량이고, ( )는 주당 평균 시간 수임

4) 지도 방법

실과 교과 지도에서 유의할 점은 다음과 같이 제시하고 있다.

첫째, 남녀의 차이를 두거나 특정 역할을 강조하지 않는다.

둘째, 학습한 내용은 실생활에 꾸준히 적용되도록 지도한다.

셋째, 실험, 실습의 지도는 단순한 육체 노작에 그치지 않도록 하며, 창의와 능률, 실질을 고려하여 성실하게 협동하는 태도를 기르도록 한다.

넷째, 모든 교과 내용은 고루 이수시키되, 계절 또는 학교의 실정에 따라 지도의 중점을 달리할 수 있다.

5. 제5차 교육과정기(1987~1992)

가. 개정 중점

제5차 교육과정은 이수과목 축소, 학습량 적정화, 교과목 조정, 개발과정의 효율화 등과 같은 교육과정의 적정화, 교육 목표의 상세화, 교육 내용의 정선, 지도서의 실용화, 평가 방법의 다양화 등과 같은 교육과정의 내실화, 교과용 도서의 2종화, 교과 단원의 지역화, 교재 활용의 다양화, 교육과정 운영의 탄력화 등과 같은 교육과정의 지역화를 개정 방침으로 하였다. 그리고 제4차 교육과정의 기본 골격을 유지하는 지속성, 혁명적이고 총체적인 개혁보다 현실 여건을 감안한 점진

적인 개선에 해당하는 점진성, 교육과정이 의도한 대로 기대하는 교육적 성취를 가져오도록 하는 제반 조치의 시행과 같은 효율성을 개정 전략으로 제시하여 개정이 이루어졌다.

이러한 개정 방침과 전략에 따라 1987년 6월 문교부 고시 제87-9호에 의하여 기초적 생활 기능 정착, 근로 존중, 근검절약 실천 등의 중점을 가지고 개정된 제5차 실과교육과정에서는 처음으로 보조교과서인 '실습의 길잡이'를 제작하여 활용하였으며, 컴퓨터 교육을 도입하여 운영하였다. '실습의 길잡이'는 실과 교과에서 강조하는 실습을 자세히 안내하여 학생 스스로 조작 및 제작이 가능하도록 하였고, 학습한 내용을 기록할 수 있는 기록장의 역할도 겸하게 하였다. 또한 직접 경험을 하기 곤란한 제재는 간접 경험의 폭을 확대해 줄 수 있도록 내용을 제시하였다. 컴퓨터 교육은 실과의 교과 목표가 유능한 생활인을 위한 기본 능력과 태도를 키운다는 측면에서 컴퓨터의 조작이 미래 생활에 대처할 수 있는 기본 기능으로 요구되어 도입하였다.

나. 주요 내용

1) 목표

실과교육의 목표는 일반 목표와 하위 목표를 구분하여 제시하고, 학년별 세부 목표도 구체적으로 제시하였다.

(1) 일반 목표

실생활에 필요한 일을 경험하게 하여 개인의 소질을 계발하고, 현실과 미래의 생활에 대처할 수 있는 기본적 능력과 태도를 기른다.

(2) 하위 목표

첫째, 가정생활에서 필요한 기초적인 일을 선택하여, 합리적으로 계획하고 실천하는 능력인을 기른다.

둘째, 생활 주변의 간단한 일을 경험하게 하여 생활에 필요한 기본적인 기능을 익히게 한다.

셋째, 일상생활에서 소비 형태와 일용품의 유통 구조를 이해하게 하고, 생활자원을 합리적으로 선택, 활용, 관리하는 데 필요한 지식과 기능을 습득하여, 현명한 소비자의 자질을 가지게 한다.

넷째, 일의 세계를 이해하고, 직업에 대한 관심을 가지며 직업을 존중하고, 자조, 근면, 협동하는 태도를 가지게 한다.

(3) 학년별 목표

① 4학년

첫째, 가정에서 자신의 위치를 알고, 자신이 해야 할 일을 스스로 계획하며 실천할 수 있게 한다.

둘째, 자신이 해야 할 일을 합리적으로 실천하여 일에 대한 처리 능력을 가지게 한다.

셋째, 가정의 수입과 지출의 내용을 자신의 용돈과 결부시켜 이해하게 하여, 물자의 사용과 금전의 지출을 합리화하고, 절약, 저축하는 생활 습관을 기른다.

넷째, 일을 몸소 실천하게 함으로써 일하는 기쁨을 느끼게 하고, 일에 대한 관심을 가지게 한다.

② 5학년

첫째, 집안의 간단한 일을 계획하고 실천할 수 있는 능력과 태도를 가지게 한다.

둘째, 집안의 일을 경험하게 하여 생활에 필요한 기초적인 기능을 익히게 한다.

셋째, 생활에 필요한 일용품을 바르게 구입하고, 이를 효과적으로 사용하며 관리할 수 있는 능력과 계획성 있는 소비자로서의 태도를 기른다.

넷째, 일과 직업의 중요성을 이해하게 하며, 근로를 존중하는 태도를 가지게 한다.

③ 6학년

첫째, 이웃과 협력하여 일을 계획, 실천하게 함으로써 협동하는 태도를 기르고, 나아가 쾌적한 생활환경을 조성할 수 있게 한다.

둘째, 일상생활에 필요한 기구의 사용, 자원의 생산과 활용 등에 관한 기초적인 학습을 통하여 생활 용품 만드는 기능을 익히고, 생산을 소중히 여기는 태도를 가지게 한다.

셋째, 생산품의 유통과 구매, 여러 가지 산업 분야의 생산에 관한 초보적인 지식과 기능을 습득하여, 합리적으로 구매하고 사용하며 절약하는 태도를 가지게 한다.

넷째, 직업의 세계를 이해하여, 산업사회의 변화에 관심을 가지고 자신의 적성 발견과 소질의 계발에 힘쓰게 한다.

2) 내용

제5차 실과교육과정의 내용은 제4차 실과교육과정과 크게 다르지 않다. 영역도 생활 계획과 관리, 생활 기능, 소비와 절약, 일과 직업의 이해로 구분하여 제4차 실과교육과정과 같으며, 단원 수도 동일하다. 그러나 컴퓨터 교육을 도입하고 실습이 원활하게 운영될 수 있도록 주당 2시간을 연속하여 편제하도록 허용하였으며, '실습의 길잡이' 보조 교과서를 편찬하여 실습 안내 역할을 할 수 있도록 하였다. 교육 내용은 생활적이고 기능적인 내용으로 구성하였으며, 지역이나 학교의 여건을 고려하여 재배나 사육 관련 내용은 선택 학습이 되도록 하였다.

표 2-13 제5차 실과교육과정의 교육 내용

학년 영역	4학년	5학년	6학년
1. 생활 계획과 관리	• 가정에서 할 일 • 생활 계획과 실천 • 생활 환경의 정리	• 집안 일 돕기 • 작업의 계획 • 청결하고 안전한 생활 • 주거의 설계	• 이웃과의 협동 • 초대와 모임의 계획 • 환경 보호
2. 생활 기능	• 주거 환경 꾸미기 • 판지로 만들기 • 기초 바느질 • 옷 입기와 손질하기 • 부엌일과 음식 다루기 • 재배와 사육	• 가구의 정돈과 손질 • 목재로 만들기 • 바느질하기 • 빨래하기 • 부엌일과 음식 만들기 • 가정 기기 다루기 • 채소 가꾸기	• 나무 가꾸기 • 금속 재료 및 합성수지로 만들기 • 음식 만들기와 상 차리기 • 헌옷의 활용 • 곡물의 생산 • 수산물의 생산 • 컴퓨터와 생활
3. 소비와 절약	• 가정의 수입과 지출 • 용돈 쓰기와 합리화 • 식품의 합리적 이용 • 합리적인 의생활	• 수집과 보관하기 • 식품의 선별과 이용 • 목재의 선택 • 옷감의 품질 • 가정 기기의 선택	• 생산품의 유통 • 식품의 선택과 구입 • 의복의 선택과 구입 • 금속 재료 및 합성수지의 선택과 활용
4. 일과 직업의 이해	• 일의 이해 • 일의 보람	• 직업의 중요성 • 가족의 직업	• 직업과 능력 • 직업 적성의 발견

3) 편제 및 시간 배당

주당 시간은 4, 5, 6학년에서 각각 주당 2시간씩 운영하여 연간 68시간씩 이수하도록 하였다.

▌표 2-14 제5차 교육과정의 초등학교 실과교육과정 시간 배당 기준(1987. 6. 30)

교과 \ 학년	1학년	2학년	3학년	4학년	5학년	6학년
실과	–	–	–	68	68	68
계	790	850	952	1,020	1,088	1,088

주 : 계는 총 시간 수로 연간 최소 시간량이고, ( )는 34주를 기준으로 한 주당 평균 시간 수임

4) 지도 방법

제5차 교육과정에서 실과를 지도할 때 유의해야 할 내용은 다음과 같다.

첫째, 남녀의 차이를 두거나 특정 역할을 강조하지 않는다.

둘째, 학습은 실험・실습을 중심으로 하며, 학습한 내용이 실생활에 꾸준히 적용되도록 지도한다.

셋째, 실험 실습은 단순히 육체 노작에만 그치지 않도록 하며, 창의와 능률, 실질을 고려하여 성실하게 협동하는 태도를 기르도록 지도한다.

넷째, 지역성이 강조되는 지도 내용은 학교 실정에 따라 재구성하거나 지도의 중점을 달리할 수 있다.

다섯째, 현장 학습, 견학 등을 실시할 경우에는 사전에 계획을 수립하여 실효를 거둘 수 있게 한다.

여섯째, 주간 시간 계획은 학습의 실효를 거둘 수 있도록 해야 한다.

일곱째, 실험・실습의 지도에 있어서는 안전교육에 특히 유의하도록 한다.

여덟째, 컴퓨터의 학습 지도에 있어서는 학교의 시설 여건을 고려하여 계획을 수립하고, 가능한 학생 스스로 컴퓨터를 다루어 보도록 운영했다.

6. 제6차 교육과정기(1992~1997)

가. 개정 중점

제6차 교육과정은 우리나라 교육과정 개정 이후 처음으로 중앙 집권형 교육과정을 지방 분권형 교육과정으로 전환하여 시 · 도 교육청과 학교 자체의 자율 · 재량 권한을 확대하였다. 교육과정 편성과 운영에 있어서 시 · 도 교육청과 학교가 국가교육과정을 토대로 한 자율적 접근이 가능하도록 한 것이다. 즉, 국가가 교육과정을 고시하면 시 · 도 교육청은 교육과정 편성 · 운영 지침을 마련하여 각 학교에 제시하고, 각 학교는 국가교육과정과 시 · 도 교육청 수준의 교육과정 편성 · 운영 지침을 근거로 학교 특성에 맞게 교육과정을 편성 · 운영한다.

이러한 제6차 교육과정은 1992년 9월 30일 교육부 고시 제1992-16호에 의해 21세기를 대비한 교육 개혁의 차원에서 개정이 이루어진 것으로 민주화, 고도 산업화, 정보 사회화, 국제화, 통일 대비 등 급격한 시대적 · 사회적 변화에 대응하고, 교육 현실의 문제점을 개선하여, 기초 보통 교육의 질적 향상을 이룬다는 목표를 가지고 교육과정 결정의 분권화, 구조의 다양화, 내용의 적정화, 운영의 효율화에 개정 중점을 두고 추진되었다.

실과는 일의 계획에서부터 실행에 이르는 모든 과정을 통해서 스스로 일을 선택하고 마무리하며, 또한 이를 위하여 꾸준한 노력과 협동이 필요하다는 것을 알게 하고, 인내심을 가지고 문제를 해결하여 성취감을 맛볼 수 있는 기회를 부여하도록 하였다.

이러한 교육은 개인적으로는 노작의 경험과 창조 활동의 축적으로 흥미와 적성, 잠재 능력을 계발할 수 있게 하며, 사회적으로는 실천적인 참여와 협동하여 일하는 경험으로 함께 사는 보람을 키울 수 있게 한다. 그리고 장차 산업사회의 일꾼으로 성장하는 밑바탕을 형성할 수 있을 뿐만 아니라 보다 나은 미래를 준비하는 데 기여하게 한다. 따라서 학습하는 모든 내용은 학습의 결과뿐만 아니라 과정도 중요시하고 있으며, 학습 후에 발전적으로 일상생활에 적용하도록 하고 있다.

나. 주요 내용

1) 목표

실과교육 목표는 교과 목표와 학년별 영역 목표로 구분하여 제시하였다. 교과 목표는 총괄 목표와 이를 달성하기 위한 3개항의 하위 목표를 두고, 학년별 목표는 다루기, 만들기, 가꾸기 및 기르기, 건사하기 4개 영역별로 구분하여 제시하였다.

(1) 총괄 목표

일상생활에 필요한 일을 경험하게 하여 학생의 소질을 계발하고, 앞으로의 실생활에 대처할 수 있는 기본적인 능력과 태도를 기르게 한다.

(2) 하위 목표

첫째, 기본적인 공구와 기구를 다룰 수 있게 하고, 일상생활에 필요한 것을 만들 수 있는 기초적 능력을 가지게 한다.

둘째, 생활 환경을 아름답게 꾸미고 가꾸며, 개선할 수 있는 관리 능력을 가지게 한다.

셋째, 일의 체험을 통하여 근로의 가치를 이해하게 하며, 근면과 협동하는 태도를 가지게 한다.

표 2-15 학년별 · 영역별 목표

학년＼영역	다루기	만들기	가꾸기 및 기르기	건사하기
6학년	목공구를 다룰 수 있게 하고, 컴퓨터로 글쓰기를 할 수 있으며, 나무 손질하는 가위를 다룰 수 있게 한다.	목공구를 사용하여 용품을 만들 수 있고, 밥 짓기, 국 끓이기 등을 할 수 있게 한다.	실내 · 외의 환경을 아름답게 가꾸게 하며, 지역이나 여건에 따라 애완동물을 기를 수 있게 한다.	실용적인 가구 배치 등을 통하여 실내를 꾸밀 수 있게 하고, 음식 보관과 설거지, 뒷정리 등을 잘 할 수 있게 한다.
5학년	바느질 용구, 납땜인두, 농구 등을 다룰 수 있게 하고, 조리기구와 연소기구 및 컴퓨터를 다룰 수 있게 한다.	전자 키트 만들기, 간단한 음식 만들기, 기초 바느질로 용품을 만들 수 있게 한다.	상자나 밭에 채소를 가꿀 수 있고, 지역이나 여건에 따라 토끼, 닭 등을 기를 수 있게 한다.	좋은 식품을 고를 수 있게 하며, 컴퓨터를 관리할 수 있게 한다.

학년 \ 영역	다루기	만들기	가꾸기 및 기르기	건사하기
4학년	조리용 기구, 바느질 용구, 전기 공구, 농구 등을 다룰 수 있게 하고, 전등을 갈아 끼울 수 있게 한다.	과일 준비 및 상 차리기, 전선에 플러그 연결하기, 홈질로 용품 만들기 등을 할 수 있게 한다.	상자나 화단에 꽃을 가꿀 수 있게 하고, 지역이나 여건에 따라 금붕어 등을 기를 수 있게 한다.	학용품을 선택하여 관리할 수 있고, 용돈 출납부 적기 등으로 합리적인 소비 생활을 할 수 있게 한다.
3학년	공작 기구 및 다과용 그릇, 물가꾸기 용기 등을 다룰 수 있게 한다.	용구와 여러 가지 재료를 이용하여 정리 상자나 간단한 용품 등을 만들어 활용하고, 여러 가지 다과를 차릴 수 있게 한다.	채소, 알뿌리 화초 등을 물로 가꿀 수 있게 한다.	자신의 옷차림을 바르게 하고, 옷 개기, 걸기, 보관하기 등의 방법을 익혀 자기 옷을 관리할 수 있게 하며, 정리 상자를 이용하여 자기 주변을 정리할 수 있게 한다.

2) 내용

실과교육 내용은 다루기, 만들기, 가꾸기 및 기르기, 건사하기 등의 4개 영역으로 구분하고, 실생활에 적용함으로써 생활의 질을 높일 수 있는 내용, 활동을 통하여 실천을 경험할 수 있는 내용, 학생의 흥미와 관심을 높일 수 있는 내용, 자기계발 요소를 갖춘 내용을 선정하였다. 또한 선정된 내용은 가정에서의 학생 위치와 발달 단계 등을 고려하여 쉬운 것에서 어려운 것으로, 단순한 것에서 복잡한 것으로, 주변의 일에서 먼 곳에 있는 일의 순으로 체계화하여 조직하였다.

표 2-16 제6차 실과교육과정의 교육 내용

영역 \ 학년	3학년	4학년	5학년	6학년
다루기	• 공작 기구 다루기 • 다과용 그릇 다루기 • 물가꾸기에 필요한 용기 다루기	• 조리용 기구, 바느질 용구, 전기 공구, 농구 다루기 • 전등 갈아 끼우기 • 전기 테스터 다루기	• 바느질 용구, 납땜 인두, 농구 다루기 • 조리 기구와 연소 기구 다루기 • 컴퓨터 다루기	• 목공구 다루기 • 컴퓨터로 글쓰기 • 나무 손질하는 가위 다루기
만들기	• 종이로 정리 상자 만들기 • 여러 가지 다과 차리기 • 간단한 용품 만들기	• 과일 준비(씻기, 깎기 등) 및 상 차리기 • 플러그 연결하기 • 바느질로 용품 만들기	• 전자 키트 만들기 • 감자, 달걀 등으로 음식 만들기 • 바느질로 용품 만들기	• 목제품 만들기 • 밥 짓기, 국 끓이기

영역 \ 학년	3학년	4학년	5학년	6학년
가꾸기 및 기르기	• 물로 채소 및 화초 가꾸기	• 상자나 화단에 꽃 가꾸기 • 금붕어 기르기	• 상자나 밭에 채소 기르기 • 토끼, 닭 기르기	• 실내·외 환경 가꾸기 • 애완동물 기르기
건사하기	• 옷 개기, 걸기, 보관하기 • 옷차림 바르게 하기 • 정리 상자를 이용하여 정리하기 • 청소하기와 쓰레기 분리수거하여 처리하기	• 학용품 고르기 및 관리하기 • 용돈 출납부 적기	• 식품 고르기 • 컴퓨터 관리하기	• 방의 평면도에 가구 배치도 그리기 • 음식 보관하기 • 설거지와 뒷정리하기

3) 편제 및 시간 배당

제6차 교육과정에서는 3~6학년까지 주당 1시간씩 배당됨으로써 전체 시수가 줄어들었다. 이는 1, 2학년에 통합교과를 운영하고 3학년부터 분화된 교과를 이수할 수 있도록 한 결과이다.

표 2-17 제6차 교육과정의 초등학교 실과교육과정 시간 배당 기준

교과 \ 학년	1학년	2학년	3학년	4학년	5학년	6학년
실과	–	–	34	34	34	34
연간 수업 시간 수	790(70)	850	952	986	1,054	1,054

주 : 1) 이 표의 시간 수는 34주를 기준으로 한 연간 최소 시간 수임(1학년은 30주로 함)
2) 1단위 시간은 40분을 원칙으로 함

4) 지도 방법

제6차 실과교육과정에서는 실과 지도 방법을 11가지로 구분하여 구체적으로 제시하고 있다.

첫째, 지도 계획의 작성에 있어서는 내용의 특성과 계절, 행사 등과의 관련성을 고려하여 지도 효과를 높일 수 있게 한다.

둘째, 지역성이 강조되는 기르기 내용은 학교 실정, 지역 여건에 따라 선택하거나 다른 내용으로 구성하여 지도할 수 있고, 견학, 관찰 등으로 대체할 수도 있다.

셋째, 시간 계획은 필요한 경우 학습의 실효를 거둘 수 있도록 연속하여 편성·운영할 수 있으며, 실습 시간이 부족할 경우 학교 재량 시간을 활용할 수 있다.

넷째, 학습 내용은 전반에 걸쳐 가급적 노작 활동과 실습 중심으로 지도하고, 학습한 내용이 일상생활에 꾸준히 적용되도록 하며, 남녀의 차이를 두거나 특정 역할을 강조하지 않는다.

다섯째, 실습의 효과를 높이기 위하여 실습실과 필요한 시설 및 기구, 연모 등을 갖추도록 한다.

여섯째, 실습의 지도에서는 재료를 합리적으로 선택, 구입, 활용하며, 안전교육에 힘쓰도록 한다.

일곱째, 기계·기구의 조작과 손질, 보관, 열원과 연료 등의 취급에 유의하고, 특히 안전교육에 힘쓰도록 한다.

여덟째, 식품 조리 실습에 있어서는 조리에 쓰이는 식품의 위생에 유의하도록 하고, 실습 후에는 뒷정리를 잘 할 수 있도록 지도한다.

아홉째, 현장 학습, 견학 등을 실시할 경우에는 사전에 지도 계획을 수립하여 실효를 거둘 수 있게 한다.

열째, 실습이나 일의 수행에 있어서는 중간에 포기하지 않고 끝까지 참여하도록 한다.

열한째, 컴퓨터의 지도에 있어서는 학교의 시설 여건을 고려하여 계획을 수립하고, 컴퓨터와 배당 시간을 더 늘리고자 할 때에는 학교 재량 시간을 활용하도록 한다.

7. 제7차 교육과정기(1997~2006)

가. 개정 중점

제7차 교육과정은 21세기 세계화·정보화 시대를 주도할 자율적이고 창의적인 한국인 육성에 두고 전인적 성장의 기반 위에 개성을 추구하는 사람, 폭넓은 교양을 바탕으로 진로를 개척하는 사람, 우리 문화에 대한 이해의 토대 위에 새로운 가치를 창조하는 사람, 민주 시민 의식을 기초로 공동체 발전에 공헌하는 사람을 추구하는 인간상을 기본 방향으로 하고 있다.

이러한 인간상을 토대로 1997년 12월 30일 교육부 고시 제1997-15호에 의해 개정된 제7차 교육과정은 사회적 변화의 흐름을 주도할 수 있는 기본 능력 배양, 1학년부터 10학년에 해당하는 국민 공통 기본 교육과정 운영과 선택 중심 교육과정 체제 도입, 교육 내용의 양과 수준의 적정화 및 수준별 교육과정의 도입, 학생의 능력, 적성, 진로를 고려한 교육 내용과 방법의 다양화, 교육 현장의 자율성 확대, 교육에 대한 질 관리 강화 등의 특징을 가지고 있다.

이에 따라 제7차 실과교육과정은 영역의 통합화, 지도 내용의 양과 수준의 적정화, 지도 내용 조직의 체계화, 국가 · 사회적 요구 사항 반영 등과 같은 개정 기본 방향을 가지고, 기초적 생활 능력의 습득과 적응력 제고, 일의 가치에 기초를 둔 진로교육 충실, 정보화 사회에 대비한 컴퓨터 교육의 강화, 실천적 환경교육의 강화, 자원의 합리적 활용과 충실화 소비자 교육, 교육과정 운영의 다양화 등을 강조하면서 개정되었다.

나. 주요 내용

1) 목표

실과의 교육 목표는 우리나라 교육법과 제7차 교육과정의 총론에서 추구하는 인간상의 상위 목표 달성을 위하여 총괄 목표와 3개항의 하위 목표를 제시하였다. 영역별 · 학년별 목표는 해당 영역의 목표를 전체적으로 통합하여 제시된 것이 아니라 각 영역에서 다루고 있는 하위 영역의 목표를 세분화하여 제시하였다.

(1) 총괄 목표

개인과 가정, 산업 생활의 이해와 적응에 필요한 지식과 기능을 습득하여 가정생활을 충실하게 하고, 정보화, 세계화 등 미래사회의 변화에 대처할 수 있는 능력과 태도를 가진다.

(2) 하위 목표

첫째, 일상생활과 관련되는 일을 경험하여, 생활에 필요한 기초적 능력을 습득한다.

둘째, 기술과 가정생활에 관련되는 다양한 경험을 통하여 자신의 적성을 계발하고 진로를 탐색하여, 일과 직업에 대한 건전한 태도를 가진다.

셋째, 일을 창의적으로 계획하고 실천하여 자신의 미래 생활을 합리적으로 설계할 수 있으며, 그에 필요한 준비를 할 수 있다.

2) 내용

제7차 실과교육과정은 가족과 일의 이해, 생활 기술, 생활자원과 환경의 관리 3개 영역으로 구분하여 내용을 포함시켰다. 가족과 일의 이해 영역은 실과 교과의 성격을 이해하기 위한 핵심 개념으로서 가족과 일에 대한 기본적 이해를 위한 내용을 제시하였으며, 생활 기술 영역에서는 일상생활의 다양한 일감 주제들을 중심으로 제시하였다. 또한 생활자원과 환경의 관리 영역은 현재와 미래사회에서 요구하는 자원의 사용과 환경과의 관계, 소비와 자원의 관계, 소비와 환경과의 관계를 다루면서 삶에서의 관리 능력과 태도를 길러줄 수 있도록 내용을 구성하였다.

표 2-18 제7차 실과교육과정의 교육 내용

영역 \ 학년	5학년	6학년
가족과 일의 이해	• 나와 가정생활 －가정생활의 중요성 －가정에서 나의 위치와 역할 －생활 계획과 실천	• 일과 직업의 세계 －가족이 하는 일 －직업의 세계와 진로 계획
생활 기술	• 아동의 영양과 식사 －아동의 영양과 식품 －조리 기구 다루기 －간단한 조리하기 • 간단한 생활 용품 만들기 －스킬자수 －뜨개질 －손바느질 • 전기 기구 다루기와 전자 키트 만들기 －전기 기구 다루기 －전자 키트 만들기 • 꽃과 채소 가꾸기 －꽃 가꾸기 －채소 가꾸기 • 컴퓨터 다루기 －컴퓨터의 구성 －자판 다루기와 글쓰기	• 간단한 음식 만들기 －식품 고르기와 다루기 －밥과 빵을 이용한 음식 만들기 • 재봉틀 다루기 －기초 박기 －간단한 생활용품 만들기 • 목제품 만들기 －목공구 다루기 －간단한 목제용품 만들기 • 동물 기르기 －애완동물, 금붕어 기르기 －경제동물 기르기 • 컴퓨터 활용하기 －컴퓨터로 그림 그리기 －컴퓨터 통신 활용하기
생활자원과 환경의 관리	• 용돈 관리하기 －용돈 계획 세우기와 용돈 기입장 적기 －금융 기관 이용하기 • 생활 환경 정돈하기 －책상과 옷장 정리하기 －청소와 쓰레기 처리하기	• 자원 활용하기 －생활자원의 이용과 절약 －생활용품 재활용하기 • 집안 환경 가꾸기 －실내 환경 꾸미기 －나무 심기와 이해하기

3) 편제 및 시간 배당

제7차 교육과정은 국민 공통 기본 교육과정을 교과, 재량 활동, 특별 활동으로 편성하였다. 교과는 1, 2학년에서 국어, 수학, 바른 생활, 슬기로운 생활, 즐거운 생활, 우리들은 1학년을 이수하도록 하고, 3, 4학년에서는 분과된 교과로 국어, 도덕, 사회, 수학, 과학, 체육, 음악, 미술, 영어를 편제하였다. 그리고 5, 6학년에는 실과 교과를 배정하여 10개 교과가 운영되도록 하였다. 실과 교과의 시간 배당은 5, 6학년에서 주당 2시간으로 융통성 있게 적용할 수 있도록 하였다.

▌표 2-19 제7차 교육과정의 초등학교 실과교육과정 시간 배당 기준

구분 \ 학년	1학년	2학년	3학년	4학년	5학년	6학년
실과	–	–	–	–	68	68
연간 수업 시간 수	830	850	986	986	1,088	1,088

주 : 1) 이 표의 시간 수는 34주를 기본으로 한 연간 최소 수업 시간 수임(1학년은 30주로 함)
2) 초등학교 1시간의 수업은 40분을 원칙으로 함

4) 지도 방법

실과 교과를 효율적으로 지도하기 위한 교수·학습 방법은 전체적인 측면과 각 영역의 내용 지도 측면으로 구분하여 다음과 같이 구체적으로 제시하고 있다.

- 5~10학년까지 남녀 구분 없이 이수시키며, 11~12학년 선택 교과와의 연계성을 고려하여 지도 계획을 수립하여 체계성 있게 지도한다.
- 지도 내용은 모든 영역에 걸쳐 고르게 이수시키되, 학생과 학교의 실정, 지역사회의 여건을 고려하여 내용 요소의 조합이나 지도 순서와 비중을 달리할 수 있다.
- 국가 수준의 배당 시간은 최소 이수 시간이므로 반드시 확보되어야 하며, 학교 행사, 학급 활동 등으로 전용되는 일이 없도록 하고, 지도 시간이 부족할 경우에는 재량 활동 시간을 활용하도록 한다.
- 시간 계획은 필요한 경우 학습의 실효를 거둘 수 있도록 연속하여 편성·운영할 수 있다.
- 실험·실습, 조사, 토의 등 활동 중심, 사례 중심으로 지도하여 학생 스스로

문제를 발견하고 활동 계획을 세워 실행할 수 있는 과제를 포함시키도록 한다.

- 전 영역의 실습 소재나 재료를 생활 주변에서 찾음으로써 습득한 지식과 기능을 일상생활에 적극적으로 활용할 수 있고 일의 즐거움과 성취감을 느낄 수 있도록 지도한다.
- 교수 · 학습 활동은 전반에 걸쳐 노작을 중시하고, 가정 실습, 학교 행사, 지역사회 등과 밀접한 관계를 가지도록 하며, 산업체 견학, 자원 인사의 활용, 전시회 관람 등을 통하여 흥미 있는 학습이 이루어질 수 있도록 한다.
- 교수 · 학습과정에서는 다양한 시청각 매체와 학습 자료 등을 적극적으로 활용하도록 하고, 이의 활용 방안이 지도 계획에 반영되도록 한다.
- 모든 영역에서 컴퓨터를 활용한 수업이나 과제 등을 통하여 컴퓨터에 흥미를 가질 수 있도록 하되, 컴퓨터 내용의 지도에 있어서는 학교 시설 여건을 고려하여 실효성 있게 계획을 수립하고, 지도 시간을 늘리고자 할 때에는 학교 재량 시간을 활용하되, 실과의 다른 내용에 배당된 시간을 활용하지 않도록 한다.
- 학습의 효과와 학생의 흥미를 높이기 위하여 실습실과 필요한 시설 설비 및 기구, 연모 등을 갖추어 실천 학습이 되도록 한다.
- 실습은 가급적 적은 인원의 조별 또는 분단 학습으로 하여 상호 협력의 중요성을 인식하게 한다.
- 실습의 지도에서는 자료를 합리적으로 선택, 구입 활용하며 자원을 아껴 쓰는 태도를 가지게 하고, 실습이나 일의 수행에 있어서는 중간에 포기하지 않고 끝까지 참여하여 완수하도록 한다. 특히, 기계 · 기구의 조작과 손질, 보관, 열원과 연료의 취급에 유의하고, 안전교육에 힘쓰도록 한다. 식품의 조리 실습에서는 식품의 위생에 유의하도록 하며, 실습 후에는 뒷정리를 잘 할 수 있도록 지도한다.
- 인성교육, 환경교육, 세계 이해교육, 통일교육, 진로교육, 보건교육, 근검절약교육, 성교육, 경제교육, 근로정신 함양교육, 안전교육, 생활 예절교육 등 국가 · 사회적 요구 사항이 관련 영역과 내용에서 충실히 반영될 수 있도록 지도한다.
- 각 영역 내용의 지도에서는 다음 사항을 특히 유의한다.
  - '가족과 일의 이해' 영역에서는 비디오 · 영화, 컴퓨터와 신문 기사 등 다양

한 멀티미디어 자료를 활용하고 사례 조사, 토의 학습, 협동 학습, 역할 놀이 등 다양한 활동을 통하여 실생활에 적용할 수 있는 문제 해결 중심의 수업이 되도록 한다.

- '생활 기술' 영역에서는 실생활과 관련된 실험 · 실습 위주의 노작 활동을 통하여 일을 효율적으로 계획, 실행할 수 있도록 하고 다양한 가정 학습 과제를 제시하여 학생들의 수준에 따라 선택할 수 있도록 한다.
- '생활자원과 환경의 관리' 영역에서는 현장 견학, 자원 인사 활용, 사례 조사, 문제 해결 학습, 또는 집단 탐구 학습 등의 방법을 적용하여 사례를 중심으로 자신의 문제를 해결하고, 문제 해결 과정을 통해 자기 학습력을 키울 수 있게 한다.

3절 개정 실과교육과정 시기

개요

개정 실과교육과정 시기는 수시 개정 및 부분 개정 체제가 도입되어 추진된 2007 개정 시기부터 2015 개정 시기에 해당된다. 이 시기의 실과교육과정 개정 중점과 목표, 내용, 교수 · 학습 방법, 평가에 해당하는 주요 내용을 세부적으로 알아본다.

1. 2007 개정 교육과정기(2007~2009)

가. 개정 중점

2007년 2월 28일 교육인적자원부 고시 제2007-79호에 의한 2007 개정 교육과정은 수시 부분 개정 체제를 도입하고, 제7차 교육과정의 기본 취지 및 체제를 유지하면서 현행 교육과정의 문제점을 보완하는 방향으로 개정이 추진되었다. 이에 따라 2007 개정 교육과정은 단위 학교별 교육과정 편성 · 운영에 대한 자율권의 실질적 확대, 국가 · 사회적 요구사항의 적극적 반영, 수준별 수업으로의 수준별 교육과정 전환, 선택 중심 교육과정의 개선, 교과별 교육 내용의 적정화, 주 5일 수업제의 월 2회 실시에 따라 수업 시수 일부 조정 등을 개정 중점으로 하였다.

특히, 실과교육과정의 개정은 국가 · 사회 · 시대의 요구나 상황을 반영하고, 현행 교육과정 운영상의 문제점을 해결하여 학교 현장에서의 문제점을 최소화하며, 실과교육의 정체성을 반영하고 학생들이 수업에 흥미와 관심을 갖도록 생활과 관련된 문제를 중심으로 교육 내용이 구성되도록 개정하였다.

나. 주요 내용

1) 목표

실과교육의 목표는 총괄 목표를 제시하고, 하위에 교육 내용을 구성하는 대영역 중심으로 목표를 제시하였으며, 공통 내용에 해당하는 진로교육에 대한 목표를 추가적으로 제시하였다.

(1) 총괄 목표

나의 삶, 가정생활, 산업 기술의 세계에 대한 지식, 능력, 가치 판단력을 함양하여 건강한 개인 및 가정생활을 영위하고 산업 기술에 대한 기본 소양을 습득하여 현재와 미래 가정생활과 사회를 주도할 수 있는 능력과 태도를 기른다.

(2) 하위 목표

첫째, 나와 가족을 이해하고 실천을 통해 가정생활에 필요한 기본 자질을 함양하여 가정생활에서 직면하는 생활의 문제를 해결하고 바람직한 가정생활 문화를 창조할 수 있는 소양을 기른다.

둘째, 산업 기술에 대한 개념과 특성을 이해하고 일상생활과 관련되는 문제를 창의적으로 해결함으로써 산업 기술에 대한 바람직한 자세와 미래 사회에 적응하는 능력과 태도를 기른다.

셋째, 일과 직업에 대한 건전한 가치관을 형성하여 진로를 탐색하고 가정생활과 일을 조화롭게 영위할 수 있는 능력을 기른다.

2) 내용

교육 내용은 가정생활과 기술의 세계로 대영역을 2개로 구분하고, 각 대영역에는 학년별로 7개의 중영역을 구성하였다. 또한 각 중영역에는 2개의 소영역을 포함시켜 각 영역 간에 조화를 이룰 수 있도록 하였다. 내용 구성은 중등의 '기술 · 가정' 과목과의 연계성을 강화하였으며, 학습 내용의 적정화를 통하여 난이도를 조정하였다. 또한 소영역 수준에서의 내용은 선택 활동이 가능하도록 조직하였으며, 생활 속에서의 실천 및 유용성을 강조하였다.

▮표 2-20 2007 개정 실과교육과정의 교육 내용

영역 \ 학년	5학년	6학년
가정 생활	• 나의 성장과 가족 - 나와 가족 - 가정의 일과 가족원의 역할 • 나의 영양과 식사 - 영양과 식품 - 간단한 조리 • 옷 입기와 관리하기 - 난의 생활과 옷차림 - 나의 옷 관리 • 쾌적한 주거환경 - 정리정돈과 청소 - 쓰레기 처리와 재활용	• 간단한 음식 만들기 - 건강한 먹거리의 마련 - 음식 만들기 • 간단한 생활용품 만들기 - 손바느질로 용품 만들기 - 바느질 도구를 이용한 용품 만들기 • 생활자원과 소비 - 생활자원의 이용과 관리 - 생활 시간과 용돈의 활용
기술의 세계	• 생활 속의 목제품 - 생활 속의 목재 이용 - 목제품의 구성과 만들기 • 식물과 함께 하는 생활 - 생활 속의 식물 - 꽃이나 채소 가꾸기 • 정보 기기와 사이버 공간 - 정보 기기의 특성과 활용 - 사이버 공간의 특성과 윤리	• 생활 속의 전기 · 전자 - 전기 · 전자용품의 사용과 관리 - 간단한 전기회로 꾸미기 • 동물과 함께 하는 생활 - 생활 속의 동물 - 애완동물이나 경제동물 기르기 • 인터넷과 정보 - 정보의 탐색과 선택 - 정보를 활용한 생활 • 일과 진로 - 일과 직업의 중요성 - 나의 미래와 진로

3) 편제 및 시간 배당

2007 개정 교육과정은 제7차 교육과정과 동일하게 국민 공통 기본 교육과정을 교과, 재량 활동, 특별 활동으로 구분하고, 실과 교과는 5, 6학년에서 주당 2시간씩 운영하여 연 68시간씩 운영하도록 하였다.

▮표 2-21 2007 개정 교육과정의 실과 시간 배당 기준

구분 \ 학년	1학년	2학년	3학년	4학년	5학년	6학년
실과	-	-	-	-	68	68
연간 수업 시간 수	830	850	952	952	1,054	1,054

주 : 1) 이 표의 시간 수는 34주를 기본으로 한 연간 최소 수업 시간 수임(1학년은 30주로 함)
2) 초등학교 1시간의 수업은 40분을 원칙으로 함

4) 지도 방법

실과 교과를 지도하기 위한 교수 · 학습 방법은 교수 · 학습 계획, 교수 · 학습 방법, 교수 · 학습 자료 활용으로 구분하여 체계적으로 제시하였다. 교수 · 학습 계획은 교수 · 학습 활동의 기본 방향을 제시하고, 교수 · 학습 방법에서는 공통적인 교수 · 학습 방법을 제시하고 영역별 지도사항은 최소화하거나 생략하여 교사가 창의적으로 수업을 할 수 있도록 하였다. 또한 교수 · 학습 자료 활용에서는 다양한 교구와 기자재가 교수 · 학습 활동에서 적극적으로 활용되도록 안내하고 있다.

(1) 교수 · 학습 계획

- 교수 · 학습 내용은 모든 영역에 걸쳐 고르게 지도하되 학생, 학교, 지역사회의 특성을 고려하여 학습 내용의 순서나 비중을 달리하여 지도할 수 있다.
- 국가 수준의 배당 시간은 최소 이수 시간이므로 반드시 확보되어야 하며, 지도 시간이 부족할 경우에는 재량 활동 시간을 활용하도록 한다.
- 시간 계획은 필요한 경우 학습의 실효성을 거둘 수 있도록 연속하여 편성 · 운영할 수 있다.
- 학생들의 수준, 관심, 필요 등을 고려하여 수업을 계획, 지도하여 학생 중심의 수업 활동이 이루어질 수 있도록 지도한다.

(2) 교수 · 학습 방법

- 교과의 특성을 고려하여 학생의 체험적인 활동을 중시하고 가정 실습, 학교 행사, 지역 사회 등과 밀접한 관계를 가지도록 한다. 그리고 견학, 지역 인적 자원의 활용, 전시회 관람 등과 연계하여 지도한다.
- 학습 소재나 실습 재료는 생활 속에서 찾아 습득한 지식과 기능을 일상생활에 적극적으로 활용할 수 있도록 지도한다.
- 실험 · 실습, 조사, 토의 등 활동 중심, 사례 중심으로 지도하여 개인과 가정의 문제 해결과정에 적용 · 실천할 수 있도록 한다. 그리고 실험 · 실습 활동이나 협동 학습은 상호 협력의 중요성을 인식하게 한다.
- 실험 · 실습 활동에서는 재료를 합리적으로 선택, 구입, 활용하며 자원을 아껴

쓰는 태도를 갖게 하고, 체험 활동이나 일의 수행에 있어서는 중간에 포기하지 않고 끝까지 참여하여 일의 즐거움과 성취감을 느낄 수 있도록 지도한다.

- 저출산 · 고령사회 대비 교육, 양성 평등교육, 진로교육, 한국 문화 정체성 교육, 다문화교육, 효도 · 경로 · 전통 윤리교육, 정보화 및 정보 윤리교육 등 범교과 영역에 대해 관련 영역과 내용에서 충실히 반영될 수 있도록 지도한다.
  - 저출산 및 고령사회에 대비하여 가정의 의의와 역할, 가족 관계의 중요성을 더욱 강조하고 가정의 일과 직업과의 상호 관련성 및 양립의 중요성을 인식시켜, 양성 평등한 가족 역할 분담 등 올바른 해결책을 생각해 보도록 지도한다.
  - 6학년 '음식 만들기'와 7학년 '전통 기술의 이해'는 체험 학습을 통해 우리나라 고유 생활 문화와 전통 기술에 대한 자부심과 긍지를 갖도록 한다.
  - 실생활에 관련되는 다양한 실천적 경험을 통하여 자신의 적성을 계발하고 진로 계획을 합리적으로 수립하여, 지식 정보화 사회에서 요구되는 바람직한 직업관과 건전한 직업윤리를 갖도록 지도한다.
- 각 영역의 지도에서는 다음 사항을 특히 주의한다.
  - '가정생활' 영역에서는 가족 · 소비 · 식의주 생활 등 가정생활을 영위하기 위해 필요한 의사소통 능력, 대인 관계 능력, 자원 활용 능력, 정보 활용 능력을 함양하도록 지도한다. 그리고 가정생활과 일, 여가 생활을 조화롭고 규모 있게 운영할 수 있는 방안을 모색할 수 있도록 지도한다. : '간단한 생활 용품 만들기'의 '바느질 도구를 이용한 용품 만들기'는 학생이나 학교의 사정에 따라 대바늘, 코바늘, 재봉틀, 수예바늘 등 다양한 바느질 도구를 선택하여 지도한다.
  - '기술의 세계' 영역에서는 기술의 세계에 대한 체험 활동을 통하여 창의적 사고 능력과 기술적 문제 해결 능력을 기르고, 스스로 실생활에 유용한 물건을 창안하여 설계하고 만드는 과정에서 문제 해결 중심의 수업이 되도록 한다. : 5학년 '식물과 함께하는 생활'의 '꽃이나 채소 가꾸기'는 학생이나 학교의 사정에 따라 꽃 또는 채소를 선택하여 지도하며, 6학년의 '동물과 함께하는 생활'의 '애완동물이나 경제동물 기르기'는 학교 여건을 고려하여 애완동물 또는 경제동물을 선택하여 지도한다.

(3) 교수 · 학습 자료 활용

- 실물이나 모형, 인터넷 자료, 사진 및 동영상 자료, 멀티미디어 자료 등 다양한 학습 자료를 적극 활용하여 교수 · 학습의 효율성을 높이고 생동감 있는 교수 · 학습 활동이 이루어지도록 한다.
- 실험 · 실습 활동은 교과의 특성과 학습의 효율성을 고려하여 실험 · 실습에 필요한 시설이나 설비, 기구 등이 갖추어진 실험 · 실습실을 확보하여 이루어지도록 한다.
- 기계 · 기구의 조작과 손질, 보관, 식품의 위생과 조리 기구 사용, 열원과 연료의 취급과 관리에 유의하도록 하고 안전교육에 힘쓴다.

2. 2009 개정 교육과정기(2009~2015)

가. 개정 중점

2009년 12월 23일 교육과학기술부 고시 제2009-41호에 의한 2009 개정 교육과정은 우리나라의 교육 이념과 교육과정이 추구하는 인간상을 구현하기 위한 교육과정 구성 방침, 즉 배움과 나눔을 실천하는 창의적인 인재 양성, 학년군과 교과군의 도입, 집중 이수제 확대, 창의적 체험 활동 신설 등을 반영하였다. 또한 초등학교 학생의 학습과 일상생활에 필요한 기초 능력 배양과 기본 생활 습관을 형성하는 데 중점을 두고, 과학/실과 교과군과 5~6학년군에 배당된 340시간을 기준으로 집중 이수제와 20% 수업 시수 증감을 고려하여 개발되었으며, 이는 2011년 3월부터 각 교과교육과정 개발이 진행되어 그해 8월에 고시되었다.

실과교육과정은 이러한 원칙과 요구에 해당하는 진로 및 적성 계발, 녹색성장 또는 지속 가능한 성장, 저출산, 다문화, 웰빙, 전통문화의 이해, 최첨단 미디어 및 정보교양과 활용 등에 대한 내용을 반영하였으며, 교육과학기술부에서 요구하고 있는 건강가정 기본 계획, 배려와 나눔 문화, 성교육 강화, 식생활교육, 안전교육, 에너지 절약교육, 인구교육, 지식 재산, 인종 차별, 양성 평등교육, STEAM 교육, 소프트웨어 교육 등도 적극적으로 반영하였다.

나. 주요 내용

1) 목표

2009 개정 교육과정에서 실과교육의 목표는 실과의 성격을 기술하고, 이 성격에 부합하는 목표를 총괄 목표와 하위 목표로 구분하여 제시하였다. 즉, 가정생활과 기술의 세계 영역에 해당하는 목표를 통합하여 총괄 목표를 제시하고, 하위 목표는 각 영역의 목표를 구체화하여 제시하였다.

(1) 총괄 목표

'가정생활'과 '기술의 세계'에 대한 지식, 능력, 가치 판단력을 함양하여 건강한 개인 및 가정생활을 영위하고, 기술에 대한 기본 소양을 습득하여, 현재와 미래 생활을 주도할 수 있는 역량과 태도를 기른다.

(2) 하위 목표

첫째, 나와 가족을 이해하고 가정생활에 필요한 기초 생활 능력을 함양하여 가정생활에서 직면하는 문제를 해결하고 건강한 개인 및 가족 구성원으로서 자신의 삶을 주도해 나갈 수 있는 역량과 태도를 기른다.

둘째, 생활 속에서 기술과 관련되는 문제를 탐구하여 창의적으로 해결함으로써 일상생활에서 기술을 유용하게 활용할 수 있는 능력을 기르며, 또한 미래의 직업과 일의 세계에 대한 건전한 가치관을 형성하고 진로를 탐색하여 미래사회에 적응하는 역량과 태도를 기른다.

2) 내용

실과교육 내용은 5~6학년 군에 해당하는 내용을 가정생활과 기술의 세계 영역으로 구분하여 제시하였다. 두 개의 대영역에는 각각 7개의 중영역을 제시하고, 각 중영역에는 2개씩의 소영역이 포함되도록 하였다. 이는 2007 개정 실과교육과정에서 5, 6학년에 제시된 내용보다 각 영역에서 1개씩의 중영역이 감소되어 제시된 것을 보여 준다.

가정생활 영역에서 각 중영역은 영역명에 형용사를 도입하여 교육 내용에 대한 방향과 가치를 강조하고 의 · 식 · 주에 대한 내용이 포함되도록 하였다. 그리고 기술의 세계 영역에서는 각 중영역의 명칭에 생활 용어를 도입하여 생활 속에서 활용할 수 있는 내용을 강조하였다. 이는 발명과 로봇 같은 미래 지향적인 내용을 포함하고, 동물과 식물을 결합하여 실생활에 이용할 수 있는 내용으로 전개한 부분에서 이를 알 수 있다.

표 2-22 2009 개정 실과교육과정의 교육 내용

과목 \ 영역	가정생활	기술의 세계
실과 (5 · 6학년군)	• 나와 가정생활 –나의 성장과 가족 –가정일과 가족원의 역할 • 나의 균형 잡힌 식생활 –나의 영양과 식사 –건강간식 만들기 • 나의 자립적인 의생활 –건강하고 안전한 옷차림 –스스로 하는 옷 관리 • 쾌적한 주거와 생활자원 관리 –주거 공간과 생활자원 관리 –용돈과 시간 관리 • 건강한 식생활의 실천 –건강하고 안전한 식사 –음식 만들기와 식사 예절 • 창의적인 의생활의 실천 –생활 속 헝겊용품 만들기 –환경과 나눔의 생활용품 만들기	• 생활과 기술 –기술과 발명의 기초 –창의적인 제품 만들기 • 생활 속의 동 · 식물 –인간 생활과 동 · 식물 –동 · 식물자원과 환경 • 생활과 정보 –정보 기기와 사이버 공간 –멀티미디어 자료 만들기와 이용 • 생활과 전기 · 전자 –전기 · 전자의 이용 –로봇의 이해 • 생활 속의 동 · 식물 이용 –생활 속의 식물 가꾸기 –생활 속의 동물 돌보기 • 나의 진로 –일과 직업의 세계 –진로 탐색과 진로 설계

3) 편제 및 시간 배당

실과 교과는 교과(군)에 포함되어 과학/실과로 분류되었으며, 5~6학년 군에 과학 시간과 통합하여 340시간을 배당하였다. 이는 5~6학년에서 실과가 주당 2시간씩 운영하여 2년간 132시간(연 68시간) 운영할 수 있는 배당 시간을 과학 교과의 204시간과 합한 시수를 의미한다.

▮표 2-23 2009 개정 교육과정의 실과 시간 배당 기준

구분 \ 학년	1~2학년	3~4학년	5~6학년
과학/실과	–	204	340
학년 군별 총 수업 시간 수	1,680	1,972	2,176

주 : 1) 교과(군)별 시간 배당은 연간 34주를 기준으로 2년간의 기준 수업 시수를 나타낸 것임
2) 학년 군별 총 수업 시간 수는 최소 수업 시수를 나타낸 것임
3) 실과의 수업 시간은 5~6학년 과학/실과의 수업 시수에만 포함된 것임

4) 지도 방법

실과 지도를 위한 교수 · 학습 방법은 교수 · 학습 계획, 교수 · 학습 전략, 교수 · 학습 자료로 구분하여 구체적으로 제시하고 있다. 특히, 교수 · 학습 전략에서는 실과 교수 · 학습 활동에서 중점적으로 적용할 수 있는 문제해결법, 프로젝트법, 실습법에 대한 내용을 안내하고 있으며, 가정생활과 기술의 세계 영역을 구분하여 지도 방향을 제시하고 있다.

(1) 교수 · 학습 계획

• 교수 · 학습 계획은 교육과정에 제시된 '가정생활' 영역과 '기술의 세계' 영역의 모든 내용을 고르게 지도할 수 있도록 하되, 교육과정을 영역별로 균형 있게 편성 · 운영한다. 단, 교과 내용이 실생활과의 관련성이 높으므로 학생, 학교, 지역사회의 여건 등을 고려하여 학습 내용의 순서나 비중, 학습 과제의 선택 등을 달리하여 지도한다.

• 국가 수준의 배당 시간은 반드시 확보하여야 하며, 교과 내용의 특성상 실험 · 실습, 현장 견학 등의 체험 활동으로 인하여 수업 시간이 부족할 경우에는 창의적 체험 활동 시간 등을 활용하도록 한다.

• 수업은 실험 · 실습, 협동 학습, 토론 학습, 역할 놀이 등 다양한 활동을 중심으로 운영하는 경우가 많으므로 필요에 따라 학습의 실효성을 거둘 수 있도록 수업 시간을 연속적으로 편성 · 운영할 수 있다.

• 학생들의 발달 단계, 학습 수준, 관심, 흥미 등을 고려한 교수 · 학습을 계획하고, 문제를 인식하고 해결할 수 있는 학생 중심 활동으로 전개하며, 학생들이 자기 관리 능력, 문제 해결 능력, 창의력, 진로 개발 능력, 대인 관계

능력, 의사소통 능력 등을 기를 수 있도록 한다.

- 학교마다 실험 · 실습실, 실험 · 실습을 위한 예산, 계절, 학교와 지역사회의 특성, 학생 집단 특성 등이 매우 다양하므로 사전에 학생이나 학교의 요구, 학교와 지역사회 여건 등을 파악하여 이를 지도 계획에 반영한다.

(2) 교수 · 학습 전략

- 학습 소재는 일상생활과 관련된 생동감 있는 사례를 찾아 활용하고, 실습 재료는 실생활 속에서 쉽게 접할 수 있는 것으로 하여 수업에서 습득한 지식과 기능을 일상생활에서 적극적으로 활용할 수 있도록 한다.
- 학생들에게 실생활과 관련한 체험 활동을 중시하고, 가정 실습, 학교 행사, 지역사회 등과 밀접한 관계를 가지도록 지도한다. 그리고 지역의 인적 자원의 활용과 전시회 관람, 지역 내의 박물관, 과학관, 기업의 견학 등 다양한 교육 커뮤니티와 연계하여 지도한다.
  - 초등학교 5~6학년 군의 '가정생활'과' 기술의 세계' 영역에서는 실생활과 관련되는 내용을 다루고 있으므로 가정의 행사나 세시풍속, 학교나 지역 행사 등 학생과 학교 및 지역사회의 실정에 따라 학습 내용의 조합이나 주안점, 지도의 순서나 비중을 달리할 수 있다. '건강한 식생활의 실천', '창의적 의생활의 실천', '생활 속의 동 · 식물 이용' 등은 학습 내용의 조합이나 제재의 선택을 달리할 수 있다.
- 실과의 '가정생활' 영역 및 '기술의 세계' 영역에서 중점을 두는 교수 · 학습 방법은 다음과 같다.
  - 실과 교수 · 학습 방법은 관련 내용에 따라 견학, 실험 · 실습, 조사, 토의, 역할 놀이, 협동 학습 등 다양한 교수 · 학습 방법을 활용하여, 활동 중심, 사례 중심에 초점을 두도록 한다. 특히, 실과 수업에서는 문제 해결 교수 · 학습 방법, 프로젝트 교수 · 학습 방법, 실습 중심 교수 · 학습 방법을 중점적으로 적용하도록 한다.
  - 초등학교 5~6학년군에서는 영역별 단원 내용에 따라 다양한 교수 · 학습 방법을 활용하도록 하며, 실험 · 실습 등 활동 중심의 학습에 초점을 맞추되, 교과 내용 전달에만 치중하지 말고 문제 해결을 위한 정보 수집, 의사

결정 등의 능력이 길러지도록 한다. 이를 위해 다양한 문제 해결 방법을 활용하여 학습자 스스로 체험할 수 있는 활동을 제공하고, 흥미와 관심을 고려하여 개인의 수준에 적합한 노작 활동을 제공함으로써 효율적인 교수 · 학습 전략을 지향한다.

- ▸ 문제 해결 교수 · 학습 방법 : 학습자의 사고 과정을 중시하고 학생들로 하여금 자기가 문제를 해결할 수 있는 능력을 통합적으로 기르는 교수 · 학습 방법으로서 문제 인식, 정보 수집을 통한 문제 해결 방안의 마련과 선택의 준비, 문제 해결 방안 설정, 문제 해결 방안의 적용, 결과에 대한 평가를 거치는 과정으로 진행한다.
- ▸ 프로젝트 교수 · 학습 방법 : 학생 스스로 프로젝트를 선정하고 계획을 세워 이에 대한 문제를 찾고 해결함으로써 수행 후에는 문제 해결의 결과로 반드시 다양한 형태의 산출물을 생산한다. 이를 위한 과정은 구체적인 프로젝트를 정하는 목적 설정(purposing), 수행 방법을 정하고 검토하는 계획(planning), 실제로 물건을 만드는 실행(executing), 전체 과정과 산출물을 평가하는 평가(evaluation) 단계의 순서로 이루어진다. 그러나 프로젝트 학습을 실제로 수행할 때에는 내용의 특성에 따라 부분적으로 변형하여 사용하기도 한다.
- ▸ 실습 중심 교수 · 학습 방법 : 실습 활동의 목적 및 관련 지식 이해, 실습 과정의 제시, 기본 기능 시범 관찰, 실습 과제 수행 과정에서의 기본 기능 습득, 자기 평가 및 교사 평가의 과정으로 진행한다. 특히, 실습 중심 교수 · 학습 활동에서는 재료를 합리적으로 선택, 구입, 활용하며 자원을 아껴 쓰는 태도를 갖게 하고, 체험 활동이나 일의 수행에 있어서 기능 습득에 중점을 두기보다는 창의성을 강조하여 노작의 즐거움과 성취감을 느낄 수 있도록 한다.

• 저출산 · 고령사회 대비 교육, 건강가정 교육, 양성 평등교육, 진로 및 적성 계발교육, 녹색 성장교육, 전통 및 다문화교육, 창의 · 인성교육, 기술 · 과학 · 공학 · 예술 · 수학 간 통합교육, 지식 재산권 교육, 최첨단 미디어 활용 및 정보 교양교육, 안전교육 등 범교과 영역에 대해 관련 영역과 내용이 충실히 반영될 수 있도록 지도하여 사회적 요구를 충족시켜 그 가치를 높이도록

한다.

- 각 영역에서는 다음 사항을 특히 주의해서 지도하도록 한다.
  - ‘가정생활’ 영역에서는 가족 · 소비 · 식의주 생활 등이 생활에서 통합적으로 경험된다는 점을 고려하여 학습 내용 또한 통합적으로 다루도록 한다.
  - 초등학교 5~6학년 군에서 ‘창의적 의생활과 실천’의 ‘환경과 나눔의 생활용품 만들기’는 학생의 수준과 관심, 학교의 실험 · 실습 여건에 따라 십자수, 뜨개질, 재봉틀 등 다양한 바느질 도구를 선택하여 환경을 위한 생활용품이나 가족, 지역사회, 국가를 넘어 국제 사회에 나눔을 실천할 수 있는 생활용품을 선택하여 만들도록 한다.
  - ‘기술의 세계’ 영역에서는 기술의 특성상 사회, 문화, 역사, 과학, 예술, 시스템 등의 다양한 환경과 밀접한 관련을 맺는다. 따라서 기술의 세계에서의 교수 · 학습 방법은 시스템 접근, 간학문 접근, 사회 · 문화 · 환경적 접근, 개념적 접근, 미래탐구 접근을 활용하여 다양하고 맥락적인 학습을 추구한다.
  - 초등학교 5~6학년 군에서 ‘생활 속의 동 · 식물 이용’의 ‘생활 속의 식물 가꾸기’는 학생이나 학교의 사정에 따라 꽃이나 채소 등의 식물을 선택하여 지도하며, ‘생활 속의 동물 돌보기’는 학생이나 학교 여건에 따라 애완동물이나 경제동물 중 하나를 선택하여 지도할 수 있으며, 체험, 실습 활동이 어려운 경우, 조사, 발표 등의 방법으로 전개할 수 있다.

(3) 교수 · 학습 자료

- 실물이나 모형, 인터넷 자료, 사진 및 동영상 자료, 멀티미디어 자료 등 다양한 학습 자료를 적극 활용하여 교수 · 학습의 효율성을 높이고 생동감 있는 교수 · 학습 활동이 이루어지도록 한다.
- 실험 · 실습 활동이 효과적으로 이루어지도록 최소한 가정 실습실(예 : 조리 실습실, 의복 구성 실습실), 기술 실습실(예 : 생산 기술 실험실, 정보 통신 기술 실험 실습실) 등을 반드시 확보하고, 교과의 단원 분석을 통하여 연간 실험 · 실습 계획을 세워 각 학기별 단원의 실험 · 실습 활동에 필요한 재료, 설비, 기구 및 자재 등을 준비하고 점검한다.

- 실험 · 실습 활동에서 기계, 도구 및 기구, 설비나 용구 등의 정확한 사용 방법과 안전 및 유의사항을 숙지하도록 하며, 안전사고가 발생하지 않도록 주의한다. 조리실습에서는 식품의 선택, 손질, 보관할 때 위생과 안전을 고려하도록 하고, 조리 기구 사용, 열원과 연료의 취급과 관리에 유의하도록 하여 안전교육에 힘쓴다. 실험 · 실습 후에는 실습실 내 뒷정리 등을 수행 평가에 반영하여 정리 · 정돈하는 습관을 갖도록 한다.

3. 2015 개정 교육과정기(2015~)

가. 개정 중점

2015년 9월 23일 교육부 고시 제2015-74호에 의한 2015 개정 교육과정은 창의 융합형 인재 양성을 기본 방향으로 하여 모든 학생이 인문 · 사회 · 과학 · 기술에 대한 기초 소양을 함양하고, 학습량 적정화, 교수 · 학습 및 평가 방법의 개선을 통한 핵심역량 함양 교육을 개정 방향으로 하여 개정되었다. 이에 따라 핵심역량을 자기 관리 역량, 지식 정보 처리 역량, 창의적 사고 역량, 심미적 감성 역량, 의사소통 역량, 공동체 역량 등 6가지 요소로 제시하였다. 실과교육과정도 총론과 유기적으로 연계하여 핵심원리 중심의 학습량 적정화, 핵심 역량 반영, 학생 참여 중심의 교수 · 학습 방법 개선, 과정 중심 평가 확대 등의 개정 방향을 준수하면서 개정이 이루어졌다. 이를 통해 2009 개정 실과교육과정에 포함되었던 ICT 활용 중심의 정보 관련 내용을 소프트웨어 기초 소양교육으로 개편하여 5~6학년 군에서 17시간 내외로 배정하고, 안전 관련 단원을 새롭게 신설하였다.

▌표 2-24 2015 교육과정 개정의 내용

구분	내용
총론 개정	• 미래사회를 대비하는 교육 방향 제시 • 현행 교육과정의 연속성 유지 및 개선점 모색 • 학생의 꿈과 끼를 키우는 교육과정 개발
국가 사회적 요구사항	• 인문 · 사회적 소양 함양과 인성교육의 강화 • 과학기술에 대한 소양 함양 • 안전교육은 체험 중심으로 안전의식을 내면화할 수 있도록 안전 교과 또는 단원 신설
교과교육과정 개정 방향	• 창의 · 융합형 인재 양성을 위한 교과교육과정 개발 • 핵심 역량을 반영한 교과교육과정 개발 • 배움의 즐거움을 경험할 수 있는 학생 중심 교과교육과정 개발 • 교과별 특성에 맞는 교과교육과정 재구조화

출처 : 정남용, 방기혁(2015).

나. 주요 내용

1) 목표

2015 개정 실과교육과정의 목표는 총괄 목표를 제시하고, 이에 대한 세부 목표를 6가지 제시하고 있다. 또한 5~6학년 군에 대한 각 영역별 목표를 구분하여 제시하고 있다.

(1) 총괄 목표

실과에서는 가정생활에 대한 지식, 능력, 가치 판단력을 함양하여 실천적 문제 해결을 통해 자립적인 삶을 영위하고, 기술에 대한 실천적 학습 경험을 통해 기술적 지식, 기능, 태도를 함양하여 기술적 능력을 높여, 현재와 미래의 행복하고 건강한 가정생활과 창조적인 기술의 세계를 주도적으로 영위할 수 있도록 한다.

(2) 세부 목표

첫째, 자신의 발달과 가족 관계에 대한 이해를 바탕으로 긍정적 자아정체감을 형성하고 배려와 돌봄을 실천함으로써 행복한 삶을 위한 관계 형성 능력과 실천적 문제 해결 능력을 기른다.

둘째, 가정생활과 관련된 실천적 문제를 이해하고 노작활동과 체험, 비판적 사고와 반성적 행동을 통해 개인과 가족의 안전하고 건강한 삶을 위한 실천적 문제 해결 능력과 생활 자립 능력을 기른다.

셋째, 공동체와 환경을 고려한 생활자원의 관리와 미래를 준비하는 생애 설계를 통해 자신의 균형 있고 조화로운 삶을 위한 관계 형성 능력과 생활 자립 능력을 기른다.

넷째, 기술에 대한 이해를 기초로 기술적 문제를 창의적으로 해결하고 일상생활에 적용할 수 있는 기술적 문제 해결 능력과 기술 활용 능력을 기른다.

다섯째, 기술의 발달과 사회의 변화에 적극적으로 대처하고 적응할 수 있는 기술 활용 능력과 기술 시스템 설계 능력을 기른다.

여섯째, 다양한 자원을 활용하여 기술적 문제를 이해하고 해결 방안을 탐색하고 개발할 수 있는 기술 시스템 설계 능력과 기술적 문제 해결 능력을 기른다.

(3) 5~6학년 군에 대한 영역별 목표

① 인간 발달과 가족

자신의 발달과 삶을 이해하는 기본적 조건으로서 가족의 관계와 가정생활의 중요성을 인식하여 가족 구성원 간 배려와 돌봄을 실천할 수 있다.

② 가정생활과 안전

가정생활을 중심으로 한 기본 생활 수행 능력을 습득하여 가정생활 문화를 이해하고, 생활 속 안전 문제를 인식하여 안전한 일상생활을 영위할 수 있다.

③ 자원 관리와 자립

옷, 용돈, 시간 등의 생활자원을 합리적으로 소비·관리하고, 쾌적한 생활공간 환경을 유지할 수 있는 능력을 길러 자립적인 생활을 영위할 수 있다.

④ 기술 시스템

기술이 투입-과정-산출-되먹임의 시스템을 통해 이루어지는 것을 이해하고 체험 활동을 통해 기술적 문제 해결 능력 및 기술 시스템 설계 능력을 함양한다.

⑤ 기술 활용

생활 속에서의 기술 활용 사례를 적응, 혁신, 지속 가능과 관련하여 살펴보고 체험 활동을 통해 기술적 문제 해결 능력 및 기술 활용 능력을 함양한다.

2) 내용

실과교육 내용은 영역,[1] 핵심 개념,[2] 일반화된 지식,[3] 학년(군)별 내용 요소,[4] 기능[5]으로 체계화하여 제시하였다. 영역은 인간 발달과 가족, 가정생활과 안전, 자원 관리와 자립, 기술 시스템, 기술 활용의 5개로 구분하고, 각 영역에 2~3개의 핵심 개념을 두었다. 그리고 핵심 개념별로 일반화된 지식을 진술하고, 이를 위한 내용 요소를 2~3개씩 제시하였다. 기능은 학생들이 교육 내용을 통하여 반드시 할 수 있어야 할 것과 할 수 있기를 기대하는 것을 15가지 제시하였다.

표 2-25 2015 개정 실과교육과정의 교육 내용

영역	핵심 개념	일반화된 지식	내용 요소	기능
			초등학교(5~6학년)	
인간 발달과 가족	발달	자신의 발달 특징에 대한 이해와 자아 정체감 형성은 건강하고 자주적인 삶을 영위할 수 있게 하는 기초가 된다.	• 아동기 발달의 특징 • 아동기 성의 발달	• 탐색하기 • 계획하기 • 실천하기 • 조작하기 • 활용하기 • 적용하기 • 종합하기 • 평가하기 • 제안하기 • 설계하기 • 제작하기 • 실행하기 • 판단하기 • 조사하기 • 추론하기
	관계	가족의 중요성에 대한 이해와 바람직한 의사소통으로 비롯되는 친밀한 가족 관계는 가족의 건강함을 유지시킨다.	• 나와 가족의 관계 • 가족의 요구 살피기와 돌봄	
가정 생활과 안전	생활 문화	의식주 생활 수행의 실천 역량을 갖추는 일은 창의적인 가정생활 문화를 형성하기 위한 기초이다.	• 균형 잡힌 식생활 • 식재료의 특성과 음식의 맛 • 옷 입기와 의생활 예절 • 생활 소품 만들기	
	안전	개인과 가족의 안전한 삶을 위협하는 요소를 예방 · 대처할 수 있는 능력과 태도는 가정생활의 건강함과 질을 향상시킨다.	• 안전한 옷차림 • 생활 안전사고의 예방 • 안전한 식품 선택과 조리	
자원 관리와 자립	관리	제한된 생활자원을 목적과 욕구에 맞게 합리적으로 활용할 수 있도록 하는 관리는 지속 가능한 삶을 위해 필요한 생활 역량이다.	• 생활자원 관리 • 용돈 관리와 소비 • 정리정돈과 재활용	
	생애 설계	전 생애 관점에서의 생애 설계는 자신의 삶을 자립적으로 준비하고 의미 있게 확장시키는 일이다.	• 가정생활과 일 • 가정일의 분담과 실천	

1) 영역 : 교과의 특성을 가장 잘 드러내면서도 교과 학습 내용을 조직화(범주화)하는 최상위의 틀 혹은 체계를 의미한다.
2) 핵심 개념 : 교과가 기반하는 학문의 가장 기초적인 개념이나 원리로서 빅 아이디어(big idea) 혹은 큰 개념(big concept)이라고도 말한다.
3) 일반화된 지식 : 학년(군) 및 학교 급을 통해 학생들이 알아야 할 일반화된 지식으로 전학년(군)에서 배우는 학습 내용의 일반 원리를 의미한다.
4) 내용 요소 : 일반화된 지식에 근거하여 학년별, 학교급별로 배워야 할 중요하고 압축적이며 핵심적인 내용을 의미한다.
5) 기능 : 학생들이 내용(지식)을 가지고 할 수 있어야 할 것 또는 할 수 있기를 기대하는 것을 의미한다.

영역	핵심 개념	일반화된 지식	내용 요소	기능
			초등학교(5~6학년)	
기술 시스템	창조	생산 기술은 다양한 자원을 활용하여 인류의 삶에 유용한 재화를 산출한다.	• 생명 기술 시스템 • 식물 가꾸기 • 동물 돌보기	
	효율	수송 기술은 사람이나 사물의 공간 이동의 효율성을 높인다.	• 수송 기술과 생활 • 수송 수단의 안전관리	
	소통	통신 기술은 정보를 생산, 가공하여 다양한 수단과 장치를 통하여 송수신하여 공유한다.	• 소프트웨어의 이해 • 절차적 문제해결 • 프로그래밍 요소와 구조	
기술 활용	적응	인간은 합리적인 의사결정 과정을 통하여 자신의 미래를 설계하고 기술의 발달과 사회 변화에 대처한다.	• 일과 직업의 세계 • 자기 이해와 직업 탐색	
	혁신	문제 해결 과정에서의 발명과 기술 개발에서의 표준은 국가와 사회의 혁신과 발전에 기여한다.	• 발명과 문제해결 • 개인 정보와 지식 재산 보호 • 로봇의 기능과 구조	
	지속 가능	인간은 기술 개발에 따른 삶의 변화를 예측하고, 사회를 지속 가능하도록 유지 발전시킨다.	• 친환경 미래 농업 • 생활 속의 농업 체험	

3) 편제 및 시간 배당

교과(군)에 포함되어 있는 실과 교과는 2009 개정 교육과정과 동일하게 과학/실과로 분류하여 5~6학년 군에 과학 시간과 통합된 340시간을 배당하였다. 이는 5~6학년에서 실과 교과의 2년간 132시간이 과학 교과의 204시간과 합한 시수에 해당된다. 1~2학년 군에 배당 시간이 2009 개정 교육과정보다 증가한 것은 창의적 체험활동에 안전한 생활 64시간이 포함되었기 때문이다.

표 2-26 2015 개정 교육과정의 실과 시간 배당 기준

구분 \ 학년	1~2학년	3~4학년	5~6학년
과학/실과	–	204	340
학년 군별 총 수업 시간 수	1,744	1,972	2,176

주 : 1) 학년 군 및 교과(군)별 시간 배당은 연간 34주를 기준으로 2년간의 기준 수업 시수를 나타낸 것임
2) 학년 군별 총 수업 시간 수는 최소 수업 시수를 나타낸 것임
3) 실과의 수업 시간은 5~6학년 과학/실과의 수업 시수에만 포함된 것임

4) 지도 방법

실과 지도를 위한 교수 · 학습 방법은 2009 개정 실과교육과정보다 단순화하여 교수 · 학습 방향을 10가지로 제시하고 있다. 특히, 실험 · 실습 활동에서 유의해야 할 사항을 5가지 제시하여 안전에 유의하도록 안내하고 있다.

첫째, '가정생활'과 '기술의 세계' 분야의 내용을 고르게 지도할 수 있도록 하되, 각 분야의 영역별로 균형 있게 편성 · 운영한다. 단, 학생, 학교, 지역사회의 여건 등을 고려하여 학습 내용의 순서나 비중, 학습 과제의 종류 등을 달리하여 지도할 수 있다.

둘째, 국가 수준의 배당 시간은 반드시 확보하여야 하며, 교과 내용의 특성상 실험 · 실습, 현장 견학 등의 체험 활동으로 인하여 수업 시간이 부족할 경우에는 창의적 체험 시간 등을 활용하도록 하며, 다양한 체험 활동을 중심으로 수업을 계획할 경우, 교수 · 학습의 효율성을 위해 수업 시간을 연속적으로 편성 · 운영할 수 있다.

셋째, 학생들의 발달 단계, 학습 수준, 관심, 흥미 등을 고려하여 학생 중심 활동으로 전개하면서도 교과 역량을 충분히 기를 수 있도록 수업을 계획한다.

넷째, 학교마다 학생 특성, 학교 환경, 실험 · 실습실 여건, 예산, 지역사회의 특성 등이 다양하므로 사전에 학생 및 학교의 요구와 상황을 파악하여 지도 계획에 충분히 반영한다.

다섯째, 학습 소재와 재료는 실생활 속에서 쉽게 접할 수 있는 것으로 선택하여 수업에서 습득한 지식과 기능을 일상생활에서 적극적으로 활용할 수 있도록 한다.

여섯째, 실생활과 관련한 체험 활동을 중시하고, 가정 실습, 학교 및 지역사회 행사 등을 적극 활용한다. 특히, 지역의 인적 자원을 활용하고 지역 내의 박물관, 과학관, 기업을 견학 및 탐방하는 등 다양한 교육 커뮤니티와 연계하여 학습에 도움이 되도록 지도한다.

일곱째, 실과(기술 · 가정) 교수 · 학습 방법은 관련 내용에 따라 실천적 문제 해결 학습, 프로젝트법, 문제 중심 수업, 실험 · 실습, 토의 · 토론법, 역할 놀이, 협동 학습 등 다양한 방법을 활용하되, 특히 활동이나 실제 사례에 초점을 두도록 한다.

여덟째, 실물이나 모형, 인터넷 자료, 사진 및 동영상 자료, 멀티미디어 자료 등 다양한 학습 자료를 활용하여 교수 · 학습의 효율성을 높이고 생동감 있는 교수 · 학습 활동이 이루어지도록 한다.

아홉째, 실험 · 실습 활동이 효과적으로 이루어지도록 최소한 가정실, 기술실 등을 반드시 확보하고, 교과의 단원 분석을 통하여 연간 실험 · 실습 계획을 세워 각 학기별로 실험 · 실습 활동에 필요한 재료, 설비, 기구 및 자재 등을 사전에 준비하고 점검한다.

열째, 실험 · 실습 활동 시 아래 사항을 유의하도록 한다.

- 기계, 도구 및 기구, 설비나 용구 등의 정확한 사용 방법을 사전에 지도하여 안전 및 유의사항을 숙지하도록 점검한다.
- 조리 기구, 열원과 연료를 다룰 때의 주의점과 소화기 사용법 등을 지도하여 안전사고가 발생하지 않도록 주의한다.
- 안전사고 발생 시 간단한 응급 처치 요령에 대해 지도하고 즉각적으로 치료를 받을 수 있도록 지도한다.
- 조리 실험 · 실습에서는 식품의 선택, 손질, 보관할 때 위생과 안전을 고려하도록 하여 식중독에 유의하도록 지도한다.
- 실험 · 실습 후에는 실습실 내 뒷정리 등 정리 · 정돈하는 습관을 갖도록 한다. 음식물 쓰레기, 약품, 폐기물 등은 수거 처리하여 환경을 오염시키지 않도록 유의하여 지도한다.

논의

1. 실과교육과정 제정 이전의 시기에 이루어진 주요 내용이 향후 실과교육과정에 영향을 준 부분 중심으로 논의해 보자.
2. 실과교육과정 시기의 주요 내용을 전체 국가 수준의 교육과정 범위 안에서 평가해 보자.
3. 실과교육과정의 성립과 변천 내용을 시대별로 구분하여 주요 특징을 비교해 보자.
4. 개정 실과교육과정 시기의 주요 내용을 긍정적인 부분과 부정적인 부분으로 구분하여 논의해 보자.

참 | 고 | 문 | 헌

국가교육과정정보센터(NCIC)(2016). **우리나라 교육과정(일제 강점기).** 한국교육과정평가원. Retrieved from http://ncic.re.kr/mobile.kri.org3.inventoryList.do

국가교육과정정보센터(NCIC)(2016). **우리나라 교육과정(1945년 이후(1차 이전~2015 개정 시기).** 한국교육과정평가원. Retrieved from http://ncic.re.kr/mobile. kri.org4.inventoryList. do

방기혁(2004a). 실과교과 내 학문 영역 간의 내재적 통합에 관한 연구. **한국실과교육학회지,** 17(3), 207-218.

______(2004b). 실과교과의 통합적 운영을 위한 교육내용의 재구성에 관한 연구. **한국실과교육학회지,** 17(2), 41-58.

______(2005). 통합교육을 지향한 실과교육과정의 구성 및 운영 방안에 관한 연구. **한국실과교육학회지,** 18(3), 29-42.

이원희(2010). **교육과정.** 교육과학사.

정성봉(1999). **실과 · 기술 가정 교육과정론.** 학지사.

제3장
외국의 실과 관련 교육과정

개요

외국의 실과 관련 교육과정은 국가교육과정 중심으로 운영하거나 지방 정부에 위임하여 자율적으로 운영하는 등 국가의 사회적 · 교육적 상황에 맞추어 다양하게 운영하고 있다. 즉, 미국과 같이 각 주가 자치적으로 교육 제도를 운영하는가 하면, 영국과 같이 교육법을 제정하여 국가교육과정에 의한 교육을 추진하는 등 다양한 체제 속에서 실과와 관련된 교육과정을 적극적으로 운영하고 있다. 따라서 여기에서는 실과 관련 교육과정이 적극적으로 실천되고 있는 미국, 영국, 일본을 중심으로 고찰하였다.

목표

1. 미국의 각 주에서 운영되고 있는 실과 관련 교육과정의 특징과 내용을 이해한다.
2. 영국의 '디자인과 기술(Design & Technology)' 교과 목표와 내용을 설명할 수 있다.
3. 일본의 실과 관련 교육과정 내용을 설명할 수 있다.
4. 우리나라의 실과교육과정과 외국의 실과 관련 교육과정 내용을 비교 · 분석할 수 있다.

1절 미국

개요
미국은 국가교육과정에 의하여 핵심 공통 성취 기준을 제시하고 있으나 각 주가 자치적으로 교육제도를 운영하는 특징을 갖는다. 따라서 각 주에서 직업교육, 기술, 과학 등에 의하여 운영되는 실과 관련 교육과정에 대해 알아본다.

1. 교육 체계

미국의 교육은 전형적인 단선형으로 8 · 4제, 6 · 3 · 3제, 6 · 6제 등 다양하게 운영하고 있다. 대부분의 주는 12년간의 무상 공교육제도가 확립되어 있으며, 각 주 및 지방교육구의 교육위원회가 교육 행정을 맡고 있기 때문에 주교육위원회에서 구체적인 교육계획과 기타 정책이 수립되어 추진되고 있다.

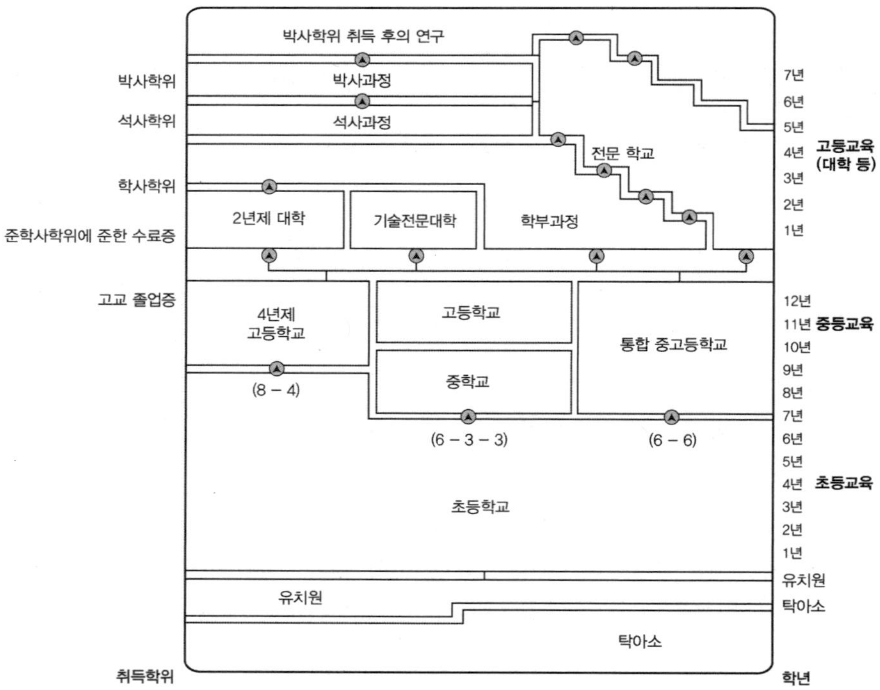

[그림 3-1] 미국의 교육 제도

2. 각 주의 실과 관련 교육과정

교육과정에 의한 미국의 교육은 1991년 'America 2000'을 통하여 개발한 국가 교육과정(The National Curriculum)과 2010년에 발표한 핵심 공통 성취 기준을 따르도록 하고 있다. 그러나 미국은 각 주가 자치적으로 교육 제도를 운영하는 전통이 강하기 때문에 전국 단위의 통일된 체제를 보이지는 않는다. 즉, 대체적으로 주요 과목인 언어/영어, 수학, 외국어 과목 등은 핵심 공통 국가 성취 기준을 따르고 있으나, 기타 과목들은 주에서 마련한 기준안을 따르고 있다(백경선 외, 2013). 또한 초등학교에서 실과 교과는 개설되어 있지 않고 과학 등 관련 교과 속에서 통합적으로 이루어지고 있다.

가. 인디애나 주

인디애나(Indiana) 주의 MCCS(Monroe County Community School)는 미술, 국어(Language Arts and Reading 포함), 외국어, 건강, 수학, 음악, 학교 직업교육(School-to-Career), 체육, 과학, 기술 등의 교과목으로 구성되어 있다. 이러한 교과목 중에서 실과교육과 관련이 있는 교과는 건강교육, 학교 직업교육, 과학, 기술 등이다. 이 외에도 교과 외의 활동으로 음식과 영양에 관한 프로그램이 실시되고 있다.

1) 건강교육

MCCS의 건강교육은 K 1학년부터 12학년에 이르기까지 모두 이루어지고 있다. 특히, 초등학교 수준에서의 건강교육은 7개의 기준에 의거하여 각 학년별로 연계성 있게 운영될 수 있도록 하고 있다.

- 기준 1 : 학생들이 건강증진과 질병 예방에 관한 개념을 이해한다.
- 기준 2 : 학생들은 건강 정보, 상품, 서비스에 다가가고 가치를 검토하는 능력을 기른다.
- 기준 3 : 학생들이 건강을 증진시키기 위해 자기 관리 능력을 갖도록 한다.
- 기준 4 : 학생들이 건강과 건전한 행동에 대한 가족, 문화, 친구, 공동체, 미디어, 과학 기술에 미치는 영향을 분석하는 능력을 기른다.

- 기준 5 : 학생들이 건강을 증진시키기 위해 개인 간의 관계를 이용할 수 있는 능력을 기른다.
- 기준 6 : 학생들이 건강을 증진시키기 위해 결정을 하고, 목표를 세우는 능력을 기른다.
- 기준 7 : 학생들이 개인, 가족, 공동체의 건강을 위해 힘쓰도록 한다.

등으로 설정되어 있다. 그리고 개인 건강, 단체 건강, 가족 건강과 성(性)/인간의 성(性), 감성적이고 정신적인 건강, 안전과 응급조치, 영양, 성장과 발달, 이물질 사용과 약물 오남용 등의 단원이 학년별로 구성되어 체계적으로 지도되고 있다.

2) 학교 직업교육

학교 직업교육에 대해 1992년에 인디애나 주 의회에서 공법을 제정하고 1993년에 개정하였다. 그 법은 모든 인디애나 주의 학교에서는 "모든 학교교육과정에 1~12학년까지 직업과 일의 가치에 관한 내용을 포함하라"는 것을 요구하고 있다.

이러한 직업교육 법률 제정은 직업 선택의 중요성에 대해 학생들에게 교육시키고, 학생들이 직업 환경 속에서 자신의 타고난 재능을 발휘할 수 있도록 준비시키며, 학생들에게 각자의 직업에서 성공할 수 있도록 해주는 일의 가치를 조금씩 가르쳐 나간다는 목적을 가지고 있다.

표 3-1 인디애나 주의 직업교육 계획안

학년	직업교육 내용
1~5	• 직업 인식 • 일의 가치 • 기본적인 직업에 대한 생각
6~8	• 최초로 직업 정보 제공 • 직업 선택/관심/기능
9~10	• 직업 탐색 • 미래의 직업 선택/직업 계획(9학년 종료)
11~12	• 직업 준비와 직업 교육/상담 • 근무지에서 일의 경험에 대한 오리엔테이션

특히, 학교 현장에서는 이러한 목적을 달성하기 위하여 교육과정에 준한 수업 과정에 직업교육을 통합하여 지도하고, 주기적으로 활동과 특별한 이벤트를 함으로써 직업 인식과 직업 발달을 기르도록 요구되고 있다. 또한, 초등학교 직업교육 과정에서는 학생들에게 다른 사람과의 성공적인 팀워크와 상호작용에 필요한 기술, 학생들에게 각자의 자질과 일 사이의 관계에 대한 이해, 그리고 학생들에게 학습과 일 사이의 관계에 대한 이해를 증진시키도록 하고 있다. 또한, 학생들에게 어떻게 결정하고 어떻게 목표를 세우는가를 깨닫도록 하고, 학생들에게 직업 선택과 직업을 준비하는 과정에 대한 이해를 증진시키도록 지도 가이드라인을 제시하고 있다.

3) 기술교육

기술교육은 K~12학년까지 모두 이루어지고 있으며, 초등학교에 해당하는 1~6학년까지의 지도 내용은 다음과 같다.

표 3-2 초등학교 학년별 기술교육 지도 내용

학년	지도 내용
1	• 집과 학교에서의 컴퓨터 사용 • 자료 모으기 • 조직하기 • 나타내기 • 워드프로세싱 사용 • 멀티미디어 탐색
2	• 공동체에서 과학 기술 사용 • 정보 저장을 위한 전자 데이터베이스 사용 • 워드프로세싱 숙달하기 • 자료를 수집하기 • 정렬하기 • 나타내기 • 멀티미디어 탐색(그래픽, 사운드, 텍스트) • 그리기 툴 사용
3	• 복제법에 대해 알기 • 정보 기술 탐색 • 워드프로세싱 기술 고착 • 스프레드시트 탐색
4	• 데이터베이스 사용 • 스프레드시트 사용 • 인터넷에서 정보 찾기 • 통신으로 발견한 정보를 검토 • 워드프로세싱으로 문서 제작 • 이메일 탐색
5	• 검색 방법 사용 • 바이러스에 대처하기 위한 방법 탐색 • 통신 프로젝트에 기반을 둔 교육과정에 참여 • 숙련된 키보드 실력으로 워드프로세싱 문서 제작 • 멀티미디어 프레젠테이션 제작 • 데이터베이스를 사용하여 결과물 제작
6	• 응용 기술 다듬기 • 스프레드시트에서 식(함수) 사용 • 데이터베이스 내의 많은 검색 방법 사용 • 키보드 사용의 속도 및 정확성 증진 • 모든 과목의 과제해결을 위해 워드프로세싱 • 스프레드시트 • 데이터베이스 • 멀티미디어 사용 • 통신을 이용해 정보를 검색

기술교육의 내용은 모두 컴퓨터와 관련된 내용으로 구성되어 있으며, 컴퓨터 활용교육과 관련된 내용이 대부분을 차지하고 있다. 각 학년에서 다루고 있는 인터넷 검색 및 활용, 다양한 소프트웨어의 활용 등은 실과 교과를 통하여 지도되는 컴퓨터 소양교육과 구별된다.

4) 과학

과학은 K~12학년까지 모든 학년에서 지도되고 있는데, 실과 내용 중에서 생명과학과 관련된 분야는 과학 교과에서 대부분 통합적으로 구성하여 지도되고 있다. 실과와 관련된 생명과학 분야의 학년별 지도 내용 중에서 일부를 살펴보면 다음과 같다.

예시 1학년

- 땅과 물에 사는 생물의 공통점과 차이점
- 생물의 5가지 기본 요구 : 물, 음식(양분), 공기, 사는 장소, 공간
- 식물의 주요 부분 알기(씨, 뿌리, 줄기, 잎, 꽃, 열매)
- 동물의 먹이는 식물임을 알기
- 식물에서 나오는 음식, 재료 등의 이름 말하기
- 공기, 물, 토양오염이 생물에 미치는 문제 인식
- 쓰레기 감량, 재사용, 재활용의 기본 개념 알기 등

Name

MAKE LESS TRASH!

Read the chart. Then fill in the bubbles to answer the questions.

1. Reduce
Use less and make less trash. Write on the back of your paper. Make your own cards. Take your own bag when you shop.

2. Reuse
Use the same thing more than once. Share your books with friends. Clean out jars to store things in. Make art from used things.

3. Recycle
Recycling turns trash into new things. Recycle plastic bottles. Recycle paper, boxes and magazines. Recycle cans and foil.

1. What does it mean to reduce?
○ use the same thing over ○ use less ○ make something new

2. What is one idea for reusing?
○ share books ○ make cards ○ recycle cans

3. When you recycle, what happens?
○ there is more trash ○ it hurts the Earth ○ new things are made

4. What step should we try to do first?
○ reduce ○ reuse ○ recycle

환경 관련 학습지(1학년용)

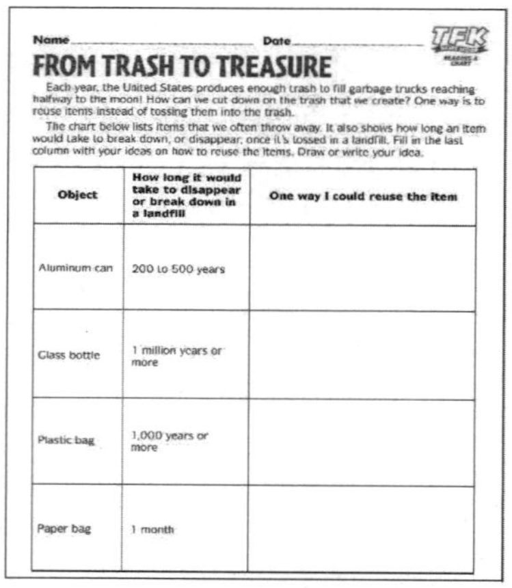

Name Date

FROM TRASH TO TREASURE

Each year, the United States produces enough trash to fill garbage trucks reaching halfway to the moon! How can we cut down on the trash that we create? One way is to reuse items instead of tossing them into the trash.

The chart below lists items that we often throw away. It also shows how long an item would take to break down, or disappear, once it's tossed in a landfill. Fill in the last column with your ideas on how to reuse the items. Draw or write your idea.

Object	How long it would take to disappear or break down in a landfill	One way I could reuse the item
Aluminum can	200 to 500 years	
Glass bottle	1 million years or more	
Plastic bag	1,000 years or more	
Paper bag	1 month	

환경 관련 학습지(2학년용)

출처 : http://www.timeforkids.com/TFK/class/

나. 매릴랜드 주

매릴랜드(Maryland) 주에서 운영하고 있는 교과목은 국어(Language Arts), 수학, 과학, 사회, 예술, 건강과 체육, 외국어, 기술교육 등이며, 이러한 교과목 중에서 실과교육과 관련이 있는 교과는 과학, 기술교육, 건강 등이다.

1) 과학

과학은 기능과 가공 처리, 지구/우주, 생명과학, 화학, 물리, 환경과학 분야로 구분하여 모든 학년에서 운영되고 있다. 실과교육과 관련된 분야는 기능과 가공 처리, 생명과학, 그리고 환경과학 등으로 구분할 수 있는데, 초등학교 5학년의 생명과학 분야와 관련된 예시 자료는 다음과 같다.

예시 **5학년 : 생명의 다양성**

(1) 지침

특별한 환경 속에서 식물과 동물은 잘 살아가는 것도 있고, 그렇지 못한 것도 있고, 전혀 살아갈 수 없는 것도 있다는 것에 대해 설명해보자.

(2) 목적

① 일반적인 환경에서 살아가는 동 · 식물의 모양을 확인, 기술하고 이 유기체들이 환경에 적응하는 법을 설명하게 한다.

② 매우 다양한 환경에서 자란 동 · 식물의 모양과 행동에 관한 정보를 바탕으로 환경을 바꾸거나, 다른 환경으로 이동한다면 살지 못하는 이유를 기술하게 한다.

③ 고래, 연어와 같은 동물들은 왜 체서피크만(Chesapeake Bay)에서 살 수 없는지 진술하게 한다.

④ 매릴랜드 푸른 게, 노랑데이지(the Black-eyed Susan, 매릴랜드 주의 꽃), 매릴랜드 토착 생물은 어떤 환경이 필요한지 연구하게 한다.

⑤ 개개의 유기체와 전체 개체의 생존은 갑작스런 환경 변화(홍수, 쓰나미)나 혹은 진행이 느린 환경 변화(지구 온난화, 대기오염)에 영향을 받는다는 것을 설명하게 한다.

2) 건강교육

건강교육은 모든 학년에서 실시되고 있으며, 주로 정신적이고 감성적인 건강과 술, 담배와 다른 약물, 개인과 소비자 건강, 가정생활과 성(性), 안전과 상처 예방,

영양과 건강, 질병 예방과 조절 등을 다루고 있다. 즉, 정신적이고 감성적인 건강은 정신적이고 감성적인 건강에 대한 지식, 기능, 자아 존중감과 다른 사람과의 관계 증진을 위한 전략을 설명한다. 술, 담배와 다른 약물은 약물에 대한 지식, 결정하는 법, 약물 남용, 술, 담배와 약물에 대한 사용을 말해주어 건강 증진을 위한 전략을 설명한다. 개인과 소비자 건강은 소비자에 대한 지식, 기능, 건강을 돌보는 상품, 서비스와 지역사회 자원을 포함해서 개인 건강을 증진시키는 전략을 설명한다. 가정생활과 성(性)은 인간 발달에 대한 지식, 사회 기능, 생활 주기를 통해 긍정적인 관계, 건강 증진과 발달을 위한 전략을 설명한다. 안전과 상처 예방은 가정, 학교, 지역사회에서 안전한 생활을 하기 위해 위험을 방지하고 조정할 수 있는 지식, 기능, 과정을 적용하는 능력을 설명한다. 영양과 건강은 건강한 생활 방식을 증진시키기 위한 지식, 기능, 전략을 설명한다. 질병 예방과 조절은 질병의 감염을 줄이고 다룰 수 있는 대처 지식, 기능, 전략을 설명한다.

3) 기술교육

기술교육은 6~12학년에서 다루어지고 있어 초등학교 과정에는 해당이 되지 않지만 과학교육 내의 기능과 가공 처리 분야에서 기술교육에 대한 전반적인 활동을 하고 있다.

다. 뉴저지 주

뉴저지(New Jersey) 주의 학제는 초등학교를 K~4학년, 중학교를 5~8학년, 고등학교를 9~12학년으로 하고 있다. 이러한 학제에서 실과교육과 관련된 교과는 직업 및 기술교육, 소비자, 가족 및 생활 기술, 생명과학 등이 있다.

1) 직업 및 기술교육과 소비자, 가족 및 생활 기술

(1) 직업 및 기술교육

직업 및 기술교육은 학생들의 직업 인식 및 계획, 취직 기술, 직장에서 성공에 필요한 기본적인 지식들을 개발하는 데 목적을 가지고 있다.

표 3-3 직업 및 기술교육 내용별 목표

구분	목표
직업 인식 및 계획	• 가정, 지역사회, 학교에서 일과 관련된 다양한 활동을 한다. • 다양한 직업과 관련된 능력과 기술을 알아본다. • 사람들이 왜 일하는지 알아본다.
취직 기술	• 개인과 대인관계의 중요성을 설명한다. • 가정, 지역사회, 학교에서 필요한 긍정적인 일의 습관과 태도를 알아본다. • 팀의 일원으로서 일을 하는 이유를 알아본다.

(2) 소비자, 가족 및 생활 기술

소비자, 가족 및 생활 기술은 사회의 기능적인 일원이 되기 위한 비판적인 생활 기술을 배울 수 있도록 하고 있으며, 비판적인 사고, 자기 관리, 상호 의사소통, 성격 개발 및 윤리, 소비자와 개인 재정 등의 내용으로 세분화하여 구체적인 목표를 설정하고 있다.

표 3-4 소비자, 가족 및 생활 기술 내용별 목표

구분	목표
비판적인 사고	• 문제를 인식하고 정의한다. • 선택과 결정을 하기 위해 절차를 계획하고 행한다. • 문제를 해결하기 위한 간행물과 비간행물을 확인하고 이용한다.
자기 관리	• 개인 행동과 개인 이미지와의 관계를 이해한다. • 개인의 장점을 인식하고 믿는다. • 비평을 받아들이고 건설적으로 반응한다. • 개인이 좋아하는 것과 그렇지 않은 것을 인식한다. • 스트레스와 의견 대립을 다루는 과정을 배운다.
상호 의사소통	• 다른 사람들과 상호작용하기 위한 긍정적인 사회 기술을 발전시킨다. • 상황에 적합한 언어를 선택해서 사용한다. • 문화, 생활 방식, 태도 등의 차이를 인식하고 자신과 다른 사람을 받아들이도록 한다. • 의견 대립을 효과적으로 해결하기 위한 과정을 연습한다. • 일을 해결하기 위해 다른 사람과 협력하면서 일을 한다.
성격 개발 및 윤리	• 가정, 학교, 지역사회에서 신용, 책임, 존경, 공정, 보호 및 시민의식과 같은 매일의 행동에서 중요한 특성을 설명한다. • 중요한 특성을 위한 협력적인 활동이나 프로젝트를 만든다. • 가정, 학교, 지역사회에서 도덕적인 행동을 확인한다. • 법과 질서를 지켜야 할 개인의 책임을 설명한다.
소비자와 개인 재정	• 돈의 가치에 대해 기본적인 이해를 갖는다. • 소비를 위한 다양한 돈의 출처를 확인한다. • 필요, 욕구, 공급원 사이의 관계를 탐색한다. • 상품의 가격과 서비스가 구입을 결정한다는 것을 이해한다. • 사람들이 새로운 지식과 기술, 경험을 통해서 어떻게 하면 수입을 늘릴 수 있는지 설명한다. • 필요한 물건 구입을 위해 돈을 벌고 저축하는 방법을 설명한다. • 가정, 학교, 지역사회와 관련된 일반적인 위험 요소들을 확인한다. • 가정, 학교, 지역사회에서 위험 요소들을 줄일 수 있는 방법을 설명한다. • 가정과 학교에서 장비를 안전하게 사용하는 법에 대해 설명한다.

2) 생명과학

(1) K~2학년

2학년까지는 생명과학의 구조, 특징, 생물의 기본적인 욕구에 대한 이해를 하고, 다양한 생물을 조사하는 데 목적을 가지고 있다.

▮표 3-5 K~2학년의 생명과학 내용 및 목표

구분	목표
생체 내의 일, 에너지와 조직	• 인간과 다른 생물의 기본적인 욕구를 조사한다. • 생물과 무생물의 본질적인 특성을 비교, 대조한다.
다양성과 생물 진화	• 다른 형태의 식 · 동물이 세계 곳곳에서 살고 있음을 인식한다. • 몇 종류의 생물들은 지구상에서 완전히 사라졌음을 인식한다.
번식과 유전	• 인간과 다른 생물들은 그들의 조상들이 닮았음을 인식한다.

(2) 3~4학년

3~4학년에서는 K~2학년까지의 내용을 그대로 연계하여 심화시킬 수 있는 방향으로 목표를 설정하고 있다.

▮표 3-6 3~4학년의 생명과학 내용 및 목표

구분	목표
생체 내의 일, 에너지와 조직	• 생물들은 먹이사슬 속에서 역할을 해나간다는 것을 확인한다. • 식물과 동물의 욕구를 구별한다. • 식물과 동물은 잘 살아가기 위해 서로 다른 기능과 일을 하면서 다른 부분을 구성하고 있음을 인식한다. • 인체 주요 기관의 기본적 기능을 설명한다.
다양성과 생물 진화	• 생물을 집단화할 수 있도록 간단한 분류 지식을 발달시킨다. • 인간을 포함한 각 종(種)은 그 내에서 변화한다는 것을 인식한다.
번식과 유전	• 다양한 생물의 생활 속에 활동 범위가 다름을 인식한다.

2절 영국

개요

영국은 국가교육과정을 도입하고, Key Stage 중심으로 '디자인과 기술(Design & Technology)' 교과에서 실과 관련 교육과정을 다양하게 구성하여 운영하고 있다. 즉 '디자인과 기술' 교과를 Key Stage 1과 Key Stage 2로 구분하여 디자인, 만들기, 요리하기와 영양 등의 내용이 어떻게 지도되는지 알아본다.

1. 교육 체제

영국은 1944년 교육법을 도입하였으나 지역교육청에 권한을 위임하여 중앙 통제보다는 자율적인 교육과정 결정권을 갖도록 하였다. 1988년에는 국가교육과정의 기본 틀을 정한 교육개혁법이 통과되면서 영국 최초의 국가교육과정이 시작되었으며, 1989년 초등학교 도입을 시작으로 2014년 개정에 이르기까지 몇 차례의 개정을 거쳐 현재는 'Key Stage' 중심으로 교육과정을 운영하고 있다.

영국은 만 5~16세까지 의무교육 기간이며, 9월이나 10월에 시작하여 3학기제로 운영한다. 중등학교를 마칠 때는 GCSE(General Certificate of Secondary Education)라는 국가시험을 거쳐 자신의 진로를 결정하게 한다. 초·중등학교에는 Key Stage, 즉 초등학교는 Key Stage 1(1~2학년), Key Stage 2(3~6학년)로 구분하고, 중등학교는 Key Stage 3(7~9학년), Key Stage 4(10~11학년)로 구분하며, Key Stage 4를 GSCE 과정이라고 하기도 한다.

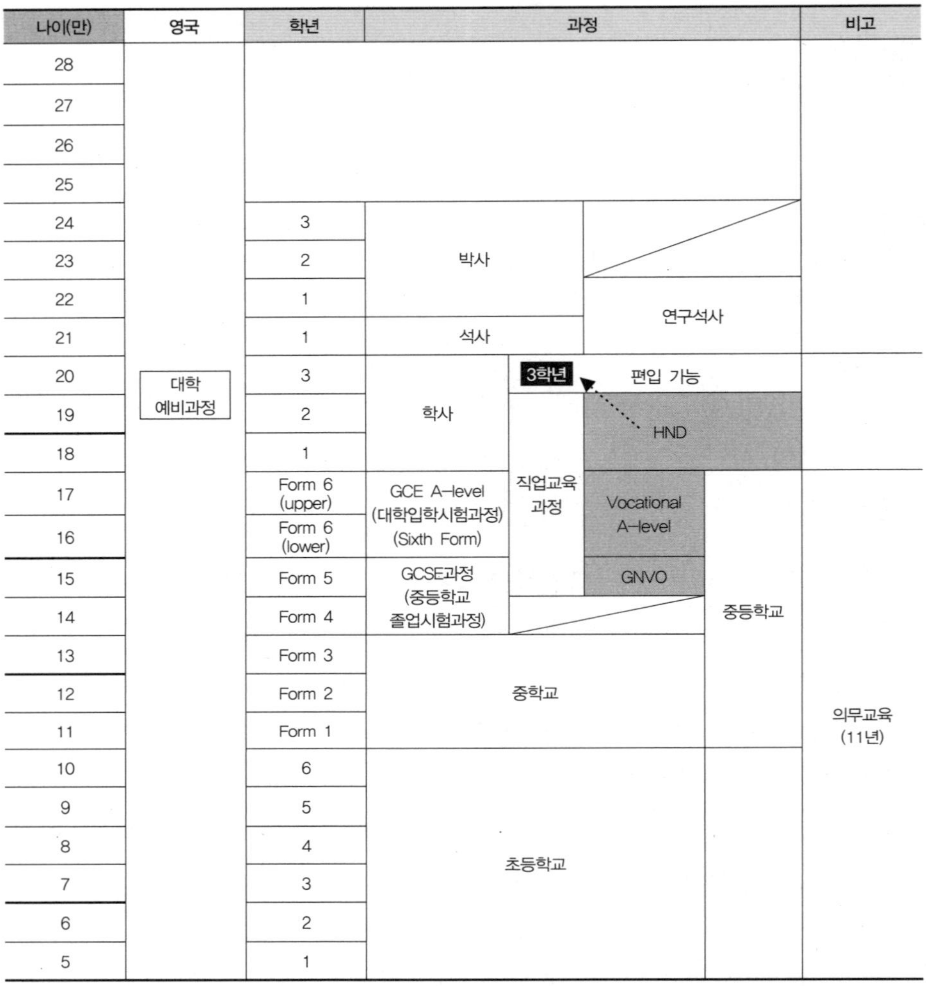

[그림 3-2] 영국의 교육 제도

초등학교에 해당하는 Key stage 1과 Key stage 2에서는 학생들에게 핵심 교과와 기초 교과로 구분하여 12개 교과를 제공하고 있다. 그리고 종교교육을 전 학년에서 필수로 가르치고 있다.

▮표 3-7 영국의 국가교육과정 구조

구분	key stage 1	key stage 2
연령	5~7	7~11
학년	1~2	3~6

구분	key stage 1	key stage 2
핵심 교과		
영어	•	•
수학	•	•
과학	•	•
기본 교과		
예술과 디자인	•	•
시민성	•	•
컴퓨팅	•	•
디자인과 기술	•	•
언어	•	•
지리	•	•
역사	•	•
음악	•	•
체육	•	•

출처 : https://www.gov.uk

2. 실과 관련 교육과정

실과교육과 관련된 교과는 기초 교과에 해당하는 '디자인과 기술(Design and Technology)'이다. 이 교과는 2014년 국가교육과정에서 주요 내용을 개정하였다(http://theschoolrun.com).

이에 따라 '디자인과 기술' 교과는 중요성이 더욱 부각되어 학습자들이 미래의 디자이너와 엔지니어가 되기 위한 길을 설정하는 데 도움을 주는 교과로 인식되고 있으며, 전자와 로봇 같은 더욱 정교한 디자인 도구를 사용하도록 하고 있다. 또한 '디자인과 기술' 교과는 다른 교과와 달리 수업 시간에 아이들은 디자인하고 만드는 것에 자신들의 아이디어를 적용하면서 자신감을 얻을 수 있어 대부분의 아이들이 좋아하는 교과라는 점을 강조하고 있다. 그리고 요리와 영양 내용이 '디자인과 기술' 교과에 포함되어 있는데, 이를 계기로 학교 급식 계획(School Food Plan)을 세우는 계기가 되었다.

가. 교과 목표

'디자인과 기술' 교과는 영감이 있고, 엄밀하며, 실제적인 교과이다. 또한 창의력과 상상력을 사용하고, 학생들은 자신과 다른 사람들의 요구와 가치를 고려하며, 다양한 맥락 내에서 실생활 관련 문제를 해결할 수 있는 결과물을 디자인하고 제작할 수 있도록 한다(https://www.gov.uk). 다른 교과와의 협력도 강조한다. 즉, '디자인과 기술' 교과는 '재료 문화 – 제품(결과물), 공간 그리고 상상'에 관한 교과이기 때문에 실질적으로 모든 영역과 관계가 있다. 이는 학습자들이 과학, 수학, 역사 등 다른 수업에서 획득한 지식과 이해를 '디자인과 기술' 교과에 적용한다는 것을 의미한다(http://theschoolrun.com).

'디자인과 기술' 교과 목표는 4가지로 구분하여 구체적으로 제시하고 있다.

첫째, 자신 있게 일상적인 작업을 수행하고 늘어나는 기술적인 세계에 성공적으로 참여하는 데 필요한 기술적이고 실용적인 전문적 기술과 창의성 개발하기

둘째, 다양한 이용자를 위해서 양질의 청사진과 결과물을 디자인하고 만들기에 필요한 지식, 이해와 기능의 레퍼토리를 수립 및 적용하기

셋째, 자신들의 아이디어와 결과물은 물론 다른 사람의 결과물을 비평, 평가하고 검증하기

넷째, 영양과 요리하는 방법의 원리를 이해하고 적용하기

나. 교육 내용

학생들이 학습해야 하는 초등학교 수준의 교육 내용은 디자인(design), 제작하기(make), 평가하기(evaluate), 기술 지식(technical knowledge) 등 4단계로 이루어져 있다.

1) Key Stage 1

(1) 디자인

- 학생 자신들을 위하면서 다른 사람들의 디자인 준거를 기초로 목적 있고, 기능적이며, 설득력 있는 결과물을 디자인하기
- 말하기, 그리기, 템플리트, 모형 또한 적절한 정보와 통신 기술을 통해 자신의 아이디어를 창출하기, 발전하기, 만들기 그리고 상호작용하기

(2) 만들기

• 실질적인 작업(예를 들어, 자르기, 만들기, 연결하기 그리고 마무리하기)을 수행하기 위해 다양한 도구와 장비를 선택하고 사용하기
• 건축 재료, 섬유 등의 특성을 포함한 다양한 재료와 구성 요소를 선택하고 사용하기

(3) 평가하기

• 기존의 다양한 결과물을 탐구하고 평가하기
• 자신들의 아이디어와 결과물을 디자인 준거와 대조하여 평가하기

(4) 기술 지식

• 구조를 수립하기, 더 강하고, 더 단단하고 그리고 더욱 안정적으로 만들 수 있는 방법을 탐색하기
• 자신들의 결과물에서 체계를 탐색하고 사용하기

2) Key stage 2

Key stage 2의 교과 내용은 Key stage 1의 교과 내용보다 양이나 수준에서 향상되었으며, 조금 더 복잡한 부분도 있다.

(1) 디자인

• 목적에 부합하고, 특정 개인이나 집단에 합당한 결과물에 혁신적이고, 기능적이며, 설득력 있는 디자인을 제공하기 위해서 디자인 준거를 연구하고 개발하여 사용하기
• 토의, 주석이 달린 스케치, 단면도, 분해 조립도, 원형, 패턴 조각 그리고 컴퓨터-보조 디자인을 통해 자신의 아이디어 창출하기, 발전하기, 만들기 그리고 상호작용하기

(2) 만들기

• 실제적인 작업(예를 들어, 자르기, 만들기, 연결하기 그리고 마무리하기)을 정확하게 수행하기 위해 다양한 도구와 장비를 선택하고 사용하기

- 건축 재료, 섬유 등의 소재의 기능적인 특성과 미적 특성을 포함한 다양한 재료와 구성 요소를 선택하고 사용하기

(3) 평가하기

- 다양한 기존 결과물을 조사하고 분석하기
- 자신들의 아이디어와 결과물을 자신들의 디자인 준거에 대조하여 평가하고 자신들의 작업을 개선하기 위해 다른 사람에서 관점을 고려하기
- 디자인과 기술이 형성된 세계에서 사건과 개인이 어떤 역할을 하는지 이해하기

(4) 기술 지식

- 더 복잡한 구조를 강화하고, 단단하고 보강하는 방법을 이해하면서 적용하기
- 자신들의 결과물에서 체계를 이해하고 사용하기
- 자신들의 결과물에서 전자 시스템을 이해하고 사용하기
- 프로그램의 컴퓨팅을 이해하면서 적용하기, 자신들의 결과물을 확인하고 통제하기

3) 요리하기와 영양(2014년 국가교육과정부터 의무적으로 가르쳐야 하는 내용)

(1) 목적

- 요리하는 방법과 영양의 원리와 건강한 먹을거리의 적용을 배우는 것
- 요리를 좋아하는 것은 인간의 창의력을 표현하는 하나의 방법임을 학생들에게 심어주는 것
- 요리 방법을 학습하는 것은 현재와 미래에 학생들에게 밥을 먹이고 다른 사람들에게 좋은 음식을 제공하는 것

(2) 내용

① Key stage 1

- 건강과 다양한 음식 준비에 대한 기본적인 원리 이용하기
- 식품의 유통 이해하기

② Key stage 2

- 건강과 요리를 준비하기 위한 다양한 식단을 이해하고 적용하기
- 주로 풍미 있는 요리에 사용할 수 있는 요리 기술의 다양함을 준비하고 요리하기
- 계절성 이해하기 또한 자연 재료와 가공 성분의 다양성 알기

3절 일본

개요

일본은 문무과학성에서 마련한 학습 지도 요령에 의하여 실과 관련 교육과정을 운영하고 있다. 즉, 초등학교에서 가정, 생활, 도화·공작 교과를 통하여 운영되고 있는 실과와 관련된 교육에 대해 알아본다.

1. 교육 체제

일본은 소학교 6년과 중학교 3년이 의무교육 기간이며, 4월에 신학기를 시작하여 3학기 제도로 운영한다. 문무과학성은 학습 내용과 교과서를 관리하여 전국의 학교가 균일하게 같은 내용을 교육할 수 있도록 한다.

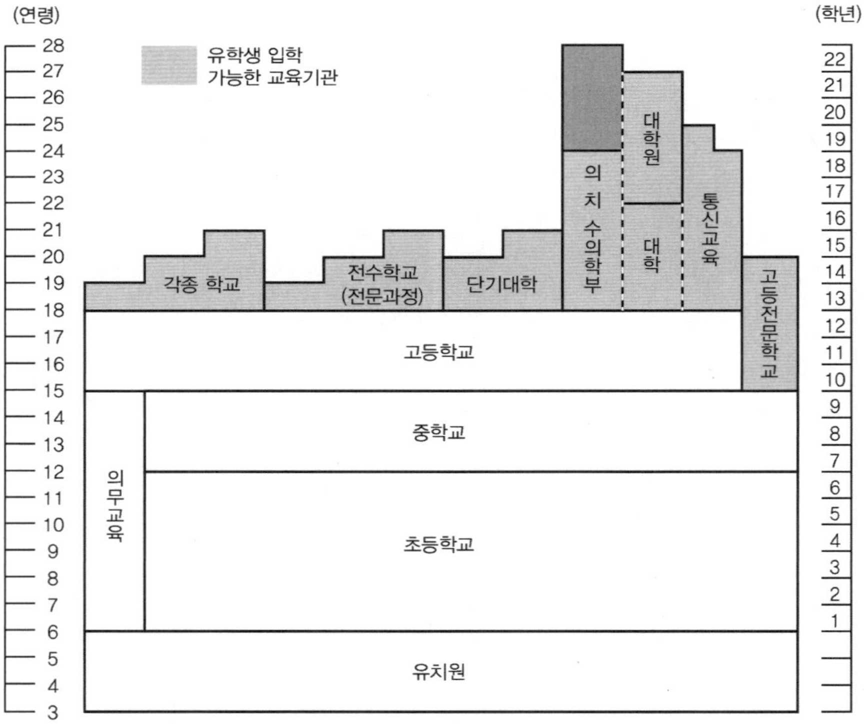

[그림 3-3] 일본의 교육 제도

2. 실과 관련 교육과정

일본은 1947년에 학습 지도 요령 시안이 만들어지고, 1951년 소학교 학습 지도 요령이 개정된 이후 여러 차례의 재개정이 이루어졌다. 현재는 2008년 개정된 학습 지도 요령(교육과정)에 의하여 운영되고 있다. 일본의 초등학교에는 우리나라의 실과 교과와 같은 '가정' 교과가 있고, 실과와 관련된 교과로는 '생활'과 '도화공작' 교과가 있다.

가. 가정

일본 초등학교의 가정 교과는 5~6학년에 가족생활, 식생활, 의생활 · 주생활, 소비 · 환경의 4개 영역으로 구성되어 있다.

1) 목표

가정 교과의 목표는 교과 목표와 학년 목표로 구분하여 제시하고 있다.

(1) 교과 목표

의식주 등에 관한 실천적 · 체험적인 활동을 통해서 일상생활에 필요한 기초적 · 기본적인 지식 및 기능을 몸에 익히고 가정생활을 소중히 여기는 마음을 기르고 가족의 일원으로서 생활을 보다 좋게 하려는 실천적인 태도를 육성한다.

(2) 학년 목표

- 의식주와 가족 생활 등에 관한 실천적 · 체험적 활동을 통하여 자신의 성장을 자각하고, 가정생활에 대한 관심을 높이며, 그 소중함을 깨닫게 한다.
- 일상생활에 필요한 기초적 · 기본적인 지식 및 기능을 몸에 익히고, 친밀한 생활에 활용할 수 있도록 한다.
- 자신과 가족 등의 관계를 생각하고 실천하는 기쁨을 누려 가정생활을 더 잘하려고 하는 실천적 태도를 기른다.

2) **내용**(문부과학성, 2008)

2008 개정 학습 지도 요령에서 가정 교과에 대한 내용은 '가정생활과 가족', '일상의 식사와 조리의 기초', '쾌적한 옷과 주거', '친밀한 소비 생활과 환경'으로 영역을 구분하고, 각 영역의 하위 영역에 대한 교육 내용을 제시하고 있다.

(1) 가정생활과 가족

① 자신의 성장과 가족에 대해서 다음 사항을 지도한다.
㉮ 자신의 성장을 자각함으로써, 가정생활과 가족의 소중함을 느끼기
② 가정생활과 일에 대해서 다음 사항을 지도한다.
㉮ 가정은 자신과 가족의 생활을 지탱하는 것이 있음을 알고, 자신이 분담하여 일하기
㉯ 생활 시간의 올바른 사용 방법을 생각하고 가족에게 협력하기
③ 가족과 이웃 사람들과의 관계에 대해서 다음 사항을 지도한다.
㉮ 가족과의 만남을 단란하고 즐겁게 하도록 생각하기
㉯ 이웃 사람들과의 관계를 생각하고 자신의 가정생활 고려하기

(2) 일상의 식사와 조리의 기초

① 식사의 역할에 대해서 다음 사항을 지도한다.
㉮ 식사의 역할을 알고 일상의 식사 소중함 알아보기
㉯ 즐거운 식사를 하기 위해 궁리하기
② 영양을 생각한 식사에 대해서 다음 사항을 지도한다.
㉮ 몸에 필요한 영양소의 종류와 기능에 대해서 알기
㉯ 식품의 영양적 특징을 알고, 음식을 골고루 먹어야 하는 필요성 알기
㉰ 1끼 분의 식단 생각하기
③ 조리의 기초에 대해서 다음 사항을 지도한다.
㉮ 요리에 관심을 갖고 필요한 재료의 분량이나 절차를 생각하며, 조리계획 세우기
㉯ 재료의 씻는 방법, 자르는 방법, 맛을 내는 방법, 상 차리기, 설거지 등을 적절하게 하기
㉰ 삶거나 볶는 조리하기

㉣ 쌀밥과 된장국 조리하기

㉤ 조리에 필요한 용구와 식기를 안전하고 위생적으로 취급하고 스토브도 안전하게 다루기

(3) 쾌적한 옷과 주거

① 옷의 착용과 관리에 대해서 다음 사항을 지도한다.

㉮ 옷의 기능을 알고, 옷에 관심을 가지며, 평상복을 편안하게 입는 방법 알기

㉯ 평상복 관리의 필요성을 알고, 단추 달기와 세탁해 보기

② 쾌적한 생활 방식에 대해서 다음 사항을 지도한다.

㉮ 생활 방식에 관심을 갖고, 정리 · 정돈 및 청소 방법 알기

㉯ 계절의 변화에 맞춘 삶의 소중함을 알고, 쾌적한 생활 방식 생각하기

③ 생활에 유용한 물건의 제작에 대해서 다음 사항을 지도한다.

㉮ 옷감을 이용하여 제작하는 것과 형태 등을 생각하여 제작 계획 세우기

㉯ 손바느질과 재봉틀을 이용한 직선 바느질을 하여 목적에 알맞은 바느질 방법을 알고 제작하여 활용하기

㉰ 제작에 필요한 용구를 안전하게 취급하기

(4) 친밀한 소비 생활과 환경

① 물건이나 금전의 사용법과 쇼핑에 대해서 다음 사항을 지도한다.

㉮ 물건이나 돈의 소중함을 깨닫고, 계획적인 사용 방법 생각하기

㉯ 일상적인 물건의 선택 방법, 사는 방법을 생각하고 적절하게 구입하기

② 환경을 배려한 생활 방식에 대해서 다음 사항을 지도한다.

㉮ 자신의 생활과 친밀한 환경과의 관계를 깨닫고, 물건의 사용법 등 생각하기

3) 지도 계획의 작성과 내용의 취급

(1) 지도 계획 작성에 있어서는, 다음 사항에 유의한다

① 소재의 구성에 있어서는 아동의 실태를 정확하게 파악하고, 내용 간의 관계

를 도모하며, 지도의 효과를 높이도록 한다.

② '(1) 가정생활과 가족' ①의 ㉮ 내용은 4학년까지의 학습을 토대로 2학년 사이의 학습을 예측하여, 5학년에 먼저 이수시키는 것과 동시에, '(1) 가정생활과 가족'에서 '(4) 친밀한 소비 생활과 환경'까지의 학습과 관련시키도록 한다.

③ '(2) 일상의 식사와 조리의 기초' ③의 내용 및 '(3) 쾌적한 옷과 주거' ③의 내용에 대해서는 학습의 효과를 높이기 위해 2학년에 걸쳐 취급이 평이한 것부터 단계적으로 학습할 수 있도록 계획하도록 한다.

(2) 내용의 취급에 대해서는 다음 사항에 유의한다

① '(2) 일상의 식사와 조리의 기초'에 대해서는 다음과 같이 취급하는 것으로 한다.

- ②의 ㉮ 및 ㉯의 내용은 5대 영양소와 식품의 체내에서의 주요 기능을 중심으로 다룬다.
- ③의 ㉱ 내용은 쌀밥과 된장국이 우리나라의 전통적인 일상 식사인 것에도 접할 수 있도록 한다.

② '(3) 쾌적한 옷과 주거' ②의 ㉯ 내용은 주로 더위 · 추위, 통풍 · 환기 및 채광을 다룬다.

③ '(4) 친밀한 소비 생활과 환경'에 대해서는 다음과 같이 취급하는 것으로 한다.

- ①의 ㉯ 내용은 '(1) 가정생활과 가족'의 ③, '(2) 일상의 식사와 조리의 기초'의 ③ 및 '(3) 쾌적한 옷과 주거'의 ② 및 ③에서 다루고, 용구나 실습 재료 등의 일상적인 물건을 다룬다.
- ②의 내용은 '(2) 일상의 식사와 조리의 기초' 및 '(3) 쾌적한 옷과 주거'와 관련을 도모하고, 실천적으로 학습할 수 있도록 한다.

(3) 실습 지도에 대해서는 다음 사항에 유의한다

① 복장을 정비하고, 도구 손질과 보관을 적절하게 실시한다.
② 사고 방지에 유의하고, 열원과 제품, 기계 등을 다룬다.
③ 요리에 사용하는 식품은 생선이나 고기를 취급하지 않는 등 안전 위생에 유의한다.

(4) 가정과의 연계를 도모하고, 아동이 익힌 지식 및 기능 등을 일상생활에 사용하도록 배려한다

(5) 각 내용 지도에 있어서는 의식주 등 생활 속의 다양한 말을 깨닫고 이해하는 학습 활동이나 자신의 생활에서의 과제를 해결하기 위해서 말이나 도표 등을 이용한 생활을 잘 할 수 있는 방법을 생각하거나, 설명하는 등의 학습 활동이 향상되도록 배려한다

나. 생활

1) 목표

생활 교과의 목표는 교과 목표를 제시하고, 교과 목표를 보다 구체화하여 학년 목표를 제시하고 있다.

(1) 교과 목표

구체적인 활동과 체험을 통하여 자신과 주변 사람들 또는 사회 및 자연과의 관계에 관심을 가지고, 자기 자신 및 자신의 생활에 관하여 생각하게 함과 더불어 그 과정에 있어서 생활상 필요한 습관과 기능을 몸에 배게 하여 자립의 기초를 기른다.

(2) 학년 목표

생활 교과의 학년 목표는 아동의 발달 특징을 고려하고, 아동의 실태를 감안한 유연성을 가진 지도가 되게 하기 위하여 1학년과 2학년의 목표를 따로 분리하지 않고 통합하여 자신과 사람 및 사회와의 관련에 관한 것, 자신과 자연과의 관련에 관한 것, 자기 자신에 관한 것, 생활 교과 특유의 학습방법에 관한 것 등에 대한 것을 다음과 같이 4개로 구성하여 제시하고 있다.

- 자신과 주변 사람들 및 지역의 여러 가지 장소, 공공물 등과의 관계에 관심을 가지고, 지역의 장점을 깨닫고 애착을 가질 수 있도록 함과 더불어 집단이나 사회의 일원으로서 자신의 역할이나 행동의 방식에 관하여 생각하고, 안전하고 적절하게 행동할 수 있도록 한다.
- 자신과 주변의 동물이나 식물 등의 자연과의 관계에 관심을 가지고, 자연의 뛰어남을 깨닫고, 자연을 중시하거나 자신들의 놀이 및 생활을 궁리할 수 있도록 한다.
- 주변의 사람들 또는 사회 및 자연과의 관계를 깊게 하는 것을 통해 자신의 장점 및 가능성을 깨닫고, 의욕과 자신을 가지고 생활할 수 있도록 한다.
- 주변의 사람들 또는 사회 및 자연에 관한 활동의 즐거움을 맛보도록 함과 더불어 이들을 통하여 깨달았던 것이나 즐거웠던 것 등에 관하여 언어, 그림, 동작, 극화 등의 방법으로 표현하고 생각할 수 있도록 한다.

2) 내용

(1) 내용 구성의 시점 및 내용

2008 개정 학습 지도 요령에서는 내용 구성의 시점을 기본적인 시점 3개 항목과 구체적인 시점 11개 항목으로 구분하고 있다.

표 3-8 내용 구성의 시점

시점	항목	
기본적인 시점	• 자신과 인간 및 사회와의 관계 • 자신과 자연과의 관계 • 자기 자신	
구체적인 시점	• 건강하고 안전한 생활 • 지역에의 애착 • 생산과 소비 • 주변 자연과의 접촉 • 놀이의 궁리 • 기본적인 생활습관 및 생활 기능	• 주변 사람들과의 접촉 방법 • 공공의 의식과 매너 • 정보와 교류 • 시간과 계절 • 성장에의 기쁨

(2) 내용 구성의 활동 요소(주제)

생활 교과의 내용 구성은 2개 학년을 합쳐서 9개 항목으로 제시하고 있다. 2개 학년을 일체로 하여 구성하되 이를 하층, 중층, 상층의 3단계로 계층화하고 활동의 위계 관계를 보다 명확히 하여 제시하고 있다.

표 3-9 내용 구성의 계층 및 활동 요소

내용 구성의 계층		활동 요소
계층	내용	
하층	아동의 생활권으로서 환경에 관한 내용	(1) 학교와 생활
		(2) 가정과 생활
		(3) 지역과 생활
중층	스스로의 생활을 풍요롭게 해가기 위하여 저학년 시기에 체험을 시켜놓고 싶은 활동에 관한 내용	(4) 공공물 및 공공시설의 이용
		(5) 계절의 변화와 생활
		(6) 자연 및 사물을 사용한 놀이
		(7) 동 · 식물의 사육 · 재배
		(8) 생활 및 사건의 교류
상층	자기 자신의 생활과 성장에 관한 내용	(9) 자신의 성장

하층에서는 '아동의 생활권으로서 환경에 관한 내용'으로 3개의 활동 요소를, 중층에는 '스스로의 생활을 풍요롭게 해가기 위하여 저학년 시기에 체험을 시켜놓고 싶은 활동에 관한 내용'으로 5개의 활동 요소를, 상층에는 '자기 자신의 생활과 성장에 관한 내용'으로 1개의 활동 요소를 두고 있다.

이들 내용 구성 요소들을 아동의 생활권으로서 환경에 관한 내용, 저학년의 시기에 체험시키고 싶은 내용, 자기 자신의 생활과 성장에 관한 내용을 각각의 구성 요소별로 학습 대상 · 학습 활동, 사고 · 인식, 능력 · 태도로 구분하여 제시할 수 있다.

첫째, 아동의 생활권으로서 환경에 관한 내용이다. 이는 학교, 가정, 자신들 등과 관련된 생활에 관한 3개 항목으로 되어 있다.

표 3-10 아동의 생활권으로서 환경에 관한 내용

내용	학습 대상 · 학습 활동	사고 · 인식	능력 · 태도
(1)	학교의 시설 모습 및 교사 등 학교 생활을 지원하고 있는 사람들과 친구들에 대해 안다.		즐겁고 안심하고 놀이 및 생활이 가능하다. 안전한 등 · 하교가 가능하다.
(2)	가정생활을 지원하고 있는 가족의 일이나 자신이 할 수 있는 것 등에 관하여 생각한다.		자신의 역할을 적극적으로 행함과 동시에, 규칙 바르게 건강에 주의하여 생활할 수 있다.
(3)	자신들의 생활은 지역에서 생활하거나 일하는 사람들과 여러 장소와 관계되는 것을 안다.		이들에 친함과 애착을 가지고, 사람들과 적절하게 접하는 것과 안전하게 생활할 수 있다.

둘째, 스스로의 생활을 풍요롭게 해가기 위하여 저학년 시기에 체험시키고 싶은 내용이다. 이는 공공물, 주변 자연, 동 · 식물, 자신들과 관련된 것에 관한 5개 항목으로 되어 있다.

표 3-11 저학년 시기에 체험시키고 싶은 내용

내용	학습 대상 · 학습 활동	사고 · 인식	능력 · 태도
(4)	공공물이나 공공시설을 이용한다.	주변에 모두가 사용하는 것이 있다는 것과 관리하는 사람이 있다는 것을 안다.	이것들을 소중하게, 안전하게, 바르게 이용할 수 있다.
(5)	주변 자연을 관찰하거나 계절이나 지역의 행사에 관련되는 활동을 행한다.	사계의 변화나 계절에 의하여 생활의 모습이 변하는 것을 깨닫는다.	자신들의 생활을 궁리하거나 즐겁게 할 수 있다.
(6)	주변의 자연을 이용하거나 물건을 사용하고, 놀이나 놀이에 사용하는 물건을 궁리하여 만든다.	그 흥미로움이나 자연의 경이를 깨닫는다.	모두 놀이를 즐겁게 할 수 있다.
(7)	동물을 사육하거나 식물을 재배하거나 한다.	이것들의 사육 장소, 변화나 성장에 관심을 가지고, 이것들이 생명을 가지고 있고 성장하고 있다는 것을 깨닫는다.	살아 있는 것에 친밀함을 가지고 소중히 할 수 있다.
(8)	생활이나 지역에서 일어난 일을 주변 사람들과 교류하는 활동을 한다.	주변 사람들과 어울리는 것의 즐거움을 안다.	나아가 교류를 할 수 있다.

셋째, 자기 자신의 생활과 성장에 관한 내용으로 1개 항목으로 되어 있다.

▌표 3-12 자기 자신의 생활과 성장에 관한 내용

내용	학습 대상 · 학습 활동	사고 · 인식	능력 · 태도
(9)	자기 자신의 성장을 되돌아본다.	많은 사람들의 도움으로 자신이 성장했고, 할 수 있게 되고, 역할이 늘어난 것 등을 알 수 있다.	지금까지 생활이나 성장을 도와준 사람들에게 감사한 마음을 가짐과 동시에 앞으로의 성장을 원망하면서 의욕적으로 생활할 수 있다.

다. 도화 공작(문부과학성, 2008)

1) 목표

표현 및 감상 활동을 통해 감성을 행사하면서 만들어 내는 기쁨을 누리게 하고, 조형적인 창조 활동의 기초적인 능력을 기르며 풍부한 정서를 기른다.

2) 각 학년의 목표 및 내용

(1) 1학년과 2학년

① 목표

- 꾸준히 감상하는 태도를 기르는 동시에 만들어 내는 기쁨을 누리게 한다.
- 조형 활동을 즐기고 풍부한 발상을 하는 등 몸 전체의 감각과 기능 등을 사용하도록 한다.
- 우리 주변의 작품 등으로 재미와 즐거움을 느끼게 한다.

② 내용

㉮ 표현

- 자료를 바탕으로 조형 놀이 활동을 통해 다음 사항을 지도한다.
  - 친근한 자연물이나 인공 재료의 모양과 색상 등을 기초로 생각하여 만드는 것
  - 감각과 느낌을 살리면서 즐겁게 만드는 것
  - 정리하거나 쌓는 등 몸 전체로 만드는 것
- 느낀 것이나 상상한 것을 그림이나 입체 공작에 나타내는 활동을 통해 다음 사항을 지도한다.

- 느낀 것이나 상상한 것에서 의미 있는 것을 찾아 나타내기
- 원하는 색상을 선택하거나 다양한 모양을 만들어 즐기면서 나타내기
- 익숙한 재료와 사용하기 쉬운 도구로 손으로 나타내는 방법을 생각하고 표현하기

㉯ 감상

• 주변의 작품 등을 감상 활동을 통하여 다음 사항을 지도한다.
  - 자신들의 작품과 친밀한 재료 등을 즐겁게 감상하기
  - 느낀 점을 이야기하거나 친구의 이야기를 듣는 등 모양과 색상, 표시 방법의 재미와 재료의 감각 느끼기

[공통사항] 표현과 감상 지도를 통해 다음 사항을 지도한다.
• 자신의 감각과 활동을 통해 모양과 색상 등 파악하기
• 모양과 색상 등을 바탕으로 자신의 이미지 가지기

(2) 3학년과 4학년

① **목표**

• 꾸준히 표현하고 감상하는 태도를 기르는 동시에 만들어 내는 기쁨을 누리게 한다.
• 재료 등 풍부한 발상을 하고 손이나 몸 전체를 충분히 사용하여 나타내는 방법을 찾아 조형적인 능력을 향상시킨다.
• 우리 주변의 작품 등에서 재미와 즐거움을 느끼게 한다.

② **내용**

㉮ 표현

• 재료 및 장소 등을 바탕으로 조형 놀이 활동을 통해 다음 사항을 지도한다.
  - 익숙한 재료와 장소 등을 바탕으로 발상하기
  - 새로운 형태를 만드는 동시에 그 형태에서 발상하고 이야기를 통해 생각하며 만들기
  - 전 학년까지의 재료와 공구에 대한 경험을 살려 결합하거나 잘라서 잇거나, 모양을 바꾸거나 하는 등으로 만들기
• 느낀 것, 상상한 것, 본 것을 그림이나 입체 공작에 나타내는 활동을 통해

다음 사항을 지도한다.

- 느낀 것, 상상한 것을 보고 나타내고 싶은 것을 찾아서 나타내기
- 표현하고 싶은 것과 용도 등을 생각하면서 모양과 색상, 소재 등을 활용하여 계획을 세우고 나타내기
- 표현한 것에 따라 재료나 공구의 특징을 살려 나타낼 수 있는 방법을 생각하고 표현하기

㉯ 감상

• 주변의 작품 등을 감상 활동을 통하여 다음 사항을 지도한다.

- 자신들의 작품과 주변의 미술 작품과 제작과정 등을 감상하고, 재미와 즐거움 느끼기
- 느낀 점이나 생각한 것을 이야기하거나 친구와 대화하는 등 다양한 방법으로 나타내고 재료에 의한 느낌의 차이 알기

[공통사항] 표현 및 감상 지도를 통해 다음 사항을 지도한다.
• 자신의 감각과 활동을 통해 모양과 색상, 조합 등의 느낌 파악하기
• 모양과 색상 등을 바탕으로 자신의 이미지 갖기

(3) 5학년과 6학년

① **목표**

• 창조적으로 표현하고 감상하는 태도를 기르는 동시에 만들어 내는 기쁨을 누리게 한다.
• 재료 등의 특징을 파악하고 상상력을 기르며 주제의 표시 방법을 구상하고, 다양한 표시 방법을 생각하여 조형 능력을 기른다.
• 주변의 작품 등에서 즐거움이나 아름다움을 느끼고, 그것을 소중히 여기도록 한다.

② **내용**

㉮ 표현

• 재료 및 장소 등의 특징을 바탕으로 조형 놀이 활동을 통해 다음 사항을 지도한다.

- 재료 및 장소 등의 특징을 바탕으로 발상하고 상상력을 동원하여 만들기

– 재료나 장소 등을 바탕으로 구성하거나 주변의 모습을 생각하며 만들기
– 전 학년까지의 재료 및 공구 등에 대한 경험과 기술을 종합적으로 활용하여 만들기

• 느낀 것, 상상한 것, 본 것을 통해 서로 전하고 싶은 것을 그림이나 입체 공작에 나타내는 활동을 통해 다음 사항을 지도한다.
  – 느낀 것, 상상한 것, 본 것을 통해 전하고 싶은 것을 찾아서 나타내기
  – 모양과 색상, 재료의 특징과 구성의 아름다움 등의 느낌, 용도 등을 생각하면서 나타내는 방법을 구상하고 나타내기
  – 표현하고 싶은 것을 재료나 공구의 특징을 살려 사용하고, 표현에 적합한 방법 등에 따라 나타내기

㉯ 감상

• 주변의 작품 등에 대한 감상 활동을 통하여 다음 사항을 지도한다.
  – 자신들의 작품, 우리나라와 다른 나라들의 미술 작품, 생활 속의 작품 등을 감상하고, 즐거움과 아름다움 느끼기
  – 느낀 것, 생각한 것을 이야기하거나 친구와 대화를 통해 나타내는 방법의 변화, 표현의 의도와 특징 등 파악하기

[공통사항] 표현 및 감상 지도를 통해 다음 사항을 지도한다.
• 자신의 감각과 활동을 통해 모양과 색상, 움직임과 깊이 등의 조형적 특징 파악하기
• 모양과 색상 등의 조형적 특징을 바탕으로 자신의 이미지 가지기

3) 지도 계획의 작성과 내용의 취급

(1) 지도 계획의 작성에 있어서는 다음의 사항을 고려해야 한다

• 각 학년의 내용 [공통사항]은 표현 및 감상에 관한 능력을 육성하는 데 공통적으로 필요한 것이며, 표현 및 감상의 각 활동에서 충분한 교육이 이루어지도록 해야 한다.
• 각 학년 내용의 '표현'의 지도에 배당하는 수업 시간 내용은 공작에 표시하는 수업에서 그림이나 입체로 표현하는 것 중 내용에 배당하는 수업 시간과 동일하게 계획할 수 있다.

- 각 학년 내용의 '감상'의 지도 내용은 '표현'과 연계한다. 그러나 교육의 효과를 높이기 위해 필요한 경우에는 학생과 학교의 실태에 따라 별도로 수행할 수 있다.
- 각 학년 내용의 '표현'의 지도에 대해서는 해당 공동으로 만들어 내는 활동을 다룰 수 있다.
- 저학년에서는 '생활과' 등과 적극적으로 연계하여 지도의 효과를 높이도록 한다. 특히, 1학년에서는 유치원 교육의 표현 영역과의 관련을 고려한다.
- 도덕 교과의 목표에 따라 도덕 시간 등의 관련을 고려하면서 미술학과의 특성에 따라 적절하게 지도할 수 있다.

(2) 내용의 취급에 대해서는 다음의 사항을 고려해야 한다

- 학생 개개인의 특성을 살린 활동을 할 수 있도록 폭넓은 학습 활동이나 표현 방법을 갖추도록 한다.
- 각 학년의 '표현'은 학생과 학교의 실태에 따라 학생이 사고하고 즐길 수 있는 정도의 수준의 경험을 할 수 있도록 한다.
- 취급하는 재료 및 공구 내용은 다음과 같다. 필요에 따라 해당 학년 이전 학년에서 초보적인 형태로 채택하거나 다음 학년으로 넘길 수 있다.
  - 2학년은 흙, 점토, 나무, 종이, 크레용, 가위, 풀, 간단한 칼류 등 주변에서 취급하기 쉬운 것으로 학생이 충분히 익숙해질 수 있도록 하는 것
  - 4학년은 나무 조각, 판재, 못, 수채화, 칼, 사용하기 쉬운 톱, 망치 등으로 학생이 적절하게 처리할 수 있도록 하는 것
  - 6학년은 철사, 실톱 등 학생이 표현 방법에 따라 활용할 수 있도록 하는 것
- 사고 방지에 유의한다.
- 각 학년의 '감상' 지도를 하는 경우 학생과 학교의 실태에 따라 지역의 미술관 등을 이용하거나 제휴를 할 수 있다.

(3) 교내의 적절한 장소에 작품을 전시하는 등 평소 학교생활에서 그것을 감상할 수 있도록 배려한다

논의

1. 우리나라의 실과교육과정과 외국의 실과 관련 교육과정을 비교하여 논의해 보자.
2. 미국의 각 주에서 운영하고 있는 실과 관련 교육과정 내용을 통합교육 가능성 측면에서 논의해 보자.
3. 외국에서 운영하고 있는 실과 관련 교육과정을 통하여 우리나라 실과교육의 미래를 진단해 보자.

참 | 고 | 문 | 헌

강대중(2004). 한국의 「실과」 교과와 영국의 「Design & Technilogy」 교과교육과정 비교연구. 광주교육대학교 교육대학원 교육학석사학위논문.

국가교육과정정보센터(NCIC)(2016). **세계 교육과정**. 한국교육과정평가원. Retrieved from http://ncic.re.kr/mobile.wdi.map.do

남경희(2012). 생활과 및 총합적 학습시간의 특성과 육성하고자 하는 힘 고찰. **한국일본교육학연구, 17**(1), 87-104.

_______(2015). 한일 '슬기로운 생활'과 '생활'의 교과 성격 변화. **한국일본교육학연구, 20**(1), 1-20.

방기혁(2007). 미국 실과교육의 최신 동향 분석. **한국실과교육학회지, 20**(3), 101-120.

백경선 외(2013). **교육과정 편제 및 수업 시수에 대한 국제 비교 연구**. 한국교육과정평가원.

장상옥(2011). 한국과 일본의 개정 교육과정 초·중등 실과(기술·가정)/가정 주생활 영역의 교육내용 및 연계성 비교 분석. **한국실과교육학회지, 24**(4), 297-316.

_______(2012). 일본의 초·중학교 주생활 학습 내용 분석을 통한 새로운 관점 도출. **한국실과교육학회지, 25**(3), 45-69.

_______(2013). 한국과 일본의 초등학교 실과/가정 소비생활 영역의 교육과정과 해설서 및 교과서 내용요소 비교. **한국실과교육학회지, 26**(3), 15-39.

정남용(2009). 교육 선진국에서의 실과 교육과정 분석을 통한 우리나라 실과교육의 발전 방향. **실과교육연구, 15**(4), 35-58.

정성봉(1999). **실과 · 기술 가정 교육과정론**. 학지사.

文部科學省(2008). **小學校學習指導要領安**.

http://mdk12.org/mspp/vsc/

http://theschoolrun.com

http://www.detroitwaldorf.com

http://www.dnr.state.md.us/education/greenschools.html

http://www.ftcsc.k12.in.us/resource/currmap.html

https://www.gov.uk

http://www.hartsbrook.org/curriculum.html

http://www.lpcsc.k12.in.us/curriculum/index.htm

http://www.mccsc.edu/~curriculum/MCCSC_Curriculum.htm

http://www.mcps.k12.md.us/curriculum/science/

http://www.mcrel.org/standards/index.asp

http://www.michigan.gov/mde/

http://www.montgomeryschoolsmd.org/curriculum.cfm

http://www.montgomeryschoolsmd.org/curriculum/elementary/

http://www.montgomeryschoolsmd.org/departments/cte

http://www.nj.gov/education/aps/cccs/

http://www.pkwy.k12.mo.us/C_I/arts

http://www.state.nj.us/njded/cccs/

http://www.timeforkids.com/TFK/class/

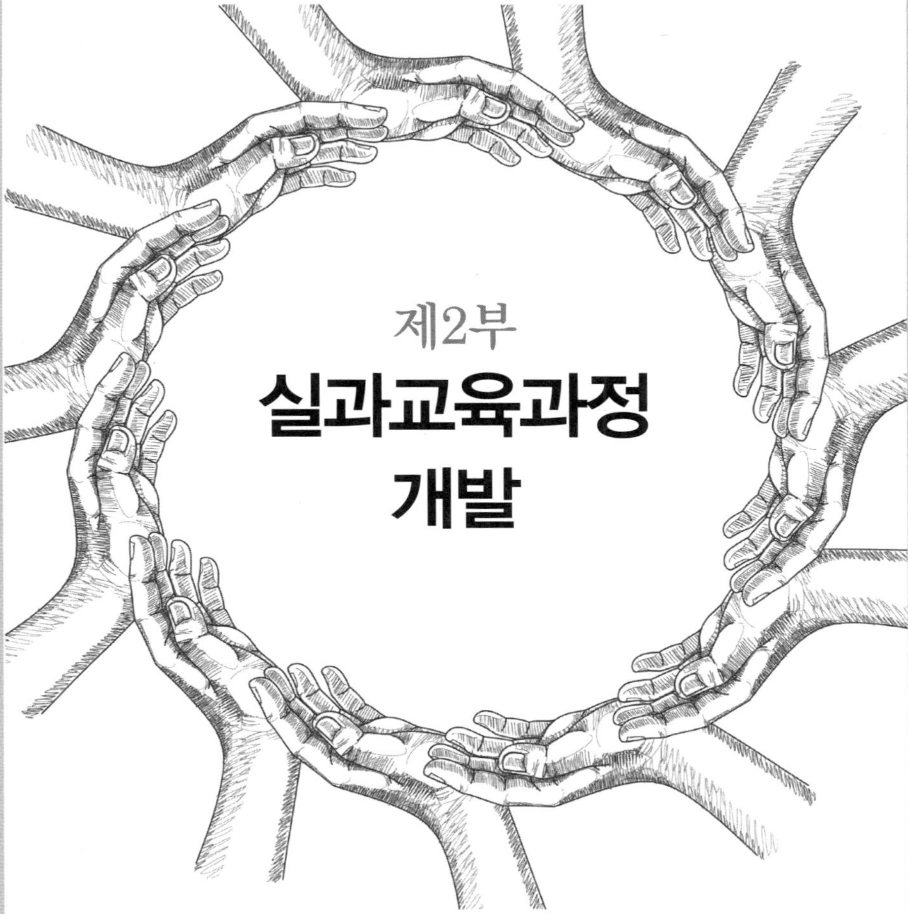

제2부
실과교육과정 개발

제4장
실과교육과정 개발의 실제

개요

교육을 '인간 행동의 계획적인 변화과정'이라고 정의할 때 '계획'에 포함될 수 있는 내용에는 가르칠 내용, 가르치는 방법, 평가 방법 등이 포함될 수 있을 것이다. 여기서 가르칠 내용과 가르치는 방법 및 평가 방법에 대한 계획을 교육과정이라고 한다면, 교육과정은 교육과 교육학의 중핵이라고 할 수 있다. 그러나 교육과정의 개념은 보는 사람들의 관점에 따라 다양하고, 교육과정의 유형도 다양하게 제시되고 있다. 또한 교육과정의 개발과정도 원론에 따르는 경우도 있지만 교과의 특성에 따라 다양한 방법으로 개발하기도 한다. 따라서 여기에서는 교육과정의 개발 원리와 유형을 살펴보고, 교육과정 개정 절차 등을 고찰하였다.

목표

1. 교육과정 개발의 필요성을 말할 수 있다.
2. 교육 제도 안에서의 교육과정 개발 방법을 설명할 수 있다.
3. 교육과정의 개발 모형들에 대하여 설명할 수 있다.
4. 실과교육과정의 개발 절차에 대하여 알 수 있다.

1절 교육과정 개발 유형

개요

교육과정 개발 유형은 정책적인 의사결정 유형에 속하며 오늘날의 정치, 경제, 사회, 문화 등과 밀접히 관련지으면서 이루어진다. 교육과정 개발의 수준에 있어서도 교육 제도 안에서의 개발과 교육 제도 밖에서의 개발로 구분되는데, 이에 대해 알아본다.

1. 교육과정 개발의 의미

가. 교육과정 개발의 필요성

오늘날의 교육과정 개발은 대부분 사회 변화로 인한 학교교육의 요구로부터 이루어진다. 빠르게 변화하는 사회 속에서 지식의 팽창과 교육에 대한 학습자들과 사회의 요구, 문화적 다양성, 가치관의 혼미, 권력의 다원화 등이 초래되었고, 또한 교육에 많은 문제를 야기시켰다(정성봉, 2009). 이와 같은 사회 변화가 교육에 요구하는 것으로 인해 교육 관련자들은 학생들이 변화하는 사회에 대처할 수 있는 능력을 향상시킬 수 있도록 새로운 교육과정을 개발할 필요가 있음을 제기하였다. 따라서 전반적으로 정치, 경제, 사회, 문화 등의 제반 분야 차원에서 그 발전 방향과 미래를 전망해 보고, 그러한 발전을 어떤 방법으로 교육 내용에 반영시켜야 할지가 교육과정 개발에서의 주요 관심사이다. 또한 지식의 본질과 학습자관, 사회의 다양한 요구 등이 많아짐에 따라 여기에 적절한 교육을 하기 위해서는 교육과정 개발에 대한 이해가 매우 필요하다.

나. 교육과정 개발의 개념

교육과정에 대한 정의가 다양하기는 하지만, '학습자의 인지적 · 정의적 · 기능적 능력의 성장과 발전을 돕기 위하여 교육을 주도하는 기관이 체계적으로 개발하는 모든 종류의 교수-학습 경험의 계획'이라고 할 때(이성호, 1982 ; 정성봉, 2009), 교수-학습의 경험을 어떤 순서로 정하여서 제공할지가 중요한 변수이다. 학생들에게 어떤 순서로 가르쳐야 하며, 어떤 매체를 가지고 제공해 주어야 하는지에 대해 고민하여 효율성을 가져오도록 하는 일련의 과정이 교육과정 개발이라고 할 수 있다. 다시 말해서, 교육과정 개발은 종합적인 개념으로서 교육과정 계획-교육과정 실행-교육과정 평가를 모두 포함하는 것으로 보아야 한다.

2. 교육과정 개발 수준

교육과정의 개발은 어느 수준에서 이루어지느냐에 따라 사용되는 방법과 참여 전문가가 매우 달라진다. 교육과정 개발의 수준은 크게 교육 제도적인 맥락을 통해서 볼 때 국가 수준, 지역 수준, 학교 수준의 세 가지로 나누어 볼 수 있다(곽병선, 1997). 그밖에도 교육제도 밖에서 이루어지는 교육과정 개발은 일반인들이 자발적으로 참여하여 이루어지는 경우이다.

가. 교육 제도 안에서의 교육과정 개발

1) 국가 수준의 교육과정 개발

교육과정 관련 기준과 지침, 교과서 제도, 시험 제도 등에 대한 최종 승인권을 갖고 있거나 이를 결정할 책임이 교육제도 내에서 최고 의사 결정 기관(예 : 교육부)에 있는 경우는 국가 수준 중앙 집중 방식이다. 도, 주, 자치령 등 지역 수준에서 결정되면 지역 수준 중앙 집중 방식이며, 학교 자체 또는 교사들에 의해 가르칠 거리가 결정되는 경우는 지방 분권 방식이라고 구분할 수 있다. 정치 · 경제 분야를 비롯한 여타 분야에서와 같이 집중화된 통제와 의사결정은 교육에서도 어느 정도 '관례'가 되어 왔다. 교육 개혁안, 교육 목표, 교육과정 개정과 개발, 교원교육과 인사, 교육 재정, 교육 시설 및 설비, 각종 시험 등이 상당 부분 국가 수준에서 발의, 시행, 관리되어 온 것이다. 마찬가지로 우리나라 교육과정은 교육부에서 이를 발의, 연구 개발, 지휘 감독 및 고시를 주관하는 전형적인 중앙 집중화된 국가교육과정이다(홍후조, 1999).

우리나라에서 교육과정의 기준과 내용에 관한 기본적인 사항은 교육부의 교육과정 문서로 고시된다. 고시된 문서는 국가 수준에서 전국의 모든 학교급별에서 공통적 · 일반적으로 교육 내용 편성의 근거로 삼아야 할 대강적인 기준이다. 이는 교육 목표, 교과 편제 및 시간 배당, 내용, 방법, 평가, 운영 면에 있어서 법적 구속성을 가지는 교육과정이며, 국가 기준으로서의 성격을 띠고 있다. 이 고시 문서는, 의도적 교육을 하려는 각 학교에는 교육과정 편성과 운영의 기준 문서로, 그러한 교육을 지원 · 지도해야 할 교육 행정 기관에는 교육 내용 행정의 지침 문서로, 교과서 편찬자들에게는 교과서 편찬의 기본 설계도로, 교육과 관련된 모든 구성원들에게는 학교 교육의 내용과 수준을 보장하는 공약 문서로 제공된다(한국교육과정교과서연구회, 1994).

기본적으로 국가 수준 교육과정은 우리나라의 초 · 중등학교 교육활동의 내용을 무엇으로 할 것인가에 대한 규정이요 설계이며, 국가 교육의 질을 일정하게 관리하기 위한 기준이라고 할 수 있다. 특히, 초 · 중등학교의 교육과정은 자라나는 세대에게 건전한 시민으로서 살아가는 데 소용되는 공통된 지식, 가치, 태도, 행동 양식에 대한 국가-사회적 기대를 담고 있다. 보통 교육에서 교육과정은 2세 국민들 사이에 공통된 상식을 형성하고자 하는 것이라고 볼 수 있다. 교육부가 고시하는 국가 수준의 교육과정은 보통 교육 단계의 우리나라 모든 어린이와 청소년을 대상으로 하며 한정된 시간과 공간에서 실행할 수 있어야 하므로 독특한 성격을 띤다고 할 수 있다(홍후조, 1997 : 87-88). 국가교육과정의 지나친 표준화는 학교와 교사의 역할을 교육과정 전달 기능으로 단순화 · 기능화시키고, 서로 차이 나는 학교나 지역의 실정에 맞는 실행 전략을 마련하기 어려우며, 학교교육을 획일화시키고 협소한 목표 달성으로 이끌기 쉽다. 기본적으로 국가교육과정 지침의 원안이 합리적인 만큼 학교 구성원들이 합리적으로 운영하고 실행하리라는 가정을 갖는다.

우리나라 국가교육과정은 고등학교 이하 모든 학교급이 참여하고 국어, 수학, 과학 등 모든 교과교육과정을 단기간에 바꾸는 식으로 전면적(일률적)으로 단기적(일시적)으로 주기적으로 개정되고 있다. 우선, 국가교육과정 개정은 교육 내적 이유보다 정권의 이데올로기를 정당화하고 이를 확산하려는 정치적 이유가 교육과정 개정의 발의를 촉발시켜왔다. 정치 사회적 영향을 직접적으로 받아 교육과정 개정이 발의되고, 교육부가 주관하여 교육과정 연구 개발 전문 기관 혹은 위원회의 협조를 얻어 연구 · 개발하여, 심의, 수정, 고시하고 있다. 연구와 개발은 전문가들이, 사전 적용과 검토는 현장 교사들이, 발의 · 심의 · 고시는 교육부가 주관하는 3원화 체제를 취하고 있다.

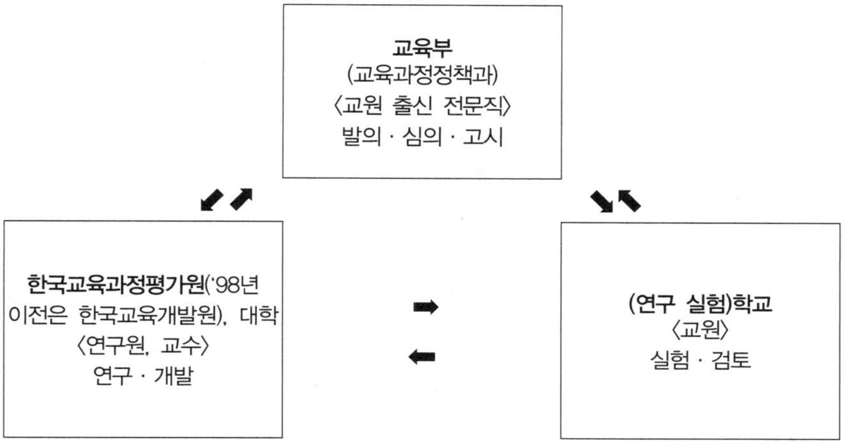

[그림 4-1] 우리나라 국가교육과정 개발의 세 축

지금까지는 교사들로부터 학생들의 필요에서 교육과정을 개정한 경우라기보다는 가르치는 자의 입장에서 구안되어 왔다. 즉, 학생들이 무슨 관심을 가지고 있고 무엇을 배우고 싶어 하는가에 대한 고려는 거의 없다고 해도 과언이 아니다. 시간과 예산이 드는 창의적 연구 사업으로서 교육과정 연구 개발 사업의 전체 과정과 일정을 관료적으로 중앙집중식으로 주도 관리해 온 결과이다. 따라서 21세기 새로운 교육과정 개발은 학습자와 수요자들을 고려한 교육과정의 개발이 대두되고 필요한 이유이다.

2) 지역 수준의 교육과정 개발

지역 수준의 교육과정의 개발은 교육 자치제를 시행하고 있는 나라에서 볼 수 있는 제도이다. 주정부, 지방 교육위원회, 교육청 단위에서 부여받은 학교 교육의 권한에 따라 지역적 특수성을 고려한 독립적인 교육과정을 개발하는 시스템이다(정성봉, 2009). 일반적으로 이러한 여건을 가진 나라들에서는 교육과정의 분산체제를 유지하고 있기 때문에 지역 단위에서 교육과정의 상세한 부분까지 모두 개발하기보다는 주로 교육과정 정책 개발에 집중한다. 많은 경우 실제로는 학교에서 사용할 자료의 개발은 주로 민간이나 교사에게 넘겨주는 경우가 많다. 지역 수준의 교육과정 개발 정책에서는 중앙기관이나 전문 교육연구기관의 도움을 받아 지역 중심의 전문가들을 참여시켜 해당 지역에 맞는 교육 목표, 교과 편제,

교과별 교수요목 등을 개발한다. 지역 수준의 교육과정의 개발도 국가 수준의 교육과정 개발과 그 절차가 유사하다. 다만, 지역 단위별로 교육과정의 문제를 종합적으로 다룰 수 있는 교육과정위원회와 같은 전담조직을 구성하는 것이 먼저 선행되어야 한다. 이 기구는 그 자체가 교육과정 개발 과제를 담당하기도 하지만 일반 민간 업자들이 제작한 각종 교육과정 자료가 해당 지역의 실정을 대변할 수 있는지의 여부를 판정하도록 결정권을 갖기도 한다.

3) 학교 수준의 교육과정 개발

학교 수준의 교육과정 개발은 단순히 학교에서 교사들이 교육과정을 개발하여 실천하는 교육과정 결정 체제의 변화만을 의미하는 것은 아니다. 즉, 학교 중심 교육과정 개발은 국가 수준의 교육과정 개발 체제가 갖는 단점과 문제점을 극복하고 보완하고자 하는 것이다. 이것은 기존의 학교 중심 교육과정을 바라보는 시각이었던 하나의 '슬로건'이라는 관점에서 벗어나야 함을 의미한다(권낙원, 민용성, 2009).

중앙 정부에서 개발한 교육과정을 실행하는 데 있어서 문제점과 불만족, 일상생활 전반에 걸친 민주화의 촉진으로 인한 의사결정 권한의 분산, 교사의 전문적인 지위와 권위의 상승에 대한 주장 등으로, 교육과정 개발에 관한 지방 분권적 의사결정 체제가 요구되었다. 나아가 지역사회와 학생의 요구에 맞는 교육과정 개발이 요청되었다(Brady, 1987). 그 결과, 1970년대 후반과 1980년대 초반에 이르러 교육과정 전문가들은 교사를 교육과정의 수용자, 즉 외부에서 개발된 교육과정을 학교교육 현장에서 실천하는 사람으로 인식하기보다는 교육과정 개발과정에서 보다 많은 공헌을 할 수 있는 전문가로 인정하게 되었다. 이러한 시대적 흐름 속에서 교육과정 분야에서는 교사가 주체가 되는 학교 중심 교육과정 개발로 이어졌다(Skilbeck, 1984).

그러나 학교 중심 교육과정 개발은 교육과정 개발에 관한 권한이 중앙 정부에서 각급 학교로 이양되는 것을 의미하지만, 지방분권적인 교육과정 개발 체제를 취하고 있던 미국이나 영국 등의 여러 나라에서는 이미 이전부터 학교 중심 교육과정이 개발되고 운영되어 왔다. 단지 1970년대와 1980년대에 접어들면서 확산된 학교 중심 교육과정 개발과 그 의의는 보다 다양해졌지만, 공통점은 교육과정 개발 권한이 학교에 있다는 점이다. 예를 들어, 영국의 스킬벡(Skilbeck, 1984)은 학교 중심 교육과정을 “학교의 구성원인 학생의 학습을 위한 프로그램을 학교가 계획하고, 설계하고, 실행하여 평가하는 교육과정”으로 정의하고 있다. 특히, 이 정의에서는 교사와 학생 수준에서 이루어지는 가치, 규범, 절차, 역할 등을 포함하는 교육과정 의사결정에 주안점을 두고 있다. 반면, 브래디(Brady, 1987)는 교육과정 개발의 변인에 대한 좀 더 명료한 개념을 제시했다. 그는 학교 중심 교육과정이 포괄해야 할 세 가지 변인, 즉 교육과정 개발의 접근 방법, 참여 인사, 시간 등을 제시하고 있다.

학교 중심 교육과정은 국가나 지역 교육청 수준에서 개발된 교육과정을 각급 학교에서 채택, 변용하기도 하고, 독자적으로 교육과정을 개발하기도 한다. 이러한 점에서 교육과정에 관한 중앙집권적(국가 수준) 개발 체제와 지방분권적(학교 중심) 개발 체제는 서로 대립되는 개념이지만, 교육과정 개발이라는 연속선상에 있다는 사실에 비추어 볼 때, 실제로 양자 간에는 서로 영향을 주고받는다고 할 수 있다.

제6차 교육과정에서 ‘학교교육과정’이라는 용어가 등장함으로써 종래의 중앙집권적 의사결정 권한의 일부가 학교에 이양되는 양상을 보여 주었다(교육부, 1992). 즉, 시·도 교육청과 각급 학교에 역할을 분담하도록 함으로써 교육과정에 대한 자율 재량권과 책임의 일부를 나누어 교육의 자율성을 확대하고 현장 교사의 교육에 대한 책무성과 전문성 신장을 도모하고 있다. 그리고 현재 시행 중인 제7차 교육과정에서는 국민공통 기본 교육과정 편성, 수준별 교육과정의 도입, 재량활동의 신설 및 확대, 고교 2·3학년의 학생 선택 중심 교육과정 도입 등 개정 중점 사항에서 볼 수 있듯이, 국가는 교육과정 편성(개발)과 운영의 기본적인 지침을 안내하고, 교육과정을 개발하고 운영하는 권한은 시·도 교육청과 각급 학교가 행사하도록 하고 있다.

나. 교육 제도 밖(일반인 수준)에서의 교육과정 개발

교육과정은 일반적으로 국가, 지역, 학교 수준별로 교육 제도 안에서 개발되지만, 학교교육과 직접 관련이 없는 일반 민간인에 의해서 개발될 수도 있다. 이런 경우는 특별히 교육과정 자료의 선택에 있어서 중앙정부의 통제가 없는 나라에서 자주 볼 수 있다. 교육에 대한 식견을 가진 사람은 누구나 학교의 교사와 학생들을 잠재적 소비자로 인식하여 각종 교수-학습 자료를 상업적으로 개발할 수 있다.

워커(Walker, 1979)는 이러한 종류의 교육과정 개발을 '일반인 교육과정 개발'로 명명하였다. 미국과 같은 사회에서는 가장 보편적인 현상이기도 하기에 이러한 용어를 사용한 것으로 보인다. 이러한 일반인 교육과정 개발은 크게 세 가지 형태로 수행된다.

- 개발하기 위한 착수 : 교육과정을 계획하는 데 필요한 자원을 확보하고 조직하고 학교교육과정 시안을 위한 실질적인 지침을 마련하는 과정이다.
- 시안의 개발 : 교육과정 지침, 자료를 구안하고 현장 검토하여 평가한 후 수정한다.
- 상업적 개발 : 교육과정 지침과 자료를 시장에서 팔릴 수 있도록 설계하고, 만들어 판매한다.

이와 같은 교육과정 개발은 우리나라에서는 채택하고 있지 않으나 교육과정의 분산화를 지향하는 나라들에서는 중요한 역할을 담당하고 있다.

2절 교육과정 개발 모형

개요

교육과정을 개발하는 모형은 개발과정에 관련된 요인이 다양하기 때문에 동일된 것은 찾아보기 힘들다. 왜냐하면 각각의 특징이 있기 때문이다. 따라서 여기에서는 교육과정 개발의 근간이 되는 합리적 모형, 순환적 모형, 역동적 상호작용 모형, 절충적 모형 등에 대하여 알아본다.

1. 개관

교육과정 개발 활동은 교육에 대한 변화와 혁신에 대한 요구에 응하여 교육과정 개발 참여 집단을 선정·조직하고 물적 조건을 완비한다. 그리고 참여 집단의 특성을 바탕으로 하는 교육관과 상황에 대한 지각을 토대로 교육과정을 준비하고 설계하여 종국에는 교육과정 산물을 생산하게 된다.

이러한 교육과정은 국가 수준, 지역 수준, 학교 수준으로 구별할 수 있으며,이에 참여하는 집단으로는 수준에 따라 약간의 차이는 있을 수 있으나 크게 교육과정 개발의 주체 집단, 시발 집단, 관련 집단을 들 수 있다. 교육과정 개발 주체 집단은 교육전문가, 교과전문가, 교사, 학문 영역 대표 집단, 교육관료 집단, 학교행정가, 학부모 및 시민, 학생 등으로 구성될 수 있다. 교육과정 개발의 시발 집단으로는 정치가와 언론 매체를 들 수 있으며, 실제적인 교육과정에 영향을 미치는 관련 집단으로는 교과서 출판사와 저자를 들 수 있다.

교육과정 개발 모형은 그 개발과정에 게재하는 요인이 많고 다양하며, 요인 간의 관계도 매우 복잡하다. 포스너(Posner)는 교육과정 개발 모형을 교육과정 개발의 절차를 제시한 절차적 모형, 교육과정이 개발되는 실제의 현실을 기술한 서술적 모형, 개발 요소의 의미와 요소 간의 관련성을 제시한 개념적 모형, 교육과정이 누구의 이익에 합치되는가 하는 문제에 초점을 둔 비판적 모형의 네 가지로 나누었다.

또한 교육과정 개발 모형은 성격에 따라 처방적-기술적, 연역적-귀납적, 직선적-상호작용적으로 나눌 수 있다. 처방적 모형은 교육과정 개발자들이 고려해야 할 요인과 따라야 할 절차를 규정한 것이며, 기술적 모형은 교육과정을 개발할 때 참여자들이 하는 활동을 있는 그대로 묘사한 모형이다. 연역적 모형은 교육과정을 개발할 때 전체 교육과정, 교과, 단원, 과 등의 순으로, 귀납적 모형은 연역적 모형과 반대로 과, 단원, 교과, 전체 교육과정의 순으로 개발활동이 이루어진다. 직선형 모형은 교육과정을 개발하는 절차가 고정되어 한 방향으로 진행되지만, 상호작용 모형은 학교가 처한 상황에 따라 개발 활동의 절차가 역동적으로 바뀌게 된다. 또한 교육과정 개발 모형은 합리적 모형, 순환적 모형, 역동적 상호작용 모형, 그리고 절충적 모형으로 나눌 수 있다.

2. 합리적 모형

합리적 모형은 목표 모형 혹은 고전 모형이라고도 하며, 타일러(Tyler)와 타바(Taba)를 중심으로 교육의 목표, 내용, 방법, 평가에 이르기까지 하나의 계열적 형태를 띤다. 즉, 명확한 목표 규정과 학습자의 접근 방법을 주장하고 체제 접근, 탈역사적인 성격을 가지며, 가치중립적이다. 합리적 모형의 개발 절차를 도식화하면 [그림 4-2], [그림 4-3]과 같다(정찬기오, 1997).

[그림 4-2] 타일러의 교육과정 개발 모형

타일러의 모형은 선목표 모형으로 분류된다. 20세기 초기의 교육과정 탐구는 미국에서 교육을 과학적으로 실행해 나가기 위하여 교육 목표, 교육 내용, 교육 방법, 교육 평가의 구성 체제를 갖춘 과학적인 교육과정을 개발하는 데 초점을 맞추어 진행되었다. 교육과정의 과학화는 생산성과 효율성을 높이기 위한 과학적 경영운동을 도입하면서 주로 교육 목표를 과학적으로 설정하는 데 역점을 두었다(진영은, 2003 ; 김종인, 2010).

교육 목표는 교육과정 개발에 있어서 단계적으로 따라야 하는 절차다. 교육과정을 개발하는 데 있어 가장 먼저, 학교는 교육 목표를 정하고, 설정된 교육 목표를 성취할 수 있는 교육적 경험을 선정하며, 선정한 교육적 경험을 효과적으로 가르치기 위한 순서를 정하고 조직하는 일을 해야 한다. 그리고 그 결과를 설정된 목표에 도달했는가에 비추어 평가한다. 마지막 단계의 평가 결과는 다시 다음의 교육과정 개발에 반영되어 교육과정을 수정·보완하도록 한다.

타일러(1949)는 교육과정의 기본 요소를 목적, 경험, 조직, 평가의 네 가지 요소로 보고 있다. 이러한 네 가지의 교육과정 요소는 교육과정과 수업 계획을 개발할 때 반드시 고려해야 하는 사항이다. 좀 더 구체적으로 교육의 실천 체계로서 교육과정은 학교교육에 대하여 다음과 같은 네 가지의 본질적인 문제점을 다룬다.

첫째, 학교는 어떤 교육 목표를 달성하고자 노력해야 하는가?

둘째, 교육 목표를 달성하기 위해서 어떤 교육적 경험이 제공될 수 있는가?

셋째, 교육 경험은 어떻게 효과적으로 조직될 수 있는가?

넷째, 교육 목표가 달성되었는지 달성되지 못했는지를 우리는 어떻게 결정할 수 있는가?

이 네 가지 질문에 대한 답을 찾는 것이 교육과정 개발에 있어서 단계적으로 따라야 하는 절차다. 타일러의 교육과정 개발 모형은 '목표-수단 모형'이라고도 불리는데, 그 이유는 목표의 설정이 목표 달성에 가장 도움이 될 만한 경험과 조직의 종류 선택의 준거가 되기 때문이다.

타바(Taba)의 교육과정은 요구의 진단, 교육 목표의 설정, 교육 내용의 선정, 교육 내용의 조직을 기본 골격으로 출발한다. 이를 통해 시험적 단원을 개발하여 최종의 학습 경험을 선정, 조직하여 계열성을 검증하게 된다.

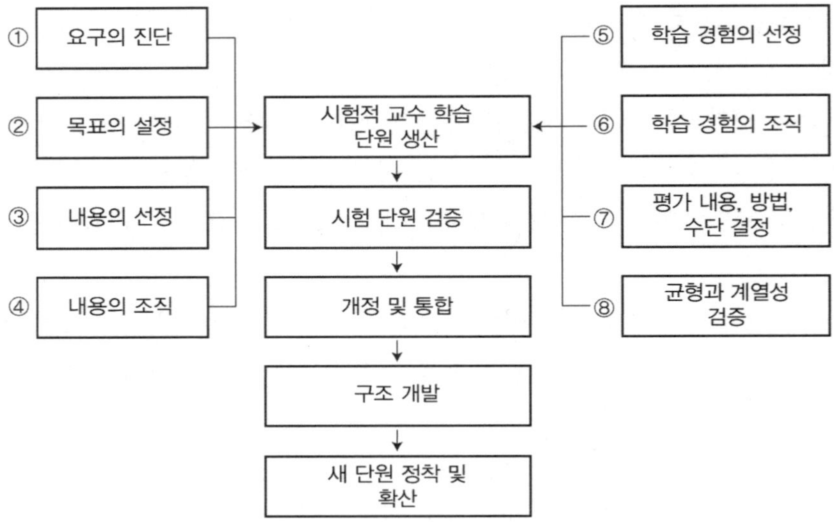

[그림 4-3] 타바의 교육과정 개발 모형

3. 순환적 모형

순환적 모형은 본질적으로 논리적 · 계열적 특성을 가지고 있기 때문에 합리적 모형의 연장이라고 볼 수 있다. 그러나 순환적 모형은 필요에 따라 반응하고 이 필요는 계속 생겨나며 그에 따라 교육과정이 끊임없이 수정되어 간다는 점이 합리적 모형과 다르다. 따라서 순환적 모형은 교육과정 요소를 상호 관련적이고 의존적인 것으로 파악하고 있어 상황 분석이라는 새로운 요소를 교육과정 개발에 도입하고 있다. 대표적인 학자로는 휠러(Wheeler)와 니콜스(Nicholls)가 있으며 그들의 개발 모형은 [그림 4-4], [그림 4-5]와 같다.

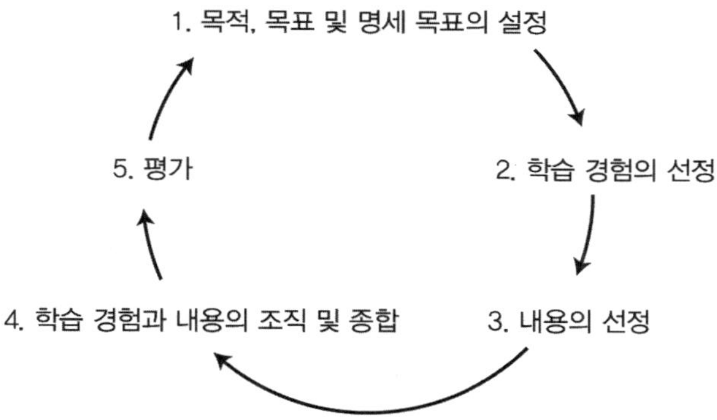

[그림 4-4] 휠러의 교육과정 개발 모형
출처 : Wheeeler(1967).

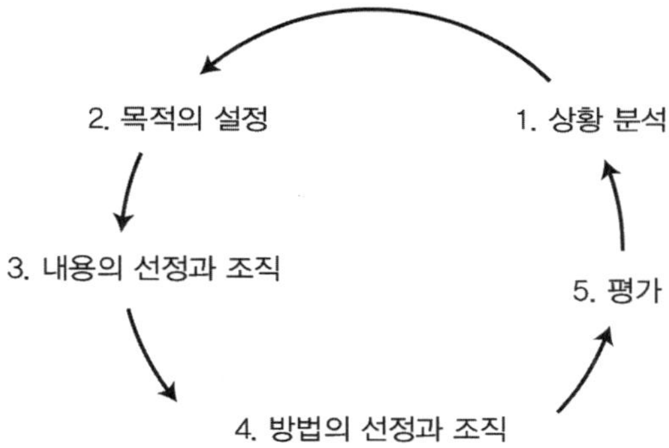

[그림 4-5] 니콜스의 교육과정 개발 모형
출처 : Nicholls(1978).

4. 역동적 상호작용 모형

역동적 상호작용 모형은 교육과정 계획에 있어서 획득해야 할 것으로 미리 결정된 정보보다는 학습자의 욕구가 더 중요하다고 본다. 이 모형은 교육과정을 개발할 때 나타나는 교사와 개발자들의 행동을 연구자들이 관찰한 결과를 바탕으로 추출되었다. 따라서 학교 현장에서의 적용 가능성, 실제성, 자연성을 강조한 모형으로 워커(Walker)와 스킬벡(Skilbeck)이 대표적인 학자이다.

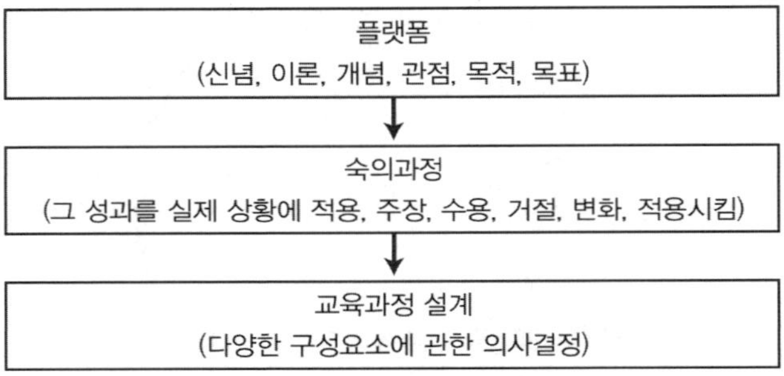

[그림 4-6] 워커의 교육과정 개발 모형

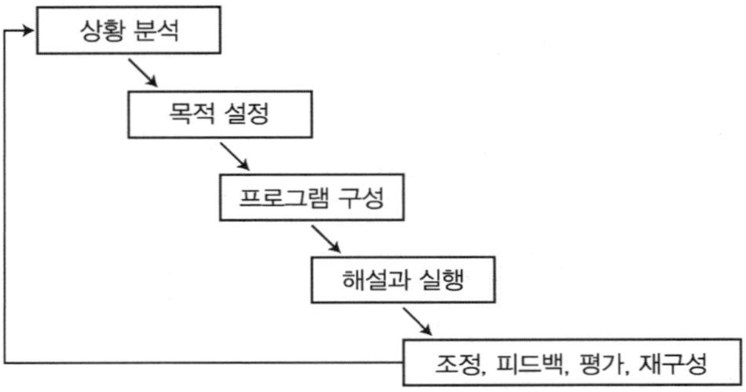

[그림 4-7] 스킬벡의 교육과정 개발 모형

5. 절충적 모형

절충적 모형은 지금까지 밝혀진 여러 모형들의 장·단점을 고려하여 절충하는 모형이다. 명료하고 논리적이며 처방적인 접근 방식으로서, 그 적용 범위 또한 폭이 넓어서 바로 적용할 수 있는 접근 방식을 취하고 있다.

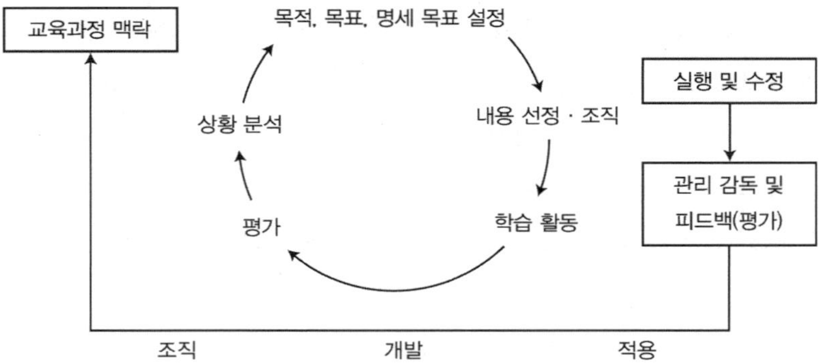

[그림 4-8] 교육과정 개발의 절충적 모형

6. 선 평가 교육과정 모형

1970년대 성취 기준의 의미는 기계적 표준화, 기초 능력으로서의 복귀(back to basics), 혹은 최소 필수 능력(minimum competency) 운동에서 사용된 용어이다. 일반적으로 성취 기준의 개념은 '학습자가 반드시 알아야 하고 수행하여야만 하는 일반적 정보 혹은 기능의 기준'으로 통용되었다(Kendall & Marzano, 1996 ; 김종인, 2011). 그러나 성취 기준 자체는 내용이나 모범적 수행에 대한 방향성이나 수준을 서술한 진술문에 불과하며, 한 학문의 성격을 나타내는 범주 혹은 틀을 지칭하고, 학문 공동체의 입장에 따라서 절대 불변의 기준은 아니라고 점차 생각하게 되었다. 성취 기준이 교과 내용들을 포괄적으로 범주화시킨 것이라면, 벤치마크는 이들 이론, 원리, 범칙, 개념 등을 학습 발달 혹은 교과 논리성에 비추어 각 학년별로 혹은 관련 있는 학년끼리 묶어서 구체적 단위의 정보와 기능들, 학습 활동, 혹은 수행과제의 형식으로 진술해 놓은 것들이다(Enger & Yager, 2001). 그렇다고 벤치마크가 우리가 이미 익숙한 측정 가능한 형식으로 진술된 행동 목표는 아니다. 벤치마크는 행동 목표나 학습 활동을 유추하고 발전시킬 수 있는 자원이 될 뿐이다. 성취 기준과 벤치마크는 탐구 수행 능력에 필요한 지식과 기술이 구체적으로 무엇인지 혹은 간단한 실험이 어떤 것인지 명시하지 않고 있다. 성취 기준은 교사에게 방향과 초점을 제공할 뿐 내용과 절차 등은 교사가 선택해야 할 몫이다.

교수-학습과정의 질적 제고를 위한 지금의 성취 기준 중심의 개혁운동은 궁극적으로 학교 중심 교육과정 개발과 평가를 대폭 허용하면서, 동시에 개별 학습자의 요구와 필요를 절대적으로 고려한다는 점을 강조한다. 학교가 철저히 수요자 중심의 교육과정을 개발하여야 한다는 논리가 성취 기준 중심의 교육개혁의 근간이며, 백워드(Backward) 모형 역시 이 같은 방향성을 가지고 있다. 평가를 기존의 교육과정 이론에 독특하게 자리 매김을 한 백워드 개발 모형은 분명히 이제까지 볼 수 없었던 새로운 접근임에 틀림없다. 세 단계로 구성된 백워드 교육과정 개발 모형은 구체적으로 다음과 같다.

가. 제1단계 : 바라는 결과의 확인

백워드 교육과정 개발 모형의 첫 단계는 '영속한 이해(enduring understanding)' 이다. '영속한'이란 학문의 중심에 있는 기본적이고 중요한 아이디어, 개념, 혹은 원리를 가리키며, 시간이 자나도 그 가치가 그대로 있는 불변의 지식을 말한다. 반면, '이해'란 일상생활에서 가장 빈번히 사용되면서도 명료하게 정의내리기 힘든 용어이다. 타일러(1949)는 '이해한다'라는 말만큼 애매한 교육학적 용어가 없었다고 말하였다. 왜냐하면 이해란 명시적 행동이 아닌 추상적 용어이며, 계량적인 척도로 측정할 수 없다는 주장이다(Wiggins & McTighe, 2005).

백워드 개발에서 이해란 다양하고 적절한 수행에서 명백히 나타난 아이디어, 사람, 상황 그리고 과정에 대한 통찰을 말한다. 이해한다는 것은 무엇을 알고 있는지, 뜻을 이해하고, 왜 그것이 그런지 알 수 있고, 다양한 상황과 맥락에서 그것을 사용할 수 있는 능력을 가지는 것이다. 따라서 '영속한 이해'란 학문에서 핵심적인 것이며, 새로운 상황에서 전이 가능한 것이다. 이를 브루너(Bruner)는 '지식의 구조'라 하였다. 지식의 구조에서 '구조'란 어느 교과든지 그것은 그것을 이루는 요소로서의 여러 개념들 간의 일사불란한 체계로 이루어져 있으며, 그 개념이나 원리 하나하나에 그 교과의 구조가 반영되어 있다(이원희 외, 2007).

나. 제2단계 : 수용 가능한 증거 결정

두 번째 단계에서는 평가 계획을 세우는 것이다. 평가 계획을 세우기 위한 핵심 과제로서 이해의 증거는 무엇이며, 평가의 준거는 무엇인지, 증거는 타당성과 신뢰성을 확보하고 있는지를 계획하는 일이다. 첫 번째 핵심 과제는 이해의 증거가 무엇인가를 찾는 것이다. 이해의 증거를 찾기 위해서는 기대하는 결과가 수행으로 드러나는 수행과제에 초점을 두어야 한다. 위긴스와 맥타이(Wiggins & McTighe, 2005)는 '영속한 이해'를 평가하는 것을 수행 평가로 본다. 이해는 단순히 구체적이고 분절적인 것이 아닌 추상적이고 개념적인 것, 즉 개념, 일반화, 이론, 사실들 간의 지적 연결이 포함된다. 그리고 '이해란 맥락이 없는 과제나 평가 과제를 신호가 있을 때 수행하거나 정해진 절차에 따라 수행하는 것이 아닌, 지식과 기능을 맥락 속에서 사용하는 능력을 포함하는 것'이라고 하였다(김경자, 1999).

이와 같은 이해의 증거를 찾기 위하여 평가 설계 지침을 소개하면 다음과 같다.

첫째, 문제를 중심으로 설계한다. 연습은 과제가 단순하고 구체적인 안내가 있으며 하나의 최선의 접근 방법이 있고 정확한 정답을 요구하는 것이다. 반면, 문제는 다양한 접근이 가능하고 실재적인 '소음'과 복잡성이 있으며, 접근과 해결에 대한 정당화에 초점을 둔다.

둘째, GRASPS를 활용하여 수행과제를 설계한다. 즉, Goal(목표), Role(역할), Audience(관중), Situation(상황), Performance(실행), Standards(기준)로 모든 수행과제가 GRASPS에 의해 구성될 필요는 없지만 핵심적 수행과제는 이 방법으로 개발할 필요가 있다.

셋째, 이해의 여섯 가지 측면을 이용하여 설계한다. 이것은 이해의 평가를 위한 수행 유행을 알려준다.

넷째, 수행과제는 탐구 질문을 직접적 또는 간접적으로 언급함으로써 알맞은 종류의 수행과제를 계획할 수 있는 유용한 틀을 제공받게 된다.

다섯째, 구체적인 교육과정 내용을 선택하여 우선순위를 결정하는 일이 필요하다. 다음은 교육과정 우선순위에 따른 구체적인 내용의 개발이 어떻게 평가 전략으로 연결되는지 보여 주는 그림이다(Wiggins & McTighe, 2005).

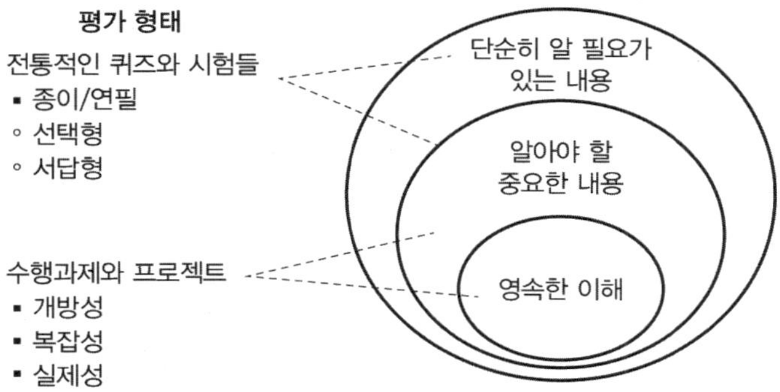

[그림 4-9] 교육과정의 우선순위와 평가 형태

그림과 같이 교육과정의 순위를 주변적이고 사실적인 내용, 중요하게 알아야 할 내용, 그리고 원의 가운데에 있는 영속한 이해의 3단계로 서열화한다. 이러한 우선순위에 맞는 구체적이고 다양한 평가 방법과 도구를 개발해야 한다. 주변적이고 사실적인 내용의 학습일 때는 일반적으로 전통적인 퀴즈나 시험, 즉 지필 평가를 활용하는 것이 효과적인 평가 방법이다. 그러나 목표가 깊은 이해일 때는 보다 복잡하고 개방적인 수행과제와 프로젝트를 수행해야 한다.

평가 도구의 개발과 함께 학생들의 수행에 대한 판단 근거로서 평가 준거가 필요하다. 평가 목표와 이해로부터 평가를 이끌어 낸 것과 마찬가지로 평가 준거도 목표로부터 이끌어 내야 한다. 평가 준거를 설정하고 나면 그에 따른 기준 체계를 설정하고 이를 토대로 채점 및 점수 체계를 구축하는 일이 연계되어 이루어진다. 이와 같이 준거에 기반을 둔 채점 지침을 루브릭이라 한다. 루브릭은 총체적 루브릭과 분석적 루브릭의 두 가지 형태가 있는데, 이해를 평가하기 위해서는 능률적인 피드백을 제공할 수 있는 분석적 루브릭 사용이 더욱 바람직하다. 이와 함께 반드시 전제되어야 할 것은 이해는 연속선상에 있는 정도의 문제이기 때문에 루브릭은 이해의 정도를 잘 묘사하는 데 초점을 두어야만 하다.

또한 타당도를 높이기 위하여 설계한 평가 과제와 루브릭에 대한 계속적인 자기 평가가 필요하다. 타당도가 증거의 적절성의 문제라면 신뢰도는 평가 결과에 대하여 믿을 수 있는 정도이다. 신뢰성 있는 평가들은 일정한 패턴과 분명한 경향이 나타난다. 신뢰도를 높이기 위해서는 평가의 증거로서 스냅 샷이 아닌 스크랩북처럼 다양한 형태의 증거들을 활용해야 한다.

다. 제3단계 : 학습 경험과 수업 계획

학습 경험과 수업 계획은 아이디어를 의미로 승화시키는 단계이다. 첫 번째와 두 번째 단계를 거치면서, 설계자 혹은 평가자로서의 교사는 매우 포괄적으로 진술된 성취 기준을 선정하여 단원의 주제, 목적 그리고 질문들은 진술하였다.

그리고 이를 확인하기 위해 구체적이고 다양한 평가 계획을 수립하였다. 백워드 개발자는 학습자들의 흥미를 이끌어 내어 어렵지만 배울 가치가 있는 '큰 개념'을 장기간 기억하고 실생활에 활용할 수 있도록 지도안의 개요를 개발해야 한다. 후방위 설계가 단원 수준인 만큼 여기서 지도안을 단기 계획안이 아니라 핵심적 아이디어들과 단계를 열거해 놓은 내용 개요와 같다. 학습 경험과 수업의 내용 개요는 WHERETO의 절차적 원리를 따른다(Wiggins& McTighe, 2005).

- W(Where and Why) : 학생들에게 단원의 방향을 제시하고 최종 수행 목적을 인지하게 하라. 목표 제시와 가치 설명이 주요 활동이다.
- H(Hook and hold) : 도입에서 학생을 사로잡고 처음부터 끝까지 그들을 몰입시켜라. 활동으로 흥밋거리를 제시하며, 동기 유발과 수행과제를 결정하는 단계이다.
- E(Explore and equip) : 수행 목표를 위해 필요한 경험, 도구, 지식, 노하우를 갖추게 하라. 수행 과제를 해결하는 단계이다.
- R(Reflect, rethink, revise) : 큰 개념에 대한 재사고, 과정의 반성, 수정의 기회를 제공하라. 중간 발표와 피드백을 제공하는 단계이다.
- E(Evaluate) : 과정 평가와 자기 평가의 기회를 제공하라. 과제 전시와 종합평가의 단계이다. 학부모나 과제와 관련된 외부 인사를 초빙하여 발표 및 전시회를 통해 수행 성취 기준, 즉 내용을 이해한 수준이 '어느 정도 되어야 정말 잘 한 것인가?'에 비추어 평가받는다. 이러한 평가는 보통 4단계, 즉 최우수-숙달-기본-부족함의 루브릭을 사용하며, 숙달 이상의 등급을 받아야 충분히 잘한 것으로 판정한다.
- T(Tailored) : 개인의 재능, 흥미, 스타일, 요구를 반영한 맞춤식 설계가 되어라. 학습에 대한 욕구, 학습 스타일, 사전 지식과 같은 다양한 학습자들에 대한 유심한 관찰과 그에 따른 적절한 설계를 하도록 요구한다.
- O(Organized) : 깊은 이해를 최대한 활용할 수 있도록 조직하여라. 학습자들에게 매력적이고 효과적인 경험을 제공하기 위하여 위에서 제시한 설계 요소들을 조직하는 것이다.

3절 실과교육과정 개발 절차

개요

교육과정의 개발 절차는 개정 방식에 따라 매우 달라지며, 교육과정의 시기별로 다르게 전개되어 왔다. 실과교육과정의 개발 절차 역시 교육과정의 개정 방식에 따라서 궤를 같이하고 있으며 이전의 교육과정을 전면적으로 바꾸는 형식을 취하고 있으나 내용적으로는 부분적인 개정 방식을 취하고 있다. 이러한 교육과정의 개발 절차에 대하여 알아본다.

1. 개관

국가 수준의 교육과정의 개발은 교육과정 개정 방식과 밀접한 관련을 맺고 있다. 과거 제1차 교육과정에서부터 제7차 교육과정까지는 전면 · 일시적 개정 방식을 취하였다. 이를 구체적으로 설명하면 '중앙 집중적 개정 방식'은 교육과정의 기본 정책은 물론 교육과정 내용의 세부적인 부분까지도 중앙 차원의 국가(교육인적자원부)가 결정해 왔다. 이 방식은 정도의 차이는 있지만 해방 이후 50여 년 동안 계속되어 왔다. '주기적 개정 방식'은 해방 이후 최근까지 7차례의 교육과정을 개정해 오면서 초기에는 거의 10년을 주기로 개정하다가 제5차 교육과정 이후에는 5년마다 교육과정을 개정하여 온 형태를 말한다. '전면적 개정 방식'은 교육과정의 개정 시 개정의 대상이 될 만한 모든 영역을 전체적으로 개정하는 방식이다. 특정 개정 시기가 되어 개정을 하는 경우, 모든 학교급, 모든 학년, 모든 교과의 전체 내용을 송두리째 개정하는 방식을 의미한다. '일시적 개정 방식'은 개정이 일정한 시간 안에 한꺼번에 이루어지는 것을 의미한다. 여기서 일시적 개정이라는 것이 초 · 중 · 고등학교의 모든 교육과정을 같은 시기에 개발한다는 것을 뜻하는 것이 아니다. 교육과정 개정의 물량이 엄청나기 때문에 모든 것을 한 해에 개정한다는 것은 물리적으로 불가능하기 때문이다. 따라서 개정의 대상들을 몇 개의 덩어리로 구분하고, 그 각각을 몇 해로 나누어서 순차적으로 개정하는 입장을 취하고 있다(허경철 외, 2003). 그러나 제7차 교육과정을 수정 · 보완하면서 교육과정의 개정 방식을 '부분 · 수시 개정' 방식으로 용어를 사용하기 시작하였다. 물론 기본적으로는 향후 교육과정 개정 방식이 '전면 · 일시' 개정 방식'과 '부분 · 수시' 개정 방식을 병행하는 방식이다. 따라서 전면 · 일시적 개정 방식은 지금보다 훨씬 긴 10년 이상의 주기를 가질 것이고, 부분 · 수시 개정 방식은 필요한 경우 적절히 활용하는 방식으로 전환된 셈이다. 따라서 부분 · 수시 개정 방식에 대하여 구체적으로 알아보기로 한다.

2. 교육과정의 부분 · 수시 개정 방식

이 개정 방식의 전반적인 특징은 개정이 필요한 부분에 대하여 수시로 개정하는 방식이다. 개정이 필요하다고 생각되는 교육과정의 요소들을 그때 그때 수시로 개정하는 방식이다. 또한 부분 개정이라는 하위 절차를 포함하고 있다. 이 방식의 개정의 절차와 과정은 다음과 같다.

- 발의 단계 : 현행 교육과정의 부분적 개정을 요청하는 단계이다. 누가, 누구에게, 언제, 어떤 절차를 거쳐, 어떠한 형식으로 개정을 요구해야 하는가에 대한 답을 제시한다.
- 심의 단계 : 여러 주체들이 교육과정 개정에 대한 요구사항들을 문서로 발의 · 제출하면, 그러한 문서 내용의 타당성과 중요성에 대한 심의를 한다.
- 개발 단계 : 접수된 개정의 요구안들에 대한 심의가 끝나 그중의 요구에 대하여 '개정 시행'이라는 판결을 내린 요구안에 대해서는 개정 작업을 실시한다.
- 재심의 및 수정 단계 : 개정의 요구안에 기술된 절차에 따라 개정 작업이 완료되면 완료된 개정 작업의 결과에 대한 심의가 이루어지고 그에 따른 수정 · 보완 작업을 한다.
- 고시 단계 : 개발, 제출된 개정안에 대한 심의가 통과되고 교육부장관이 이에 대한 최종 승인을 하게 되면 그 개정안은 국가교육과정으로 고시되는 단계이다.
- 시행 준비 단계 : 개정안이 정식 교육과정으로 고시가 되면 개정된 부분의 실천과 관련되는 각종 후속 작업들을 시작한다.

3. 실과교육과정 개정과정

교육과정 개정 절차는 크게 교육과정 개정 기본 계획 수립 단계, 교육과정 개정 기초 연구 단계, 교육과정 심의회 구성 · 운영 및 현장 검토 단계, 교육과정 확정 단계, 교육과정 후속 지원 업무 추진 단계 그리고 새 교육과정 시행 단계로 구성된다. 교육과정 개정의 기본 계획이 수립되면, 연구 개발 위탁 기관의 선정과 협의회가 개최되는데, 이 단계에서는 연구진, 협의진 등 실무 추진팀이 구성되어 연구 추진의 세부 계획이 수립되고 수립된 계획에 기초하여 기초 연구가 추진된다 (이경환 외, 2002).

교육부에 제출된 '교육과정 개정 기초 연구'에 근거하여 교육과정 개정 시안이 개발되는데, 이 단계에서는 교육과정 체제 구조 개선 연구를 시작으로, 작성된 시안을 중심으로 종합 세미나와 공청회, 검토 협의회를 개최하고 여러 차례 수정 보완과 집중 작업을 거쳐 '시안 개발 답신 보고서'를 교육부에 제출하게 된다. 이와 같이 개발된 시안을 교육과정 심의회를 통한 집중적인 심의와 현장 검토, 공청회 및 수정 보완 등을 거쳐 비로소 개정안이 작성되고 교육부가 고시함으로써 확정되게 된다. 교육과정의 확정 이후, 교과용 도서의 개발, 교육과정 시행 대비 교원 연수, 교육과정 해설서 발간 · 보급, 교육과정 연구학교 운영 등 교육과정 개정 후속 지원 업무를 추진하게 된다. 교육과정 후속 지원 업무와 더불어 새 교육과정이 학교급별로 연차별 단계적으로 시행되어 전국적으로 적용되는 것이다.

일반적인 교육과정의 개정과정과 실과교육과정의 개정과정이 크게 다르지는 않으나, 구체적인 내용에 대해서는 조금씩 차이가 있다. 일반적인 교육과정 개정 절차를 준용하여 실과교육과정 개정과정을 도식화여 나타내면 [그림 4-10]과 같다.

단계		업무 추진 내용	소요 기간
(1) 실과교육과정 개정 기본 계획 수립	–	• 개정의 기본 방향 설정 • 관계 전문가와 협의 및 종합 검토 • 실무반 구성 · 운영 • 기본 계획 수립 및 결재	1개월
(2) 기초 연구 위탁	–	• 실과교육과정 연구 · 개발 위탁기관 선정 • 연구 개발 세부 계획서 및 국고 보조금 신청 • 연구 개발 책임자 협의회 • 연구진, 시안 개발팀 구성 • 연구 개발비 국고 보조	2개월
(3) 실과교육과정 개정 기초 연구	–	• 실과교육과정의 분석 · 평가/교육과정 국제 비교 • 수요자 의견조사(교사, 교수, 학생, 학부모 등) • 국가 · 사회적 요구 조사 • 교육과정 운영 실태 조사 • 연구 결과 답신 보고서 제출	6~8개월
(4) 실과교육과정 개정 시안 개발(총론 동시 수행)	–	• 연구진, 협의진 공동 협의 • 연구 개발 계획의 상세화 • 실과교육과정 개발 기본 방향 설정 • 실과교육과정 분석 및 평가 • 실과교육과정 세미나, 협의회 운영 • 실과교육과정 시안 작성 • 수정 · 보완 협의회	6~8개월
(5) 교육과정 심의회 구성 · 운영	–	• 실과교육과정 심의회 구성 • 심의위원 위촉 • 심의위원회 운영	3개월
(6) 개정 시안 검토 및 공청회	–	• 실과교육과정 개정 시안 공청회 • 의견 수렴 후 수정	1~3개월
(7) 교육과정 개정안 작성	–	• 실과 연구 개발팀 최종 협의 • 실과 개정 시안 답신 보고서 제출	1개월
(8) 교육과정 개정안 현장 검토	–	• 실과교육과정 개정 시안의 현장 검토 • 전문가협의회, 의견 수렴 • 수정 · 보완	10개월
(9) 교육과정 개정안 확정 · 고시	–	• 실과교육과정 개정안 보고, 확정 • 새 교육과정 고시 • 실과교육과정 책자 발간, 보급	2개월
(10) 교육과정 개정 후속 지원 업무	–	• 교과용 도서 개발 • 교육과정 시행 대비 교원 연수	2~3년
(11) 새 교육과정의 시행	–	• 학교급별 전국 적용 • 연차별 단계적 시행	고시 후 3~5년

[그림 4-10] 실과교육과정 개정 업무 처리 흐름도

2015 실과교육과정에 따른 수정 · 보완 작업과정은 다음과 같은 절차에 따라 수행되었다(진의남 외, 2015).

- 국가, 사회적 변화에 따른 요구되는 교육 내용을 반영한다.
  - 저출산 대책, 핵가족화 등에 따른 사회적 변화 요구에 따른 관련 교육 내용 반영
  - 미래사회의 변화에 따른 로봇, 사물 인터넷, 3D 프린터 등 첨단 기술의 적극적 반영
  - 창의 · 인성, 안전교육, 다문화 · 글로벌 사회 도래에 따른 관련 내용 요소의 통합 반영
- 실과(기술 · 가정)교육과정 관련 쟁점의 유목화 / 실과(기술 · 가정)교육과정 문서 체제를 검토한다.
- 유목화된 쟁점과 관련한 문제점들에 대한 전문가 및 현장교사들의 의견을 설문조사한다.
- 실과(기술 · 가정)교육 내용과 타 교과의 중복 내용을 비교 분석한다.
- 실과(기술 · 가정) 교수 · 학습 방법 및 평가 방안을 모색한다.
  - 교과 역량 함양을 위한 교수 · 학습 방법 및 전략 탐색
  - 교과 역량 함양을 위한 교육 평가 활용 방안 모색
  - 실과(기술 · 가정) 교수 · 학습 방법 및 평가 예시안 개발
- 실과(기술 · 가정) 성취 기준의 적절성을 검토한다.
  - 교육 내용의 학습량과 내용 수준 등 이수 시간 기준에 적절성 검토
  - 초 · 중학교 학년군 · 교과군별 핵심 개념을 통한 내용 연계성 강화
  - 학습자, 수요자 입장에서의 교육 내용의 유연성, 흥미 유발 가능 소재 및 주제 활용
- 토론회를 통하여 핵심 쟁점에 대한 전문가, 행정가, 현장교사들의 의견을 수렴한다.
- 교육과정과 관련한 쟁점 및 문제점에 대한 전문가, 관련 단체, 현장교사들의 의견을 반영한 교육과정 개정 초안을 작성한다.
- 교육과정 시안 개발과정에서 계속적인 영역별 전문가 협의회를 통한 시안을 수정한다.

- 실과(기술 · 가정)교육과정 개발 심의회를 통한 교육과정 시안을 검증한다.
- 실과(기술 · 가정)교육과정 최종 시안을 개발한다.

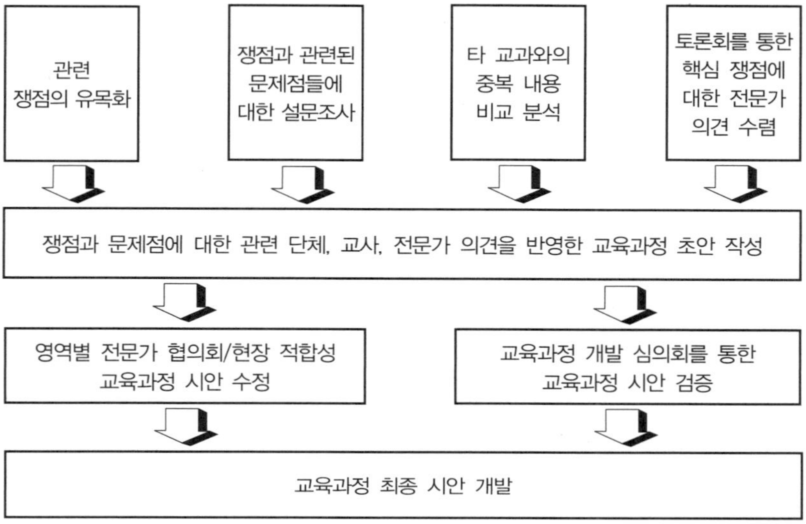

[그림 4-11] 실과교육과정의 개정 절차

논의

1. 교육과정 개발 모형을 합리적 모형, 순환적 모형, 역동적 상호작용 모형, 절충적 모형으로 구분하여 각각의 특징을 설명해 보자.
2. 교육과정의 개발 모형들이 갖는 각각의 장 · 단점에 대하여 설명해 보자.
3. 백워드 교육과정 모형을 단계별로 설명해 보자.
4. 교육과정을 부분/상시 개정한다고 할 때 교육과정의 개정 주체는 누가 될 수 있으며, 어떤 과정을 거쳐야 하는지 제시해 보자.
5. 실과교육과정의 개정 절차를 탐구하고 교육과정과 관련되어 있는 학생, 교사, 학부모, 사회의 요구를 반영할 수 있는 장치를 제시해 보자.

참 | 고 | 문 | 헌

교육부(1992). **고등학교 교육과정(Ⅰ)**. 대한교과서 주식회사.

권낙원(2009). 교육과정총론. 미출판 강의교재, 한국교원대학교 대학원.

김종문 외(2000). **구성주의 교육학**. 교육과학사.

박여성 역(1995). **구성주의**. 까치.

강현석 외(2008). **거꾸로 생각하는 교육과정 개발**. 학지사.

김재춘, 부재율, 소경희, 채선희(2000). **예비 · 현직 교사를 위한 교육과정과 교육평가**. 교육과학사.

김종서, 이영덕, 이홍우(1993). **교육과정**. 한국방송통신대학.

김종인(2011). **교육과정 개발 모형 비교 연구-선(先)목표모형, 선(先)평가모형을 중심으로-**. 한국교원대학교 교육대학원 석사학위논문.

김향숙(2007). 백워드 모형의 수업 설계. 대구교육대학교 교육대학원 석사학위논문.

이경섭, 이홍우, 김순택(1992). **교육과정**. 교육과학사.

이영덕(1997). **교육과정과 수업의 탐구**. 교육과학사.

이홍우(1992). **지식의 구조와 교과**. 교육과학사.

정성봉(2009). **실과-기술가정 교육과정론**. 교학사.

정찬기오, 문승한(1997). **교육과정 및 교육평가 특론**. 교육과학사.

한국교육과정교과서연구회(1994). **제6차 교육과정에 의한 학교교육과정 편성 운영의 실제**. 동아출판사.

Bruner, J.(1960). *The Process of education*. New York: Viking.

Darling-Hammond, L.(1994). Setting standards for students: The case for authentic assessment. *The Educational Forum, 59*, 14-21.

Enger, S. & Yager, R.(2001). *Assessing student understanding in science: A standards-based K-12 Handbook*. Thousand Oaks, CA: Corwin Press.

Kendall, J . S. & Marzano, R. J.(1996). *Content Knowledge: A compendium of standards and benchmarks for K-12 education*. Aurora, CO: Mid-continent Regional Laboratory.

Tyler, R. W.(1949). *Basic principles of curriculum and instruction*. Chicago: The University of Chicago Press.

Wiggins, G. & Mctighe J.(2004). *Understanding by design: Professional development workbook*. Alexandria, VA: ASCD.

Wiggins, G. & Mctighe J.(2005). *Understanding by design (Expanded 2nd)*. Alexandria, VA: ASCD.

Wiggins, G.(1998). Teaching to the (authentic) test. *Educational Leadership*, *46*(7), 41-47

제5장

실과교육과정의 목표

개요

원론적인 측면에서 실과교육과정의 목표를 설정하기 위해서는 교육 목표 설정의 자료원에 근거하여 계획을 하고, 교육 목표를 분류하여야 한다. 그러나 교육과정 시기별로 설정된 실과교육 목표는 시기나 차수가 달라진다고 해서 목표 자체를 혁신적으로 바꾸지는 않는다. 부분적인 수정에 그치는 경우가 대부분이다. 여기에서는 실과교육과정의 목표를 설정하는 과정을 중심으로 고찰하였다.

목표

1. 교육 목표의 설정과 분류 방법에 대하여 이해한다.
2. 지식기반사회에서 실과교육의 목표를 설정하기 위한 방향은 무엇인지 알아본다.
3. 실과교육의 성격과 목표에 대하여 설명할 수 있다.

1절 실과교육 목표의 기초

개요
실과교육의 목표를 제시하기 위해서는 교육 목표와 관련된 각종 자료와 분류 방법이 동원된다. 또한 여기에 더해 실과교육의 방향 설정이 선행되어야 한다. 실과교육과정의 근간을 이루는 교육 목표의 성격에 대하여 알아본다.

1. 교육 목표의 설정과 분류

가. 교육 목표의 설정

교육과정을 계획할 때 가장 먼저 할 일은 교육 목적을 설정하는 일이다. 타일러(Tyler, 1949 : 5-43)는 교육 목표를 결정하기 위해서는 학습자, 사회, 교과에 대한 분석의 필요성을 역설하였으며, 그 결과는 심리학적 이해와 철학적 원리들에 의하여 여과되는 것으로 그 틀을 세웠다. 학습자에 비추어 본 타당성이란 교육 목표가 학습자의 흥미, 필요 및 발달을 충분히 반영시키고 있느냐 하는 점이다. 논리적으로 좋은 목표라고 하여도 심리적으로 유리되어 있으면 교육 목표로 받아들이는 데 문제가 있다.

다음으로 교과에 비추어 본 타당성의 문제를 생각해야 한다. 가령, 실과 교과는 생활·기능·종합 교과로서의 특징을 갖는다. 따라서 실생활 자체를 이해하고 바르게 생활해 나가는 데 필요한 지식과 기능 그리고 태도를 익힐 수 있는 내용인가의 여부가 중요하다. 또한 생활 활동의 능률과 효과의 증진을 위해서 조작·제작·노작 활동 등 기능상의 재능을 계발할 수 있는 내용이 필요하다. 그리고 일상생활의 경영과 문제 해결에 있어서 다른 교과에서 다루어지고 습득된 여러 분야의 지식과 기능을 서로 연결하고 통합하여 새로운 체계에서 분류, 조직하며 통합적인 관계와 질서를 발견하는 등 종합교과적인 특성에 맞는 내용이 선정되어야 한다. 사회도 교육 목표를 설정하는 데 자원이 된다. 특히, 학교교육 목표에서 그 특색이 현저하게 나타난다. 철학에 있어서는 국가 이념과 교육 철학을 검토해 보아야 한다. 우리나라의 경우 국가 이념적 차원에서는 민주주의라는 관점에서 교육 목표가 검토되고 정선되어야 한다. 또한 교육 철학도 교육 목표 설정에 영향을 미친다. 어떠한 교육 철학에 기초를 두느냐에 따라 교육 목표가 달라질 수 있다.

나. 교육 목표 분류

교육 목표가 학습 경험 선정과 조직 및 지도에 구체적인 시사를 줄 수 있도록 하기 위해서는, 목표를 세분화할 필요가 있으며, 목표가 내포하는 행동 특성을 몇 가지 변별 가능한 유형으로 분류할 필요가 있다. 이와 같이 교육 목표를 행동 유형별로 분류함으로써 각 행동 유형의 육성에 필요한 학습 경험의 형태와 지도 방법 및 평가 기술을 체계적으로 구상하는 데 많은 도움을 얻을 수 있다.

전통적으로 지육, 덕육, 체육으로 교육 목표가 분류되어 왔지만, 근래 블룸(Bloom)은 인지적 영역, 정의적 영역, 심동적 영역으로 구분하고 있다. 인지적 영역은 지식, 이해력, 적용력, 분석력, 종합력, 평가력과 같이 단순한 지식의 암기 및 재생으로부터 고도의 창의적인 지적 능력까지를 포함한다. 정의적 영역은 감수, 반응, 가치화, 조직화, 인격화와 같이 인간의 흥미, 태도, 가치관, 신념 체계에 관련된 목표이고, 심동적 영역은 근육이나 운동 기능을 강조하는 목표를 포함한다. 실과 교육에서 가장 강조하고 있는 영역은 심동적 영역이고, 다음으로는 정의적 영역, 인지적 영역 순이다.

2. 지식기반사회에서 실과교육의 방향

지식기반사회는 앎 그 자체보다는 삶을 위한 교육을 지향하고 있다. 삶을 이해하고 생각하게 하는 지식, 구체적으로 삶과 관계된 지식만이 사회 생활에 유용하다는 것이다. 부가가치의 창출은 직접적으로 삶과 관계된 지식에 의해 비롯되기 때문이다. 삶의 유용성을 도모하는 실용적 지식만이 가치 창출의 핵심이 된다. 머릿속의 지식이 아니라, 직접적인 행동으로 실천되고 표현되는 지식이다. 이러한 지식은 개인과 사회의 경험과 밀접한 관련을 가지고 있다. 즉, 삶 중심 지식은 일상생활의 경험에 의해 해석과 생각을 가능하게 하는 구체적인 지식이다. 결국 삶 중심 지식은 생활의 유용성 도모와 이를 통해 실용적 가치를 창출하는 기반이 된다. 삶 중심 지식은 사회적 부가가치와 직접적으로 연결된 지식의 생성을 촉진한다. 그러나 삶을 어떻게 해석하느냐의 문제가 있다. 해석하기에 따라 삶에 대한 관점이 다를 수 있기 때문이다. 사실, 아무리 추상적 지식이라도 삶과 관련되지 않은 것은 없다. 단지 시간적인 측면과 유용성의 정도에 따라 추상적 지식에 대한 해석이 달라질 수 있다. 따라서 많은 해석의 여지가 있으나, 여기에서 삶 중심 지식은 직접적으로 사회에 활용될 수 있는 지식을 의미한다(이춘식 외, 2001).

따라서 삶 중심 지식의 교과 내용은 사회에 직접적으로 적용할 수 있는 활용 중심 지식을 지향하게 된다. 지식의 활용 기준은 먼저 실천 가능한 지식이어야 하고, 그리고 문제 해결을 구체적으로 도모할 수 있어야 하며, 사회생활의 영위에 직접적으로 필요한 지식이다. 이러한 과정에서 삶 중심의 교육은 실용 중심, 생활 중심, 활용 중심, 과정 중심, 문제 해결 중심의 지식이 핵심 요소로 등장하게 된다(허경철 외, 2000).

이러한 삶 중심의 교육은 실과교육에서 추구하는 교육의 철학과 많은 부분 상통한다. 즉, 실과교육에서 성격으로 내세우는 교양교육적 생활 교과(실용 중심, 생활 중심), 창조적 노작 교과(과정 중심, 문제 해결 중심), 통합적 지식 교과(실용 중심, 활용 중심)에서 확인할 수 있다(최유현, 2001 ; 허경철 외, 2000).

따라서 21세기 지식기반사회에서 실과교육의 방향은 크게 다음 두 가지로 요약될 수 있을 것이다. 첫째, 전통적으로 실과교육에서 중요시했던 실천적 생활과 일의 경험을 계속 강조하여야 할 것이다. '실과'란 교과 명칭에서 알 수 있듯이 '실(實)'이 담고 있는 철학은 교육적으로 매우 중요한 의미를 주고 있다. 지금까지의 우리가 안고 있는 교육의 문제가 실천과 생활보다 학문과 이론을 강조하는 데서 오는 문제가 많이 발생되었다. 실과 교과 내에서도 실천적 학습 환경의 부족에서 오는 교육의 내실이 다져지지 않는 데서 오는 문제가 크다. 이제 실천성과 노작, 그리고 생활과 밀접한 관련을 갖는 실과교육의 본질적 역할은 지식기반사회에서 더욱 필요한 교과의 역할로 다가오고 있다.

둘째, 지식기반사회에서 실과교육에 대한 새로운 교육의 강조점은 실천적 생활의 학습 환경이 단순히 신체적 활동(hands on)에 머무는 것이 아닌 정신적 활동(minds on)의 과정으로 인식하고 교육과정이나 학습 환경에서 그러한 배려가 절실하다. 이는 현실적으로 신체와 정신이 분리될 수 있다는 이유와 지식기반사회에서 요구되는 문제 해결력, 의사결정 능력, 논리적 사고력, 창의력 등의 능력은 정보가 폭발적으로 증가하는 사회에서의 생활 문제 해결력이 요구되는 환경에서 절실히 요구되는 것이다.

3. 실과교육과정의 이론적 체계

한국교육과정평가원에서는 이론적 기초 연구, 델파이 연구, 세미나를 통해 실과교육과정을 개발하기 위한 이론적 체계를 구안한 바 있다(이춘식 외, 2001). 이론적 체계의 설명을 돕기 위한 모형을 [그림 5-1]과 같이 설정하고 실과교육 목표 및 내용 설정을 위한 이론적 체계를 구안하였다. 그리고 실과교육의 내용 구조, 즉 지식 구조를 중심으로 제시되었다. 특히, 내용 구성을 위한 모형을 학문과 과정으로 분리하여 접근하였다.

또한 내용 또는 지식의 구조에 터한 실과교육과정 구성을 위한 모형은 용어를 독립 학문적 구조(모학문 영역 구조), 공유 학문 구조(통합 학문 영역 구조), 활동과정 구조(절차적 지식 구조)로 용어를 구체화하였으며, 이론적 모형도 다른 형태의 3차원 모델을 제시하였다.

생활 소양 체계는 델파이 연구에 큰 가치를 부여하였으며, 성격과 관련지어 '실천적 생활인'으로 함축시켜 관련시켰다.

실과교육의 성격
• 교육 목적 : 실천적 생활 교과 • 지식 구조 : 통합적 지식 교과 • 교육 방법 : 창조적 노작 교과

➡

생활 소양
실천적 생활인

⬆

<table>
<tr><td rowspan="3">실과
교육과정
구성의 이론적
모형</td><td>실과 지식의
구조</td><td>[독립 학문]
• 가정학
• 기술학
• 생명과학
[공유 학문]
• 정보통신
• 생활 환경
• 진로</td></tr>
<tr><td colspan="2">⇧⇩</td></tr>
<tr><td>실과 활동과정
구조</td><td>[활동 과정]
• 탐색과 인식
• 연구와 계획
• 수행과 실천
• 평가와 반성</td></tr>
</table>

[그림 5-1] 실과교육의 이론적 체계 구안과정

2절 실과교육의 성격과 목표

개요

실과교육과정에서 실과교육의 성격을 어떻게 규정하느냐에 따라 그 목표는 달리 제시될 수 있다. 왜냐하면 성격이 목표를 제한할 수 있기 때문이다. 여기에서는 실과교육의 성격에 따라 실과교육의 목표가 어떻게 도출될 수 있는지에 대하여 알아본다.

1. 실과교육의 성격

지금까지 제시된 실과교육의 성격과 이 연구의 델파이 조사 결과를 통합적 관점에서 지식의 구조, 교육 목표, 교육 방법 측면에서 재분류하여 함의된 실과교육의 성격을 개념화하면 〈표 5-1〉과 같다(이춘식 외, 2003).

표 5-1 실과교육의 성격의 개념화 과정

성격의 관점	교육의 목적	지식의 구조	교육의 방법
기존 문헌에서의 성격 구성 요소	• 교양교육적 생활교육 • 다가치적 구조 • 인간 중심적 구조 • 소비자교육 • 실천적 생활	• 종합교과 • 통합적 지식 • 종합적 구조 • 산업기술 • 환경 • 통합적 지식교과	• 창의적 문제해결 • 노작 • 실천성 • 기능 • 기술성 • 창조적 노작
델파이 연구 결과	• 실생활에서의 기초기능 및 소양을 갖게 하는 교과 • 실생활에서의 가정, 일, 기술에 대한 탐색을 도와주는 교과 • 실생활에서의 문제 해결을 도와주는 교양 교과	• 통합적 지식을 추구하는 교과 • 생활소양과 관련된 가정, 기술, 생물 등의 통합적 지식을 추구하는 교과 • 노작 활동을 통해 생활 및 정보 환경 중시 교과	• 창의적인 노작활동을 하는 교과 • 실천적 체험을 하는 교과 • 실생활에서의 문제해결을 하는 교과
실과교육의 성격	*실천적 생활 교과*	*통합적 지식 교과*	*창조적 노작 교과*

즉, 기존의 문헌에서 진술된 성격과 이 연구에서 조사한 델파이 연구에서 나온 결과를 종합해 볼 때, 실과교육의 성격은 실과교육 목적의 측면에서 '실천적 생활

교과', 지식의 구조 측면에서 '통합적 지식 교과', 그리고 교육의 방법 측면에서 '창조적 노작 교과'로 규정하였다.

가. 교육 목적의 관점에서 실천적 생활 교과

실천적 생활 교과의 의미는 실과교육이 생활교육과 밀접한 관련을 맺고 있다는 것을 의미한다. 생활과 관련된 외재적 적응력과 아울러 그러한 경험을 통하여 내재화된 생활화 또는 생활양식을 의미한다고 본다. 즉, 실과교육은 생활과 밀접한 관련을 맺고 있다. 그러나 생활 교과의 의미는 자칫 초등교육의 기본 목적과의 정체성 혼돈이 발생할 수 있다. 이러한 관점에서 볼 때 즐거운 생활, 슬기로운 생활, 바른 생활과 다른 실과교육만의 독특한 정체는 '실천적 생활'에 초점을 둔다. 따라서 실천적 생활 교과가 교육 목적의 관점에서 실과교육의 정체성을 밝히는 관점이라면, 아동이 실과교육을 경험하면서 '실천적 생활인'이 되도록 하여야 한다는 의미이다. 여기서 실천적 생활인은 생활 상황에서 발생할 수 있는 여러 생활 문제를 슬기롭게 해결하는 능력도 함께 함의되어 있다고 본다.

나. 지식 구조의 관점에서 통합적 지식 교과

지식의 구조의 관점에서 통합적 지식 교과의 의미는 흡사 생물체가 세포 조직이라는 구조를 가진 한편, 항상 이들을 통합하는 기능을 가진 것과 유사하다. 이 전체와 부분은 마치 생태계적 관계를 지니면서, 상호 유대하여 실생활 또는 가정생활을 충실하게 발전시키는 데 기여하고 있다. 그 생명체는 행동 기능을 지니고 있으므로 행동적 구조를 가지는 것도 유사하다. 유기체에서의 구조와 기능은 일체 분리이며, 상호 규정적 관계를 지닌다. 실과는 종합적 체질과 실천적 행동력을 지닌 '산 유기체적 교과'이다(곽상만, 1988). 따라서 실과교육은 다른 교과에서 다루어지고 습득된 여러 분야의 지식과 기능을 서로 연결하고 통합하여 새로운 체계에서 분류 · 조직하여, 통합적인 관계와 질서를 발견하는 교과임을 강조하고 있다. 그러나 이러한 성격진술은 단순한 물리적 '종합'이 아닌 '통합'의 의미를 반드시 되살려야 한다. 즉, 구체적으로 여기서 통합의 의미는 타 교과와의 관련성에서 찾는 광의의 통합과 실과교육의 학문 구조 속에 논의되는 가정학, 기술학, 생명과학, 정보, 환경, 진로가 서로 유기적으로 통합을 지향한다는 의미이기도 하다.

다. 교육 방법의 관점에서 창조적 노작 교과

창조적 노작 교과의 의미는 실과교육의 모학문적 구조가 실천성에 바탕을 두고 있다는 철학에서 출발한다. 이는 실과교육이 다른 교과와 구별되는 실천적 접근의 정체성을 확보할 수 있다. 이러한 실천성은 노작교육의 테두리에서 논의될 수 있을 것이다. 그러나 노작교육이 단순히 신체적 활동의 수준에서 머무는 활동인 노동이 아니라 정신이 수반되고 창조적 변용 가능성이 열린 실천적 노작 활동의 의미이다. 창조적 노작 교과가 갖는 또 다른 의미는 단순한 기능교육이 갖는 제한을 벗어나 기술성의 의미를 제대로 구현하고, 기능교육에서 갖는 직업교육의 성향을 배제하는 데 의미가 있다. 실과교육은 창조적 접근에 기초하여, 기존의 것을 그대로 답습하는 것이 아닌 기술성의 본질적 특성인 새로운 것을 창출하는 데 큰 의미가 있는 것이다. 이러한 창조적 노작교육은 방법적 측면에서 문제 해결의 절차적 지식이 매우 중요한 의미를 갖는다고 볼 수 있다. 즉, 학교에서 다룬 몇십 가지 과제를 창의적 문제 해결적 접근을 통하여 응용이 가능한 생활 적응력을 길러주어야 한다.

2. 실과교육을 통하여 갖추어야 할 소양

실과교육을 통하여 갖추어야 할 소양 체계는 델파이 연구를 통하여 분석된 자료를 그대로 제시하기로 한다. 이 연구에서는 크게 실과교육의 궁극적 목표는 아동의 '실천적 생활인'에 근거를 두고 생활 소양을 세 가지 측면, 즉 지적인 소양, 실천 및 행동 소양, 가치와 태도 소양으로 구분할 수 있다.

표 5-2 실과 생활 소양의 내용

소양 영역	생활 소양 내용	
지적인 소양	• 가정생활에 대한 소양 • 생명에 대한 이해	• 생활 기술에 대한 이해 • 정보통신에 대한 소양
실천 및 행동 소양	• 실생활에서의 문제 해결 능력 • 정보통신 활용 능력 • 자기 계발 능력	• 협동하여 일할 수 있는 능력 • 기초 생활 기능 및 도구 사용 능력
가치와 태도 소양	• 실천적 태도 • 적극적이고 진취적 태도 • 생명 존중 태도	• 일에 대한 긍정적인 태도 • 환경 친화적 가치와 태도

3. 실과교육 목표

가. 초등 기술교육의 목표

기술 영역의 교육 목표는 실과교육의 성격으로 개념화한 교육 목표의 관점에서 실천적 생활 교과, 지식 구조의 관점에서 통합적 지식 교과, 교육 방법의 측면에서 창조적 생활 교과의 성격을 기초 기술학의 영역에 적절히 반영하는 데 그 근거를 두고 있다. 즉, 실천적 생활 교과 측면에서 초등학교 기술학의 배경에서 주변 생활과 관련되어 아동이 경험하는 기술의 기초적 인식에 주안점을 두고 있다. 따라서 기술의 수준은 가장 기초적 단계로 설정하였다. 즉, 기초 제조 기술, 기초 건설 기술, 기초 수송 기술의 기본 영역을 중심으로 간단한 재료를 이용한 기초 공작 및 제작 활동, 간단한 구조물을 구상하고 세우는 활동, 나아가 에너지와 움직임의 기초로 한 창의적 수송 기술의 인식에 바탕을 두고 있다.

또한 지식 구조의 관점에서 통합적 지식 교과의 성격 반영은 이 연구의 공유학문 영역에서 기술과 정보, 기술과 환경, 기술과 진로를 통합함으로써 그 성격을 효율적으로 반영하였다. 한편, 교육 방법의 측면에서 창조적 노작 교과의 성격도 기초 기술학의 교육 목표 진술에서 기술적 문제 해결(technological problem solving)이 필요하다.

실과교육의 생활 소양의 관점에서 볼 때, 교육 목표의 반영은 기술학의 목표 진술은 지적인 소양 측면에서 '생활 기술에 대한 소양'과 밀접한 관련을 가지고 있다. 여기서 생활 기술은 아동의 주변에서 경험되는 기초 기술로서 기초 제조 기술, 기초 건설 기술, 기초 수송 기술로 범주화하여 전개될 수 있을 것이다. 한편, 실천 및 행동 소양 측면에서는 실생활에서의 문제 해결 능력, 협동하여 일할 수 있는 능력, 기초 생활 및 도구 사용 능력, 자기계발 능력과 매우 밀접한 관련을 가지고 있다.

나. 초등 가정 영역의 교육 목표와 내용 체계

실과 교과에서 가정 영역의 목표는 실과 교과의 성격을 반영하고, 교육 목적의 관점에서 실천적인 생활인을 양성하는 실천적인 생활 교과로서의 성격을, 지식 구조의 관점에서 여러 차원의 다양한 지식을 통찰력 있고 종합적으로 적용하는 통합적 지식 교과로서의 성격을, 교육 방법 측면에서 실과 교과의 전통적인 노작 교과의 성격을 기본으로 하여 보다 자신의 실제적인 문제와의 연관성을 적극적으로 고려하여 실천하는 태도를 기를 수 있는 창의적 노작 교과로서의 성격을 종합적으로 반영한다.

따라서 가정 영역의 교육 목표에서는 아동 자신의 일상생활이나 가정생활에서 부딪히는 문제를 스스로 해결하는 능력과 실천하는 태도를 고양하는 데 주안점이 있다. 아동은 그 자신의 실제 생활과 유사한 맥락으로 제공되는 교육적 경험을 통하여 자신의 생각과 행동을 보다 잘 이해할 수 있을 뿐만 아니라, 더불어 타인과 사회를 폭넓게 이해하고 그 관계를 보다 적극적으로 탐색할 수 있게 될 것이다. 그러므로 아동이 이해하고 실천하는 능력을 높일 수 있도록 보다 쉽고, 발달적으로 더욱 의미 있으며, 실천하기 쉬운 내용, 방법, 어휘 등이 고려된다.

그 결과 가정학의 기초적 지식을 아동의 발달과정에 적합한 체험적 지식이 될 수 있도록 재구성하여 아동으로 하여금 스스로 "나와 가족, 옷, 음식, 주거, 자원 및 소비에 대한 기초적인 이해와 체험을 바탕으로 하여 이를 실제 생활에서 적절하게 실천할 수 있다."를 그 목표로 제시할 수 있다. 중등 가정 교과의 지식 체계와의 연계성을 고려하고 가정학이라는 학문적 배경을 고려하여 가장 공통적인 주제를 선정하되, 초등학생의 발달 단계에 적합한 쉬운 언어로 표현될 수 있도록 '나와 가족, 옷, 음식, 주거, 자원 및 소비' 등의 주제어를 추출하여 이를 중심으로 목표를 설정할 수 있다.

실과 교과의 궁극적 목표는 '아동의 실천적 생활인 양성'이었으며 이를 위해서는 지적 소양, 실천 및 행동 소양, 가치와 태도 소양을 길러야 할 필요가 있다. 이에 가정 영역에서는 지적 소양과 관련해서 '가정생활에 대한 소양', '합리적 소비생활' 등의 특성을 반영하여 아동 자신과 가족들에 대한 실제적인 지식뿐만 아니라 옷, 음식, 주거, 자원 및 소비 등이 실제 우리 생활의 국면에서 어떠한 관련을 맺고 있는지에 대한 통합적이고 체험적인 지식을 제공함으로써 실천적인 생활인에게 필요한 능력을 길러줄 수 있다. 이 영역을 구성하고 있는 지식은 이론적이기보다 자신의 문제와 긴밀한 관련성을 갖는 실천적인 지식으로 아동 스스로 가치와 의미를 탐색하여 그 해결책을 제시함으로써 자신의 행동을 바람직한 방향으로 변화시킬 수 있다. 따라서 내용 구성 방식은 자신의 문제를 발견하고, 그 배경 지식을 이해하며, 행동을 계획하고 마지막으로 평가하여 보는 실천적인 문제 해결의 과정을 담아내고 있다.

또한 실천 및 행동 소양과 관련해서는 실생활에서의 실천 및 적용 능력, 실생활에서의 문제 해결 능력, 협동하여 해결할 수 있는 능력, 생활 문제 계획, 실행, 평가 능력, 기초 생활 기능 및 도구 사용 능력, 자기 계발 능력, 생활 관리 능력, 취미 및 흥미 계발 등의 특성을 반영하여 아동이 일상생활 및 가정생활에서 발생할 수 있는 다양한 실천적인 문제를 자발적으로 원활하게 해결하는 능력을 심어 줄 수 있다.

가치와 태도 소양과 관련해서는 일에 대한 긍정적인 태도, 실천적 태도, 가정을 소중히 여기는 태도, 삶에 대한 적극적인 태도, 합리적 소비의식 등의 특성을 반영하여 인간이 가정생활과 관련된 기본적인 삶을 영위하는 것이 소중하며 가치 있는 것임을 깨닫게 하여 줄 수 있다.

다. 생명과학 영역의 교육 목표와 내용 체계

생명과학 영역의 교육 목표는 실과교육의 성격으로 개념화한 교육 목표의 관점에서 교양 교육적 생활 교과, 지식 구조의 관점에서 통합적 지식 교과, 교육 방법의 측면에서 창조적 생활 교과의 성격을 기초 기술학의 영역에 적절히 반영하는 데 그 근거를 두고 있다. 즉, 교양교육적 생활 교과 측면에서 초등학교 생명과학과 관련지어 아동들이 실생활과 관련되어 경험하는 생명과학에 대한 기초적인 지식과 이해, 태도와 가치 및 실제 행동에 주안점을 두고 있다. 따라서 생명과학 분야의 가장 기본적인 단계로 목표를 설정하였다. 즉, 가꾸기와 기르기 영역을 중심으로 식물과 동물을 기르는 활동에 중심을 두고 있다.

또한 지식 구조의 관점에서 통합적 지식 교과로서의 성격을 반영하기 위하여 실과 공유학문 영역과 관련지어 생명과학과 정보, 생명과학과 환경, 생명과학과 진로를 통합할 수 있다.

실과교육의 궁극적 목표를 '실천적 생활인' 양성에 두고, 생활 소양을 지적인 소양, 실천 및 행동 소양, 가치와 태도 소양에 두고 있다. 여기서 생명과학 영역을 생활 소양과 관련지어 볼 때, 지적 소양 면에서는 '생명에 대한 이해'와 관련되어 있다. 여기서 '생명에 대한 이해'는 실과 생명과학 영역의 목표인 '식물을 가꾸고 동물을 기르는 데 필요한 기초지식 및 능력'에 포함되어 있는 내용이다. 또한 실천 및 행동 소양 측면에서 강조하는 '실생활에서의 문제 해결 능력', '협동하여 일할 수 있는 능력', '기초 생활 및 도구 사용 능력', '자기계발 능력' 등은 생명과학 과 매우 밀접한 관련을 갖고 있으며, 이는 생명과학 목표에 함축적으로 진술되어 있다.

라. 공유 영역의 교육 목표와 내용 체계

1) 정보 영역 교육 목표

정보 영역의 교육 목표는 실과교육의 성격으로 개념화한 교육 목표의 관점에서 실천적 생활 교과, 지식 구조의 관점에서 통합적 지식 교과, 교육 방법의 측면에서 창의적 생활 교과의 성격을 기초 정보 기술 영역에 적절히 반영하는 데 그 근거를 두고 있다. 즉, 실천적 생활 교과 측면에서 주변 생활과 관련되어 아동이 경험하는 정보 기술의 기초적 인식과 적응 능력에 주안점을 두고 있다. 초등학교 수준에서 정보 기술에 대한 이해는 기초적이며, 일반적이고, 포괄적인 기술적 소양과 인식에 그 기반을 두어야 한다. 나아가 생활에 직접 적용해봄으로써, 흥미를 유발하고 적응력을 키워야 한다. 초등학교에서 정보 기술 영역은 기술 영역뿐만 아니라 가정 영역, 생명 영역 등에서 통합적으로 다루어질 수 있다. 따라서 실과교육의 정보 기술 영역에서는 정보 기술 개요, 로봇 체험과 조작하기, 가정에서 정보의 활용 등을 그 범주에 둔다. 정보 기술 내용 영역의 수준은 기초적이고, 실용적인 내용으로 설정함으로써 정보 기술의 기초를 이해하고 다른 학문 영역이나 생활에 적용하는 데 주안점을 두었다. 또한 지식 구조의 관점에서 통합적 지식 교과의 성격이 반영되도록 정보와 기술, 정보와 가정, 정보와 생명을 통합함으로써 그 성격을 효율적으로 반영하였다. 실과교육의 생활 소양의 관점에서 볼 때, 교육 목표의 반영은 정보 기술 영역의 목표 진술은 지적인 소양 측면에서 '정보통신에 대한 소양'과 밀접한 관련을 가지고 있다.

최근에는 소프트웨어 교육을 강조하고 있다. 즉, 소프트웨어 교육은 프로그램 개발 역량보다는 정보윤리의식과 태도를 바탕으로 실생활의 문제를 컴퓨팅 사고로 해결할 수 있도록 하는 것에 역점을 두고 있다. 또한, 융합교육의 측면에서 각 교과에서는 교과교육의 목표를 달성하기 위하여 컴퓨팅 사고력을 기반으로 한 다양한 문제의 분석과 해결방안 등을 교과 활동과 연계하여 수행할 수 있도록 적극 유도하고 있다.

2) 진로 환경 영역 교육 목표

진로교육 영역의 교육 목표는 실과교육의 성격으로 개념화한 교육 목표의 관점에서 교양교육적 생활 교과, 지식 구조의 관점에서 통합적 지식 교과, 교육 방법의 측면에서 창의적 생활 교과의 성격을 기초 기술학의 영역에 적절히 반영하는 데 그 근거를 두고 있다. 즉, 교양교육적 생활 교과 측면에서 초등학교 환경학과 관련지어 아동들이 실생활과 관련되어 경험하게 되는 진로에 대한 기초적인 지식과 이해, 태도와 가치 및 실제 행동에 주안점을 두고 있다. 따라서 진로교육 분야의 가장 기본적인 단계로 목표를 설정한다. 즉, 자기이해, 일의 세계 이해와 일에 대한 긍정적인 태도와 가치관, 합리적인 진로의사결정 및 계획과 관련된 활동에 중심을 두고 있다. 또한 진로교육 영역은 지식 구조의 관점에서 보면 통합 교과로 실과 교과의 다른 영역, 즉 가정학, 기술학, 생명과학, 정보과학, 환경학 등과 연계지어 논의된다. 실과교육의 궁극적 목표를 '실천적 생활인' 양성에 두고, 생활 소양을 지적인 소양, 실천 및 행동 소양, 가치와 태도 소양에 두고 있다. 여기서 진로교육 영역을 생활 소양과 관련지어 볼 때, 실천/행동 소양 측면에서 강조하는 '자기개발능력'과 관련이 되어 있다.

실천적 생활 교과 측면에서 초등학교 환경학과 관련지어 아동들이 실생활과 관련되어 경험하게 되는 환경에 대한 기초적인 지식과 이해, 태도와 가치 및 실제 행동에 주안점을 두고 있다. 따라서 환경학 분야의 가장 기본적인 단계로 목표를 설정하였다. 즉, 환경에 대한 지식과 기능 및 환경에 대한 태도와 참여 활동에 중심을 두고 있다. 또한 지식 구조의 관점에서 통합적 지식 교과로서의 성격을 반영하기 위하여 실과 공유학문 영역과 관련지어 생명과학과 정보, 생명과학과 환경, 생명과학과 진로를 통합하여 제시할 수 있다. 환경학 영역을 생활소양과 관련지어 볼 때, 실천 및 행동 소양 측면에서 강조하는 '실생활에서의 문제 해결 능력'과 '협동하여 일할 수 있는 능력', '기초 생활 및 도구 사용 능력'과 관련되며, 그리고 가치 및 태도 소양 측면에서는 '실천적 태도', '일에 대한 긍정적 태도', '적극적이고 진취적 태도', '환경친화적 태도' 등과 관련을 맺고 있다.

논의

1. 실과교육의 목표를 설정하기 위한 기초 자료에는 무엇이 있는지 논의해 보자.
2. 실과교육의 성격의 개념화 과정에 실과의 특성이 잘 드러나 있는지 토론해 보자.
3. 실과교육의 목표를 각 영역별로 범주화하여 제시해보고 추가할 사항이 있는지 검토해 보자.

참 | 고 | 문 | 헌

강정진(1999). 실과교육학의 학문적 체계 연구. 부산대학교 교육대학원, 석사학위논문.

김종우(1999). 실과 교육자가 인식하는 초등학교 실과 교육목표의 중요도. 한국교원대학교 대학원, 석사학위논문.

서우석(2000). 초등학교 실과 교육과정에 대한 사적 탐구. **한국실과교육학회지**, 13(2), 1-12.

이은희(2000). 초등학교 실과 교과의 개념에 관한 연구. 중앙대학교 대학원, 박사학위논문.

이은희, 김환란(1994). 초 · 중 · 고등학교 의생활 교육과정의 체계정립 및 필요성 조사연구. **한국가정과교육학회지**, 6(1), 43-60.

이춘식(1992). 기술적 소양인의 특성에 관한 연구. **직업교육연구**, 11(1), 79-90.

이춘식(1999). 국가교육과정에 근거한 평가 기준 및 도구개발 연구 -고등학교 기술- **한국교육과정평가원 연구보고** RRE 99-4-3.

이춘식(1999). 중학생의 기술에 대한 태도와 관련 변인. 서울대학교 대학원 박사학위논문.

이춘식, 최유현, 유태명(2001). 실과(기술 · 가정) 교육목표 및 내용체계(I). **연구보고** RRC 2001-2. 한국교육과정평가원.

전세경(1998). 실과교육의 활성화를 위한 내용과 방법의 이론적 탐색. **한국실과교육학회지**, 11(1), 13-30.

전세경, 박정윤, 김유정(2000). 교육대학의 실과교육 운영 실태에 관한 연구. **한국실과교육학회지**, 13(3), 67-98.

최유현(1997). 21C를 대비한 교육과정 개혁에 따른 초등 실과 교육과정 개발의 구조화 모형과 그 타당성 분석. **한국실과교육학회지**, 10(2), 45-86.

최유현(1999). 구성주의적 학습 환경에 터한 실과교육의 반성과 대안. **한국실과교육학회지**, 12(1), 15-28.

허경철 외(2000). 지식기반사회에서의 학교교육과정 구성을 위한 기초 연구(I). **연구보고** RRC 2000-10. 한국교육과정평가원.

제6장 실과교육과정의 내용

개요

실과교육 내용을 알아보기 위해서는 먼저 실과교육 내용 선정과 조직하는 방법에 대하여 이해할 필요가 있다. 그리고 나서 실과교육 내용의 방향을 설정하고 교육 내용을 선정하는 과정이 필요하다. 여기에서는 실과교육 내용과 관련된 전반적인 이해를 할 수 있도록 고찰하였다.

목표

1. 실과교육 내용을 선정하고 조직하는 방법에 대하여 이해할 수 있다.
2. 실과교육 내용을 선정하는 방향에 대하여 설명할 수 있다.
3. 핵심 역량에 따라 개발된 2015 실과교육과정에서의 내용을 알 수 있다.

1절 실과교육 내용 선정과 조직

개요

원론적으로 교육 내용이 선정되면 이를 조직하는 원칙인 계속성, 계열성 및 통합성에 따라 선정하게 된다. 이러한 원리를 이해하고 나서 실과교육의 지식 구조에 기초하여 내용을 탐구해 볼 필요가 있다. 여기서 실과교육의 학문적 구조는 가정학, 기술학, 생명과학으로 이루어지는 독립 영역과 공유 학문으로 정보 통신, 생활 환경, 진로로 이루어진다.

1. 교육 내용 선정의 원칙

교육 목표가 설정되면 이러한 목표를 달성하기 위하여 어떤 내용을 선정하여 학생들에게 제공할 것인가 하는 문제에 봉착하게 된다. 교육과정의 내용을 결정짓는 과정에 관련되는 요인들은 활용 가능한 시간과 자금, 내적 및 외적 압력, 정부·도·지방의 요구, 그 내용을 이수할 학교급별, 학년별 학생들의 수준 등이다.

하나의 교육 내용을 결정하기 위해서는 장기간 많은 사람들의 참여와 활동이 필요하다. 따라서 교육 내용을 충실히 선정하기 위해서는 충분한 시간을 확보하고, 충분한 경비를 확보하여야 한다.

교육 내용을 선정할 때 영향을 주는 교육 내적 문제로는 교육행정가, 교사 및 학생 등 교육계로부터 받게 되는 여러 가지 요망 사항을 고려해야 한다. 외적 압력으로는 기업체, 산업체, 자문위원, 지역사회 주민 등 각자가 처해 있는 현실과 미래를 고려하여 학교에서 가르쳐 주기를 기대하는 사항들이 있다. 일반적으로 교육 내용 선정에 있어서 고려해야 할 원칙은 다음과 같다(이무근, 1993 ; 김종서, 1993).

- 교육 목표와의 일관성이 있어야 한다.
- 기본 개념을 중시하여야 한다.
- 탐구 학습을 강조하여야 한다.
- 학생의 능력과 흥미와 필요에 맞는 것이어야 한다.
- 내용의 전이 가치가 높고 활용 범위가 넓어야 한다.

• 경험이 중복되지 않도록 하여야 한다.
• 내용이 참신하고 신뢰성이 높아야 한다.
• 넓이와 깊이의 균형이 있어야 한다.
• 다목적을 달성할 수 있어야 한다.
• 지역사회 특성을 고려하여야 한다.

교육 내용이 선정되면 이를 조직해야 한다. 교육 내용들을 서로 어떻게 횡적으로 관련시키며 종적으로 체계를 잡느냐 하는 문제가 이에 속한다. 교육 내용 조직의 일반적인 원칙은 계속성, 계열성 및 통합성을 들 수 있다.

가. 계속성

계속성은 선정된 내용 및 학습 경험의 종적 조직에 관한 사항이다. 이 원칙은 내용의 조직에 있어서 내용(또는 경험 내용)의 여러 요소가 어느 정도 계속해서 반복되어야 하다는 것이다. 어떤 교육 목표가 학습자의 행동 속에 실현되기 위해서는, 즉 쉽게 망각되지 않을 정도까지 학습되기 위해서는, 그 목표가 제시하는 지식이나 과정 또는 행동 양식이 어느 기간 동안은 계속 반복되어야 한다는 것을 의미한다.

나. 계열성

계속성은 하나의 교육과정 요소(특정 지식의 이해, 계산력, 분석력 등)가 동일한 수준에서 반복되는 것을 의미하는 데 반하여, 계열성은 선행 경험 혹은 내용을 기초로 하여 다음 경험 혹은 내용이 전개되어 점차적으로 깊이와 넓이를 더해 가는 것을 의미한다. 효과적인 학습을 지향하는 내용 조직의 계열성을 보장하기 위해서는 단순하고 구체적인 것으로부터 복잡하고 추상적인 것으로, 가까운 주변에서 먼 곳으로, 연대순의 계열, 부분에서 전체로, 혹은 반대로 전체에서 부분으로 내용을 조직하여야 한다. 계열성의 원리는 교육 내용의 질적인 심화성과 양적인 확대성에 관한 것으로, 학습 순서를 정하는 데 있어서 선수학습 내용을 기초로 하여 다음 학습 내용의 양과 수준이 높아지도록 조직되어야 한다.

다. 통합성

계속성과 계열성은 내용의 종적 조직인 데 반하여 통합성은 횡적 조직을 위한 원칙이다. 통합성의 원리는 한 영역의 한 가지 내용이나 경험, 능력들이 다른 여러 영역의 그것들과 어떻게 상호 관련을 시키도록 하느냐의 문제로서 교과목 간 및 학습 경험의 횡적 조직에 관련된 원칙이다. 그렇다면 이러한 조직 원리에 따라 교육 내용을 전개해 나갈 때 어떻게 계열화해야 하는가? 메이저(Mager)는 학습 내용이 학습자에게 가장 의미가 있도록, 효과 있게 다음과 같이 계열화해야 한다는 점을 강조하였다.

- 일반적인 것으로부터 특수한 것으로 : 학습 내용의 구성 요소를 조작, 작동 등의 사용법에서 원리 원칙으로 계열화한다.
- 흥미의 계열화 : 교육 내용을 가르칠 필요에 따라 계열화한다.
- 논리의 계열화 : 교육 내용을 논리적 순서에 따라 계열화한다.
- 기능의 계열화 : 한 직무를 완전히 해낼 수 있는 능력을 부여하기 위하여 교육 내용을 각 직무의 기능 단위로 계열화한다.
- 척도의 계열화 : 교육 내용 중에서 가장 많이 사용할 기능 등을 미리 가르치고, 중요성의 우선순위에 따라 나머지를 계열화한다.

2. 실과교육의 내용 구조

실과교육의 지식 구조는 기본적으로 두 가지 측면에서 고려하였다. 우선 독립 학문적 지식 구조로서 기존의 가정학, 기술학, 생명과학으로 이루어지는 지식의 구조와 공유학문 구조로서 정보 통신, 생활 환경, 진로로 이루어지는 지식의 구조이다. 그리고 지식의 구조로는 볼 수 없지만 교육과정 내용 구안에 있어서 함께 논의할 부분은 활동과정 구조이다. 즉, 실과에서 경험하는 모든 과제는 대체로 '탐색과 인식 – 연구와 계획 – 수행과 실천 – 평가와 반성'의 절차적 구조를 상정한다. 이러한 과정이 교육과정 내용을 구안하는 과정에서 반영될 때, 실과교육을 통하여 아이들은 절차적 지식을 얻게 될 것이고, 궁극적으로 문제 해결력, 의사결정 능력, 의사소통 능력, 논리적 사고, 창의적 사고 등의 고등 사고 능력을 길러줄 수 있을 것이다. 이는 실과교육이 갖는 내재적 가치의 한 측면을 구현할 수 있는 수단이 된다.

표 6-1 실과교육과정 구성을 위한 이론적 구조

구분	영역	내용	비고
지식의 구조	독립 학문 구조	• 가정학 • 기술학 • 생명과학	실과 모학문적 구조
	공유 학문 구조	• 정보통신 • 생활 환경 • 진로	독립학문 영역에 모두 공유된 학문 영역
절차적 구조	활동과정 구조	• 탐색 · 인식 • 연구 · 계획 • 수행 · 실천 • 평가 · 반성	순환적 구조

여기서 실과 내용 구성을 위한 이론적 모형에 따라 구성할 수 있는 방안의 예를 제시하면 다음과 같다. 실제로 여기에서 제시되는 형태들을 혼합하는 방안이 실현될 가능성이 높다.

가. A형 : 독립 학문 구조 + 활동과정 구조

A형은 독립 학문 구조인 가정학, 기술학, 생명과학의 각 내용 영역에서 절차적 구조인 탐색과 인식, 연구와 계획, 수행과 실천, 평가와 반성을 각각 반영한 것이다.

I. 독립 학문 구조		P. 절차적 구조
가정학 기술학 생명과학	+	탐색과 인식 연구와 계획 수행과 실천 평가와 반성

나. B형 : 공유 학문 구조 + 활동과정 구조

B형은 공유 학문 구조인 정보통신, 생활 환경, 진로의 각 내용 영역에서 절차적 구조를 각각 반영한 것이다.

C. 공유 학문 구조		P. 절차적 구조
정보통신 생활 환경 진로	+	탐색과 인식 연구와 계획 수행과 실천 평가와 반성

다. C형 : [독립 학문 구조 × 독립 학문 구조] + 활동과정 구조

C형은 독립 학문 구조 간에 통합한 내용과 절차적 구조를 각 통합 내용에서 반영된 모형이다.

I. 독립 학문 구조		I. 독립 학문 구조		P. 절차적 구조
가정학 기술학 생명과학	×	가정학 기술학 생명과학	+	탐색과 인식 연구와 계획 수행과 실천 평가와 반성

라. D형 : [공유 학문 구조 × 공유 학문 구조] + 활동과정 구조

D형은 공유 학문 간에 통합한 내용을 절차적 구조 차원에서 반영된 모형이다.

C. 공유 학문 구조		C. 공유 학문 구조		P. 절차적 구조
정보통신 생활 환경 진로	×	정보통신 생활 환경 진로	+	탐색과 인식 연구와 계획 수행과 실천 평가와 반성

마. E형 : [독립 학문 구조 × 공유 학문 구조] + 활동과정 구조

E형은 독립 학문 구조와 공유 학문 구조를 통합한 내용을 절차적 구조 차원에서 반영한 모형이다. 따라서 이 모형은 가장 통합적인 접근으로 볼 수 있다.

I. 독립 학문 구조		C. 공유 학문 구조		P. 절차적 구조
가정학 기술학 생명과학	×	정보통신 생활 환경 진로	+	탐색과 인식 연구와 계획 수행과 실천 평가와 반성

2절 실과교육 내용의 방향과 교육과정 내용

개요

실과교육의 내용 선정의 방향이 설정되면 교육과정의 개편 과정에 긴밀한 영향을 미친다. 2015 교육과정이 핵심 역량에 터한 것이기 때문에 핵심 역량이 교육과정에 어떻게 반영되었는지를 알아본다.

1. 핵심 역량 중심의 교육 내용

2015 실과교육과정은 핵심 역량이라는 키워드를 중심으로 개발되었다. 실과교육과정을 이해하기 위해서는 먼저 핵심 역량이 어떤 의미이고 그 위치는 무엇인지에 대하여 알 필요가 있다.

우리나라와 같이 국가에서 개발한 교육과정이 모든 초·중등학교와 학생들에게 영향을 미치는 경우 국가교육과정의 기본 취지 내지 목적을 실현하는 것은 교사로서의 의무이자 책임이다. 다만, 그러한 교육과정을 실행하는 과정에서 교사가 교육과정을 바르게 해석하고 얼마나 능동적인 역할을 수행하느냐에 따라 그 결과는 매우 상이할 수 있다. 이러한 교사의 교육과정 실행의 역할에 대한 중요성에 비추어 김두정(2009)은 "교육의 문제는 교사의 문제다"라는 진술은 "교육의 문제는 교사 실천적 지식의 문제다"로 바꾸어야 하며, 학교교육을 혁신시키기 위해서는 교사의 실천적 지식에 대한 관심을 고조시키고 이를 바꾸기 위한 방안이 강구되어야 한다고 주장하였다(진의남 외, 2015).

교육과정 실행의 관점은 교육과정 실행에서 교사의 역할을 무엇으로 보느냐에 따라 달라진다. 즉, 교사를 소극적 교육과정 실천자로 볼 것인지, 아니면 적극적 교육과정 개발자로서의 역할까지 기대할 것인지에 따라 달라진다는 것이다. 그렇다면 우리나라의 경우 교육과정 실행의 관점을 무엇으로 보아야 하고 볼 수 있는가의 문제가 발생한다. 우리나라의 국가교육과정 문서는 법적 구속력을 갖는다. 따라서 충실도 관점에 의한 교육과정 실행은 중요한 의미를 가지며 오랫동안 이러한 관점에서의 교육과정 실행이 주류를 이루었다. 또한 학교(또는 교육과정) 평가에 대한 부담감은 소극적인 충실도 관점에 큰 영향을 미쳤을 수도 있다. 그러나 시간이 흐르면서 교사에게 교육과정 실행과 관련하여 능동적 변화를 요구하였고, 국가교육과정이 학교 중심 교육과정을 표방한 6차 교육과정기부터 변화가 시작되었다. 즉, '상호 적응' 관점의 교육과정 실행 관점이 부각되었다. 또한 이러한 관점을 넘어서 교육과정 개발자로서의 역할 확대를 기대하고 있다.

교육과정 실행의 의미를 우리나라의 교육과정 개발 체제, 바람직한 교육과정 실행자로서의 교사의 역할 등을 고려하여 "교실 수준에서 교사가 국가교육과정을 기반으로 지역, 학교, 교실, 교사, 학생 등 제반 여건을 고려하여 교수・학습을 계획하고 교육과정을 재구성하여 교수・학습을 실행한 후 적절한 평가 도구를 선정하고 제작하고 그 결과를 도출하여 피드백 하는 일련의 행위"로 정의할 수 있다(진의남 외, 2015).

핵심 역량 기반 교육과정 설계 원칙을 일관성(지속성), 적용 가능성, 실질적 유의미성에 두고 있으며(이광우 외, 2009 : 134) 세 가지 방안이 제시되었다. 첫째, 총론에서 제시한 핵심 역량을 교과교육과정의 내용 측면에서 상당 부분 재구조화 하는 방법, 둘째, 총론 차원에서 공통 핵심 역량을 강조하되, 교과 반영은 교과의 자율성을 존중하는 방안, 셋째, 초・중학교의 교육과정에서는 핵심 공통 역량의 개발을 추구하되, 고등학교에서는 교과별 고유 역량의 개발을 추구하도록 하는 방안 등이다(이광우 외, 2009 : 134-135). 즉, 핵심 역량을 총론에서 규정하고 그 핵심 역량을 교과교육과정에 어떻게 반영할 것인가에 대한 논의가 중심에 있다. 핵심 역량을 기반으로 하는 교육과정 설계에 제공한 시사점은 매우 의미 있으며, 2015 교육과정 개정에도 많은 영향을 미쳤다고 볼 수 있다.

핵심 역량을 교육과정에 반영하여 실질적인 개선을 이룬 것은 2015 개정 교육과정이라고 할 수 있다. 2015 개정 교육과정은 핵심 역량을 반영한 교육과정으로의 개선을 목표로 하였으며, 이에 기초를 제공한 연구는 다음과 같이 두 가지를 들 수 있다. 하나는 2015 개정 교육과정에서 반영하여야 할 핵심역량을 기존의 핵심역량 관련 연구의 종합・분석을 통해 총론의 입장에서 제시한 연구(박순경 외, 2014)이며, 다른 하나는 핵심 역량을 반영하여 교과교육과정의 개발 방향을 제시한 연구(이광우 외, 2014)이다.

이광우 외(2014)는 위의 연구를 바탕으로 차기 교육과정의 개정 취지와 중점을 고려하여 2015 개정 교육과정에서 총론에 반영할 핵심 역량을 자기 관리 능력, 공동체의식, 의사소통 능력, 창의 · 융합 사고 능력, 정보처리 능력, 심미적 감성 능력 등 6가지로 제시하였으며, 여기서 제시된 핵심 역량은 총론뿐만 아니라 교과 역량 추출에도 반영되어야 한다고 제안하였다. 핵심 역량 기반 교육과정이라고 할 수 있는 2015 개정 교육과정의 총론 문서에는 서론에 제시한 것과 같이 6가지의 핵심 역량이 제시되어 있다. 그러나 제시된 핵심 역량을 신장시키기 위한 구체적인 방안은 제시되어 있지 않다. 이는 교육과정 총론에서 제시한 핵심 역량을 반영한 교과별 교과 역량이 존재하고, 그 교과 역량을 신장시킬 방향이나 방안은 교과별 교육과정에 담겨야 한다는 전제가 있기 때문이다.

2. 핵심 역량 중심의 실과교육 내용 선정 방향

2015 개정 실과(기술 · 가정)교육과정 시안 개발 연구(진의남 외, 2015)에서는 총론에서 발표한 공통의 핵심 역량에 기반한 실과(기술 · 가정) 교과에서의 선행 연구 결과 등을 포괄적으로 검토하여 교과 역량을 다음과 같이 제시하였다.

▌표 6-2 2015 개정 실과(기술 · 가정)교육과정 교과 역량 요소 및 의미

교과 역량 요소	의미	하위 요소
실천적 문제 해결 능력	일상생활 속에서 발생될 수 있는 다양한 문제에 대하여 그 배경을 이해하고 문제 해결의 대안을 탐색한 후, 비판적 사고를 통한 추론과 가치판단에 따른 의사결정으로 실행할 수 있는 능력	• 실천적 추론 • 의사결정 • 가치판단 • 비판적 사고 • 실행 능력
생활 자립 능력	삶의 주체로서 자신의 발달과정에서의 자아정체감을 형성하여 일상생활의 문제를 스스로 판단 · 결정 · 수행할 수 있으며, 자조와 주도적 관점에서 자기 관리 및 생애를 설계할 수 있는 능력	• 의식주 생활 수행 능력 • 발달과 자아정체감 • 합리적인 소비와 자원 활용 • 생애설계 및 진로탐색 • 일과 가정의 양립
관계 지향 능력	대상과의 관계를 소중히 여기고, 존중과 공감, 배려와 돌봄으로서 공동체 감수성을 키워 자신과 가족, 친구, 지역사회, 자원, 환경과의 건강한 상호작용과 관계를 형성 · 유지할 수 있는 능력	• 타인 존중과 소통 • 배려와 돌봄 • 환경 및 생태 의식 • 가족관계와 공동체 의식 • 공감능력과 갈등 관리 • 의사소통 • 문화수용성

교과 역량 요소	의미	하위 요소
기술적 문제 해결 능력	기술과 관련된 문제를 이해하고 다양한 해결책을 탐색하여 창의적인 아이디어를 구현한 해결책을 평가하고 개선할 수 있는 능력	• 문제의 확인 • 해결책의 탐색과 개발 • 아이디어의 실현 • 해결책의 평가
기술 시스템 설계 능력	인류가 현실 세계에 적응하기 위하여 다양한 자원을 활용하여 생산, 수송, 통신 기술 투입, 과정, 산출 되먹임의 흐름이 효율적으로 이루어지도록 필요한 장치를 개발하거나 효율적으로 적용하는 능력	• 투입 요소의 선정 • 과정의 결정 • 산출의 평가 • 되먹임 결정
기술 활용 능력	생산, 수송 및 통신 기술 활동을 독립적이거나 통합적으로 적용하여 지속 가능한 발전을 위하여 발명, 표준화의 투입, 과정, 산출이 효율적으로 이루어지도록 활용하는 능력	• 융합/복합 능력 • 적응 능력 • 개발 혁신 능력

이와 같이 선정된 실과(기술 · 가정) 교과 역량은 초 · 중학교 실과(기술 · 가정)교육과정의 성격, 목표, 내용, 교수 · 학습 방법, 평가의 내용에 반영되었다.

첫째, 초 · 중 · 고등학교 실과(기술 · 가정) 교과교육과정에서 과목의 성격에 관련 '실과(기술 · 가정) 교과 역량'을 제시하고 그 의미를 설명하였다. 초 · 중 · 고등학교 실과(기술 · 가정) 교과 성격에는 교과 역량인 실천적 문제 해결 능력, 생활 자립 능력, 관계 형성 능력, 기술적 문제 해결 능력, 기술 시스템 설계 능력, 기술 활용 능력 등의 6가지를 제시하고 그 의미를 설명하였다. 또한 초 · 중 · 고 실과(기술 · 가정) 교과의 성격에서 학교급별 중점 사항에 2015 개정 실과(기술 · 가정) 교육과정의 교과 역량을 중점 사항으로 제시하였다.

둘째, 실과(기술 · 가정) 교과의 목표는 총괄 목표와 세부 목표로 구성하였으며 모든 부분에서 교과 역량을 제시하였다. 총괄 목표에서는 실과(기술 · 가정) 교과의 기술, 가정 분야의 주요 영역과 이를 통해 도달해야 하는 교과 역량을 연관지어 교과교육의 방향을 제시되었다. 세부 목표에서는 가정 · 기술 분야별 각 하위 영역의 실천적 활동과 이에 따라 학생들이 도달해야 하는 도달점을 복수의 교과 역량과 관련지어 실과(기술 · 가정)교육의 총합적이고 실질적인 목표를 함께 제시하였다.

총괄 목표

개인과 가족이 행복하고 건강한 삶 영위		
실천적 문제 해결 능력	생활 자립 능력	관계 형성 능력

현재와 미래 생활을 주도할 수 있는 기술적 역량과 태도		
기술적 문제 해결 능력	기술 시스템 설계 능력	기술 활용 능력

세부 목표

실천적 문제 해결 능력	생활 자립 능력	관계 형성 능력	
○		○	← 배려와 돌봄의 실천
○	○		← 비판적 사고와 반성적 행동
	○	○	← 생애 자원 관리와 생애 설계

기술적 문제 해결 능력	기술 시스템 설계 능력	기술 활용 능력	
○		○	← 기술적 문제를 창의적 해결, 적용
	○	○	← 사회의 변화에 적극적 대처
○	○		← 기술적 문제를 이해, 해결 방안 탐색

[그림 6-1] 2015 개정 실과(기술 · 가정) 총괄 목표 및 세부 목표

셋째, 2015 교육과정 개정에서의 실과(기술 · 가정) 교과의 내용 체계는 총론에서 제시하고 있는 핵심 역량에 근거해서 교과 역량을 구성하여 제시하고 있다. 먼저, 교과의 체계를 구성하는 '영역'을 선정하고, 각 영역에서 다루어야 할 기초적인 개념이나 원리, 빅 아이디어(Big idea), 핵심 아이디어를 의미하는 '핵심 개념'을 선정하였다. 다음으로 실과(기술 · 가정) 교과의 내용 체계는 초 · 중등을 하나의 표로 연결하여 영역, 핵심 개념, 일반화된 지식, 내용 요소, 기능으로 제시하였다. 이러한 구성은 2015 개정 교육과정의 기본 방향인 초 · 중등 연계와 핵심 개념 중심의 교육과정 개발을 위한 형식적 · 가시적으로 드러내기 위한 조치이다. 즉, 현행 교육과정 내용 체계의 구성인 대영역, 중영역, 소영역의 구분을 핵심 개념과 내용 요소를 중심으로 구성함으로써 교육과정이 단원이나 제목의 제시가 아니라 일반화된 지식에서 파생되는 가르쳐야 할 내용 요소 중심으로 구성되도록 하였다.

가정 분야의 내용 영역은 인간 발달과 가족, 가정생활과 안전, 자원 관리와 자립으로 하였으며, 인간 발달과 가족 영역에서는 발달과 관계를 핵심 개념으로 하여 자신의 발달을 이해하고 가족 간의 관계를 형성할 수 있도록 하였으며, 가정생활과 안전 영역에서는 생활 문화와 안전을 핵심 개념으로 하여 조화롭고 창의적인 가정생활 문화를 형성, 개발, 공유할 수 있도록 의식주 생활의 기본적 생활

수행 능력을 기르고, 지원 관리와 자립 영역에서는 관리와 생애 설계를 핵심 개념으로 하여 제한된 생활자원의 관리를 위한 합리적이고 윤리적인 소비, 환경 친화적인 생활 태도 및 전 생애적 관점에서의 진로, 가정생활 등을 설계할 수 있도록 하였다.

기술 분야의 내용 영역은 기술 시스템과 기술 활용으로 하였으며, 각 영역에 해당하는 핵심 개념과 내용 그리고 내용 요소를 제시하였다. 기술 시스템 영역에서는 창조, 효율, 소통을 핵심 개념으로 하여 다양한 자원을 이용하여 유용한 산출물을 개발하도록 하였으며, 효율적인 이동과 소통을 통해 생활의 불편함을 해소하도록 하였다. 기술 활용 영역에서는 융합, 혁신, 안전을 핵심 개념으로 하여 융합을 통해 창조적인 가치를 창출함으로써 인류의 삶과 사회를 변화시키도록 하였다. 영역별 핵심 개념은 학년 군별 내용 요소를 선정하는 바탕이 되었고, 내용 요소 외에 새롭게 포함된 영역별 '기능'에는 해당 영역에서 반드시 할 수 있어야 할 것, 학습 경험, 수행 등이 포함되었다.

표 6-3 2015 개정 초 · 중 · 고등학교 실과교육과정의 영역별 핵심 개념

영역		핵심 개념	비고
초 · 중 · 고 실과(기술가정)	인간 발달과 가족	발달, 관계	• 핵심 개념으로 제시 • 가정 분야
	가정생활과 문화	생활 문화, 안전	
	자원 관리와 자립	관리, 생애 설계	
	기술 시스템	창조, 효율, 소통	• 기술 분야 • 핵심 개념으로 제시
	기술 활용	적응, 혁신, 지속 가능	

넷째, 교수 · 학습 방향에서는 실과(기술 · 가정) 교과의 6가지 역량을 반영하여 교수학습을 계획하도록 하였고, 교과 역량을 구현하기 위한 교수학습 방법과 전략을 활용하도록 하였다. 실과(기술 · 가정) 교과의 각 역량별로 교수 · 학습의 방향과 적합한 방법 및 전략을 제시하고 있다.

▌표 6-4 2015 개정 실과(기술 · 가정) 교과 역량별 교수 · 학습 방법 및 전략

교과 역량	교수 · 학습의 방향	교수 · 학습 방법 및 전략
실천적 문제 해결 능력	실생활과 관련한 체험 활동을 중시하고 가정 실습, 학교 및 지역 사회 행사 등을 적극 활용	관찰 학습, 조사 학습, 체험 학습 등
생활 자립 능력	수업에서 습득한 지식과 기능을 일상생활에서 적극적으로 활용	체험 학습, 탐구 학습, 조사 학습, 토의 토론 학습, 프로젝트 학습 등
관계 지향 능력	다양한 교육 커뮤니티와 연계하여 학습이 도움이 되도록 함	역할 놀이, 토의 토론 학습
기술적 문제 해결 능력	학생들의 발달 단계, 학습 수준, 관심, 흥미 등을 고려하여 학생 중심 수업 활동 전개	토의 토론 학습, 귀납적 사고법, 실험실습법, 현장 견학 등
기술 시스템 설계 능력	실물이나 모형, 인터넷 자료, 사진 및 동영상 자료 등 다양한 학습 자료를 활용, 교수 · 학습의 효율성 증대	프로젝트 학습, 협력 학습, 탐구 학습, 문제 해결 학습 등
기술 활용 능력	각 학기별 실험실습 활용에 필요한 재료, 설비, 기구, 자재 등을 사전에 준비하고 점검	탐구 학습, 주제 학습, 프로젝트 학습, 창의적 문제 해결 학습 등

다섯째, 평가 방향에서는 평가 목표와 내용을 실과(기술 · 가정) 교과 역량, 교육과정의 내용 체계와 성취 기준을 근거로 설정하도록 하였다. 또한 서술형 및 논술형 검사법, 관찰법, 발표 및 토론법, 자기 평가 및 동료 평가 보고서법, 연구보고서법, 포트폴리오법 등의 수행 평가를 적절하게 활용하도록 하였다.

3. 2015 실과교육과정의 개정 중점

교육부는 2015 개정교육과정(초 · 중등학교 교육과정)의 총론 주요 사항을 발표하였다. 새 교육과정은 학생들이 인문 · 사회 · 과학 기술에 대한 기초 소양을 함양하여 인문학적 상상력과 과학 기술 창조력을 갖춘 창의 융합형 인재로 성장할 수 있도록 하였다.

가. 실과(기술 · 가정)교육과정 개정의 방향(진의남 외, 2015)

국가교육과정 개정의 원칙과 방향 및 각론의 개발 지침을 통하여 실과(기술 · 가정) 교육과정 개정의 기본 방향과 기본 입장을 정하고 이를 바탕으로 다음과 같은

기준에서 교육 내용의 선정과 조직이 이루어졌다. 교육 내용은 우선 현행 2009 개정 교육과정에 대한 실태 분석 결과 수정이나 보완이 요청되는 내용을 수정하기 위하여 내용을 재구성하였다. 또한 보다 매력적이고 전망 있는 교과로 자리매김하기 위하여 사회의 변화 및 교육의 역할과 관련하여 교과에 기대되고 있는 국가 · 사회의 요구사항을 대폭 반영하였고, 병합 교과인 기술 · 가정 교과에서 가정과와 기술과의 정체성을 보다 분명히 하게 초등과 중등을 연계하여 내용 영역을 '가정생활' 분야와 '기술의 세계' 분야로 구성하고 이를 교과교육과정 개발에 반영하였다.

미래사회가 요구하는 역량 중심의 교육과정 개정을 통해 배움을 즐기며 개인의 꿈과 끼를 키울 수 있도록 교육의 근본적인 개혁의 추진이 필요하다. 또한 학생 참여 중심의 수업을 통해 학생들의 학습 흥미도를 제고하고, 창의 · 융합적 사고와 바른 인성 등 미래사회가 요구하는 역량 함양이 가능한 교과교육과정을 개발한다.

- 교과별 핵심 성취 기준 중심으로 학습량을 적정화하고, 토의 · 토론 학습, 프로젝트 학습 등 학습 경험의 질 제고가 가능한 교육과정을 개발한다.
- 교과별 인문학 요소 강화, SW 교육 및 안전교육 등 국가 · 사회적 요구 반영을 통한 융합인재 육성이 가능한 교과별 교육과정을 개발한다.
- 교육과정 총론의 취지가 반영된 교과교육과정 개발 및 교과 간 내용 중복을 해소하고자 한다.
- 현장 적합성 높은 교육과정 개발을 위해 현장 교원을 30% 이상 참여하도록 한다.

1) '가정생활' 분야 교육과정 개정의 방향 및 중점

- 우리 교육이 길러주고자 하는 학습자의 역량 중 가정과가 담당하는 교과 역량과 핵심 개념을 명확히 하고, 교과 역량과 핵심 개념 중심으로 교육과정을 개발한다. 실과(기술 · 가정)과에서는 총론에서 제시하는 핵심 역량을 고려하면서, 특히 가정생활 분야에서는 '실천적 문제 해결 능력, 생활 자립 능력, 관계 형성 능력'의 교과 역량을 제시하고 3개의 교과 역량과 연관되고 충족시킬 수 있는 6개의 핵심 개념을 도출하여 전체적으로 교육과정 전반에 걸쳐 교과 역량과 핵심 개념이 중심이 되도록 개발함으로써 교육과정의 구성과 서술이 일관된 질서를 유지할 수 있도록 한다. 이를 위하여 성격과 목표에

교과 역량과 핵심 개념이 드러날 수 있도록 기술하고, 이것이 내용으로 연결될 수 있다. 구체적으로 핵심 개념을 의도한 학습을 통해 교과 역량을 길러줄 수 있도록 교육과정 구성과 서술을 체계화하였다. 내용 체계에서는 3개의 영역(인간 발달과 가족, 가정생활과 안전, 자원 관리와 자립)으로 구성하고 각 영역별로 2개의 핵심 개념을 제시하여 총 6개의 가정과의 핵심 개념(발달, 관계, 생활문화, 안전, 관리, 생애설계)을 제시하였다.

- 초 · 중등이 연결되고 공유하는 성격과 목표를 제시하고 내용 체계를 구성함으로써, 교과로서의 가정과 교육의 정체성과 학습에서의 초 · 중등 연계를 분명히 한다. 교육과정의 성격에는 가정과 교육의 필요성과 본질, 의의 등을 제시함으로써 초 · 중등이 공유하는 가정과 고유의 교육적 의미를 성격으로 명시하였고, 목표는 3개의 영역을 중심으로 핵심 개념을 통하여 기를 수 있는 교과 역량을 제시하였다. 진술의 수준은 초 · 중등의 가정과 학습을 통하여 도달할 수 있는 최종 학년의 목표로 서술하였다. 내용 체계는 하나의 틀 안에 핵심 개념과 내용을 공유하고 초 · 중등의 내용 요소를 병행하여 제시함으로써 내용 조직으로서의 초 · 중등의 연계를 가시적으로 드러날 수 있도록 하여 교육과정 구성의 이해도를 높이고자 하였다. 이로써 2007 개정 교육과정 이후 꾸준히 의도해왔던 초 · 중등 연계의 교육과정 구성은 이번 교육과정을 통하여 그 완성도를 높였다.
- 내용의 구성은 핵심 개념을 기반으로 하는 내용(일반화된 지식)과 내용 요소를 중심으로 구성하고, 핵심 개념별 학습의 양은 내용 요소와 성취 기준의 양과 질에 판단한다. 기존의 교육과정 내용 체계가 대영역/중영역/소영역으로 구성되고 중영역은 교과서의 단원으로 연결되었던 형식에서 벗어나 2015 개정 교육과정의 내용 체계는 영역/핵심 개념/일반화된 지식/(초 · 중등) 내용 요소의 틀을 갖춤으로써 전통적으로 가정학(가정 교과)에서 표방해 왔던 주제 중심의 견고한 분절적 구성에서 어느 정도 벗어나게 하였다. 이는 2007 개정부터 부분적으로 생활 범주 중심의 통합적 접근을 의도하였던 중등보다는 초등에서의 커다란 변화로 볼 수 있다. 이러한 구성에 따라 기존의 접근 방법인 각 단원별(중영역)로 2개의 소영역이 제시되고 이에 비교적 고른 수업의 차수를 배정하였던 것과는 달리, 내용 요소의 양과 질, 이후 정해지는 성취 기준

서술의 수준에 따라 학습의 양이 정해지게 되어 이로써 핵심 개념을 중심으로 하는 교육과정 구성에서 차시 구성이나 교과서 개발을 위한 새로운 지침이 될 수 있도록 하였다.

- 저출산 · 고령사회 및 다문화사회 대응, 지속 가능한 삶 추구, 행복교육, 진로 및 안전교육을 강화하려는 국가 · 사회적인 교육적 요구를 교육 내용 전반에 반영함으로써 가정과 교육을 통해 미래의 융합 인재를 기르도록 한다. 교육과정 개정 때마다 사회적 변화에 따른 교육적 지원과 대응이 교과에 반영되도록 하는 국가 · 사회적 차원의 요구가 제기되었고 이는 자연스럽게 교육과정 개정을 위한 외부적 동력의 하나가 되어 왔다. 가정과는 생활 교과로서 사회적 변화와 요구에 밀접하게 대응하고 그 역할을 담당해야 하므로 이와 같은 국가 · 사회적 요구를 그간의 교육과정 개정 시마다 적극 반영하여 왔다. 2015 개정 교육과정에서 구체적으로 가정과에 요구되는 국가 · 사회적 요구는 저출산 · 고령사회와 다문화사회 대비 교육, 행복교육, 진로 및 안전교육 등이다. 이에 따라 '가정생활' 분야에서는 '가족' 관련 교육, 자아존중감과 돌봄 및 배려의 교육, 생애설계 및 진로탐색, 일 · 가정 양립을 위한 교육, 가정생활문화교육, 안전교육 등의 내용을 강조하여 교육 내용 전반에 걸쳐 반영될 수 있도록 하였다. 또한 그 접근은 학습자의 창의 · 융합적 사고와 역량을 함양할 수 있도록 하였다. 이로써 미래사회의 변화에 대응할 수 있는 국가 · 사회적인 교육적 요구를 담당하여 지원하는 주요 교과로서의 가정교과의 위상을 높일 수 있다.
- 현행 교육과정에 대한 의견, 교육과정 개정을 위한 기초연구 결과, 개발과정에서 진행된 전문가 협의회의 의견과 현장 적합성 의견의 결과, 토론회의 의견 등을 반영함으로써 다양한 의견을 수렴한 의사결정과정을 거친다. 교육과정 개정을 위한 다양한 의견을 여러 과정과 절차, 형식을 통해 수렴하여 이를 개발의 방향과 내용에 반영하도록 하였다. 특히, 2014년도 진행된 실과(기술 · 가정)교육과정 개정을 위한 교과교육과정의 쟁점 및 개선 방향의 기초연구를 검토하고 설문조사를 통한 현행 교육과정에 대한 의견, 각 전공자들로 구성한 전문가 협의회, 현장 교사를 중심으로 한 현장 적합성 검토, 토론회의 개최 등, 다양한 방식과 절차를 통하여 제시되는 의견들을 수렴하고 이를

토대로 수정 · 보완함으로써 교육과정의 완성도를 높일 수 있도록 하였다.

2) '기술의 세계' 분야의 교육과정 개정의 방향 및 중점

- 기술교육의 기본 방향과 목적을 기술적 지식, 태도 및 기능을 갖추어 기술적 능력을 기르는 데 두었다. 기술교육의 기본적인 방향과 목적을 기술에 대한 지식을 이해하고, 바람직한 태도와 기능을 갖추는 것으로 하였으며, 이를 통해 미래사회를 살아가는 데 필수적인 기술적 능력을 학생들이 스스로 기를 수 있도록 하였다.
- 체제(system)로서의 기술을 활동 형태에 따라 생산 기술, 수송 기술 및 정보통신 기술로 나누어 기술교육의 목표와 내용 체계를 구성하였다. 기술교육의 방향을 설정하고 '교과 역량'과 '핵심 개념'을 기반으로 생산 기술, 수송 기술 및 정보통신 기술 체제의 투입, 과정, 산출 단계에 따라 목적과 내용 요소를 선정하였으며 선정한 내용 요소에 따라 성취 기준을 작성하였다.
- 미래사회의 수요에 부합하는 최신 기술의 문제 해결 체험 활동을 강화하였다. 현재의 기술보다는 빠르게 변화하는 기술의 특성을 고려하여, 학생들이 미래 사회에 수요가 늘어날 것으로 예상되는 생산 기술, 수송 기술 및 정보통신 기술 분야의 최신 기술 문제를 통합적이고 창조적으로 해결할 수 있는 체험 활동을 강화하였다.
- 기술의 활용 능력을 강화하였다. 사회 변화에 발맞추어 생산 기술, 수송 기술과 정보통신 기술 또는 통합된 기술을 다양한 분야에 활용할 수 있는 능력을 기르기 위하여 학생들에게 실질적으로 발명, 표준화, 적정 기술과 지속 가능한 기술과 관련된 학습 경험을 제공한다.
- 프로그래밍 및 안전 관련 내용을 강화하였다. 초등 정보통신 기술에 소프트웨어, 컴퓨팅 사고, 프로그래밍 등의 내용을 신설하였고, 사회적 분위기가 안전의 중요성을 점차로 강조함에 따라 안전 관련 교육 요소를 추가하여 학생들이 안전에 관련된 내용을 교과학습을 통해 습득할 수 있도록 하였다.

나. 개정의 주요 내용

1) 성격

실과(기술 · 가정)교육과정의 성격은 현행 교육과정의 초등 실과/중등 가정과/중등 기술과로 구분하여 제시했던 것과는 달리, 실과(기술 · 가정)과의 공통적 성격을 명시하고 초등과 중등의 교육 접근에서의 강조점을 제시하였다. 특히, 현행 교육과정의 '성격'에 명시된 핵심 역량도 초등 실과와 중등 기술 · 가정과의 '가정생활' 영역과 '기술의 세계' 영역으로 구분되어 진술되어 있다. 그러나 2015 교과교육과정의 성격에 반영 · 명시하도록 요구되는 핵심 역량은 초 · 중등을 통합하여 '가정생활'과 '기술의 세계' 분야로 구분하고 각각의 분야에 해당하는 분야별 핵심 역량을 제시하였다.

'가정생활' 분야의 성격에는, 가정생활 분야에서의 3개의 영역, 6개의 핵심개념, 3개의 교과 역량의 상호관련성을 고려하여 가정과교육의 의의와 역할을 제시하였다. 특히, 가정과교육에서 강조하는 교과 역량과 그 의미를 상세히 제시하였다. 즉, 실천적 문제 해결 능력, 생활 자립 능력, 관계 형성 능력에 대한 개념적 정의 속에서 가정과 교육의 정당성과 정체성을 찾을 수 있도록 하였다. 이 과정에서 현행 교육과정과 달리 가정과 교육의 필요성, 국가 · 사회적 요구의 반영 등과 같은 내용은 별도로 제시하지 않고도 교과 역량의 의미 속에 포함될 수 있게 되었다.

'기술의 세계' 분야는 인간의 조작적 욕구에 부합하는 활동으로 자연으로부터 얻은 자원을 활용하여 생존과 적응에 필요한 산출물을 만드는 창의적 능력을 높이는 역할을 수행하고 있다. '기술의 세계' 분야의 교육은 다양한 실천적 경험을 통하여 기술적 지식, 태도, 기능을 함양하여, 문제 해결 능력, 비판적 사고력, 의사 결정 능력, 창의력 등을 길러 미래사회를 살아갈 다양한 역량을 갖춘 인간을 기르는 데 목적이 있다. 따라서 '기술의 세계' 분야의 교육은 급변하는 과학 기술의 발달에 따라 인류가 이룩한 기술 시스템을 이해하고 더 나은 기술 시스템을 설계하며, 능동적으로 대처할 수 있는 '기술 활용 능력'을 길러 미래사회에 대처할 수 있도록 해야 한다.

2) 목표

실과(기술 · 가정)의 목표는 현행 교육과정과 동일하게 총괄 목표를 제시하고, 하위 목표로 영역별 목표를 제시하였다.

'가정생활' 분야에서는 현행 1개 항인 '가정생활' 분야의 세부 목표를 가정생활의 하위 3개의 영역에 따라 제시하다 보니 하위 목표도 3개로 구성하였다. 서술의 수준은 중학교 3학년 보통 교과로서의 도달점 학년에 맞추어 가정생활 분야의 도달점 목표가 되도록 하였다. 가정생활 분야의 3개항의 목표는 각 영역을 중심으로 하되, 영역에서 의도하는 핵심 개념을 포함시킴으로써 어떠한 교과 역량을 기르도록 할 것인가를 고려하여 진술하였다.

'기술의 세계' 분야에서는 내용 영역은 학교 급별 하위 목표를 3개씩 제시하였다. 현행 교육과정과 비교하여 하위 목표를 상세하게 제시하여 학생들이 기술에 대한 올바른 지식, 바람직한 태도와 능력을 배양할 수 있도록 하였다. 특히, 학교 급별 목표의 위계성과 연계성을 갖도록 교육 목표를 제시하였다. 초등학교에서는 기술에 대한 기본 지식, 기능, 태도 등을 습득할 수 있도록 하였으며, 실천적 활동을 통하여 간단한 기술적 문제 해결 능력을 함양하도록 하였다.

4. 핵심 역량 중심의 실과교육 내용 선정

2015 실과교육과정에서는 핵심 역량 중심의 교육 내용을 다음과 같이 선정하여 제시하였다(교육부, 2015).

표 6-5 2015 실과교육과정 핵심 역량 중심의 교육 내용

구분	현행	개정 시안
총괄 목표	'가정생활'과 '기술의 세계'에 대한 지식, 능력, 가치 판단력을 함양하여 건강한 개인 및 가정생활을 영위하고, 기술에 대한 기본 소양을 습득하여, 현재와 미래 생활을 주도할 수 있는 역량과 태도를 기른다.	실과(기술 · 가정)에서는 가정생활에 대한 지식, 능력, 가치 판단력을 함양하여 실천적 문제 해결을 통해 자립적인 삶을 영위하고, 기술에 대한 실천적 학습 경험을 통해 기술적 지식, 기능, 태도를 함양하여 기술적 능력을 높여, 현재와 미래의 행복하고 건강한 가정생활과 창조적인 기술의 세계를 주도적으로 영위할 수 있도록 한다.
하위 목표	(1) 나와 가족을 이해하고 가정생활에 필요한 기초 생활 능력을 함양하여	가. 자신의 발달과 기존 관계에 대한 이해를 바탕으로 긍정적 자아정체감을 형성하고 배려와 돌봄을 실천함으로써 행

구분	현행	개정 시안
	가정생활에 직면하는 문제를 해결하고 건강한 개인 및 가족 구성원으로서 자신의 삶을 주도해 나갈 수 있는 역량과 태도를 기른다. (2) 생활 속에서 기술과 관련되는 문제를 탐구하여 창의적으로 해결함으로써 일상생활에서 기술을 유용하게 활용할 수 있는 능력을 기르며, 또한 미래의 직업과 일의 세계에 대한 건전한 가치관을 형성하고 진로를 탐색하여 미래사회에 적응하는 역량과 태도를 기른다.	복한 삶을 위한 관계 형성 능력과 실천적 문제 해결 능력을 기른다. 나. 가정생활과 관련된 실천적 문제를 이해하고 노작 활동과 체험, 비판적 사고와 반성적 행동을 통해 개인과 가족의 안전하고 건강한 삶을 위한 실천적 문제 해결 능력과 생활 자립 능력을 기른다. 다. 공동체와 환경을 고려한 생활자원의 관리와 미래를 준비하는 생애 설계를 통해 자신의 균형 있고 조화로운 삶을 위한 관계 형성 능력과 생활 자립 능력을 기른다. 라. 기술에 대한 이해를 기초로 기술적 문제를 창의적으로 해결하고 일상생활에 적용할 수 있는 기술적 문제 해결 능력과 기술 활용 능력을 기른다. 마. 기술의 발달과 사회의 변화에 적극적으로 대처하고 적응할 수 있는 기술 활용 능력과 기술 시스템 설계 능력을 기른다. 바. 다양한 자원을 활용하여 기술적 문제를 이해하고 해결 방안을 탐색하며 개발할 수 있는 기술 시스템 설계 능력과 기술적 문제 해결 능력을 기른다.

가. 초등학교 5~6학년군 성취 기준

- 자신의 성장과 삶을 이해하는 기본적 조건으로서 가족의 관계와 가정생활을 영위하는 데 필요한 의식주 및 생활자원의 관리에 필요한 기초 능력을 함양하여 자신과 가족, 자원, 환경과의 바람직한 관계를 정립하고, 일상생활 속에서 직면하는 문제를 창의적으로 해결함으로써 자신의 삶을 건강하고 자립적으로 주도해 나갈 수 있는 능력과 태도를 기를 수 있다.
- 일상생활 속에서 발명, 전기 · 전자, 정보와 관련된 문제를 탐구하고 제품을 만들며, 동 · 식물 및 농산물을 가꾸고 기르는 경험과 정보를 활용하는 능력을 통하여 관련되는 문제를 창의적으로 해결하고, 일상생활 속에서 일에 대한 긍정적 가치를 갖게 하며, 다양한 직업의 세계를 이해하여 자신의 진로를 탐색하고 설계할 수 있다.

나. 학습 내용별 성취 기준

1) 초등학교 5~6학년군 가정생활

(1) 나와 가정생활

자신의 성장발달과 이에 기여하는 가족과 가정생활의 소중함을 알고, 가족구성원으로서 가정의 일을 분담하여 실천함으로써 나눔과 배려의 태도를 기른다.

- 자신의 신체적 · 정신적 · 사회적 성장과 발달을 이해하고, 이에 도움을 주고 영향을 미치는 가족과 가정생활의 의미와 소중함을 알며, 건강한 가족과 가정생활을 위해 필요한 조건을 이해한다.
- 가정생활을 유지하는 데 필요한 여러 가지 일들의 종류와 중요성을 알고, 가족의 구성원으로서 내가 할 수 있는 일을 찾아 능동적으로 수행함으로써 가족 간에 협력과 배려를 실천할 수 있다.

(2) 나의 균형 잡힌 식생활

균형 잡힌 식사가 자신의 성장과 건강 유지에 필수적임을 이해하고 고른 식품군, 다양한 식품, 적절한 양의 섭취를 통해 올바른 식습관을 형성하며, 건강 간식을 스스로 만들어 먹을 수 있는 등 기초 식생활 관리 능력을 기른다.

- 균형 잡힌 식사를 통한 6대 영양소의 공급이 자신의 성장과 건강 유지에 필수적임을 이해하고, 어린이 식생활 지침, 식품 구성 자전거 또는 녹색 물레방아를 바탕으로 자신의 식사를 반성, 평가함으로써 올바른 식습관을 형성할 수 있다.
- 성장기에 필요한 간식의 중요성을 이해하고 일상생활에서 과일과 채소, 우유 및 유제품 등 건강 간식을 선택하며, 달걀, 감자, 단호박 등을 삶거나 쪄서 음료 등과 함께 간식 상을 차리고 섭취할 수 있다.

(3) 나의 자립적인 의생활

옷의 기능을 이해하여 신체 성장과 상황에 맞는 건강하고 안전하며 예절 바른 옷차림을 할 수 있으며, 자신의 옷을 스스로 관리할 수 있는 자립적인 의생활 능력과 태도를 기른다.

- 옷의 신체보호, 피부위생, 체온 조절, 활동 편의에 도움을 주고 신분과 역할을 표현하며, 인상을 형성하는 데 영향을 미칠 수 있음을 이해하여 자신의 신체 성장, 위생, 기후, 활동, 예절에 맞는 건강하고 안전한 옷차림을 할 수 있다.
- 옷의 생산 및 소비와 환경과의 관계를 이해하여 옷 관리의 필요성을 알고, 옷의 종류와 용도에 맞게 정리, 보관하고 단추 달기와 같은 간단한 수선을 할 수 있다.

(4) 쾌적한 주거와 생활자원 관리

깨끗한 주거환경을 유지하기 위한 조건과 소비가 환경에 미치는 영향을 이해하여 쾌적한 주생활을 영위할 수 있으며, 생활자원 관리의 중요성을 알아 시간과 용돈을 효율적이고 합리적으로 관리하는 능력과 태도를 기른다.

- 생활 쓰레기를 줄이고 올바른 분리 · 처리와 재활용을 통하여 자원의 낭비를 막고 쾌적한 주거 환경을 유지할 수 있는 능력을 기를 수 있다.
- 생활자원의 의미와 관리의 중요성을 알아 효율적인 시간 관리, 합리적인 용돈 관리를 통하여 현명한 소비자로서의 능력과 태도를 기를 수 있다.

(5) 건강한 식생활의 실천

안전하고 위생적인 식품을 선택하고 건강을 고려한 음식을 선택 · 마련할 수 있으며, 일상식인 한식을 중심으로 자신의 식사를 직접 만들어 봄으로써 건강하고 예절 바른 식생활을 실천한다.

- 식품 표시의 내용과 의미를 이해하여 식품을 선택할 수 있으며, 외식 등에서도 건강한 식단의 조건을 알아 음식을 선택할 수 있다.
- 전통 한식이 건강과 환경에 도움이 되는 우수한 식단임을 이해하여, 밥을 이용한 간단한 자신의 한 끼 식사를 만들 수 있으며, 건강하고 예절 바른 일상 식생활을 실천할 수 있다.

(6) 창의적인 의생활의 실천

손바느질의 기초를 익혀 간단한 헝겊 용품을 만들 수 있으며, 십자수, 뜨개질 등 바느질 도구를 이용하여 생활용품을 창의적으로 만들어 씀으로써 환경을 생각하고 나눔을 실천하는 의생활을 영위한다.

- 주머니, 덧소매, 받침 등 간단한 헝겊용품을 구상, 치수 정하기, 재료 및 용구 준비, 본뜨기, 마름질, 바느질(시침질, 홈질, 박음질), 마무리하기 등 일련의 과정을 거쳐 손바느질로 만들어 봄으로써 생활용품 만들기의 기초 지식 및 기능을 익힐 수 있다.
- 다양한 바느질 도구를 이용하여 환경을 생각하고 나눔을 실천할 수 있는 헌옷의 재활용, 친환경수세미, 인형, 아기 모자 등의 생활용품을 창의적으로 만들 수 있다.

2) 초등학교 5~6학년군 기술의 세계

(1) 생활과 기술

일상생활에서 사용하는 물건들이 기술과 발명의 활동으로 이루어진 것임을 이해하고, 생활에 필요한 간단한 생활용품을 새로운 아이디어로 발전시키고 만들 수 있는 능력을 기른다.

- 생활 속에서 사용되는 다양한 제품을 찾아보고, 기술과 발명의 관계를 이해하며, 발명에 필요한 간단한 발명 기법을 익힐 수 있다.
- 발명 아이디어 기법을 이용하여 창의적인 물건을 구상하고, 목재, 플라스틱 등을 이용하여 일상생활에 필요한 생활용품을 창의적으로 만들 수 있다.

(2) 생활 속의 동 · 식물

인간 생활 속에서 동 · 식물이 갖는 중요성과 가치 및 환경과의 관계를 이해하고, 동 · 식물에 대한 기본적인 이해를 바탕으로 실제 생활에 적용할 수 있는 능력과 긍정적인 태도를 기른다.

- 인간 생활 속에서 동 · 식물이 가축과 작물로 이용되는 중요성과 가치를 이해하고, 생활에 이용할 수 있는 동 · 식물의 종류와 이용 방법을 설명할 수 있다.
- 동 · 식물이 갖는 자원으로서의 가치 및 농 · 축산물의 생산 · 이용과 저탄소 녹색 성장과의 관계를 이해하고, 친환경적인 농 · 축산물의 생산과 이용을 체험하고 실천할 수 있다.

(3) 생활과 정보

일상생활 속에서 올바른 정보윤리의식을 가지고 정보 기기와 사이버 공간을 이용하고, 정보 기기를 활용하여 멀티미디어 자료를 창의적으로 만들어 활용한다.

- 정보 기기의 종류와 기능을 이해하여 다양한 활용 방법을 익히며, 올바른 정보윤리의식을 가지고 정보 기기와 사이버 공간을 이용할 수 있다.
- 사용하기 쉬운 소프트웨어로 창의적인 발표 자료를 만들고, 일상생활에서 많이 사용되는 정보 기기를 이용하여 사용자의 환경에 적절한 멀티미디어 자료를 만들어 활용할 수 있다.

(4) 생활과 전기 · 전자

여러 가지 형태로 사용하고 있는 전기 · 전자의 원리를 이해하여 간단한 제품을 만들고, 일상생활에서 사용되는 로봇을 탐구하고 체험한다.

- 일상생활에서 열, 빛, 동력 등의 형태로 이용되는 전기 · 전자 제품의 기본 원리를 이해하고, 전기 · 전자 제품에 사용되는 주요 전자 부품을 이용하여 일상생활에 유용한 간단한 제품을 만들 수 있다.
- 일상생활에서 많이 사용되는 로봇의 간단한 작동 원리를 이해하고, 여러 가지 센서를 장착한 간단한 로봇을 체험할 수 있다.

(5) 생활 속의 동 · 식물 이용

생활 속의 동 · 식물을 이용한 다양한 활동의 의의와 종류를 알고, 가꾸고 돌보는 방법과 과정을 이해하여, 실제 생활에서 이용할 수 있는 능력과 태도를 기른다.

- 꽃이나 채소 등과 같은 생활 속의 식물 가꾸기 방법과 과정을 이해하고, 실제 생활에 필요한 꽃이나 채소 등을 가꾸어 이용할 수 있다.
- 생활 속의 동물을 돌보는 방법과 과정, 또는 성장과정을 이해하고, 애완동물이나 경제동물을 실제 생활에 이용할 수 있다.

(6) 나의 진로

일과 직업의 의미 및 중요성을 올바르게 인식하고, 직업의 세계에 대한 이해를 바탕으로 자신에게 적합한 진로를 탐색하며 설계할 수 있는 능력과 태도를 기른다.

- 일과 직업의 의미와 중요성을 알고, 여러 가지 정보 매체를 활용하여 다양한

직업의 종류와 특성을 파악하여 일과 직업에 대한 긍정적인 태도를 가질 수 있다.

• 자기 자신의 이해를 바탕으로 스스로 진로를 탐색하고, 합리적인 의사결정과정을 통하여 자신에게 적합한 진로를 설계할 수 있다.

5. 교육 내용 선정과 교육 평가

교육과정의 평가는 교육과정이 마련되는 절차에서 시작하여 그 과정, 그 내용, 그 운영과정 그리고 실제로 나타나는 교육 효과의 평가까지를 포함하는 비교적 넓은 개념으로 쓰이고 있다.

존슨(Johnson)은 교육과정의 계획과 전개 절차에서 평가가 어느 단계에서 이루어져야 하는가를 다음과 같은 모형으로 밝히고 있다.

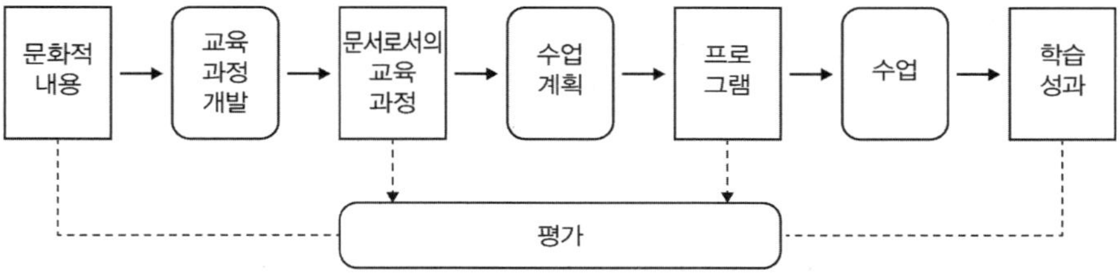

[그림 6-2] 교육과정 · 수업 · 평가와의 관계

이 모형은 교육과정 전반에 대한 평가는 문화적 내용으로서의 자원, 문서로 나타나는 교육과정, 수업을 하기 위한 프로그램, 그리고 수업 후의 학습 성과가 대상이 되어야 함을 보여 주고 있다. 골비(Golby)는 교육과정 평가는 교육과정이 이루어지고 전개되는 속에서 과정 평가(on-going evaluation)가 이루어져야 하며, 그 결과로 교육과정이 계속 수정되어야 하고, 교육과정이 전개된 후에는 종합평가가 이루어져 다음 교육과정 개선에 반영되어야 한다는 점을 지적한다(김종서 외, 1993 : 273-274).

2015 실과교육과정에서의 평가 관련 사항은 다음과 같다.

가. 평가 계획

- 학생의 학업 성취도 평가는 학습자의 학업 능력을 타당하고 신뢰성 있게 평가할 수 있도록 교육 목표의 성취를 중심으로 하되, 학년군 및 영역별, 학습 내용별로 교육과정에 제시된 성취 기준의 성취를 중심으로 평가 계획을 설정하도록 한다.
- 학생의 학업 성취도 평가에서는 교육 목표와 교육 내용, 성취 기준의 성취를 염두에 두고 평가하되, 지적 영역, 정의적 영역, 기능적 영역의 모든 영역이 균형 있게 평가될 수 있도록 계획한다.

나. 평가 목표와 내용

- 평가의 목표는 학습자가 실과(기술 · 가정)교육과정에서 제시한 교육 목표 및 성취 기준을 달성하였는가를 전반적으로 평가하되, 구체적으로 다음과 같은 사항에 중점을 두어 평가한다.
  - 기본적인 개념이나 원리, 사실 등의 기본 지식과 배경 지식의 이해 능력
  - 자료 수집 능력, 의사결정 능력, 창의력 등을 활용한 실천적 문제 해결 능력
  - 실험 및 실습 방법과 과정에 따른 실천적 수행 능력
  - 학습 내용을 실생활에 적극적으로 적용해 보려는 실천적 태도
- 평가의 내용은 원칙적으로 교육과정에 제시된 성취 기준의 범위와 수준에 근거하되, 다양한 교수 · 학습 활동과정에서 활용한 자료 및 교수 · 학습 활동 결과로 산출된 자료를 활용하여 교수 · 학습과의 연계를 강화한다.

다. 평가의 활용

학습자의 학업 성취를 위한 평가 결과는 학생의 평정 점수 외에 학생의 자기 진단을 위한 자료 및 학업 개선의 자료로 활용하며, 궁극적으로 학생의 적성 파악 및 진로 지도의 기초 자료로 활용하도록 한다.

논의

1. 핵심 역량 중심의 교육과정을 구현하기 위하여 제시된 핵심 역량에 대하여 탐구해 보자.
2. 핵심 역량 중심의 실과교육 내용 선정 방향에 대하여 알아보자.
3. 2015 실과교육과정의 개정 중점에 대하여 설명해 보자.
4. 2015 실과교육과정의 내용을 성취 기준 형식으로 제시한 것에 대해 유용한 점은 무엇인지 발표해 보자.

참 | 고 | 문 | 헌

교육부(2015). 2015 개정 교육과정을 위한 교과교육과정 개발 정책연구진 1차 합동 워크숍 자료집.

교육부(2015). **실과(기술가정)/정보과 교육과정**. 교육부 고시 제2015-74호 [별책10].

박순경 외(2014). **국가교육과정 총론 개선을 위한 기초 연구**. 한국교육과정평가원 연구보고 CRC 2014-1.

윤현진, 김영준, 이광우, 전제철(2007). **미래 한국인의 핵심 역량 증진을 위한 초·중등학교 교육과정 비전 연구(Ⅰ)** - 핵심역량 준거와 영역 설정을 중심으로 -. 한국교육과정평가원 연구보고 RRC 2007-1.

이경언, 진의남, 김기철, 채정현, 유정애, 김선아(2010). **2009 개정 교육과정에 따른 교과교육과정 개선 방안 연구** : 실과(기술·가정), 체육, 음악, 미술 교과를 중심으로. 한국교육과정평가원 연구보고 RRC 2010-14.

이경환 외(2002). **한국 교육과정의 변천**. 교육부.

이광우(2009). **핵심역량 기반 초 중등학교 교육과정 설계 방안 탐색을 위한 세미나**. 한국교육과정평가원 연구자료 ORM 2009-20.

이광우, 전제철, 허경철, 홍원표, 김문숙(2009). **미래 한국인의 핵심역량 증진을 위한 초·중등학교 교육과정 설계 방안 연구**: 총괄보고서. 한국교육과정평가원 연구보고 RRC2009-10-1.

이광우 외(2014). **교과교육과정 개발 설정 연구**. 한국교육과정평가원 연구보고 CRC 2014-7.

이근호, 이광우, 박지만, 박민정(2013). **핵심 역량 중심의 교육과정 재구조화 방안 연구**. 한국교육과정평가원 연구보고 CRC 2013-17.

이춘식(1999). **국가교육과정에 근거한 평가 기준 및 도구개발 연구** -고등학교 기술- 한국교육과정평가원 연구보고 RRE 99-4-3.

이춘식, 최유현, 유태명(2001). **실과(기술·가정)교육 목표 및 내용체계(Ⅰ)**. 연구보고 RRC 2001-2. 한국교육과정평가원.

진의남 외(2015). **핵심 역량 증진을 위한 교과교육과정 실행 방안** -실과(기술·가정), 체육, 음악, 미술 교과를 중심으로-. 연구보고 RRC 2015-8, 한국교육과정평가원.

진의남 외(2011). **2011 실과/기술·가정과 교육과정 개정 시안 연구 개발**, 연구보고 CRC 2011-5. 한국교육과정평가원.

진의남 외(2015). **2015 개정 교과교육과정 시안개발연구Ⅰ** -실과/기술가정과 교육과정. 한국교육과정평가원 연구보고 CRC 2015-18.

진의남, 유창완, 장근주, 이영미, 박소영, 양윤정(2015). **핵심 역량 증진을 위한 교과교육과정 실행 방향 탐색 세미나**. 한국교육과정평가원 연구자료 ORM 2015-89.

최유현, 유태명, 문대영, 최지연, 강경균(2009). **미래 한국인의 핵심 역량 증진을 위한 실과(기술·가정) 교육과정의 재구조화 방안 연구**. 한국교육과정평가원 연구보고 RRC 2009-10-2.

허경철 외(2000). **지식기반사회에서의 학교교육과정 구성을 위한 기초 연구(I)**. 연구보고 RRC 2000-10. 한국교육과정평가원.

제3부

실과교육과정 실행과 평가

제7장

실과교육과정 실행과 운영

개요

교육과정 실행은 교육과정 문서상의 계획을 학교 현장에서 실제로 구현하는 것을 의미한다. 실과교육과정의 실행에 영향을 미치는 요인은 일반적으로 교육과정, 교재, 교사, 학생, 환경 등 다섯 가지 범주의 요인을 제시하고 있다. 교육과정 운영은 교육과정 실행과 달리 교육과정을 학교와 교실에서 실천하는 과정에서 교육과정 실행을 지원하고 촉진하는 일련의 과정을 총칭한다. 교육과정 운영은 관리의 측면을 의미하며 학교교육과정 편성, 교육과정 이수 시간 등을 포함하는 교육과정 실행보다는 광의의 개념으로 볼 수 있다.

목표

1. 실과교육과정 실행의 개념을 설명할 수 있다.
2. 실과교육과정 실행 요인 다섯 가지를 제시하고 설명할 수 있다.
3. 실과교육과정 운영의 개념을 설명할 수 있다.
4. 실과교육과정을 학교 수준에서 재구성할 수 있다.
5. 실과 지역화 학습 주제를 개발할 수 있다.

1절 실과교육과정 실행

개요

교육과정 실행은 교육과정 문서상의 계획을 학교 현장에서 실제로 구현하는 것을 의미한다. 실과교육과정의 실행에 영향을 미치는 요인은 일반적으로 교육과정, 교재, 교사, 학생, 환경 등 다섯 가지 범주의 요인을 제시하고 있다.

1. 교육과정 실행의 개념

교육과정 실행은 교육과정 문서상의 계획을 학교 현장에서 실제로 구현하는 것을 의미한다. 또한 교육과정이 의도된 계획에서 학습 경험으로 나타나는 결과 사이의 과정으로 인식되기도 한다. 개발된 교육과정은 학교 현장에서 채택되고 시행됨으로써 교육과정으로서 가치를 발휘할 수 있다(이태석, 2015).

교육과정 실행은 문서상의 교육과정이 수업에서 실제로 작용하여 의도한 목표에 따라 학생의 학습 경험으로 이어지는 것을 말한다. 교육과정에 대한 교사들의 의미 있는 관심과 인식이 있어야 교육과정은 온전히 실행될 수 있다. 바꿔 말하면 교사들의 교육과정에 대한 관심 부족은 교육과정 실행을 저해하는 하나의 요인이 될 수 있다는 의미이기도 하다. 교육과정은 변해도 교실에서 달라지는 것은 없다는 자조 섞인 말은 개정된 교육과정이 제대로 실행되지 않는 현실을 잘 보여 준다.

교육과정 문서는 현실의 반영이라기보다는 현실 속의 교육이 지향해야 할 이상을 표현한 것이기 때문에 아무리 체계적이고 질 높은 교육과정이라 하더라도 교육과정 문서는 태생적으로 규범적인 성격을 띨 수밖에 없다. 교육과정은 방향성을 제시하는 역할을 하는 것이고 학교교육은 교육과정의 테두리를 벗어나지 않는다. 단지 학교의 교육과정에 작용하는 요인에 따라서 실행하는 정도와 양상의 차이가 있을 뿐이다. 이러한 교육과정 문서의 실행 정도에 따라서 교육과정 실행을 바라보는 관점은 〈표 7-1〉과 같이 달라진다(이태석, 2015).

표 7-1 교육과정 실행 관점

구분	충실도 관점 (fidelity)	상호 적응 관점 (mutual adaptation)	생성 관점 (enactment)
교육과정 실행의 의미	교육과정이 의도한 그대로 학교 현장에서 충실히 이행	주어진 교육과정을 실행 상황에 맞게 적응시켜 적용	외부에서 개발된 교육과정은 자료일 뿐 학생과 교사에 의해 생성
교육과정 지식관	객관적 · 절대적 지식	절충적 시식	주관적 · 상대적 지식
교사의 역할	전문가가 개발한 교육과정을 수동적으로 수용하는 사람으로 간주하고 새 교육과정을 사용하도록 철저하게 훈련되어야 함	전문가들이 개발한 교육과정을 수동적으로 받아들이기만 하는 존재가 아니라 상황에 따라 주어진 교육과정을 적절하게 변화시켜나가는 능동적인 주체가 됨	교사와 학생은 교실 상황에 따라 교육과정 지식을 그대로 받아들이는 것이 아니라 만들어가는 역할을 함
교육과정의 엄격함	높음	중간	낮음
교사의 자율성	낮음	중간	높음

출처 : 이태석(2015), p. 38.

2. 실과교육과정 실행 요인

이태석(2015)은 실과교육 관련 선행 연구에서 도출된 실과교육과정 실행 요인을 바탕으로 실과교육과정 실행 요인의 이론적 틀을 제시하였다. 이론적 틀에서 실과교육과정의 실행에 영향을 미치는 요인은 교육과정, 교재, 교사, 학생, 환경 등 다섯 가지 범주의 요인으로 설정하였다. 이 다섯 가지 요인의 설정 근거는 다음의 세 가지를 들 수 있다. 첫째, 교육과정, 교재, 교사, 학생, 환경 요인은 교육과정 실행에 관련된 선행 연구에서 주요하게 나타나는 요인이었다. 둘째, 실과교육과 관련된 선행 연구에서도 교재, 교사, 학생, 환경의 네 가지 요인은 실과 수업에 영향을 미치는 요인으로 범주화 할 수 있었다. 셋째, 실제 실과교육과정의 실행은 교재와 교사, 학생이 상호작용하는 수업 맥락에서 이해할 수 있기 때문에 수업 맥락을 구성하고 영향을 미치는 요인인 교육과정, 교재, 교사, 학생, 환경 요인을 실과교육과정 실행 요인으로 생각할 수 있다.

이론적 틀은 교육과정 실행 연구에서 핵심적으로 다루어지고 있는 교육과정, 교재, 교사, 학생, 환경 등 다섯 가지 요인의 범주로 구성하였다. 이 다섯 가지 요인은 실과교육과정의 실행에 영향을 미치는 요인으로 교육과정 실행 연구와 실과교육 관련 연구에서 언급된 요인들을 범주화하여 각각 2~4가지의 하위 요인을 설정하였다. 또한, 교사, 학생, 환경 요인에는 하위 요인에 따라 2~3가지의 세부 요인을 설정하였다. 이것은 이론적 틀의 구안과정에서 범주화된 선행 연구의 실행 요인 중에서 의미가 유사하거나 중복된 내용을 제거하고 정선한 것으로 하위 요인을 잘 설명할 수 있는 요인들로 선정하였다. 이러한 이론적 요인의 범주화는 동료 및 전문가 검토의 과정을 거쳐 수정 및 보완되었으며 최종적으로 도출된 실과교육과정 실행 요인의 이론적 틀은 〈표 7-2〉와 같다.

표 7-2 실과교육과정 실행 요인과 의미

<table>
<tr><th colspan="3">실과교육과정 실행 요인</th><th>의미</th></tr>
<tr><td rowspan="4">교육 과정</td><td colspan="2">필요성</td><td>교육과정 개정과 변화의 필요성을 의미한다.</td></tr>
<tr><td colspan="2">명료성</td><td>교육과정에서 제시하고 있는 내용이 분명하고 명확하게 드러나는지를 의미한다.</td></tr>
<tr><td colspan="2">복잡성</td><td>교육과정 실행과 변화를 위한 복잡함과 어려움의 정도를 의미한다.</td></tr>
<tr><td colspan="2">자료의 질과 실용성</td><td>교육과정이 가지는 가치의 수준과 실제 활용할 수 있는 정도를 의미한다.</td></tr>
<tr><td rowspan="2">교재</td><td colspan="2">교육과정 내용의 반영</td><td>교재의 내적 측면으로 교육과정 문서의 내용이 충실하게 교재에 반영되어 있는 정도를 의미한다.</td></tr>
<tr><td colspan="2">매체의 교육 활용성</td><td>교재의 외적 측면으로 교육 자료로서 수업에 활용되기에 적합하고 일정한 질적 수준을 담보하여 실제적으로 사용할 수 있는지를 의미한다.</td></tr>
<tr><td rowspan="6">교사</td><td rowspan="2">교육과정 지식</td><td>교과관</td><td>교사가 교과에 대해 가지고 있는 교과 성격 이해, 선호, 관점, 신념, 태도 등을 의미한다.</td></tr>
<tr><td>교육과정 내용의 이해와 해석 방식</td><td>교사가 교육과정과 교과에 있는 단원의 내용을 이해하고 해석하는 방식을 의미한다.</td></tr>
<tr><td rowspan="3">교과 내용 지식</td><td>실기 능력</td><td>교사가 교과교육 내용과 관련한 기능적 능력을 의미한다.</td></tr>
<tr><td>교과 내용 인지 수준</td><td>교사가 단원의 교육 내용을 인지하고 있는 정도를 의미한다.</td></tr>
<tr><td>학습 경험</td><td>교사의 성장과정에서의 학습 경험으로 초 · 중 · 고, 대학에서의 경험을 포함한다.</td></tr>
<tr><td>수업 방법 및 평가 지식</td><td>지도 방법</td><td>교사가 수업에서 목표 달성을 위해 시도하는 교수 전략, 행동 등 포괄적 의미의 지도 행위를 의미한다.</td></tr>
</table>

실과교육과정 실행 요인			의미
교사		평가 방식	교사가 학생의 학습 성취를 확인하는 방식을 의미한다.
		학생과의 관계	학생과의 친밀감, 상호작용의 정도를 의미한다.
	자기 성찰 지식	반성적 사고	교사가 수업 개선을 위한 반성과 자기 평가를 의미한다.
		현직 연수	교사가 전문성 향상을 위해 대학원, 직무 연수에 참가한 교육 경험과 그로 인해 형성된 지식을 의미한다.
학생	인지적 요인	선행 경험	학생이 수업 이전에 학습 내용과 관련해 경험한 것을 의미한다.
		교과목에 대한 인지적 이해	학생이 단원 내용 지식을 알고 있는 정도를 의미한다.
		학습 준비도	학생이 단원 학습을 성공적으로 수행하기 위한 능력이 갖춰진 정도를 의미한다.
	정의적 요인	수업에 대한 흥미와 태도	학생이 수업에 대해 갖는 선호와 관심 등 정의적 속성을 의미한다.
		교우관계	학생이 학급의 친구들과 형성한 친밀감, 상호작용 등을 의미한다.
		교사와의 관계	교사와의 친밀감, 상호작용 등을 의미한다.
환경	물리적 요인	학교 재정과 여건	학교의 교과 관련 예산과 특성, 처한 환경을 의미한다.
		실습실 및 기자재	학교에 있는 실습 시설과 설비, 기구, 준비물 등을 의미한다.
		수업 시간	학교의 실과 수업 시간을 의미한다.
	문화적 요인	교사 간 조직적 활동	학교 내 동료 교사 간의 교류와 관계를 통한 활동을 의미한다.
		구성원의 인식	학교 구성원의 실과에 대한 인식을 의미한다.
		지역 사회 특성	학교 소재 지역의 사회적 환경 특성을 의미한다.

출처 : 이태석(2015), pp. 85~86.

3. 실과교육과정 실행의 기본 모형

이태석(2015)은 연구 대상 단원의 교육과정 분석, 교재 분석, 수업 관찰과 면담을 통해 살펴본 실과교육과정 실행 요인의 작용 양상의 기본 모형을 [그림 7-1]과 같이 나타내었다. 요인의 관련성은 수업 사례에서 도출한 공통적 기준에 따라 직접적 영향과 간접적 영향으로 판단하였다. 직접적 영향은 한 요인이 다른 요인에 작용하는 관계가 명확하게 바로 이어지는 경우를 의미하고 간접적 영향은 한 요인이 다른 요인에 바로 작용하지는 않지만 다른 것을 매개로 영향을 미치는 경우나 요인 간의 작용 관계가 명확하게 드러나지는 않지만 그 영향력을 부정할 수 없는 경우를 의미한다.

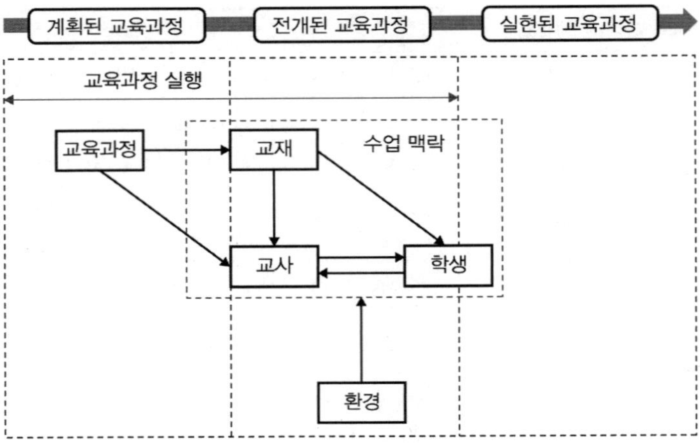

[그림 7-1] 실과교육과정 실행의 기본 모형
출처 : 이태석(2015). p. 184.

2절 실과교육과정 운영

개요

교육과정 운영은 교육과정을 학교와 교실에서 실천하는 과정에서 교육과정 실행을 지원하고 촉진하는 일련의 과정을 총칭한다. 교육과정 운영은 관리의 측면을 의미하며 학교교육과정 편성, 교육과정 이수 시간 등을 포함하는 교육과정 실행보다는 광의의 개념으로 볼 수 있다.

1. 실과교육과정 운영의 개념

교육과정 실행과 달리 교육과정 운영은 교육과정을 학교와 교실에서 실천하는 과정에서 교육과정 실행을 지원하고 촉진하는 일련의 과정을 총칭한다(강현석, 2011). 따라서 교육과정 운영의 문제는 효율적이고 체계적인 교육과정 실행과 관련되는 제 문제를 포함한다. 즉, 개발된 교육과정을 학교 현장에 잘 안착시켜 적용이 원활하게 이루어지도록 지원하고 촉진하는 제 여건들(예를 들어, 자료, 인사, 조직, 행·재정, 시설, 연수 및 훈련 등)을 정비하고 관리하는 측면을 의미한다. 즉, 교육과정 운영은 관리의 측면을 의미하며 학교교육과정 편성, 교육과정 이수 시간 등을 포함하는 교육과정 실행보다는 광의의 개념으로 볼 수 있다.

우리나라에서 초·중등학교 수준에서 적용되고 있는 교육과정은 문서화된 계획으로서의 의미를 지니고 있다. 이러한 교육과정은 [그림 7-2]와 같이 교육 내용을 결정하는 주체가 누구인가에 따라 크게 세 가지, 즉 국가 수준의 교육과정 기준, 지역 수준의 교육과정 편성·운영 지침, 학교 수준의 교육과정으로 구분할 수 있다.

국가 수준에서 계획된 교육과정은 그 자체가 학교나 지역과는 상당한 거리가 있는 상위 수준의 기준이기 때문에 최근에는 학교나 지역 수준의 실정에 적합한 기준과 내용으로 재구성하여 교육과정을 운영할 필요가 대두되고 있다.

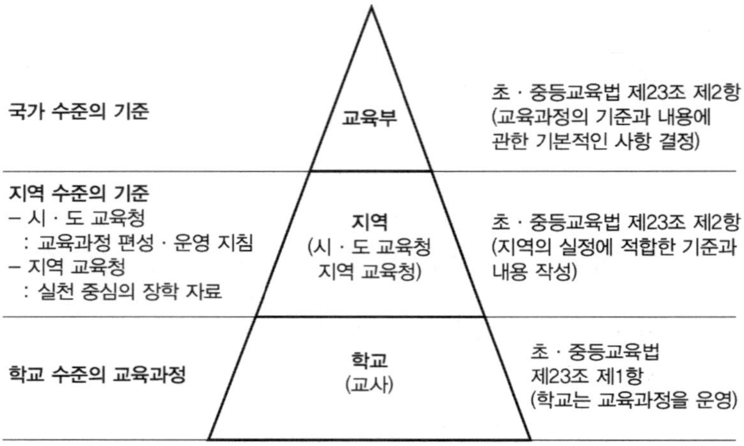

[그림 7-2] 교육과정의 수준과 위상
출처 : 교육과학기술부(2008), p. 11.

2. 학교 수준 실과교육과정 운영

가. 학교 수준 실과교육과정 운영

학생들에게 국가 수준의 교육과정 기준을 성취하고자 하는 것은 학교교육에서 가장 핵심적인 일이다. 이러한 학교교육의 최종 결정자는 교사이다. 교사는 의도적인 교육을 맡고 있는 학교교육의 주체이고 실천자이기 때문이다.

학교가 교육 계획을 수립하고, 교육 내용과 방법을 선택할 때의 근거는 국가 기준과 지역 지침이기 때문에 이를 분석하고, 학교의 교원과 학생 실태, 교육 시설과 자료 등의 교육 여건에 대한 검토도 필요하다. 학교 수준에서 학교교육과정을 편성하고 운영해야 할 필요성은 다음과 같다(교육부, 1997).

첫째, 교육의 효율성(effectiveness)을 높이기 위해서 학교교육과정이 필요하다.

둘째, 교육의 적합성(suitability)을 높이기 위해서 학교교육과정이 필요하다.

셋째, 교원의 자율성(autonomy)과 전문성(professional expertise)의 신장을 위해서 학교교육과정이 필요하다.

넷째, 교육의 다양성(variety)을 추구하기 위해서 학교교육과정이 필요하다.

다섯째, 학습자 중심의 교육을 구현하기 위해서 학교교육과정이 필요하다.

나. 학교 수준 실과교육과정 운영 사례

교사용 지도서(이상원 외, 2015a, 2015b)에 제시된 학교 수준 실과교육과정 예시와 실제 학교에서 운영되는 진도표 및 수행 평가 관련 사례를 제시하면 다음과 같다.

1) 교사용 지도서의 예시 자료

▌표 7-3 2011 개정 교육과정(5학년)

<table>
<tr><th>학기</th><th>월</th><th>주</th><th>대단원명</th><th>소단원명</th><th>시수</th></tr>
<tr><td rowspan="17">1</td><td rowspan="4">3</td><td>1</td><td rowspan="3">첫째 마당, 나와 가정생활</td><td>① 나의 성장과 가족</td><td>3</td></tr>
<tr><td>2</td><td rowspan="2">② 가정일과 가족원의 역할</td><td rowspan="2">3</td></tr>
<tr><td>3</td></tr>
<tr><td>4</td><td rowspan="7">둘째 마당, 생활 속의 동 · 식물</td><td rowspan="3">① 인간 생활과 동 · 식물</td><td rowspan="3">6</td></tr>
<tr><td rowspan="5">4</td><td>1</td></tr>
<tr><td>2</td></tr>
<tr><td>3</td><td rowspan="4">② 동 · 식물 자원과 환경</td><td rowspan="4">8</td></tr>
<tr><td>4</td></tr>
<tr><td>5</td></tr>
<tr><td rowspan="4">5</td><td>1</td></tr>
<tr><td>2</td><td rowspan="6">셋째 마당, 나의 균형 잡힌 식생활</td><td rowspan="3">① 나의 영양과 식사</td><td rowspan="3">6</td></tr>
<tr><td>3</td></tr>
<tr><td>4</td></tr>
<tr><td rowspan="4">6</td><td>1</td><td rowspan="3">② 건강 간식 만들기</td><td rowspan="3">6</td></tr>
<tr><td>2</td></tr>
<tr><td>3</td></tr>
<tr><td>4</td><td rowspan="5">넷째 마당, 생활과 기술</td><td rowspan="2">① 기술과 발명의 기초</td><td rowspan="2">3</td></tr>
<tr><td rowspan="17">2</td><td rowspan="5">9</td><td>1</td></tr>
<tr><td>2</td><td rowspan="3">② 창의적인 제품 만들기</td><td rowspan="3">7</td></tr>
<tr><td>3</td></tr>
<tr><td>4</td></tr>
<tr><td>5</td><td rowspan="6">다섯째 마당, 생활과 정보</td><td rowspan="3">① 정보 기기와 사이버 공간</td><td rowspan="3">6</td></tr>
<tr><td rowspan="4">10</td><td>1</td></tr>
<tr><td>2</td></tr>
<tr><td>3</td><td rowspan="4">② 멀티미디어 자료 만들기와 이용</td><td rowspan="4">8</td></tr>
<tr><td>4</td></tr>
<tr><td rowspan="4">11</td><td>1</td></tr>
<tr><td>2</td></tr>
<tr><td>3</td><td rowspan="6">여섯째 마당, 나의 자립적인 의생활</td><td rowspan="2">① 건강하고 안전한 옷차림</td><td rowspan="2">4</td></tr>
<tr><td>4</td></tr>
<tr><td rowspan="3">12</td><td>1</td><td rowspan="4">② 스스로 하는 옷 관리</td><td rowspan="4">8</td></tr>
<tr><td>2</td></tr>
<tr><td>3</td></tr>
<tr><td>2</td><td>1</td></tr>
<tr><td colspan="5">합계</td><td>68</td></tr>
</table>

▮표 7-4 2011 개정 교육과정(6학년)

<table>
<tr><th>학기</th><th>월</th><th>주</th><th>대단원명</th><th>소단원명</th><th>시수</th></tr>
<tr><td rowspan="17">1</td><td rowspan="4">3</td><td>1</td><td rowspan="5">첫째 마당, 나의 진로</td><td rowspan="2">① 일과 직업의 세계</td><td rowspan="2">4</td></tr>
<tr><td>2</td></tr>
<tr><td>3</td><td rowspan="3">② 진로 탐색과 진로 설계</td><td rowspan="3">6</td></tr>
<tr><td>4</td></tr>
<tr><td rowspan="5">4</td><td>1</td></tr>
<tr><td>2</td><td rowspan="6">둘째 마당, 생활 속의 동 · 식물 이용</td><td rowspan="3">① 생활 속의 식물 가꾸기</td><td rowspan="3">6</td></tr>
<tr><td>3</td></tr>
<tr><td>4</td></tr>
<tr><td>5</td><td rowspan="3">② 생활 속의 동물 돌보기</td><td rowspan="3">6</td></tr>
<tr><td rowspan="4">5</td><td>1</td></tr>
<tr><td>2</td></tr>
<tr><td>3</td><td rowspan="6">셋째 마당, 건강한 식생활의 실천</td><td rowspan="3">① 건강하고 안전한 식사</td><td rowspan="3">6</td></tr>
<tr><td>4</td></tr>
<tr><td rowspan="4">6</td><td>1</td></tr>
<tr><td>2</td><td rowspan="3">② 음식 만들기와 식사 예절</td><td rowspan="3">6</td></tr>
<tr><td>3</td></tr>
<tr><td>4</td></tr>
<tr><td rowspan="17">2</td><td rowspan="5">9</td><td>1</td><td rowspan="6">넷째 마당, 생활과 전기 · 전자</td><td rowspan="3">① 전기 · 전자의 이용</td><td rowspan="3">7</td></tr>
<tr><td>2</td></tr>
<tr><td>3</td></tr>
<tr><td>4</td><td rowspan="3">② 로봇의 이해</td><td rowspan="3">5</td></tr>
<tr><td>5</td></tr>
<tr><td rowspan="4">10</td><td>1</td></tr>
<tr><td>2</td><td rowspan="5">다섯째 마당, 쾌적한 주거와 생활자원 관리</td><td rowspan="2">① 주거 공간과 생활자원 관리</td><td rowspan="2">4</td></tr>
<tr><td>3</td></tr>
<tr><td>4</td><td rowspan="3">② 용돈과 시간 관리</td><td rowspan="3">6</td></tr>
<tr><td rowspan="4">11</td><td>1</td></tr>
<tr><td>2</td></tr>
<tr><td>3</td><td rowspan="6">여섯째 마당, 창의적인 의생활의 실천</td><td rowspan="3">① 생활 속 헝겊 용품 만들기</td><td rowspan="3">6</td></tr>
<tr><td>4</td></tr>
<tr><td rowspan="3">12</td><td>1</td></tr>
<tr><td>2</td><td rowspan="3">② 환경과 나눔의 생활용품 만들기</td><td rowspan="3">6</td></tr>
<tr><td>3</td></tr>
<tr><td>2</td><td>1</td></tr>
<tr><td colspan="5">합계</td><td>68</td></tr>
</table>

2) 학교 수준 실과교육과정의 예시 자료

(1) 5학년

① 5학년 1학기

▮표 7-5 5학년 1학기 학습 내용

단원	차시	학습 내용	비고
1. 나와 가정생활	1	나의 발달 특성 이해하기	
	2	가족과 가정생활의 의미와 소중함 이해하기	
	3	바람직한 의사소통 방법으로 대화하기	
	4	가정일의 종류 알기	
	5~6	가정일의 중요성 이해와 가족의 역할 분담 확인하기	
	7~8	가정에서 내가 할 수 있는 일 계획 세우기	
2. 생활 속의 동·식물	1	가축과 작물의 중요성 알기	
	2	생활 속 동물의 종류 알기	
	3	생활 속 동물의 이용 방법 알기	
	4	생활 속 식물의 종류	
	5	생활 속 식물의 이용 방법	
	6	화초를 이용하여 압화 만들기	
	7	동물과 식물의 자원적 가치	
	8	농축산물의 생산과 저탄소 녹색 성장	
	9	푸드 마일리지와 지역 음식	
	10	친환경 상추 재배하기와 콩나물 물가꾸기	
	11	친환경 상추 재배하기와 채소 키우기	
	12	열매 식물의 종류와 재배 조건 알아보기	
	13	요구르트와 치즈 만들기	
	14	유제품의 종류와 만들어지는 과정	
3. 나의 균형 잡힌 식생활	1	건강과 영양의 의미 알기	
	2	6대 영양소의 종류와 기능 알기	
	3	식품 구성 자전거 이해하기	
	4	식품 구성 자전거를 활용하여 자신의 식생활 평가 및 반성하기	
	5	어린이를 위한 식생활 실천 지침 이해하기	
	6	자신의 식생활 습관을 점검해 보기	
	7	간식이 필요한 이유 알기	
	8	건강 간식으로 바꾸는 활동하기	
	9	다양한 조리 방법 알아보기	
	10~12	건강한 간식 계획하고 삶거나 찌는 방법을 이용하여 건강 간식 만들기	
1학기 총 시수	34		

▮표 7-6 실과 5학년 1학기 수업 및 평가 계획서

단원	회	평가 과제	평가 영역	평가 유형	평가 시기
첫째 마당, 나와 가정생활	1	다양한 가족의 형태 이해하기	지식, 이해	서술 평가	3월 2주
	2	가정의 역할을 글과 그림으로 표현하고 설명하기	지식	서술 평가	3월 3주
	3	가족과 면담하기	적용	서술 평가	3월 4주
	4	가정생활을 하는 데 필요한 여러 가지 가정일의 종류를 알고 분류하기	이해	서술 평가	3월 4주
둘째 마당, 생활 속의 동 · 식물	1	농 · 축산물의 이용 분야 조사하기	지식	서술 평가	4월 2주
	2	특성에 따라 원예 작물을 분류하고 꽃 찾아 쓰기	지식	서술 평가	4월 3주
	3	친환경 농업과 친환경 축산 방법을 알고, 푸드 마일리지 계산하기	적용	지필 평가	4월 4주
	4	물 가꾸기로 식물을 가꾸고 재배 일지 작성하기	적용	관찰 평가	5월 2주
셋째 마당, 나의 균형 잡힌 식생활	1	균형 잡힌 식사의 중요성을 알고 여러 가지 식품군 구별하여 쓰기	이해	서술 평가	5월 3주
	2	올바른 식습관의 중요성을 알고 자신의 식습관 반성하기	이해	서술 평가	6월 1주
	3	달걀을 순서에 맞게 삶고, 삶은 달걀의 특징 말하기	지식	서술 평가	6월 2주
	4	음식의 조리과정을 되돌아보며 스스로 평가하기	적용	지필 평가 자기 평가	7월 3주

▌표 7-7 실과 5학년 1학기 수행 평가 지도 자료

<table>
<tr><td>단원명</td><td colspan="3">둘째 마당, 생활 속의 동 · 식물</td></tr>
<tr><td>평가 과제</td><td colspan="3">특성에 따라 화초를 분류하고 그에 해당하는 꽃 찾아 쓰기</td></tr>
<tr><td>평가 영역</td><td>기술의 세계</td><td>평가 유형</td><td>지필 평가</td></tr>
<tr><td>평가 시기</td><td>4월 3주</td><td>평가 대상</td><td>개인</td></tr>
<tr><td>준비물</td><td colspan="3">평가지, 연필, 지우개</td></tr>
<tr><td>평가 관점</td><td colspan="3">특성에 따라 화초를 분류하고 그에 해당하는 꽃을 찾을 수 있는가?</td></tr>
<tr><td rowspan="4">평가 기준</td><td>매우 잘함</td><td colspan="2">원예 작물의 특성에 따라 화초의 종류를 5가지 이상 분류하여 쓸 수 있으며, 그 종류를 각각 2가지 이상 쓸 수 있다.</td></tr>
<tr><td>잘함</td><td colspan="2">원예 작물의 특성에 따라 화초의 종류를 4가지 이상 분류하여 쓸 수 있으며, 그 종류를 각각 2가지 이상 쓸 수 있다.</td></tr>
<tr><td>보통</td><td colspan="2">원예 작물의 특성에 따라 화초의 종류를 3가지 이상 분류하여 쓸 수 있으며, 그 종류를 각각 2가지 이상 쓸 수 있다.</td></tr>
<tr><td>노력 요함</td><td colspan="2">원예 작물의 특성에 따라 화초의 종류를 2가지 이상 분류하지 못하고, 그 종류를 각각 1가지 이상 쓰지 못한다.</td></tr>
<tr><td>평가상의 유의점</td><td colspan="3">• 원예 작물이 자라는 습성과 특성에 따른 분류에 초점을 두고 평가하도록 한다.
• 원예 작물의 종류를 분류할 때에는 사진을 미리 보여 주고 적도록 해도 좋다.</td></tr>
<tr><td>예시 답안</td><td colspan="3"><table>
<tr><th>특성</th><th>화초의 종류</th><th>꽃의 종류</th></tr>
<tr><td>싹이 튼 후 한두 해 안에 꽃이 피고 씨를 맺은 후 죽습니다.</td><td>한두해살이 화초</td><td>봉선화, 나팔꽃, 해바라기</td></tr>
<tr><td>심은 후 여러 해 동안 꽃이 핍니다.</td><td>여러해살이 화초</td><td>국화, 할미꽃, 금낭화</td></tr>
<tr><td>알뿌리를 심어 자라는 식물로, 알뿌리 안에는 다양한 영양분이 들어 있습니다.</td><td>알뿌리 화초</td><td>수선화, 튤립, 달리아</td></tr>
<tr><td>줄기나 잎이 비대해져 많은 수분을 저장하고 있습니다.</td><td>선인장과 다육 식물</td><td>선인장, 산세비에리아, 알로에</td></tr>
<tr><td>줄기나 잎을 보기 위해 기릅니다.</td><td>난과 식물과 관엽 식물</td><td>보춘화, 소철, 인도고무나무</td></tr>
<tr><td>꽃을 보기 위해 심는 나무입니다.</td><td>꽃나무</td><td>장미, 무궁화, 철쭉</td></tr>
</table></td></tr>
</table>

▌표 7-8 실과 5학년 1학기 수행 평가 활동지

〈 작성자 : 5학년 반 번 이름 〉

단원명	생활 속의 동 · 식물	차시	4~5/14	평가일	년 월 일	
과제명	원예 작물 분류하기			평가자		(인)
활동 과제						

[01] 특성에 따라 〈보기 1〉의 화초를 분류하여 쓰고, 그에 해당하는 꽃을 〈보기 2〉에서 찾아 써 봅시다.

〈보기 1〉
꽃나무, 한두해살이 화초, 알뿌리 화초, 선인장과 다육 식물, 난과 식물과 관엽 식물, 여러해살이 화초

〈보기 2〉
봉선화, 국화, 수선화, 선인장, 보춘화, 나팔꽃, 장미, 할미꽃, 금낭화, 튤립, 산세비에리아, 소철, 무궁화, 해바라기, 달리아, 알로에, 인도고무나무, 철쭉

특성	화초의 분류	꽃(식물)의 종류
싹이 튼 후 한두 해 안에 꽃이 피고 씨를 맺은 후 죽습니다.		
심은 후 여러 해 동안 꽃이 핍니다.		
알뿌리를 심어 자라는 식물로, 알뿌리 안에는 다양한 영양분이 들어 있습니다.		
줄기나 잎이 비대해져 많은 수분을 저장하고 있습니다.		
줄기나 잎을 보기 위해 기릅니다.		
꽃을 보기 위해 심는 나무입니다.		

② 5학년 2학기

▌표 7-9 5학년 2학기 학습 내용

단원	차시	학습 내용	비고
4. 생활과 기술	1	기술과 발명의 뜻 이해하기	
	2	발명 기법 알아보기	
	3	생활용품에 적용된 발명 기법 설명하기	
	4	제품 만들기의 과정 이해하기	
	5~7	아이디어 내는 방법 알기, 구상한 대로 제품 만들기	
	8~10	여러 가지 제품 만들어 보기	
5. 생활과 정보	1	정보 기기의 종류와 기능	
	2~4	정보 기기의 활용과 정보 기기 사용할 때의 유의점	
	5~6	사이버 공간의 특성과 저작권 및 개인 정보 보호	
	7~10	발표 자료 제작과정과 필요한 정보를 수집하고 계획서 작성하기	
	11~12	발표 자료 만들고 공유하기	
	13~14	멀티미디어 자료 제작과정 알아보기	
6. 나의 자립적인 의생활	1~2	옷의 기능과 옷의 종류에 따른 기능 이해하기	
	3~4	자신의 신체 성장에 맞는 옷차림을 이해하고 나에게 어울리는 옷차림 찾기	
	5~6	옷의 원료와 생산과정 및 소비와 환경과의 관계 이해하기	
	7~8	옷의 종류와 용도에 맞게 정리하고 보관하는 방법 알기	
	9~10	바느질 용구의 사용 방법 알고 구멍이 두 개인 단추 달기	
2학기 총 시수	34		

▮표 7-10 5학년 2학기 수업 및 평가 계획서

단원	회	평가 과제	평가 영역	평가 유형	평가 시기
넷째 마당, 생활과 기술	1	발명 기법을 이용하여 생활 도구 개선하기	지식, 적용	서술 평가	9월 1주
	2	생활용품에 적용된 발명 기법 알기	지식, 적용	문답 평가	9월 3주
	3	사용하기 불편한 제품을 개선하여 창의적인 제품 만들기	지식, 적용	서술 평가	9월 4주
	4	아이디어를 내는 방법과 재료와 공구의 사용 방법 알기	지식, 적용	서술 평가	9월 5주
다섯째 마당, 생활과 정보	1	다양한 정보 기기의 종류와 기능 알고 활용하기	지식, 적용	실습 평가	10월 2주
	2	인터넷 중독을 진단하고 대처 방안 찾아보기	이해, 적용	체크리스트 평가	10월 3주
	3	다양한 방법으로 원하는 정보 찾아보기	이해, 적용	실습 평가	10월 5주
	4	컴퓨터 프로그램을 이용하여 멀티미디어 자료 만들기	이해, 적용	실습 평가	11월 1주
여섯째 마당, 나의 자립적인 의생활	1	옷의 기능을 이해하고 설명하기	지식	서술 평가	11월 2주
	2	상황에 맞는 옷차림 알기	지식, 적용	서술 평가	11월 3주
	3	옷을 정리하고 보관하는 방법 알기	지식, 적용	서술 평가	11월 4주
	4	옷을 효율적으로 정리, 보관하는 방법 알기	지식, 적용	문답 평가	12월 1주

▌표 7-11 5학년 2학기 수행 평가 지도 자료

<table>
<tr><td>단원명</td><td colspan="3">6. 나의 자립적인 의생활</td></tr>
<tr><td>평가 과제</td><td colspan="3">옷을 효율적으로 정리하고 보관하는 방법을 알고 실천할 수 있다.</td></tr>
<tr><td>평가 영역</td><td>지식, 적용</td><td>평가 유형</td><td>지필, 실습</td></tr>
<tr><td>평가 시기</td><td>12월 1주</td><td>평가 대상</td><td>개인</td></tr>
<tr><td>준비물</td><td colspan="3">평가지, 연필, 지우개</td></tr>
<tr><td>평가 관점</td><td colspan="3">옷을 효율적으로 정리하고 보관하는 방법을 알고 실천할 수 있는가?</td></tr>
<tr><td rowspan="4">평가 기준</td><td>매우 잘함</td><td colspan="2">옷을 효율적으로 정리하고 보관하는 방법을 잘 알고 있으며, 그곳에 보관하는 이유를 분명하게 적었다.</td></tr>
<tr><td>잘함</td><td colspan="2">옷을 효율적으로 정리하고 보관하는 방법을 알고 있으며, 그곳에 보관한 이유를 적었다.</td></tr>
<tr><td>보통</td><td colspan="2">옷을 효율적으로 정리하고 보관하는 방법을 알고 있으나 그곳에 보관한 이유를 적지 못하였다.</td></tr>
<tr><td>노력 요함</td><td colspan="2">옷을 효율적으로 보관하는 방법을 잘 모르며 그곳에 보관한 이유를 잘 적지 못하였다.</td></tr>
<tr><td>평가상의 유의점</td><td colspan="3">예시 답안과 다르더라도 옷을 그 위치에 보관하는 이유가 타당하다면 바르게 정리한 것으로 평가한다.</td></tr>
<tr><td>예시 답안</td><td colspan="3">[01]
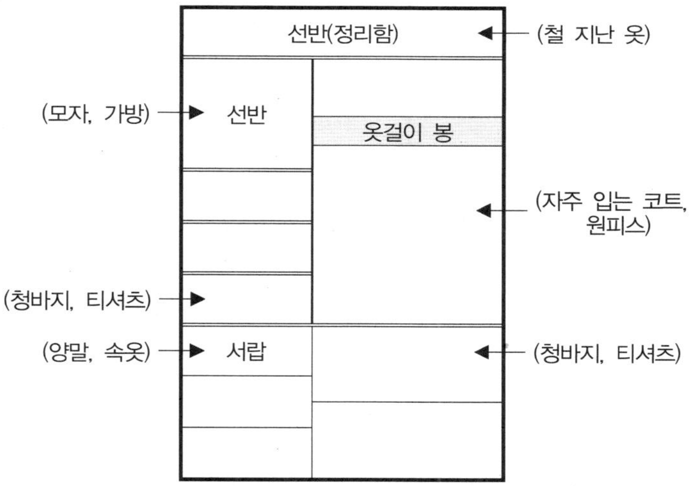

[02] 철 지난 옷은 손이 잘 닿지 않는 제일 위 칸에 두고, 자주 입는 코트는 손이 잘 닿는 중간에, 원피스는 잘 구겨지므로 옷걸이에 걸어 둔다. 자주 사용하지 않는 가방과 모자는 위쪽에 둔다. 양말과 속옷은 손이 잘 닿고 외부와 차단된 서랍에, 청바지와 티셔츠는 중간 보관대에 둔다.</td></tr>
</table>

▌표 7-12 5학년 2학기 수행평가 활동지

〈 작성자 : 학년 반 번 이름 〉

단원명	6. 나의 자립적인 의생활	차시	10/10	평가일	년 월 일	
과제명	옷을 효율적으로 정리하고 보관하는 방법 알기			평가자		㉑
활동 과제						

[01] 다음 옷들을 옷장에 정리하려고 합니다. 편리하고 깨끗하게 보관하기 위해서 어느 곳에 보관하는 것이 좋은지 써 넣어 봅시다.

양말, 속옷, 자주 입는 코트, 청바지, 티셔츠, 원피스, 모자, 가방, 철 지난 옷

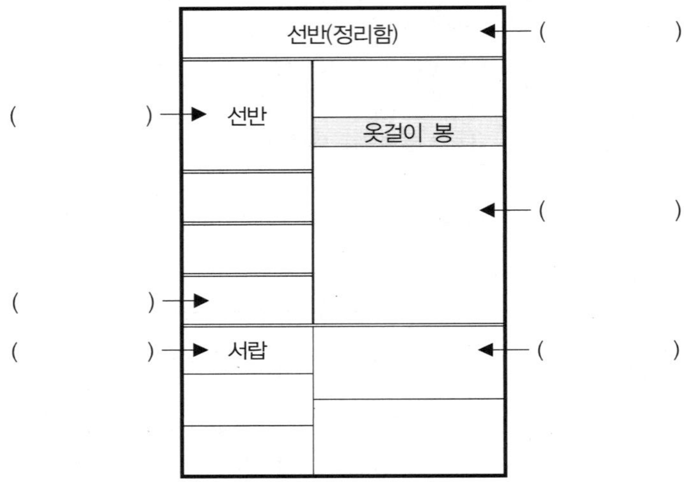

[02] 위에 보관한 옷들을 왜 그곳에 배치하였는지 이유를 적어 봅시다.

(2) 6학년

① 6학년 1학기

표 7-13 6학년 1학기 실과 진도표

ㅇㅇ초등학교

주	기 간	수업 일수	수업 시간	실과	
1	3. 2~3. 4	3	15	1. 나의 진로	2
2	3. 7~3. 11	5	29	*	0
3	3. 14~3. 18	5	28	1. 나의 진로	2
4	3. 21~3. 25	5	29	1. 나의 진로	2
5	3. 28~4. 1	5	29	1. 나의 진로	2
6	4. 4~4. 8	5	29	2. 생활 속의 동 · 식물 이용	2
7	4. 11~4. 15	4	26	2. 생활 속의 동 · 식물 이용	2
8	4. 18~4. 22	5	29	2. 생활 속의 동 · 식물 이용	2
9	4. 25~4. 29	5	29	2. 생활 속의 동 · 식물 이용	2
10	5. 2~5 .6	3	17	*	0
11	5. 9~5. 13	5	29	2. 생활 속의 동 · 식물 이용	2
12	5. 16~5. 20	5	29	3. 건강한 식생활의 실천	2
13	5. 23~5. 27	5	32	3. 건강한 식생활의 실천	2
14	5. 30~6. 3	5	29	1. 나의 진로	2
15	6. 6~6. 10	3	17	1. 나의 진로	2
16	6. 13~6. 17	5	29	3. 건강한 식생활의 실천	2
17	6. 20~6. 24	5	29	3. 건강한 식생활의 실천	2
18	6. 27~7. 1	5	29	3. 건강한 식생활의 실천	2
19	7. 4~7. 8	5	31	3. 건강한 식생활의 실천	2
20	7. 11~7. 15	5	29	4. 생활과 전기 · 전자	2
21	7. 18~7. 22	5	24	*	0
		98	567		36

표 7-14 6학년 1학기 실과 수행 평가 계획

○○초등학교

<table>
<tr><th>영역</th><th>단원</th><th>성취 기준</th><th>평가 요소
(지성 · 감성 · 인성 요소)</th><th colspan="2">성취 수준</th><th>평가 시기</th></tr>
<tr><td rowspan="4">기술의 세계</td><td rowspan="4">첫째 마당, 나의 진로</td><td rowspan="4">나의 특성을 바탕으로 진로를 탐색하고 설계하기</td><td rowspan="4">• 자신의 특성 파악에 관심을 가지는가?
• 진로 계획에 긍정적으로 참여하여 계획을 수립하는가?</td><td>매우 잘함</td><td>자신의 특성(적성, 흥미)에 알맞은 직업을 찾고 자신의 진로를 계획할 수 있다.</td><td rowspan="4">3월 3주</td></tr>
<tr><td>잘함</td><td>자신의 특성(적성, 흥미)에 알맞은 직업을 어느 정도 찾고 자신의 진로를 어느 정도 계획할 수 있다.</td></tr>
<tr><td>보통</td><td>자신의 특성(적성, 흥미)에 알맞은 직업을 어느 정도 찾지만, 자신의 진로를 계획하는 데 어려움을 느낀다.</td></tr>
<tr><td>노력 요함</td><td>자신의 특성(적성, 흥미)에 알맞은 직업을 찾는 데 어려움을 느끼고 자신의 진로를 계획하는 데에도 어려움을 느낀다.</td></tr>
<tr><td rowspan="4">가정생활</td><td rowspan="4">셋째 마당, 건강한 식생활의 실천</td><td rowspan="4">밥이나 빵을 이용한 한 그릇 음식 만들기 방법을 알고 조리할 수 있다.</td><td rowspan="4">• 자신이 맡은 역할을 잘 수행하는가?
• 친구들과 협력하여 실습에 임하는가?</td><td>매우 잘함</td><td>처음 계획한 대로 음식의 색과 모양을 살려 완성할 수 있으며, 적극적인 자세로 실습에 임하였다.</td><td rowspan="4">7월 1주</td></tr>
<tr><td>잘함</td><td>음식의 색과 모양을 대체적으로 잘 살려 완성할 수 있으며, 적극적인 자세로 실습에 임하였다.</td></tr>
<tr><td>보통</td><td>음식의 색과 모양을 어느 정도 살려 완성할 수 있으며, 자신이 맡은 역할을 수행하려고 노력하였다.</td></tr>
<tr><td>노력 요함</td><td>음식의 색과 모양을 어느 정도 살려 완성할 수 있으나, 자신이 맡은 역할의 수행에 어려움을 느낀다.</td></tr>
</table>

② 6학년 2학기

▌표 7-15 6학년 2학기 실과 진도표

○○초등학교

주	기간	수업 일수	수업 시간	실과	
1	8. 22~8. 26	5	26	4-1. 전기 · 전자의 이용	2
2	8. 29~9. 2	5	29	4-1. 전기 · 전자의 이용(1) 4-2. 로봇의 이해(1)	2
3	9. 5~9. 9	5	29	4-2. 로봇의 이해	2
4	9. 12~9. 16	2	12	4-2. 로봇의 이해	2
5	9. 19~9. 23	5	29	4-2. 로봇의 이해	2
6	9. 26~9. 30	5	29	5-1. 주거 공간과 생활자원 관리	2
7	10. 3~10. 7	3	16	*	*
8	10. 10~10. 14	5	32	5-1. 주거 공간과 생활자원 관리	2
9	10. 17~10. 21	5	28	5-1. 주거 공간과 생활자원 관리	2
10	10. 24~10. 28	5	28	*	*
11	10. 31~11. 4	4	22	5-2. 용돈과 시간 관리	2
12	11. 7~11. 11	5	28	*	*
13	11. 14~11. 18	5	27	5-2. 용돈과 시간 관리	2
14	11. 21~11. 25	5	28	5-2. 용돈과 시간 관리	2
15	11. 28~12. 2	5	28	5-2. 용돈과 시간 관리	2
16	12. 5~12. 9	5	32	6-2. 환경과 나눔의 생활용품 만들기	2
17	12. 12~12. 16	5	28	6-2. 환경과 나눔의 생활용품 만들기	2
18	12. 19~12. 23	5	28	*	*
19	12. 26~12. 27	2	9	6-2. 환경과 나눔의 생활용품 만들기	2
20	2. 2~2. 3	2	7	6-2. 환경과 나눔의 생활용품 만들기	2
21	2. 6~2. 10	5	28	*	*
22	2. 13	1	3		
2학기 소계		94	526		32

▌표 7-16 6학년 2학기 실과 수행 평가 계획

○○초등학교

영역	단원	성취기준	평가요소 (지성 · 감성 · 인성요소)	성취 수준		평가 시기
기술의 세계	넷째 마당 2. 간단한 전자 회로 꾸미기	기본적인 전자 부품의 특성과 쓰임새를 알고 간단한 전자 제품을 완성할 수 있다.	• 전자 부품의 특성을 알고 있는가? • 진지하게 전자부품 만들기에 참여하는가? • 이해	매우 잘함	전자 부품의 특성을 잘 알고 간단한 전자 제품을 잘 만든다.	9월 3주
				잘함	전자 부품의 특성을 잘 알고 간단한 전자 제품을 잘 만든다.	
				보통	전자 부품의 특성은 잘 알고 있으나 전자 제품 만드는 방법이 서투르다.	
				노력 요함	전자 부품에 대한 이해도가 낮고 제품을 만드는 방법도 서투르다.	
가정생활	여섯째 마당, 창의적인 의생활의 실천	손바느질로 생활용품 만드는 과정과 기초 손바느질의 종류와 쓰임새를 알고 있다.	• 손바느질로 생활용품 만드는 과정과 기초 손바느질의 종류와 쓰임새를 알고 있는가? • 친구들과 서로 도와주며 협력하여 실습에 임하는가? • 의사소통	매우 잘함	손바느질로 생활용품 만드는 과정을 알고 모둠원과 서로 도와주며 정확하고 꼼꼼하게 만들 수 있다.	12월 2주
				잘함	손바느질로 생활용품 만드는 과정을 알고 있으며 모둠원과 서로 도와주며 정확하고 정성껏 만들 수 있다.	
				보통	모둠원과의 의사소통이 부족하나 손바느질로 생활용품 만드는 과정을 알고 생활용품을 만들 수 있다.	
				노력 요함	모둠원과의 의사소통이 부족하고 기초 손바느질의 종류와 쓰임새를 잘 모른다.	

3. 지역 수준 실과교육과정

가. 지역 수준 실과교육과정의 개념

실과의 지역화 교육과정이란 교육과정에서 안내하고 있는 실과의 교육 내용을 지역사회의 특성, 학교의 여건, 학생의 상황에 맞도록 교재로 구현하여 국가 수준에서 요구하는 학습 목표를 도달해 가는 교육과정을 의미한다고 할 수 있다(김영용 외 5인, 2011).

실과의 지역화 교육과정은 특정 지역 사람들의 삶의 방식과 환경 적응 체계에 대한 지역적 특수성을 담고 있기 때문에, 타 지역에 비교하여 해당 지역에 대한 차별화된 인식을 가능하게 한다는 데 지역사회에 기여하는 교육적 의미가 크다고 할 수 있을 것이다. 또한 교육과정에 의도하는 목표를 달성하기 위한 다양한 접근 방법으로도 가치를 갖는다고 할 수 있을 것이다.

실과의 지역화 교육과정은 현재 국가 수준에서 개발·제정한 교육과정의 경직성을 넘어설 필요가 있으며, 지역이나 학교 및 학생의 실정에 맞게 재구성하여 편성·운영한다는 소극적 의미의 지역화에서 지역의 교육청이나 학교가 중심이 되어 교육과정을 개발·제정하자는 적극적 의미의 지역화로 개념이 발전될 필요가 있다.

실과의 지역화 교육과정의 방법과 관련하여서도 지역에 관한 실과의 내용을 학습하는 내용의 지역화뿐만 아니라, 국가교육과정에서 제시한 목표를 달성하기 위하여 학습자들에게 친숙하고, 이미 경험했을 가능성이 많은 지역 내용을 통한 소위 방법의 지역화 실천을 위해 많은 노력이 필요하다.

나. 지역 수준 실과교육과정 사례 : 제주 지역화 학습 주제

제주 지역화 학습 주제는 실과를 가정학 영역, 생명과학 영역, 기술학 영역으로 구분하였는데, 다양한 학습 주제를 개발한 사례를 제시하면 〈표 7-17〉, 〈표 7-18〉, 〈표 7-19〉와 같다(김영용 외 5인, 2011).

1) 가정학 영역의 제주 지역화 학습 주제

김영용 외 5인(2011)에 의해 개발되었던 제주 지역화 학습 주제 중 가정학 영역의 주제 목록과 개요는 〈표 7-17〉과 같다. 가정학 영역에서는 제주만의 특성을 갖는 소재로 파악되는 갈천, 감귤, 물허벅, 빙떡, 통시 등을 소재로 한 주제가 개발되었다. 제주 지역뿐만 아니라 타 지역에서도 지역화 주제로 추출될 가능성 있는 주제로는 '경단 만들기', '다도 체험하기' 등이 개발되었다. 또한 '감귤 천연비누 만들기'는 생활과학 영역과, '전통 주거 생활 체험하기', '물허벅 옹기(식기) 모형 만들기'는 기술 영역과의 통합 주제 성격을 갖는 것으로 파악되었다.

▮표 7-17 가정학 영역의 제주 지역화 학습 주제

학습 주제	개요	통합 주제
갈천으로 주머니 만들기	제주지역 천연염색법인 감물 염색 천인 갈천을 소재로 손바느질을 이용한 주머니 만들기	
감귤 천연비누 만들기	제주의 대표 1차 산업인 귤을 소재로 한 휴대용 비누 만들기	생명과학과 통합 주제
전통 주거 생활 체험하기	제주 전통 가옥의 구성 요소인 안거리, 밖거리, 고팡, 정낭, 통시, 정지 등 전통 주거 생활 체험 및 견학, 물허벅(물을 길어 나르던 제주 전통 물통) 체험과 놀이	기술 영역과 통합 주제
물허벅 옹기(식기) 모형 만들기	물을 길어 나르던 제주 전통 물통인 물허벅의 모형 제작하기	기술 영역과 통합 주제
빙떡 만들기	제주의 대표적인 전통향토음식인 빙떡 만들기	
경단 만들기	감귤, 당근, 브로콜리, 백년초 즙, 진피가루 등으로 반죽한 색경단, 우도 땅콩, 콩가루, 흑임자 등을 묻힌 고물 경단 만들기	
오미자, 감귤 화채 만들기	오미자, 감귤을 이용한 화채 만들기	
백년초 요플레 만들기	제주의 특산품 백련초를 이용하여 요플레 만들기	
다도 체험하기	제주의 차밭(서광다원–오설록, 서귀다원–서귀포, 다희연–조천읍)에서 차를 생산하는 과정 알아보기 및 다도 체험	
통시 모형 만들기	제주 지역의 전통 가옥에서 변소와 돼지막(도통)이 함께 조성된 뒷간인 통시 모형 만들기	기술 영역과 통합주제

출처 : 김영용 외 5인(2011), p. 189.

2) 생명과학 영역의 제주 지역화 학습 주제

김영용 외 5인(2011)에 의해 개발되었던 제주 지역화 학습 주제 중 생명과학 영역의 주제 목록과 개요는 〈표 7-18〉과 같다. 생명과학 영역에서는 제주만의 특성을 갖는 소재로 파악되는 제주 자생 식물, 오름, 곶자왈, 감귤 등을 소재로 한 주제가 개발되었다. 제주 지역뿐만 아니라 타 지역에서도 지역화 주제로 추출될 가능성 있는 주제로는 '바닷가 동 · 식물 체험하기', '자연물을 이용한 놀이하기', '간이 연못에서 수생식물 체험하기' 등이 개발되었다. 또한 '제주 들꽃으로 장식품 제작하기'는 기술 영역과, '제주 자생 식물을 이용한 조상들의 지혜 탐구하기'는 가정 영역과의 통합 주제 성격을 갖는 것으로 파악되었다.

표 7-18 생명과학 영역의 제주 지역화 학습 주제

학습 주제	개요	통합 주제
제주 자생 식물 가꾸어 이용하기	주위에서 쉽게 볼 수 있는 제주 자생 식물을 가꾸어서 식용, 약용, 관상용으로 이용하기	
바닷가 동 · 식물 체험하기	4면이 바다인 제주의 바닷가에서 낚시, 보말, 파래, 톳 등의 동 · 식물 채취하기	
제주 들꽃으로 장식품 제작하기	제주의 들꽃을 이용하여 꽃꽂이, 압화, 드라이플라워로 엽서, 열쇠고리 등을 제작하기	기술 영역과 통합 주제
오름과 곶자왈의 동 · 식물 탐사하기	제주에만 있는 오름과 곶자왈의 다양한 동 · 식물(새, 곤충, 꽃 등)을 살펴보며 제주의 환경에 다가가기	
자연물을 이용한 놀이하기	쉽게 접할 수 있는 자연물을 이용한 놀이(솔방울 축구, 야구, 솔잎 줄다리기, 억새 화살 날리기 등)를 통해 환경 친화성을 기르기	
제주 자생 식물을 이용한 조상들의 지혜 탐구하기	의 · 식 · 주 생활에 이용되었던 식물(띠, 나물, 우장, 갈옷 등)을 살펴보며 식물의 특성을 생활에 이용한 조상의 지혜를 찾아보기	가정 영역, 기술 영역과 통합 주제
자연림에서 생태 체험하기	자연림(절물, 서귀포, 교래, 비자림 등)에서 환경을 탐구하고 삼림욕 체험하기	
간이 연못에서 수생생물 기르기	플라스틱, 비닐 등으로 만든 간이 연못에서 제주의 습지에 자생하는 수생생물 길러보기	
교과서 속의 식물 자료 재구성하기	교과서에 나오는 식물들을 비슷한 종류의 제주 자생식물로 대체하여 이용하기	
감귤 수확 체험하기	감귤 수확을 체험하며 열매가 땀의 결실임을 이해하고 제주만이 가지고 있는 환경 이해하기	

출처 : 김영용 외 5인(2011), p. 190.

3) 기술학 영역의 제주 지역화 학습 주제

김영용 외 5인(2011)에 의해 개발되었던 제주 지역화 학습 주제 중 기술학 영역의 주제 목록과 개요는 〈표 7-19〉와 같다. 기술학 영역에서는 제주만의 특성을 갖는 소재로 파악되는 테우, 돌하르방, 제주 동차, 제주 초가집, 조랑말 등을 소재로 한 주제가 개발되었다.

▌표 7-19 기술학 영역의 제주 지역화 학습 주제

학습 주제	개요	통합 주제
태양광 발전기 만들기	제주의 태양광 발전소(서귀포시 성산읍 온평리 동원발전소, 삼양발전소, 제주 복미태양광발전소 등)의 기초 발전 소재인 태양전지를 이용한 태양광 발전기 모형 만들기	
테우 모형 만들기	제주의 원시 고깃배인 테우 모형 만들기	
돌하르방 양초 만들기	육지의 장승과 같은 수호 석신인 돌하르방을 양초를 이용하여 모형으로 만들기	
제주 동차 만들기	통나무 바퀴로 된 제주 고유의 탈 것인 동차를 놀이용으로 제작하기	
풍차 방앗간 모형 만들기	제주에 많은 바람을 이용하는 장치인 풍차 방앗간 모형 만들기	
LED를 이용한 용연 다리 야경 꾸미기	한라산에서 바다로 흐르는 염하구인 용연의 다리에 LED를 이용하여 야경 꾸미기	
움직이는 제주 조랑말 만들기	천연 기념물 347호인 제주 전통말(조랑말)을 몇 가지 기계 요소를 이용하여 움직이는 모형 물체로 만들기	
제주 초가집 모형 만들기	제주의 전통 가옥인 제주 초가집의 모형 만들기	가정 영역과 통합 주제
브레이크 달린 썰매 발명하기	겨울철 제주 오름에서 주로 타는 썰매에 적합한 제동 장치 발명하기	
원시 움막 모형 만들기	제주 삼양동 선사유적지의 원시 움막 모형 만들기	가정 영역과 통합 주제

출처 : 김영용 외 5인(2011), p. 191.

다. 지역 수준 실과교육과정 편성 · 운영 지침 사례

서울시 교육청(2012)의 초등학교 실과교육과정 편성 · 운영 지침은 다음과 같다.

1) 목표

'가정생활'과 '기술의 세계'에 대한 지식, 능력, 가치 판단력을 함양하여 건강한 개인 및 가정생활을 영위하고, 기술에 대한 기본 소양을 습득하여 현재와 미래 생활을 주도할 수 있는 역량과 태도를 기른다.

- 나와 가족을 이해하고 가정생활에 필요한 기초 생활 능력을 함양하여 가정생활에서 직면하는 문제를 해결하고 건강한 개인 및 가족 구성원으로서 자신의 삶을 주도해 나갈 수 있는 역량과 태도를 기른다.
- 생활 속에서 기술과 관련되는 문제를 탐구하여 창의적으로 해결함으로써

일상생활에서 기술을 유용하게 활용할 수 있는 능력을 기르며, 또한 미래의 직업과 일의 세계에 대한 건전한 가치관을 형성하고 진로를 탐색하여 미래 사회에 적응하는 역량과 태도를 기른다.

2) 서울특별시 교육 중점

서울 지역의 환경적 특성 및 교사, 학부모, 학생의 요구를 반영하여 교육과정을 탄력적으로 재구성하되, 건강한 개인과 가정생활을 영위하기 위하여 실생활에 필요한 기본적인 기능과 소통하고 협력하며 배려하는 태도를 익히도록 한다. 또한, 다양한 체험을 통해 노작과 실습의 기쁨을 맛보도록 하고 생활 속의 문제를 창의적으로 해결하여 현재와 미래사회에 적응하는 능력과 태도를 기르는 데 중점을 둔다.

- 자신의 성장과 발달에 기여하는 가족과 가정의 소중함을 알고, 가족 구성원으로서 가정의 일을 분담하여 실천함으로써 나눔과 배려의 태도를 갖는다.
- 균형 잡힌 식사가 자신의 성장과 건강 유지에 필수요함을 이해하여 올바른 식습관을 형성하고, 안전하고 위생적인 식품 선택, 한식을 중심으로 한 건강한 음식 만들기 등을 통해 기초 식생활 관리 능력과 바른 식생활 태도를 기른다.
- 옷의 기능을 이해하여 상황에 맞는 예절 바른 옷차림을 할 수 있으며, 바느질의 기초를 익혀 생활용품을 만드는 것을 통해 자립적인 의생활 능력과 태도를 기른다.
- 쾌적한 주거 환경과 생활자원 관리의 중요성을 알고 생활자원을 효율적으로 이용하고 관리하는 현명한 소비자로서의 자질과 태도를 기른다.
- 일상생활에서 사용하는 물건들이 기술과 발명의 활동으로 이루어진 것임을 이해하고, 새로운 아이디어로 발전시켜 생활에 필요한 간단한 생활용품을 만들 수 있는 능력을 기른다.
- 동·식물이 갖는 가치와 중요성을 알고 도시 생활에 알맞은 동물이나 식물을 길러보는 경험을 통해 자연과 생명을 소중히 여기는 태도를 갖는다.
- 사이버 공간에서 지켜야 할 올바른 예절을 익히고, 정보 기기를 활용하여 멀티미디어 자료를 창의적으로 만들어 활용한다.

- 전기 · 전자 제품의 기본 원리를 이해하고, 전자 부품을 이용하여 일상생활에 필요한 간단한 제품을 만들며, 로봇의 원리를 이해하고 체험한다.
- 일과 직업의 중요성을 인식하고, 직업의 세계에 대한 이해를 바탕으로 자신에게 적합한 진로를 탐색하며 설계할 수 있는 능력과 태도를 기른다.

3) 교수 · 학습 방법

(1) 방법

- 서울의 특성 및 학교의 여건, 계절, 주변 환경을 고려하여 지도 시기나 내용, 순서 등을 재구성하여 계획을 수립한다.
- 실습 제재는 체계적인 실습이 가능하도록 자료 활용 계획을 수립하고, 학생들의 흥미나 관심에 따라 선택적으로 학습할 수 있도록 한다.
- 실습이나 노작 활동을 자기 주도적으로 계획하고 끝까지 수행하도록 하여 체험의 즐거움과 성취감을 느끼도록 한다.
- 지속적인 관찰이 필요한 가꾸기나 기르기와 같은 실습은 대도시의 특성을 고려하여 제재를 선택하고, 생명 존중 의식을 기르도록 한다.
- 컴퓨터, 진로교육, 가꾸기 등 타 교과와 내용이 중복되거나 연계성이 높은 경우, 교과 통합을 통해 상호 보완적인 학습이 되도록 한다.
- 실습이 단위 시간만으로 부족한 경우에는 블록타임을 설정하여 운영할 수 있도록 편성한다.
- 실습은 실습 계획, 실습과정, 노작 활동에 대한 태도 및 정의적인 영역까지 지도하며, 실생활에 적용할 수 있도록 한다.
- 서울특별시 및 그 외의 유관 기관이나 지역사회에서 지원하는 교육 커뮤니티 등을 활용한 다양한 체험학습을 실시한다.
- 저출산 · 고령사회 대비 교육, 양성 평등교육, 다문화교육, 녹색교육, 에너지 교육 등 범교과 학습 주제와 관련하여 사회적 요구를 충실히 반영할 수 있도록 지도한다.
- 교과군(과학/실과) 내 교육과정 분석을 통해 중복 및 연계되는 내용은 교육과정을 재구성하여, 각 교과의 목표를 달성하는 범위 내에서 운영한다.

예) 5~6학년 군의 실과 '생활과 전기 · 전자' 내용과 5~6학년 군의 과학 '전기 회로' 내용

【 가정생활 】

• 토의 학습이나 역할놀이를 통해 가정에서 자신의 역할을 이해하고 가족 구성원의 역할을 체험할 수 있도록 학습 계획을 수립한다.
• 올바른 재료를 선택하고 식품의 특성에 맞는 조리 방법으로 일상식인 한식을 중심으로 자신의 식사를 직접 만들어 볼 수 있도록 한다.
• 다양한 바느질 도구와 용법을 학교 실정에 맞게 선택하여 생활용품을 창의적으로 만들 수 있도록 한다.
• 정리 정돈, 청소, 쓰레기 처리와 재활용이 하나의 연관된 활동으로 이루어지도록 하며 지속적인 실천을 위하여 홈 프로젝트 학습으로 계획한다.
• 시간과 용돈의 관리는 자기 관리 능력 차원에서 장기 프로젝트 학습으로 지도한다.

【 기술의 세계 】

• 일상적인 생활에 필요한 물품을 발명 아이디어 기법을 이용하여 창의적으로 구상하고 작업의 과정을 중시하여 만들도록 한다.
• 식물 가꾸기와 동물 기르기의 경우 서울의 환경 및 학교의 여건에 적합한 것을 선택하여 직접 경험하도록 하되 견학이나 조사 활동을 병행하도록 한다.
• 전기 · 전자에 대한 기본 원리를 이해하고 기초적인 기능을 익히며, 과학관, 전기 박물관 등의 견학을 통해 일상생활에서 사용되는 로봇을 알아보고 체험하게 한다.
• 올바른 정보윤리의식을 가지고 정보 기기와 사이버 공간을 이용하며, 멀티미디어 자료를 창의적으로 만들어 활용하고 변화하는 정보 기기에 대해 관심을 가지며 수업에 적극 활용하도록 한다.
• 영역별, 단원별로 제시된 다양한 직업의 세계를 탐색하도록 하며 다양한 진로 · 적성검사, 현장 견학 등을 통해 자신에게 적합한 진로를 탐색, 설계, 체험할 수 있게 한다.

(2) 자료

- 실과학습 준비물 확충 계획을 단계적으로 수립하여 실과학습 준비물을 확보 · 관리하는 효율적 방안을 모색한다.
- 실물이나 모형, 서울교육포털시스템 등의 인터넷 자료, 동영상 자료, 멀티미디어 자료 등을 적극 활용하여 생동감 있는 교수 · 학습 활동이 이루어지도록 한다.
- 학습 결과물인 포트폴리오는 과정 및 결과를 평가하는 자료나 후속 학습의 동기 유발 자료로 활용한다.
- 실험 · 실습 활동에서 기계, 도구 및 기구 등의 정확한 사용 방법과 유의사항을 숙지하도록 하여 안전사고가 발생하지 않도록 주의한다.
- 학교는 학습 준비물 목록에 실과 준비물을 계획적으로 정하여 실과학습 준비물을 확보하도록 노력한다.

4) 평가

- 교육과정에서 제시한 교육 목표 및 성취 기준을 중심으로 평가 계획을 수립하고 지적 · 기능적 · 정의적 영역을 균형 있게 평가한다.
- 평가 시기, 목적, 상황 및 평가 대상자의 유의미한 성장과 발달 등을 종합적으로 고려하여 양적 · 질적 평가 등을 다양하게 활용하도록 한다.
- 평가의 기준과 방법, 시기를 사전에 제시하여 학생들의 학습 의욕과 성취감을 높인다.
- '가정생활'과 '기술의 세계' 영역을 포괄적이고 균형 있게 평가하되 다음 사항에 유의하여 실시한다.
  - 기본적인 개념, 원리, 사실 등의 기본 지식과 자료 수집 능력, 의사 결정 능력, 창의력 등을 활용한 실천적 문제 해결 능력을 평가한다.
  - 실험 및 실습 방법과 과정에 따른 실천적 수행 능력, 학습 내용을 실생활에 적극적으로 적용해 보려는 실천적 태도를 평가한다.
- 노작 및 실습 활동의 평가는 교사 평가, 자기 평가, 상호 평가, 관찰, 체크리스트, 포트폴리오, 실습 보고서 등 다양한 평가 방법을 적용한다.

- 일회적인 평가보다는 지속적인 평가를 통해 학생 개개인의 변화와 발달을 종합적으로 반영할 수 있도록 한다.
- 수행 평가는 교수 · 학습 활동과 연계하여 실시하되 가급적 수업 시간 내에 실시하여 가정 학습 과제로 연장되지 않도록 하며, 어느 한 시기에 집중되지 않도록 유의한다.
- 평가의 결과는 학생의 자기 진단 및 개선을 위한 자료로 활용하며, 궁극적으로 학생의 적성 파악 및 진로 지도의 기초 자료로 활용한다.

논의

1. 실과교육과정 실행의 개념에 대하여 논의해 보자.
2. 실과교육과정 실행 요인 다섯 가지를 제시하고 작용 양상에 대해 논의해보자.
3. 실과교육과정의 학교 수준 재구성의 필요성에 대해 논의해보자.
4. 관련된 지역에 적합한 실과 지역화 학습 주제에 대해 논의해보자.
5. 시 · 도 수준의 실과교육과정 편성 · 운영 지침을 찾아보고 적합성에 대해 논의해보자.

참 | 고 | 문 | 헌

강현석(2011). **현대교육과정탐구**. 학지사.

교육과학기술부(2008). **초등학교 교육과정 해설 I (총론, 재량활동)**. 교육과학기술부.

교육부(1997). **초등학교 교육과정 해설(I). - 총론, 재량활동 -**. 교육부.

김영용 외 5인(2011). 실과 제주 지역화 학습 주제의 개발 및 타당도 검증. **실과교육연구, 17**(4), 177-200.

서울특별시교육청(2012). **서울특별시 초등학교 교육과정 편성 · 운영 지침**. 서울특별시교육청.

이상원 외(2015a). **실과5 교사용 지도서**. 천재교육.

이상원 외(2015b). **실과6 교사용 지도서**. 천재교육.

이태석(2015). 실과교육과정 실행 요인과 작용 양상. 한국교원대학교 대학원 박사학위논문.

제8장 실과교육과정 평가

개요

이 장은 실과교육과정 평가의 개념, 모형, 영역과 준거에 대한 이해를 추구한다. 교육과정 평가는 일반적으로 교육과정을 대상으로 하는 평가 활동이라고 정의된다. 실과교육과정 평가는 영역, 수준과 방법의 3차원으로 제시할 수 있다. 평가의 영역은 개발, 운영, 성과라는 교육과정이 개발되고 실행되는 시간적 경과에 따라 분류할 수 있다. 또한 각 영역별로 실제로 평가에서 이용할 수 있는 준거를 제시할 수 있다.

목표

1. 실과교육과정 평가의 개념을 설명할 수 있다.
2. 실과교육과정 평가의 3차원 모형을 제시하고 설명할 수 있다.
3. 실과교육과정 평가의 영역을 제시하고 설명할 수 있다.
4. 실과교육과정 평가의 준거를 제시하고 설명할 수 있다.

1절 실과교육과정 평가의 개념과 모형

개요

실과교육과정 평가는 실과교육과정을 대상으로 하는 평가 활동이며, 평가 모형은 영역, 수준과 방법의 3차원으로 제시할 수 있다. 평가의 영역은 개발, 운영, 성과라는 교육과정이 개발되고 실행되는 시간적 경과에 따라 분류할 수 있다. 수준은 국가, 지방, 학교의 3단계로 방법은 질적 방법과 양적 방법으로 분류할 수 있다.

1. 실과교육과정 평가의 개념

가. 교육과정 평가의 의미

교육과정 평가는 일반적으로 교육과정을 대상으로 하는 평가 활동이라고 정의된다. 그러나 이러한 의미 규정은 교육과정 평가가 구체적으로 무엇을 의미하는지 제대로 밝혀주지 못한다. 교육과정 평가의 대상인 교육과정을 어떻게 정의하느냐에 따라 교육과정 평가의 경계가 다르게 설정되기 때문이다.

이 글에서는 교육과정이 교육에서 차지하는 핵심적인 위치와 역할을 고려하여 교육과정을 문서의 개념에서 확대, 교육과정의 실천과 성과까지를 포함하는 교육 프로그램으로 간주한다. 또한 교육과정 평가는 이러한 교육과정을 그 개발에서부터 문서, 실행, 성과에 이르는 전 영역과 이들 간의 상호작용을 종합적으로 평가하는 활동으로 규정한다(한국교육과정평가원, 1998).

나. 교육과정 평가와 기타 교육 관련 평가들과의 관계

교육 상황에서 전개되는 평가 활동은 매우 다양하다. 이들 중 교육과정 평가와 관련이 있는 평가 활동으로는 학생 평가, 학교 평가, 교육 지원 기관 평가 등을 들 수 있다. 이들은 교육과정 평가와 밀접한 관계에 있으면서도 그 목적이나 평가의 영역에 있어서 교육과정 평가와 구분된다. 이들 간의 관계를 좀 더 자세히 살펴보면 다음과 같다.

먼저, 위에서 열거한 평가 활동의 근본적인 차이점은 평가의 대상이 각기 다르다는 점이다. 학생 평가는 학생 개개인을 평가의 대상으로 하고, 학교 평가는 개별 학교를 평가의 기본 단위로 하며, 교육 지원 기관 평가는 학교교육을 지원하는 기관, 즉 시・도 또는 시・군・구 교육청을 평가의 대상으로 삼는다. 이에 반해, 교육과정 평가는 교육과정을 평가의 대상으로 한다. 우리나라의 경우, 국가에서 고시하는 교육과정, 지역 교육청이 편성 운영하는 교육과정, 그리고 단위학교에서 편성 운영하는 교육과정이 있으며, 교육과정 평가는 이들 세 수준의 교육과정을 평가의 대상으로 한다.

둘째, 이들 교육 관련 평가 활동들은 궁극적으로는 모두 교육의 질 관리를 목적으로 삼지만, 일차적인 목적과 기능에 있어 각기 구분되는 평가 활동이다. 학생 평가는 학습자의 선수 능력이나 선행학습에 대한 진단, 학습자의 진로 및 적성 파악, 학습자의 자격 인증, 선발이나 집단 내에서의 상대적 서열 매김 등 학습자 개인에 관한 정보 수집이나 판단을 목적으로 한다. 학교 평가는 일차적으로는 학교의 현재 수준을 진단하려는 목적에서 실행되지만, 그 결과는 학교교육의 개선 방안을 모색하거나, 우수 학교를 인증하거나, 책무성을 규명하거나, 학교별 교육의 성과와 연계된 보상과 징계를 제공하는 데 활용된다(이인효, 1998). 교육 지원 기관 평가는 시・도 및 시・군・구 교육청의 행정적 역량과 역할 구조의 타당성 및 적합성을 종합적으로 평가함으로써 행정 체제의 발전을 내면화하고, 행정 기능 및 역할 수행 방법을 개선하며, 기관 간의 선의의 경쟁을 유도함으로써 행정의 능률성 및 효율성을 제고하려는 목적을 가지고 있다(유현숙 등, 1997).

학교 평가나 교육 지원 기관 평가는 평가의 대상인 학교나 교육청을 하나의 유기적 개체로 보고, 기관의 성취 실적(performance)을 평가하는 활동인 반면, 교육과정 평가는 교육과정의 장점과 단점을 파악하여 교육과정 개선의 기초 자료로 활용하며, 이러한 평가과정에 참여하는 교사의 전문성을 신장하는 데 일차적인 목적이 있다.

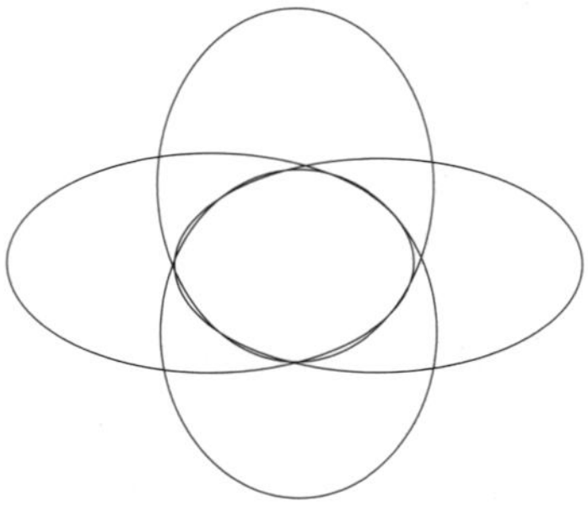

[그림 8-1] 교육과정 평가와 기타 교육 관련 평가 활동들 간의 관계
출처 : 한국교육과정평가원(1998), p. 20.

위에서 열거한 네 개의 평가 활동은 그 목적과 대상에 있어서는 상호 구분되는 활동이지만 평가 실행에 있어 방법이나 평가 대상 영역이 중복되기도 한다. 이러한 평가들 간의 개념적 관계를 도식화하면 [그림 8-1]과 같다. 이 그림에서 보면, 학생 평가는 교육과정 평가, 학교 평가, 교육 지원 기관 평가와 각각 겹쳐지는 부분이 존재한다. 예를 들면, 학생 평가의 한 활동인 학업 성취도 평가는 교육과정의 성과나 학교의 성과, 그리고 교육청의 성과를 평가하는데 모두 사용될 수 있다. 한편, 학생 평가가 나머지 세 평가 활동과 겹쳐지지 않는 부분도 존재한다. 예컨대, 학생 평가 활동 중에는 학생 개인의 능력 인증이나 진로 지도 혹은 선발을 위한 상대평가 등 기관이나 교육과정의 성과 평가와는 관계가 없는 독립적인 영역이 존재한다.

교육과정 평가는 교육과정 개발 체제, 문서, 운영, 성과 등의 영역에 관한 종합적인 평가 활동이며, 특히 성과 면에서도 학생의 교육 성취도 이외에 교사의 전문성 향상 및 태도 변화, 학부모와 학생의 만족도 등 교육과정의 운영의 결과로서 얻어지는 종합적인 성과를 평가하는 활동이다.

학교 평가와 교육과정 평가 간에도 중복되는 부분과 독립적인 영역이 존재한다. 학교 평가에는 경영의 효율성, 학교 구성원들의 인적 조직, 예산의 합리적 운영과 더불어 학교의 교육과정에 대한 평가가 포함된다. 이렇게 볼 때, 학교교육과정 평가는 학교 평가의 하나의 하위 영역으로 볼 수 있다. 그러나 교육과정 평가는 학교교육과정 이외에도 국가 수준의 교육과정, 그리고 시·도 및 시·군·

구 교육청이 편성·운영하는 지역교육과정에 관한 평가를 포함하고 있다는 점에서 학교 평가와 구분되는 영역을 가지고 있다. 이와 마찬가지로, 교육 지원 기관 평가에는 지역교육과정만이 교육청 평가의 하위 영역으로 두 평가 활동이 서로 중첩되는 부분이 있는 반면, 학교와 국가 수준의 교육과정 평가라는 배타적인 영역이 존재한다. 종합하면, 학생 평가, 학교 평가, 교육 지원 기관 평가는 교육과정 평가와 중복되는 영역이 있는 반면에, 각 평가는 상호 구별되는 독립적인 영역을 갖는다.

2. 교육과정 평가의 모형

교육과정 평가의 이론과 모형의 접근 방법은 크게 두 가지로 대별된다. 하나는 논리적 인식론에 기초한 논리적 접근으로 양적인 접근 방법을 취한다. 다른 하나는 현상학적 인식론에 기초한 현상학적 접근으로 질적인 접근 방법을 취한다. 또한 우리나라 교육과정 평가에 대한 접근 방법의 큰 특징 중 하나인 교육과정의 수준에 따른 접근 방법을 취하고 있다. 따라서 이 글에서는 교육과정 평가의 모형을 크게 논리적 접근, 현상학적 접근, 수준별 접근으로 나누어 살펴보았다.

가. 교육과정 평가의 논리적 접근

평가에 관한 두 가지 접근 방법 중 객관적이고도 논리적인 인식론에 바탕을 둔 고전적 평가 모형 이론에 관하여 고찰하고자 한다. 교육과정 평가에 관한 논리적 접근은 대별하여 세 가지 부류로 구분된다. 목표 지향 접근, 탈목표 가치 판단 접근, 의사 결정 지향 접근이다.

이 중에서 의사 결정 지향 접근 모형은 [그림 8-2]에 제시된 바와 같이 이 두 가지 측면을 종횡으로 놓고 위상으로 나타내면 4가지 유형의 의사 결정을 생각할 수 있는 바, 이것을 다시 평가와 관련지으면 역시 4가지 유형의 평가를 구안할 수 있다.

	(의도)	(현실)
(목표)	계획 결정 맥락 평가	순환 결정 결과 평가
(수단)	구조 결정 투입 평가	실행 결정 과정 평가

[그림 8-2] 의사 결정과 평가의 유형
출처 : 이성호(1985), p. 304.

우선 네 가지 유형의 의사 결정부터 간단히 설명하면 첫째, 계획 결정(planning decisions)은 목표를 결정하기 위한 것이며, 둘째, 구조 결정(structuring decisions)은 절차를 결정하기 위한 것이다. 그리고 셋째, 순환 결정(recycling decisions)은 실제로 성취된 목표를 판단하기 위한 결정이며, 넷째, 실행 결정(implementing decisions)은 실제로 사용된 절차를 검토하고 정치시키기 위한 결정이다. 이것을 평가와 상응시키면, 계획 결정에 해당하는 평가는 전후 관계 평가 또는 맥락 평가(context evaluation)이며, 구조 결정에 상응하는 것은 투입 평가(input evaluation)이다. 그리고 실행 결정에 해당하는 것은 과정 평가(process evaluation)이며, 끝으로 순환 결정에 해당하는 것은 결과 평가(product evaluation)이다. 스터플빔(Stufflebeam)의 평가 모형을 흔히 CIPP 모형이라고 부르는 것은 이들 네 가지 유형 평가의 영문 첫글자를 따서 모아 놓은 것이다.

나. 교육과정 평가의 현상학적 접근

평가에 대한 접근 방법에는 논리적 인식론에 기초하고 있는 인습적 탐구와 현상학적 인식론에 기초하고 있는 자연적 탐구의 두 가지가 있다. 그리고 이 두 가지 가운데서 전자의 인습적 탐구는 목표 지향, 판단 지향 그리고 의사 결정 지향의 세 가지 유형으로 대별할 수 있다. 그러나 이들 인습적 탐구가 교육과정 평가에 만족을 주지 못하고 있다는 새로운 자성적 사고가 나타나기 시작한 바, 그것이 곧 후자의 자연적 탐구이다. 자연적 탐구는 근본적으로 교육과정 평가에 대한 질적인 접근 방식을 촉구하였다.

질적 교육과정 평가 방법에는 대별하여 8가지 유형이 있다. 즉, ① 전기 또는 자서전 분석(autobiography), ② 사례 연구(case study), ③ 교육적 비판법(educational criticism), ④ 현장 기술적 접근(ethnographic approach), ⑤ 조감적 평가(illuminative evaluation), ⑥ 비판적 과학 평가(critical science evaluation), ⑦ 대리 기술 평가(portrayal evaluation) 그리고 ⑧ 반응 평가(responsive evaluation)의 여덟 가지이다.

다. 수준별 교육과정 평가 모형

외국에서 교육과정 평가 분야의 연구가 활발히 진행되어 온 것과는 대조적으로, 국내의 교육과정 평가에 관한 연구는 그 연륜도 짧거니와 수(數)에 있어서도 시작 단계에 불과하다. 1970년대 이전에는 교육과정 평가에 관한 연구를 거의 찾아볼 수가 없었고, 1980년대부터 초등학교(박경숙 등, 1983), 중학교(권낙원 등, 1985), 고등학교(허경철 등, 1986) 등 학교급별 교육과정에 대한 연구가 소수 시도되었고, 1990년대로 들어서면서 학교급별 교육과정을 대상으로 한 교육과정 평가 차원을 넘어 교육과정 평가 모형 정립을 위한 연구(최호성, 1993 ; 국립교육평가원, 1996 ; 허형 등, 1996), 교육과정 평가 방안 연구(김재복 등, 1996a, 1996b ; 유한구 등, 1997 ; 한국교육과정평가원, 1998), 그리고 교육과정 평가 실행을 위한 편람 개발 연구(배호순 등, 1997) 등 다양한 연구가 시도되어 왔다.

교육과정 평가 연구의 시대별 특징을 보면 연구의 초기 단계인 1980년대에는 새로운 교육과정 개발에 앞서 기존의 교육과정의 문제점이나 개선점을 밝혀내려는 기초 조사의 성격이 강하였다. 평가의 방법 면에 있어서도 교사나 전문가를 대상으로 기존의 교육과정에 대한 만족도나 차기 교육과정에 대한 요구를 파악하기 위한 설문 조사가 주를 이루었다. 그러나 최근으로 오면서 교육과정 평가를 위한 모형을 구안하려는 노력을 위시하여, 교육의 질 관리를 위한 다양한 형태의 교육과정 평가 방안에 관한 연구가 시도되었고, 평가 실행을 위한 편람이 개발되는 등 교육과정 평가 연구의 분야가 다양화되었다. 평가의 방법 면에 있어서도 설문 조사나 장학, 외부 인사의 관찰 차원을 넘어 학교 구성원들에 의한 자체 평가를 위한 세미나, 자기 반성, 자체 토론 등 다양한 방법이 제시되었다(한국교육과정평가원, 1998).

김재춘 등에 의해 1998년에 한국교육과정평가원에서 수행한 우리나라의 교육과정 평가에 관한 선행 연구를 분석하여 교육과정 평가의 영역, 교육과정 평가의 수준, 교육과정 평가의 방법을 중심으로 한 교육과정 평가의 3차원 모형을 [그림 8-3]과 같이 제시했다.

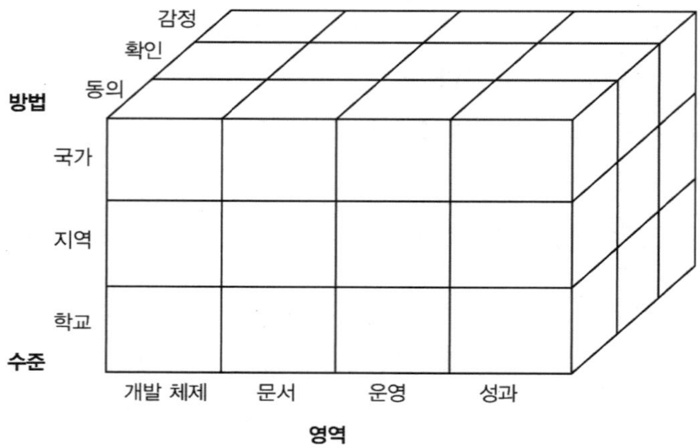

[그림 8-3] 교육과정 평가의 3차원 모형

이 연구의 주요 특징은 다음과 같다.

첫째, 기본 모형의 종적 차원인 교육과정의 수준별 평가를 구상할 수 있다.

둘째, 기본 모형의 횡적 차원인 교육과정의 영역별로 평가를 설계할 수 있다.

셋째, 평가의 방법을 기준으로 한 평가를 구상해 볼 수 있다.

넷째, 기본 모형의 세 축들을 상호 교차시켜 특정 수준의 교육과정의 특정 영역에 특정 관점을 결합시킴으로써 구체적인 교육과정 평가 상황에서의 평가의 초점과 방법을 도출할 수 있다.

3. 실과교육과정 평가 모형

가. 실과교육과정 평가 기본 모형

기존 연구에 제시된 교육과정 평가의 모형들이 공통적으로 시사하는 바는 교육과정 평가의 대상은 교육과정의 문서뿐 아니라 교육과정의 운영, 그리고 교육과정의 성과까지를 포함하여야 한다는 점과 교육과정 영역을 평가함에 있어서 교육과정이 계획되고 전개되는 장(場), 즉 국가, 지역, 학교 등에 따라 평가의 초점 및 지표를 달리해야 한다는 것이었다.

이 글에서는 실과교육과정 평가 모형을 한국교육과정평가원(1998)의 연구를 기초로 3차원으로 제시했다. 제1차원은 교육과정 평가의 영역으로 교육과정 개발, 교육과정 운영, 교육과정 성과로 나누었다. 제2차원은 교육과정 평가의 수준으로 국가 수준, 지역 수준(시 · 도, 시 · 군 · 구), 학교 수준으로 나누었다. 제3차원은 교육과정 평가 방법으로 양적 접근, 질적 접근으로 나누었다.

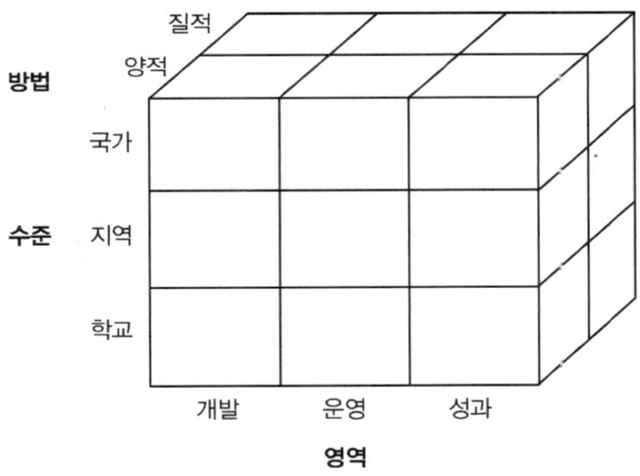

[그림 8-4] 실과교육과정 평가의 3차원 모형

나. 실과교육과정 평가의 절차 모형

1) 교육과정 평가의 주요 절차

교육과정 평가 절차 및 방법을 결정하는 요인으로는 평가 목적, 평가 주체자 및 평가 결과 활용자, 평가 자료 수집 방법 등이라고 할 수 있다(배호순, 2000). 즉, 교육과정을 어떤 목적으로 평가하고자 하느냐에 따라서 평가 주체자가 달라지고 평가 주체에 따라 적절한 평가 방법 및 절차를 이용한다. 여기서는 실과 평가의 일반적 절차에 기초하여 실과교육과정 평가 절차를 탐색해보고자 한다. 실과 평가의 일반적인 절차는 [그림 8-5]와 같다(김종우, 1999).

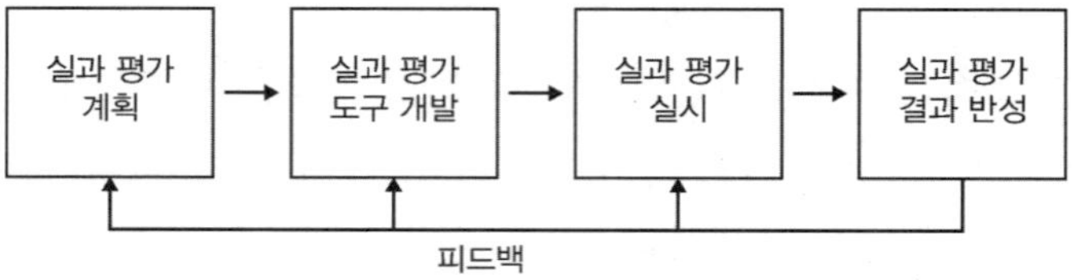

[그림 8-5] 실과 평가의 일반적 절차

평가는 교육과정이 교수 학습을 통하여 얼마나 달성되었는지를 점검하는 수단의 성격이 강함을 알 수 있다. 물론 평가를 통해 교육과정이나 교수학습 방법을 개선할 수 있는 정보를 제공하는 것은 틀림없는 사실이다. 그래서 실과 평가의 일반적 절차는 계획, 도구 개발, 실시, 결과 반성의 4단계로 이루어진다.

교육과정 평가에서 어떤 절차에 따라 평가 활동을 전개하는 것이 바람직한가에 대해서는 다양한 견해들이 제기되었으나, 평가 목적과 여건에 따라 평가 주관자에 따라 또는 평가 설계자에 따라 제각기 다른 절차를 활용하고 있어 어떤 합의된 절차를 찾는 것이 무의미할 수도 있다. 그러나 다양한 평가 목적에 입각한 평가의 절차를 정립하기 위해서는 앞에서 제시한 평가의 일반적 절차에 따라 교육과정 평가 절차를 일반화할 필요가 있다. 여기서는 초·중·고등학교 교육과정 평가 방안 및 도구 개발 연구(배호순 외, 1997)에서 적용된 바 있는 절차를 제시하면 다음과 같다.

- 평가적 질문의 제기(요구, 문제, 쟁점의 파악 및 상세화)
- 평가 준거의 설정 : 평가 항목의 설정
- 지표 및 자료 출처 결정 → 자료 수집 방법 및 도구 선정
- 자료의 수집 활동 전개와 자료 처리, 기준 설정
- 종합 및 판단(기준에의 비교 및 대조 : 평가적 판단)
- 평가 결과의 보고 → 평가 목적에의 결부(평가 결과의 활용)

이와 같은 평가 절차를 기초로 하여 평가 모형을 구안하고 모형의 각 요소를 고찰해 보겠다.

2) 실과교육과정 평가 절차 모형

평가의 일반적 절차를 기초로 하여 교육과정 평가 모형을 제시하면 [그림 8-6]과 같다.

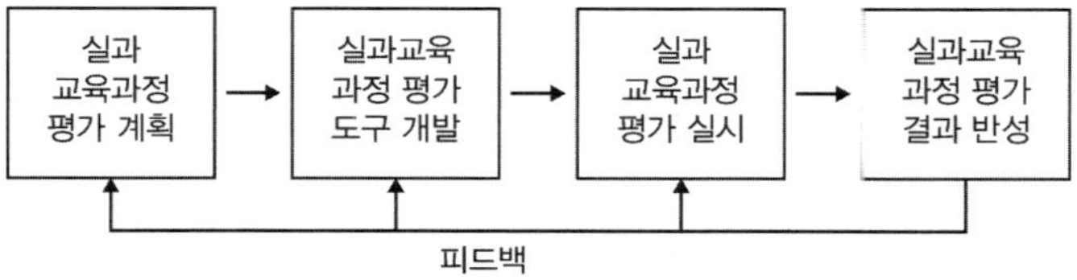

[그림 8-6] 실과교육과정 평가의 일반적 절차

제1단계는 실과교육과정 평가 계획으로 평가 목표 설정과 평가 준거 개발이 포함된다. 제2단계는 실과교육과정 평가 도구 개발 단계로 평가 지표의 설정과 자료 수집 방법의 결정이 포함된다. 제3단계는 실과교육과정 평가의 실시로 평가 자료 수집과 수집된 자료의 처리가 포함된다. 제4단계는 실과교육과정 평가 결과 반성 단계로 판단 기준의 설정과 평가적 판단 및 결과 보고가 포함된다(배호순, 2000).

(1) 실과교육과정 평가 계획

① 평가 목표의 설정

실과교육과정을 평가하기 위해서는 보다 구체적으로 교육과정 평가의 목적을 설정하고 진술할 필요가 있다. 평가의 목적은 평가를 통하여 얻고자 하는 바를 진술한 것이라고 할 수 있다. 교육과정 평가의 목적은 교육과정 계획, 운영과정 및 결과에 관한 사실을 바탕으로 한 목표 달성도 등에 관한 가치 판단 결과라고 할 수 있는데, 평가 목적 또는 목표들은 답변하고자 하는 교육과정에 관한 핵심 질문들의 형태로 표현하는 것이 바람직하다고 할 수 있다(배호순, 2000).

② **평가 준거의 설정**

평가의 준거는 평가 목표에 기초하여 다양한 평가적 질문을 통하여 구체적인 평가 영역 및 항목을 결정할 수 있다. 준거 중심의 교육과정 평가의 경우에 평가 대상 영역 및 준거를 관련된 분야의 전문가 및 관련 인사들을 중심으로 체계적으로 개발할 필요가 있다. 평가 준거의 수준은 상위 수준의 준거 영역을 분석하고 그 분석 결과에 입각하여 중간 수준의 준거 영역 또는 준거 항목을, 또다시 분석하여 하위 수준의 준거 항목을 개발할 수 있다.

(2) 실과교육과정 평가 도구 개발

① **평가 지표의 설정**

제기된 평가적 질문에 답변하기 위해서는 질문에 포함된 대상이나 내용의 속성을 나타내거나 표현하고 있는 근거 자료를 수집하여 활용할 필요가 있다. 이 근거로서 특정 대상에 관하여 측정한 수치 또는 그 속성이나 질적 수준을 나타내는 지수를 활용할 필요가 있다. 이러한 지수 또는 수치를 근거 자료로 삼아 그 대상에 대한 의사 표현을 하거나 판단을 하게 되는데, 이러한 지수를 평가 지표 또는 평가 근거 자료로 활용하게 된다. 평가적 질문과 관련하여 설정된 평가 준거 또는 평가 문항에 대한 근거 자료를 마련하기 위해서는 평가 준거별로 또는 준거 항목별로 지표를 설정하고 그 지표를 활용하여 근거 자료를 수집하는 절차를 밟는 것이 바람직하다.

또한 필요한 자료 및 지표를 설정하는 일이 마무리 단계에 이르게 되면 관련된 지표와 자료를 어디서, 무엇으로부터, 누구를 대상으로 수집하거나 측정할 것인가를 중시해야 한다.

② **근거 자료의 수집 방법 결정**

교육과정 평가에서 어떤 방법이나 기법을 활용하여 어떤 성격의 자료를 수집하는가를 중심으로 양적 평가 또는 질적 평가로 구분할 수 있다. 양적 평가 방식은 평가 대상인 교육과정 내용 자체 또는 그 운영 실체나 그로 인한 결과에 관한 자료를 수집 및 특정하기 위하여 도구를 활용하고 그 결과를 객관화, 수량화하여 분석 처리하는 데 중점을 두는 방법이다. 질적 평가 방식은 평가 대상 교육과정 내용 및 그 운영과정이나 그로 인한 변화, 효과 등을 평가자가 직접 관찰하고 기술 및 판단하는 데 중점을 두는 접근 방법을 말한다. 이러한 구분에도 불구하고 교육과정 평가 목적에 적절한 평가 자료를 수집하기 위하여 다각적인 접근 방법을 취하면서 보다 적절한 방법 및 기법을 선정하여 원하는 근거 자료를 수집하여 활용하는 데 중점을 두어야 한다. 다양한 교육과정 평가 상황에서 활용 가능한 주요 방법 및 기법은 관련 근거 서류의 분석, 설문 조사, 면접, 관찰, 자기 보고, 추적 조사법, 결정적 사건 연구 기법, 관행 분석법, 임상적 면접법, 점검목록표 활용법, 의미 변별 기법 등이 있다(배호순, 1994 ; 배호순, 2000).

(3) 실과교육과정 평가의 실시

① 실과교육과정 평가의 자료 수집

평가 자료 수집 단계는 평가 도구를 선택 또는 제작한 다음 필요한 인력, 시설, 예산, 시간을 확보하고 제반 여건을 점검, 개선해서 실질적으로 정보 또는 자료를 수집하는 단계이다.

② 평가 결과 분석

평가 자료 수집 단계에서 모은 자료 또는 정보를 정리하는 일련의 작업을 평가 결과의 분석이라 하며 수집된 자료를 평가 목적에 맞게 양적으로 또는 질적으로 분석하는 단계이다.

(4) 실과교육과정 평가 결과 반성

① 판단 기준의 설정 및 활용

수집된 평가 자료를 처리하여 얻은 결과에 입각하여 평가적 판단에 임하기 위해서는 평가 기준과 규칙을 설정하는 일이 필요하다. 기준을 설정하는 활동은 평가적 판단과 거의 동시에 이루어질 수도 있으나 판단에 임하기 전에 이미 기준을 설정해야 하는 경우도 있어 기준 형식이나 기준 설정 방식을 사전에 선정해 둘 필요가 있다.

② 평가적 판단

평가적 판단은 설정한 기준에 비추어 수집된 평가 결과를 비교하고 대조시켜 보며 그를 해석하고 종합하는 과정이다.

③ 평가 결과의 보고

평가 활동이 종료되는 단계에서 가장 중시해야 할 것은 평가적 판단으로 얻은 평가 결과를 평가 관련자 또는 평가 요구자들에게 보고하여 평가 결과를 유용하게 활용하도록 유도하거나 그 활용을 촉진하는 것이다.

2절 실과교육과정 평가의 영역과 준거

개요
실과교육과정 평가의 영역은 개발, 운영, 성과로 대별할 수 있으며 이를 다시 중영역과 세부 영역으로 나누어 제시할 수 있다. 그리고 각 영역별로 실제 평가에 활용할 수 있는 준거를 제시할 수 있다.

1. 실과교육과정 평가 영역

실과교육과정 평가를 위한 평가 영역을 한국의 교육과정 평가 모형 개발 연구(허형 외, 1996)를 기초로 하여 교육과정 개발(1.00), 교육과정 운영(2.00), 교육과정 성과(3.00)를 대영역, 중영역, 세부 영역으로 구분하여 제시하면 다음과 같다. 앞으로 이 영역을 기초로 하여 실과 교과의 특성에 적합한 교육과정 평가 준거를 설정할 수 있을 것이다(정성봉, 2004).

가. 교육과정 개발 평가

교육과정 개발 평가는 문서로 나타난 교육과정과 개발과정에 대한 평가이다. 교육과정 개발 평가의 중영역에는 교육과정 개발을 위한 기초 연구(1.10), 개발 조직 및 참여 인사(1.20), 교육과정 개발과정(1.30), 교육 목표의 설정(1.40), 교육 내용의 선정 · 조직(1.50), 교육과정 운영 지침(1.60)이 포함된다.

1.00 교육과정 개발
- 1.10 기초 연구의 수행
  - 1.11 전문이론의 탐구
  - 1.12 국가 사회의 요구 조사
  - 1.13 시행 교육과정의 분석
  - 1.14 교육과정의 국제 비교 연구
  - 1.15 국가교육과정의 분석

1.20 개발 조직 및 참여 인사

- 1.21 교육과정 연구 조직
- 1.22 교육과정 개발위원회 구성
- 1.23 교육과정 심의위원회 구성

1.30 교육과정 개발과정

- 1.31 기초 연구 결과 반영
- 1.32 교육과정안 작성
- 1.33 교육과정안 심의
- 1.34 교육과정안 모니터링

1.40 교육 목표의 설정

- 1.41 각급학교 교육 목표와의 일관성
- 1.42 교과의 특성과 지도에의 시사
- 1.43 포괄성과 실현 가능성
- 1.44 지역의 특성

1.50 교육 내용의 선정 · 조직

- 1.51 목표와의 일관성
- 1.52 학문적 중요성
- 1.53 개인적 사회적 유용성
- 1.54 내용의 수준과 양
- 1.55 신뢰성과 참신성
- 1.56 논리와 심리의 균형성
- 1.57 종적 조직의 적합성
- 1.58 횡적 조직의 관련성
- 1.59 내용의 진술

1.60 교육과정 운영 지침

- 1.61 교수 학습 방법 지침의 적절성
- 1.62 평가 지침의 적절성
- 1.63 교과서 개발 지침의 적절성
- 1.64 교사용 지도서 개발 지침의 적절성

나. 교육과정 운영 평가

문서로서 교육과정이 개발 고시되면 국가 수준에서 교과용 도서가 개발되고 지역과 학교 수준에서 교육과정을 운영하게 된다. 교육과정 운영 평가의 중영역에는 교과서의 개발(2.10), 교사용 지도서 개발(2.20), 학습 지도안 개발과 활용(2.30), 교수 학습 자료의 개발과 활용(2.40), 교수 학습 활동(2.50), 교사 연수(2.60), 장학 활동(2.70)이 포함된다.

2.00 교육과정 운영

- 2.10 교과서의 개발
  - 2.11 교과서의 개발과정
    - 기초 연구의 반영
    - 개발에의 참여 인사
    - 교과서의 심의
    - 현장 실험 및 모니터링
  - 2.12 교과서의 내용 전개
    - 교육과정과의 일관성
    - 교과서의 기능
    - 내용 전개와 조직
    - 수준과 양의 적절성
  - 2.13 교과서의 외형적 체제
    - 지질과 판형
    - 편집과 분량
    - 활자와 색도, 활자 수
- 2.20 교사용 지도서 개발
  - 2.21 지도서 체제의 적절성
    - 교육과정 해설과 교과교육 이론 제시
    - 목표 및 내용의 구체화
    - 수업 및 평가 방법의 제시
    - 외형적 체제의 적절성

2.22 단원 및 차시 목표의 구체화

목표의 상세화

사회적 요구의 반영

목표의 진술

2.23 학습 지도 내용의 상세화

내용과 자료의 적절성

내용 조직의 적합성

내용의 수준과 양

사회적 요구의 반영

2.24 학습 지도 및 평가의 전략

목표에의 일치도

학습과정 유도

실현 가능성과 자료 활용

평가 준거와 방법의 적절성

2.30 학습 지도안 개발과 활용

2.31 학습 지도안의 장단기 계획

장기 계획

단기 계획

시수의 배당과 활용

2.32 학습 지도안 개발

학습 지도안 개발 계획

학습 지도안 개발 과정의 타당성

우수 학습 지도안의 발굴과 보급

2.33 학습 지도안 구성 요소

목표 제시 및 목표 상세화

학습 내용 제시

교사 활동 수준

학생 활동 수준

학습 자료 및 매체 활용

2.40 교수학습 자료의 개발과 활용

- 2.41 교수학습 자료의 개발과 관리
  - 개발 계획
  - 교수학습 자료 개발 절차의 타당성
  - 교수학습 자료 개발 여건과 노력
  - 교수학습 자료 활용 체계
  - 교수학습 자료 선정의 적절성
  - 교수학습 자료의 확보 수준 및 노력
  - 교수학습 자료의 수준
- 2.42 교수학습 자료의 적절성
  - 수업 규모와의 적절성
  - 교과 및 주제와의 적절성
  - 학습자 특성의 고려
  - 교수학습 방법 유형과의 적절성

2.50 교수학습 활동

- 2.51 교수학습 목표 제시
  - 교수학습 목표 준비
  - 교수학습 목표 진술 수준
  - 교수학습 목표 수정
- 2.52 진단 평가 체제
  - 기초 학력 진단 평가
  - 선행학습 진단 평가
  - 수업 외적 학습 저하 진단 평가
  - 진단 평가 실시의 의미
- 2.53 수업 절차
  - 도입의 적절성
  - 전개 및 발전의 적절성
  - 정리 및 평가의 적절성
  - 수업 절차 시간 배당의 적절성

2.54 형성 평가 체제

형성 평가 문항 개발

학습 진전도 확인을 위한 형성 평가

교수학습 방법 구안을 위한 형성 평가

형성 평가 실시의 의미

2.60 교사 연수

2.61 연수 계획

교육과정 연수 계획

교과 관련 연수 계획

2.62 학내 · 외 연수 활동

학내 연수 활동

학외 연수 활동

2.63 연수 지원

인적자원의 확보

행정적 지원

시설의 지원

2.70 장학 활동

2.71 재정 지원 체계와 활동

사업 계획서의 활용

예산 지원

예산 운영 지침

예산의 심의와 결산

2.72 행정 지원 체계와 활동

사업계획서의 활용

실제성

신속성

교사와 사무직원의 배치

교사의 직무

인사 조직

시간 운영

2.73 시설

시설의 확보와 확충 및 계획

관리

2.74 장학 지도 활동

교육과정 지도 및 연수

수준별 학습 지도

지역사회의 인적 · 물적자원 활용

수업 장학 활동

다. 교육과정 성과 평가

교육과정 성과 평가는 교육과정 운영을 통하여 교육과정의 목표가 학생들에게 얼마나 실현되었는가를 알아보는 학습 결과의 성과에 대한 평가와 교육과정의 전반적인 효과성에 대한 종합 평가가 포함된다. 교육과정 성과 평가의 중영역에는 평가 활동의 설계(3.10), 평가 내용의 구성(3.20), 평가 방법과 실시(3.30), 결과 분석과 활용(3.40), 교육과정에 대한 종합적인 의견(3.50)이 포함된다.

3.00 교육과정 성과

3.10 평가 활동의 설계

3.11 목표 지향성

3.12 평가 계획의 체계성

3.13 평가 설계의 적합성

3.14 교육과정 평가의 일관성

3.20 평가 내용의 구성

3.21 목표의 일관성

3.22 내용의 중요도

3.23 내용의 균형성

3.24 내용의 타당성

3.30 평가 방법과 실시

3.31 평가 방법의 적절성

3.32 평가 방법의 다양성

3.33 평가 방법의 신뢰성

3.34 평가 실시의 공정성

3.40 결과 분석과 활용

3.41 집단별 결과 분석

3.42 연도별 결과 분석

3.43 결과의 공개성

3.44 현장에서의 활용성

3.50 교육과정에 대한 종합적인 의견

3.51 조사 계획

3.52 조사 내용

3.53 조사 방법

3.54 분석 방법

3.55 결과 활용

2. 실과교육과정 평가 준거

가. 평가 준거의 의미

켈리(Kelly)는 평가의 판단과정에서 그 근거로 사용되는 필수 요소로서 평가의 준거(criteria), 평가 규준(standards), 평가 지표(index)를 제안하였다(최호성, 1993). 그에 따르면 평가 준거란 평가 대상의 특성이나 속성을 의미하며, 평가 규준은 비교를 위한 척도로서 범위와 점수를 나타낸다고 한다. 즉, 평가 준거의 하위 차원으로서 평가 규준을 규정하였다. 또 평가 대상의 속성이나 특성을 표현하면서 그 범위와 수준 정도를 나타내는 근거 자료로서 조작적으로 정의될 수 있는 양적 · 질적 표식을 평가 지표라 한다. 즉, 준거 – 규준 – 지표의 구조가 형성되며 지표는 맨 하위 구조가 되는 셈이다. 좋은 평가 활동이 이루어지기 위해서는 평가 준거, 평가 규준, 평가 지표의 선정 및 추출이 얼마나 체계적으로 타당하게 이루어지는가에 있다.

다시 말해서, 교육과정 평가에서 평가 준거란 평가 대상의 특성이나 속성을 의미한다. 평가 지표란 평가 대상의 특성이나 속성을 표현하면서 그 범위와 수준 정도를 나타내는 근거 자료이다(최호성, 1993). 평가 지표를 구체화한 것이 평가 문항으로 볼 수 있다.

나. 실과교육과정 평가 준거

1) 실과교육 목표 평가 준거

모든 교육 활동은 그 목표를 가지고 있다. 그런데 그런 목표들은 그 배후에 목표들이 흘러나오게 한 기초적인 자원이 있게 마련이다. 이러한 자원은 설정된 목표의 준거가 되므로 그 자원에 의해서 설정된 목표의 타당성과 합리성을 평가할 수 있는 것이다. 그런데 이런 자원이 바로 일정한 각급 교육 목표로 설정되는 것은 아니다. 이런 자원을 근거로 하여 일정 대상에 대한 경험적 연구를 행하고 그 결과로 얻어진 자료에 의해서 의도한 교육 목표가 설정되는 것이다. 이렇게 교육 목표가 설정될 때 교육 활동의 지도 지침격인 역할과 평가의 준거가 될 수 있는 것이다. 그래서 설정된 교육 목표는 타당성과 합리성, 효율성과 도달 가능성을 지니게 된다. 그러므로 교육과정 목표에 속하는 목표들의 설정에도 각급 교육 목표의 설정과 마찬가지로 교육 목표의 자원과 설정을 위한 일정한 자료가 필요한 것이다.

타바(Taba, 1945)는 교육 목표의 자원으로서 학생, 사회, 학문을 들었고, 커(Kerr, 1973)는 목표의 자원을 사회의 연구, 학습자의 연구, 교재 내용의 연구를 제안했으며, 자이스(Zais, 1976)는 경험적 자원, 철학적 자원, 교재 자원 등을 들고 있다(이경섭 외, 1988 : 230에서 재인용). 이런 학자들의 자원에 대한 견해는 다소 차이가 있으나 학습자, 사회, 교재 또는 학문으로 공통 요소를 찾을 수 있다.

특히, 타일러(Tyler, 1949)는 교육 목표 추출의 자원으로 학습자에 관한 사실, 현대사회에 관한 사실, 교과 전문가의 견해 등의 3가지를 들고 있고 각각의 자원에 대하여 무엇을 어떻게 알아보아야 할 것인가에 관해 자세히 언급하였다. 이와 같은 원천으로부터 추출된 잠정적인 교육 목표는 다시 교육 철학과 학습 심리라는 두 가지 준거에 의하여 걸러져서 최종 교육 목표로 설정되어야 한다는 것이다.

교육 목표 기초 자원에서 공급되는 제반 정보를 토대로 하여 교육 목표를 추출하고 선택함에 있어서 교육 철학과 학습에 관련된 심리학적 원리의 적용이 필요하다. 이러한 의미에서 교육 철학과 학습 원리는 교육 목표 설정을 위해 충분히 연구되어야 할 분야로 되어 있다. 교육 철학과 학습 원리는 교육 목표 설정의 기초 자원의 역할도 하지만 주어진 자원을 기초로 하여 교육 목표를 추출하는 과정과 추출된 교육 목표의 타당성을 검증하는 준거의 역할을 한다. 〈표 8-1〉에 정리한 여러 학자들이 주장한 교육 목표 설정의 기초 자원은 교육 목표 평가 준거의 추출 근거가 된다.

표 8-1 목표 평가 준거 추출 원천

학자 \ 준거	교육 철학	학문	사회	학습자	의사소통	기타
이영덕	교육 내용의 조직과 지도에의 시사		교육 목표의 현실성 교육 목표의 수정 가능성			
한국교육개발원	민주적 교육 이념에의 적합성		국가나 사회의 요구 반영	학생 발달 특성에의 부합 목표의 성취 가능	목표 진술의 명확성	
타일러(Tyler)	철학	교과전문가	학교 밖의 현대생활	학습자 자체 학습 심리		
타바(Taba)		교재 내용	사회	학습자		
커(Kerr)		학문	사회	학습자		
자이스(Zais)	철학적 자원	교재 자원		경험적 자원		
백커너와 코넷(Beckner & Cornett)	철학	학문	사회학	심리학		교육사
슈버트(Schubert)		학문적 지식 대표	사회의 요구 반영 목표의 실행 가능성	인간의 기본적 욕구 표현	진술의 명료성	
교육부		교과의 성격 측면	경제 · 사회적 측면	학생의 발달 측면		교수학습 방법적 측면

출처 : 정성봉 · 김종우(1999), p. 17.

〈표 8-1〉에 기초하여 실과교육 목표 평가를 위한 준거를 설정하면 다음과 같다.

1.0.0 실과교육 목표 평가의 준거

1.1.0 교육 철학

1.1.1 교육 이념과 목적에의 적합성

1.1.2 목표의 타당성

1.2.0 학문(교과)

1.2.1 학문적 지식의 대표성

1.2.2 실과의 성격 측면

1.3.0 사회

1.3.1 사회적 요구 반영

1.3.2 사회적 유용성

1.4.0 학습자

1.4.1 학습자 발달 측면

1.4.2 학습자의 성취 가능성

1.5.0 의사소통

1.5.1 목표 진술의 명료성

실과교육 목표 평가 준거에 기초한 평가 문항의 예를 들면 다음과 같다.

1.0.0 실과교육 목표 평가의 문항의 예

1.1.0 교육 철학

1.1.1 교육 이념과 목적에의 적합성 : 실과교육 목표는 국가의 이념이나 교육의 목적에 적합한가?

1.1.2 목표의 타당성 : 실과교육 목표는 가치 있는 것인가?

1.2.0 학문(교과)

1.2.1 학문적 지식의 대표성: 실과교육 목표는 실과 관련 학문적 지식에 대한 성취를 대표할 수 있는가?

1.2.2 실과의 성격 측면 : 실과교육 목표는 실과 교과의 성격을 잘 반영하였는가?

1.3.0 사회

1.3.1 사회적 요구 반영 : 실과교육 목표는 사회 · 문화 · 경제적 요구를 잘 반영하고 있는가?

1.3.2 사회적 유용성 : 실과교육 목표는 학습자의 현재 또는 장래의 사회생활에 유용한 것인가?

1.4.0 학습자

1.4.1 학습자 발달 측면 : 실과교육 목표는 학습자의 발달 측면을 충분히 고려하였는가?

1.4.2 학습자의 성취 가능성 : 실과교육 목표는 학습자가 성취할 수 있는 것인가?

1.5.0 의사소통

1.5.1 목표 진술의 명료성 : 실과교육 목표는 이해될 수 있도록 명확하게 진술되었는가?

2) 내용 선정 평가 준거

어떤 내용을 교육과정 내용에 담아야 할 것인가의 문제는 교육의 목적과 교과의 목표 달성을 결정짓는 중요한 조건 중의 하나이다. 아무리 훌륭한 교육 목표가 설정되었다 할지라도 구체적으로 그것을 교육 내용 속에 충분히 반영시키지 못하였을 때는 목적이나 목표는 무의미하며 소기의 목적은 달성될 수 없다. 그러면 어떤 관점에서 어떻게 반영시킬 때 비교적 훌륭한 교육 내용을 담을 수 있을 것인가에 관해서 여러 학자들의 견해를 살펴보기로 하자.

먼저, 타일러(Tyler, 1949)는 내용 선정의 원칙을 학생들이 목표 달성에 필요한 경험을 할 수 있는 기회가 제공되는 경험, 만족을 얻을 수 있는 경험, 현재 수준에서 학생들의 능력 범위 내에 있는 것, 하나의 교육 목표의 달성을 위해 활용될 수 있는 특수한 경험, 동일한 학습 경험은 많은 다양한 성과를 얻을 수 있는 내용을 선정해야 한다고 하였다. 이를 정범모는 기회의 원칙, 만족의 원칙, 가능성의 원칙, 동목적 다경험의 원칙, 동경험 다결과(목적)의 원칙이라고 했다.

이영덕은 교육 목표와의 관련성, 참신성과 신뢰성, 전이가치, 탐구정신 및 탐구방법의 반영도, 폭과 깊이의 균형, 다목적 달성도 등을 들고 있다.

이경섭은 중요성, 유용성, 흥미, 인간 발달을, 함종규는 객관적 기준으로 교육 목적에 부합한 것, 사회의 요구와 필요에 부합한 것, 지역사회의 요구와 필요에 부합한 것과 주관적 기준으로 학생의 흥미에 부합한 것, 학생의 필요에 부합한 것, 학생의 능력에 부합한 것, 이성호는 타당하고 유의미한 것, 유용한 것, 학습 가능한 것, 내·외적 관련성, 인간 발달 기준을 들고 있다.

우리나라 교육과정 개발에서 사용된 교육 내용의 선정 준거로는 다음과 같은 것들이 있다(곽병선, 1997).

- 영역 및 항목의 분류는 교과 특성에 따라 타당성, 포괄성, 일관성이 있어야 한다.
- 기본 개념과 원리 및 기능이 중심이 되어야 하며 참신성, 신빙성이 있어야 한다.
- 목표 달성에 적합해야 하며, 내용 및 행동상의 중요성에 따른 비중이 적절하게 고려되어야 한다.
- 학생의 발달 정도, 유용성, 흥미와 만족, 학습기회, 전이가 등이 고려되어야 하고 적절한 양이어야 한다.
- 시대적 요청과 전통 문화의 반영이 있어야 한다.
- 종적 조직에서는 계속성, 계열성이 유지되어야 한다.

- 횡적 조직에서는 통합성, 논리적 순서가 고려되어야 한다.
- 진술에서는 간결성, 명확성, 통일성이 유지되어야 한다.

위와 같은 여러 견해를 종합하여 〈표 8-2〉와 같은 내용 선정 평가 준거를 제시한다.

▮표 8-2 내용 선정 평가 준거 추출 원천

준거 학자	목표	학문	사회	학습자
함종규			사회의 요구 지역사회의 요구	학생의 흥미 학습 가능성
이영덕	목표와의 일관성 다목적 달성	지식의 참신성과 신뢰성		학습 가능성
타일러(Tyler)	목표 달성에 유용	교과전문가의 견해	사회적 요구	학생의 만족 학습 가능성
타바(Taba)		내용의 중요성과 의의	사회적 현실과 일관성	흥미와 필요성
브루너(Bruner)		학문적 지식 지식의 구조		
곽상만			가정, 지역사회 등의 생활 실태 사회 요구	아동 발달 관련 학문 아동 환경과의 상호관계
교육부	실과교육의 목표 달성	실과교육의 성격	국가 사회적 요구	개인의 요구

출처 : 정성봉 · 김종우(1999), p. 19.

〈표 8-2〉에 기초하여 실과교육 내용 선정에 대한 평가 준거를 설정하면 다음과 같다.

2.0.0 실과교육 내용 선정 평가의 준거

2.1.0 교육 목표

2.1.1 교육 목표의 일관성

2.1.2 교육 목표의 달성 가능성

2.2.0 학문(교과)

2.2.1 학습 내용의 타당성

2.2.2 넓이와 깊이의 균형

2.2.3 전이의 범위

2.3.0 학습자

2.3.1 학습자의 요구와 흥미

2.3.2 학습자의 학습 가능성

2.4.0 사회

2.4.1 사회적 요구

2.4.2 사회적 유용성

실과교육 내용 선정 평가 준거에 기초한 평가 문항의 예를 들면 다음과 같다.

2.0.0 실과교육 내용 선정 평가 문항

2.1.0 교육 목표

2.1.1 교육 목표와의 일관성 : 실과교육 내용은 교육 목표와 일관성을 유지하는가?

2.1.2 교육 목표의 달성 가능성 : 실과교육 내용은 교육 목표를 달성할 수 있는가?

2.2.0 학문(교과)

2.2.1 학습 내용의 타당성 : 실과학습 내용은 실과 관련 학문의 가치를 대표하는가?

2.2.2 넓이와 깊이의 균형 : 실과교육 내용은 학문의 넓이와 깊이의 균형을 고려하여 선정되었는가?

2.2.3 전이의 범위 : 실과교육 내용은 전이 가치가 높은 것인가?

2.3.0 학습자

2.3.1 학습자의 요구와 흥미 : 실과교육 내용은 학습자의 요구와 흥미를 고려하였는가?

2.3.2 학습자의 학습 가능성 : 실과교육 내용은 학습자가 학습 가능한 것인가?

2.4.0 사회

2.4.1 사회적 요구 : 실과교육 내용은 사회 · 문화 · 경제적 요구를 반영하였는가?

2.4.2 사회적 유용성 : 실과교육 내용은 학습자의 현재 또는 장래의 사회 생활에 유용한 것인가?

3) 내용 조직 평가의 준거

교육 내용이 선택되면, 그 다음으로 부딪치는 문제가 '선택된 내용을 어떤 방법으로 조직하여 제공할 것인가'라는 것이다. 즉, 교육 목표를 달성하기 위하여 선정한 교육 내용은 학습자가 학습 현장에서 학습 활동이 구체적으로 전개될 수 있도록 알맞게 조직해 놓아야 한다. 이 내용 조직의 방법에는 두 가지 측면이 있는데, 그 하나는 선택된 내용이 지식이든 경험이든 그 많은 지식과 경험 중 얼마만큼의 양을 제공할 것인가라는 것과 또 양이 결정된 후에 어떤 내용을 먼저 제공하고 어떤 내용을 나중에 제공해야 하는가의 문제이다. 따라서 교육 내용의 조직은 선정된 여러 가지 교육 내용을 어떻게 배열하고 그 범위를 어느 정도까지 한정시키느냐의 문제가 주가 되는 작업이다.

교육이란 단 한번에 목표가 달성되는 것이 아니라 장기간에 걸쳐서 계속적이며 조직적으로 이루어 나아가야 할 작용이다. 학습자에게는 시간단위의 학습부터 일일, 주간, 월간, 학기 간, 학년 간, 나아가서는 입학에서 졸업할 때까지 여러 가지 내용을 순서 있게 학습해 나아가도록 교육 내용이 마련되어야 한다. 교육에서 바람직한 태도, 이해, 기능, 사고력, 판단력 등 전인으로서의 인간의 행동의 변화가 단기간에 조직적으로 일어날 수 없는 것이다. 따라서 선정된 교육 내용은 학습자에게 제시하자면 학습자의 학습을 위한 내용의 배열, 순서, 범위, 관련 등과 나아가서는 각 학습 내용의 조화, 균형이 이루어지도록 적절한 조직을 해놓아야 한다.

일반적으로 선정된 교육 내용을 조직함에 있어서 학자마다 서로 다른 견해를 보이고 있다. 이영덕은 계속성, 계열성, 통합성을, 곽병선은 종적인 측면에서 계속성의 유지와 횡적 측면에서 통합성과 균형성의 유지를 들고 있으며, 김대현은 계속성과 계열성, 수직적 연계성, 통합성을 내용 조직의 준거로 들고 있다. 여러 학자들의 내용 조직에 관한 준거를 기초로 평가 준거 추출의 원천을 제시하면 〈표 8-3〉과 같다.

▌표 8-3 내용 조직 평가 준거 추출 원천

준거 학자	수직적 조직	수평적 조직	기타
타일러 (Tyler)	계속성 계열성	통합성	
스레더 (Schrader)	계속성 나선성 일관성	통합성	
앤더슨 (Anderson)	공통성 진보성		
브릭스 (Briggs)	수직적 구조성 위계적 구조성	평면적 구조성	
이성호	계열성 계속성	범위 통합성	균형성
곽상만	중학교와의 관련	교육과정 전 영역과의 관련	아동의 발달 단계와 흥미 관심 사회적 요구와 역사적 · 논리적 · 윤리적 수용
교육부	내용의 양과 수준에 따른 단계적 배열	내용의 성격에 따른 영역 구분	교수 학습 환경에 따른 배열

출처 : 정성봉 · 김종우(1999), p. 21.

〈표 8-3〉의 원천에 기초한 실과교육 내용 조직 평가의 준거는 다음과 같다.

3.0.0 실과교육과정 내용 조직의 평가 준거

3.1.0 수직적 조직

3.1.1 계속성

3.1.2 계열성

3.2.0 수평적 조직

3.2.1 통합성

실과교육 내용 조직 평가 준거에 기초한 평가 문항의 예를 들면 다음과 같다.

3.0.0 실과교육과정 내용 조직의 평가 문항

3.1.0 수직적 조직

3.1.1 계속성 : 실과교육 내용은 계속성을 고려하여 조직되었는가?

3.1.2 계열성 : 실과교육 내용은 계열성을 고려하여 조직되었는가?

3.2.0 수평적 조직

3.2.1 통합성 : 실과교육 내용은 다른 교과 또는 실과의 다른 영역과 관련을 고려하여 조직되었는가?

논의

1. 실과교육과정 평가의 개념에 대하여 논의해 보자.
2. 실과교육과정 평가의 모형에 대하여 논의해 보자.
3. 실과교육과정 평가의 영역에 대하여 논의해 보자.
4. 실과교육과정 평가의 준거에 대하여 논의해 보자.
5. 학교 현장에서 실과교육과정 평가가 이루어지고 있는 사례를 제시하고, 그 개선 방안을 논의해 보자.

참 | 고 | 문 | 헌

국립교육평가원(1996). **지역 · 학교교육과정 평가연구**.

곽병선(1997). **교육과정**. 배영사.

권낙원(1985). **중학교 교육과정의 평가연구**. 한국교육개발원.

김재복 외(1996a). 학교교육과정 편성 · 운영 실태 및 개선방안에 관한 연구. 인천교육대학교.

김재복 외(1996b). 현행 교육과정의 분석 · 평가 연구 –제6차 교육과정을 중심으로–, 교육과정개발연구위원회.

김종우(1999). 수행평가 모형 개발. **실과교육연구**, **5**(3).

박경숙(1983). **국민학교 교육과정 평가연구(I)**. 한국교육개발원.

배호순(1994). **프로그램평가론**. 원미사.

배호순 외(1997). **초 · 중 · 고등학교 교육과정 평가 방안 및 도구 개발 연구**. 한국교육과정평가연구회.

배호순(2000). **교육과정 평가 논리의 탐구**. 교육과학사.

유한구 외(1997). **초등학교 교육과정평가 방안 연구**. 서울교육대학교.

유현숙 외(1996). **초 · 중등학교 기관평가에 관한 연구**. 한국교육개발원 연구보고 RR 96-6.

이경섭 외(1988). **교육과정**. 교육과학사.

이성호(1985). **교육과정과 평가**. 양서원.

이인효(1998). "국가 수준 초 · 중등학교 평가의 필요성과 방법". **교육개발**. **통권**114호. 한국교육개발원.

정성봉(2004). **실과교육원론**. 교학사.

정성봉 · 김종우(1999). 실과교육과정 평가의 모형과 평가 준거 개발. **실과교육연구**, **6**(2), 1-24.

최호성(1993). 교육과정평가의 모형정립과 평가기준 설정 및 타당화. 경북대학교 대학원 박사학위논문.

한국교육과정평가원(1998). **초 · 중등 교육과정 평가 방안**. 한국교육과정평가원.

허형 외(1996). **한국의 교육과정 평가모형 개발 연구**. 국립교육평가원.

Tyler, R. W.(1949). *Basic Principles of Curriculum and Instruction*. University of Chicago Press.

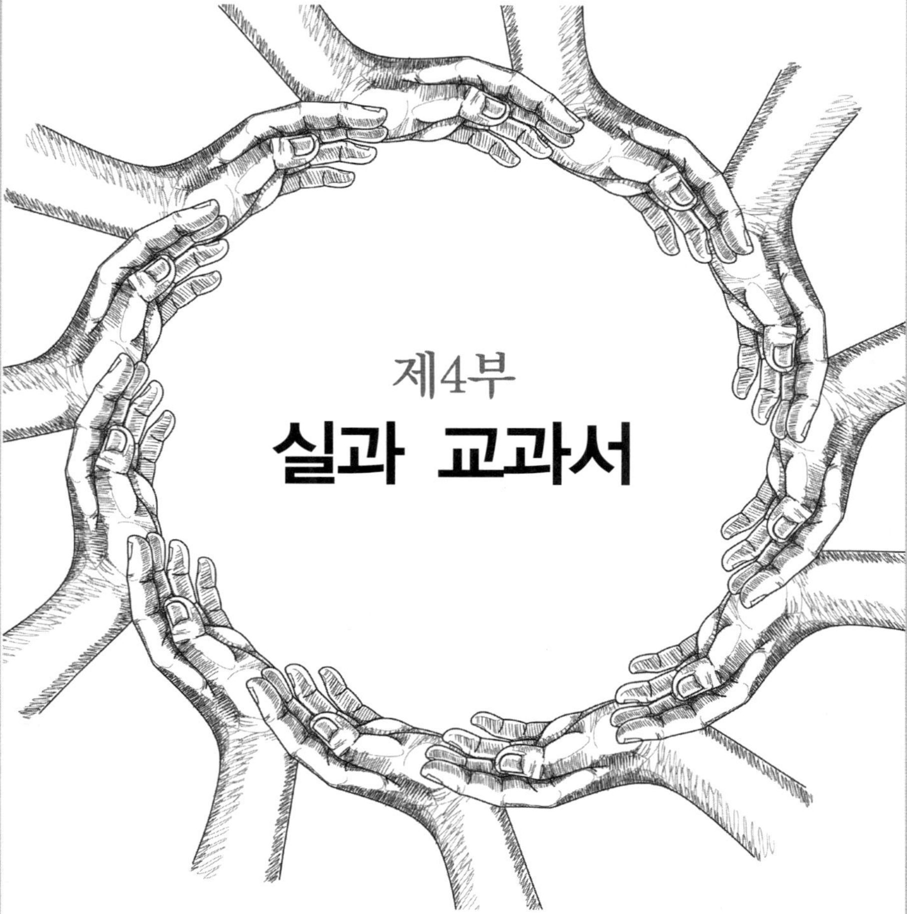

제4부
실과 교과서

제9장 교과서의 개발과 실과 교과서의 변화

개요

우리나라는 1950년 4월 29일 '대통령령 제336호 교과용 도서 검 · 인정 규정'과 '대통령령 제337호 국정 교과용 도서 편찬 규정'이 제정, 공포되며 법적인 근거를 가지고 교과서를 개발하게 되었다. 가장 최근에 개정된 내용은 '대통령령 제24423호 교과용 도서에 관한 규정(2013. 3. 23)'이며 법적 근거에 비추어 보았을 때 우리나라 교과서는 국정, 검정, 인정이라는 분류 체계를 유지하고 있음을 알 수 있다. 교육과정이 변화되면서 교과용 도서에 대한 규정들도 지속적으로 변화되어 왔다. 특히, 실과 교과서는 국정에서 검정으로 전환되는 과정을 거치며 교과서 개발과정에 큰 변화가 생겼다. 교과서에 포함된 내용을 학생들에게 잘 교육하는 것은 교사에게 중요한 자질이다. 하지만 그 내용이 왜 교과서에 담겨져 있는지 이해하지 못하고 교육을 한다면 단순한 지식 전달 이상의 교육이 되기 힘들다. 따라서 교과서의 내용을 이해할 뿐만 아니라 그 개발과정을 살펴봄으로써 교과서에 대한 이해를 높일 필요가 있다. 이러한 이유로 이번 장에서는 우리나라 교과서의 분류 체계와 변화과정을 이해하고 이를 바탕으로 실과 교과서의 변천과 개발에 대해 고찰하였다.

목표

1. 우리나라 교과서의 종류를 이해할 수 있다.
2. 교과서의 변천과정을 이해할 수 있다.
3. 실과 교과서의 변천과정을 이해할 수 있다.
4. 실과 교과서를 개발하기 위한 기준과 과정을 이해할 수 있다.

1절 교과서의 체제[6)]

> **개요**
> 교과서에 대한 이해를 위해서는 교과서의 체제와 그 개발과정을 이해할 필요가 있다. 이를 위하여 교과용 도서의 편찬 제도와 우리나라 교과서의 구분, 교과용 도서의 변화과정에 대하여 살펴보고자 한다. 또한 교과서에 대한 기본적인 이해를 바탕으로 우리나라 교과서 개발에 관한 사항을 알아보고 실제 실과 교과서는 어떻게 변화되었는지 알아본다.

1. 교과용 도서 편찬 제도

우리나라의 교과서는 대통령령으로 정하고 있으며 '교과용 도서에 관한 규정'으로 고시되고 있다. 이 규정은 교과용 도서의 편찬 목적과 정의, 선정, 편찬, 검정 및 인정, 교과용 도서심의회, 수정 및 개편, 발행, 가격결정, 감독, 권한의 위임 등에 관한 내용을 담고 있다.

교과용 도서에 관한 규정(대통령령 제26709호)에 따르면 "교과용 도서"라 함은 교과서 및 지도서를 의미하며 "교과서"는 학교에서 학생들의 교육을 위하여 사용되는 학생용의 서적 · 음반 · 영상 및 전자저작물 등을 의미한다. "지도서"는 학교에서 학생들의 교육을 위하여 사용되는 교사용의 서책 · 음반 · 영상 및 전자저작물 등을 말한다. 단순히 학생들과 교사들이 보는 책만을 의미하는 것이 아니라 교육에 사용되는 모든 매체들을 교과용 도서에 포함하고 있는 것이다. 이들 교과용 도서는 그 편찬 방법에 따라 국정제, 검정제, 인정제, 자유 발행제로 구분할 수 있다.

가. 국정제

국정제는 국가발행제(government-issued textbook system)라고도 하며 국가에서 교과용 도서를 제작, 발행하여 의무적으로 사용하도록 하는 제도이다. 교과용 도서의

6) 이 내용은 김정호, 김만곤, 이춘식, 김종숙, 이림(2014)의 《인정도서 제도 개선 연구》의 내용을 수정 · 보완하여 작성한 것임

개발 절차는 일반적으로 저작 → 심의 → 발행의 과정을 거치게 된다. 현재 우리나라를 포함한 아시아지역(태국, 말레이시아 등)의 나라에서 국정제를 활용하고 있다. 다만, 국정제를 채택하고 있더라도 모든 교과용 도서를 국정제로 발행하는 것은 아니다. 필요에 따라 두 가지 이상의 방법을 혼용하여 교과용 도서를 발행하게 된다.

나. 검정제

검정제(textbook authorization system)는 민간에서 교과용 도서를 제작한 후에 국가에서 지정한 권위 있는 기관에 심사를 받고 적정한 기준에 합격하여 통과되면 발행할 수 있는 제도이다. 이후에 소개될 인정제 또한 민간에서 제작하는 것은 동일하나 검정도서의 경우 국가에서 제시하는 엄격한 기준을 통과한 도서만이 교과용 도서로서 활용된다는 점에서 인정제와는 차이가 있다.

다. 인정제

인정제(textbook adoption system)는 검정제와 마찬가지로 민간에서 제작하게 된다. 민간이 제작, 발행한 도서에 대하여 국가에서 지정한 적법한 단체(교육청이나 교육부)에서 교과용 도서로 인정한 후 목록을 정하여 학교에서 선택하도록 하는 제도이다. 인정제 교과용 도서의 발행자는 민간이며, 교과용 도서는 저작 후 발행되어 지방교육청의 교과용 도서로 '인정'되는 절차를 거치게 된다. 일반적으로 저작 → 발행 → 인정의 절차로 교과용 도서가 발행된다.

라. 자유 발행제

자유 발행제(free publishing system)는 국가가 교과용 도서의 저작, 발행, 채택에 관여하지 않고 일반도서의 출판 원칙을 교과용 도서 발행에도 적용하는 것을 말한다. 자유 발행제에서 교과용 도서의 저작자는 민간이다. 교과용 도서는 저작 후 심의, 검정 절차 없이 발행되며, 발행 후에도 교과용 도서로서의 특별한 인정 절차 없이 교사들에 의해 교과용 도서로 인정, 채택된다. 교과용 도서 채택의 근거는 출판사별 교과용 도서 목록과 선택자들의 자유 의지이다. 미국, 영국, 프랑스, 네덜란드, 독일 등의 국가는 자유 발행제를 시행하고 있다.

표 9-1 교과용 도서 발행 제도의 특징

구분	국정제	검정제	인정제	자유 발행제
근거	규정 제4조	규정 제6조	규정 제2조 제6호, 제14조, 제16조	–
저작권자	교육부장관	저작자	저작자	저작자
절차	편찬 → 심의	편찬 → 심의 → 선정	편찬 → 선정 → 심의	편찬 → 선정
심의권자	장관 (심의위원 위촉)	장관 (교육과정평가원장에게 위탁)	장관 (교육감에게 위임)	–
장점	소수 선택과목 교과서의 질 유지 가능	교사의 교과서 선택권 보장	현장 교원의 교과서 개발 참여 유도 가능	교과서에 대한 국가 관여 최소화
단점	내용의 획일성	검정심사 비용 부담 발생	질 관리 체제 부족, 교과서 인정 업무 중복 예상	교과서 내용의 이념 편향성 거름장치 부족, 교과서 선정을 둘러싼 학내 갈등 심화 우려
교과목 (교육부 고시 제2015-76, 78호)	• 초등학교 : 국어, 국어활동, 사회, 도덕, 수학, 과학, 안전한 생활, 통합교과(바른 생활, 슬기로운 생활, 즐거운 생활의 주제별 교과서) • 중학교 : 역사 • 고등학교 : 한국사	• 초등학교 : 실과, 체육, 음악, 미술, 영어 • 중학교 : 국어, 사회, 수학, 과학, 영어 • 고등학교 : 국어, 수학, 영어, 사회(역사/도덕 포함), 과학	• 중학교 국정, 검정교과서를 제외한 전 교과용 도서 • 고등학교 국정, 검정 교과서를 제외한 전 교과용 도서 ※ 초등학교도 개발 가능	

2. 우리나라 교과서의 구분

앞서 살펴본 네 개의 교과서 발행 제도에서 우리나라는 국정제, 검정제, 인정제를 채택하여 각각 국정도서, 검정도서, 인정도서를 발행하고 있다. 교육과정이 바뀜에 따라 그 명칭에는 변화가 있었으나(국정 → 1종 → 국정, 검정 → 2종 → 검정, 인정) 큰 틀에서는 동일한 형태로 진행되어 왔다.

가. 국정도서

우리나라 국정도서에 관한 정의를 살펴보면 "국정도서"라 함은 교육부가 저작권을 가진 교과용 도서를 말한다. 국정도서는 교육부장관이 정하여 고시하는 교과목의 교과용 도서로 지정되어 있으며 교육부가 편찬하도록 되어 있다. 다만, 교육부장관이 필요하다고 인정하는 국정도서는 연구기관 또는 대학 등에 위탁하여 편찬할 수 있다.

우리나라의 교과서 제도는 제7차 교육과정 개정 이후 점차 검·인정도서의 비중이 확대되는 방향으로 변화하고 있다. 교육과정 개정 시기별로 교과서 발행 유형의 변화를 살펴보면, 1997년 제7차 교육과정 개정 시 69%에 이르던 국정도서는 2007년 개정 교육과정 시기에는 56%, 2009년 개정 교육과정 시기에는 39%로 급격히 감소하였다.

나. 검정도서

"검정도서"는 국정도서 외의 것으로서 교육부장관이 정하여 고시하는 교과목의 교과용 도서이다. 실과 교과의 경우 2007 개정 교육과정에서부터 검정 도서로 채택되어 다양한 출판사에서 교과서를 개발하고 있다. 근본적으로는 국정도서와 차이가 있지만 국가에서 실시하는 검정 심사를 받아야 교과용 도서로 인정된다는 점에서 보면 국가의 영향을 받는다고 볼 수 있다.

일반적으로 검정 기준 발표 → 저작(민간) → 검정 → 발행의 절차를 거쳐 교과용 도서가 발행되며, 교과용 도서로서의 검정·승인자는 검정 기관인 국가이다. 교과용 도서의 채택자는 대체로 학교 또는 지역 교육청이 되는데, 학교의 경우 교사가 선정하여 교장이 최종 결정하거나 학교의 교과용 도서 채택 위원회가 결정하는 방식을 취하며, 지역 교육청의 경우 시·군 또는 시·도의 교육위원회가 채택권을 가진다. 초등학교에서부터 검정제를 채택하여 시행하고 있는 국가에는 일본과 독일 등이 있다.

우리나라의 교과용 도서 검정은 초·중등교육법에 근거가 마련되어 있으며, 이를 통해 교육부가 정한 검정 기준에 의해 이루어진다. 우리나라의 교육과정에 따른 검정 심사는 한국교육과정평가원이 시안을 마련하고 교육부장관이 교과목 또는 도서별 도서심의위원회 심의를 거쳐 정한 검정 심사 기본 원칙(이하 검정 심의 기준)을 따른다. 확정된 검정 심의 기준은 검정도서의 최초 사용 학년도 개시 1년 6월 이전에 이를 공표하도록 하여 교과용 도서 저작·편집자들이 이를 숙지하고 교과용 도서를 개발하도록 하고 있다.

다. 인정도서

"인정도서"는 국정도서 · 검정도서가 없는 경우 또는 이를 사용하기 곤란하거나 보충할 필요가 있는 경우에 사용하기 위하여 교육부장관의 인정을 받은 교과용 도서를 의미한다. 교과용 도서에 관한 규정 제14조에는 인정도서의 신청 대상이 '교과목'에 한정되어 있기 때문에 교과서가 아닌 창의적 체험활동 등에 활용되는 교재는 인정도서로 승인받을 수 없다.

인정도서는 인정도서 개발 예정자 조사 결과에 따른 심사도서와 개발도서(시 · 도 교육청 자체 개발, 위탁 개발) 그리고 교과용 도서에 관한 규정에 따른 제14조 ③항 도서로 나누어 다소 차이가 있다.

3. 교과용 도서 변화과정

교과용 도서의 변화는 교육 외적 요인(정치적 · 사회적 변화 등)과 함께 교육과정이 개정되는 과정에 따라 다양하게 변화되어 왔다. 과거의 교과용 도서로부터 살펴보면 초등학교의 경우 제1차 교육과정 시기부터 국정 교과용 도서를 원칙으로 하였다. 중등학교는 국정, 점정, 인정 교과용 도서를 병용하며 사용하다가 2009 개정 교육과정에 이르러 검 · 인정 교과서로 변화되었다. 제3차 교육과정 시기에는 1972년에 선언된 유신 이념의 구현을 위하여 교과용 도서의 통제를 이전보다 더 강화하였다. 이에 검정이었던 국사 교과용 도서와 중학교의 전 교과는 국정화되었다. 또한 국정, 검정 교과서라는 명칭 대신 1종 도서, 2종 도서로 새롭게 명명하여 사용하였으며 이후 제7차 교육과정에 이르러 다시 국정, 검정 교과서라는 용어를 사용하게 되었다. 이후 제4차 교육과정 시기에 이르러 국정도서의 범위를 축소하고 검 · 인정 교과서의 대상을 확대하였다. 2007 개정 교육과정에서는 초등학교의 국정도서인 실과, 체육, 음악, 미술과 중등의 국어, 도덕, 역사를 검정도서로 전환하여 민간의 교과용 도서 개발 참여를 활성화시키고 양질의 다양한 교과용 도서를 개발 · 보급하고자 하였다.

전체적인 흐름상 우리나라의 교과용 도서는 〈표 9-2〉와 같이 국정 중심에서 인정 중심으로 변화되고 있으며 이러한 흐름은 외국의 교과서 발행 방법과 같은 맥락으로 흘러가고 있다(유학영, 송규각, 윤광원, 2009).

▌표 9-2 교육과정 개정에 따른 교과용 도서 수와 비율의 변화

교육과정기	국정	검정	인정	계
제6차(1997)	827 (79.9)	123 (11.9)	85 (8.2)	1035 (100.0)
제7차(1997)	721 (69.2)	187 (17.9)	134 (12.9)	1042 (100.0)
2007 개정(2007)	537 (56.1)	181 (18.9)	239 (25.0)	957 (100.0)
2009 개정(2009)	334 (39.2)	136 (16.0)	382 (44.8)	852 (100.0)
2009 개정(2011)	53 (9.0)	42 (7.0)	494 (84.0)	589 (100.0)
2009 개정(2012)	57 (9.0)	47 (8.0)	503 (83.0)	607 (100.0)
2015 개정(2015)	138 (14.8)	107 (11.5)	685 (73.7)	930 (100.0)

2011년에 발표된 교육과정(초 · 중등학교 교육과정 개정 고시, 제2011-361호, 2011. 8. 9)에 따른 초 · 중등학교 교과용 도서 국 · 검 · 인정 구분 고시 최종본(교육과학기술부 고시 제2012-17호)에서 인정도서는 83%까지 확대되었다. 이는 중학교 수학, 과학, 기술 · 가정, 체육, 음악, 미술, 영어, 선택 과목 등의 교과서와 고등학교 수학, 영어, 사회, 과학, 체육, 예술 과목 교과서 등이 대거 인정도서로 전환되며 발생된 일이다. 그러나 2015 개정 교육과정에 이르러 초등학교 교과용 도서 구분(교육부 고시 제2015-76호, 2015. 10. 21), 중 · 고등학교 교과용 도서 국 · 검 · 인정 구분(교육부 고시 제2015-78호, 2015. 11. 3)에서 제시하고 있는 국 · 검 · 인정도서의 수화 비율을 살펴보면 전체 교과서 수가 증가하고 국정과 검정도서가 증가했음을 확인할 수 있다.

2절 실과 교과서의 변화[7)]

개요

실과 교과서는 교육과정의 변화와 함께 지속적으로 변화되어 왔다. 종이의 질도 좋아졌으며 시간이 지남에 따라 다양한 색을 사용하게 되기도 하였다. 교과서의 크기 또한 시간이 지나면서 커지는 경향을 보인다. 교과서 개발 기관 또한 1차부터 제5차 교육과정기까지는 문교부에서 실과 교과서를 개발한 반면 제6차 교육과정기에는 한국교원대학교에서, 제7차 교육과정기에는 한국교육과정평가원이 실과 교과서를 개발하였다. 다만, 제6차나 제7차 교육과정기에 개발된 실과 교과서의 저작권 등은 교육인적자원부에 있었다. 검정도서로 전환된 이후에는 각 교과서의 저작권이 교재를 개발한 출판사에 귀속되어 있다.
이러한 교과서의 변화는 외적인 변화뿐만 아니라 내적인 변화도 찾아볼 수 있다. 이번 절에서는 제1차 교육과정에서부터 제7차 교육과정에 이르는 국정도서 기간의 실과 교과서를 중심으로 살펴보고자 한다. 2007 개정 교육과정 이후로 실과 교과서가 검정도서로 전환되면서 공통적인 체제보다는 다양성을 허용하는 방향으로 바뀌었기 때문이다.

1. 실과 교과서의 외적 체제

가. 교과서의 외적 체제

교과서는 교육 현장에서의 교육 수행에 가장 중심적인 자료라고 할 수 있다. 국가 수준 교육과정이 학교교육의 기본 청사진을 제공하고 있다고 할 때, 교과서는 교육과정에 제공하는 기본 설계도인 청사진대로 교육을 실현하는 데 필요한 여러 가지 수단들 가운데 가장 기본이 되는 필수적인 도구이다.

이때 교과서의 외적체제란, 지식이라는 무형적 형태를 시각적 형태로 가시화한 외형을 말한다. 다시 말해, 전달하고자 하는 학습 내용을 학생들에게 보다 효과적으로 전달하기 위하여 언어적인 요소(글자)와 비언어적인 요소(그림)를 사용하여 보기 좋고 흥미롭게 디자인하여 학습 내용으로 시선을 유도할 수 있도록 종이에 인쇄하여 엮어낸 책의 외형을 말하며, 낱쪽의 페이지로부터 소단원과 중단원, 그리고 대단원에 이르기까지 계획적으로 접근해 가는 디자인의 모든 과정을 총칭한

7) 이 내용은 정남용 외(2006)의 《우리나라 교육과정 변화에 따른 실과 교과서의 체제 변화》의 내용을 수정 보완한 것임

다. 따라서 교과서 디자인이란 교육과정에 의한 교과 내용을 시각화하는 과정임과 동시에 끊임없는 '기호화' 과정이므로 사용자의 기호를 철저하게 분석하고 배려하여 '재미(fun)'와 '변화'를 유도해 낼 수 있어야 한다(현영호, 2005). 즉, 교과서에서 외적 체제가 중요한 이유는 같은 내용(교육과정)이라도 해당 학년 학생들의 기호와 특성을 분석하고 배려하여 재미와 변화를 유도하여야 하며, 이에 따라 학습자의 주의를 끌 수 있어야 하기 때문이다.

그러나 과거 우리나라에서의 교과서 개발과정은 교과서 저가 정책으로 인하여 선진국의 교과서에 비해 품질이 낮고, 교과서 자체가 지식 전달형으로 구성되는 경우가 많았다. 따라서 외적 체제나 편집 디자인 측면에서 많은 문제점이 발생하였다. 이러한 단점을 극복하기 위한 방안으로 검정도서로의 전환이 이루어졌으며 최근에는 질 좋은 다양한 교과서가 개발되고 있다. 다만, 교과서 저가 정책을 유지하고자 하는 국가의 의지와 교과서를 개발하는 업체에서 교과서 개발에 대한 정당한 대가를 받기 원하는 출판사 간의 가격 협상에 문제가 발생하고 있는 것이 사실이다. 여기에서는 보다 질 좋은 교과서를 개발하기 위한 과정에서 고려된 외적 체제(판형, 지질, 글자 크기, 색도)에 대해 알아보고자 한다.

1) 판형

교과서의 판형은 교과서의 크기를 말하는 것으로 교과서의 주요 체제 결정 변수인 용지 이용의 경제성, 레이아웃의 융통성, 책 관리의 용이성, 책에 대한 학습자의 심리적 선호도 등을 좌우하는 데 매우 중요한 요인이다(정성봉, 1999). 우리나라에서의 판형을 기준으로 교과서의 판형에는 국판(148mm×210mm), 국배판(210mm×297mm), 크라운판(167mm×236mm), 4×6배판(187mm×257mm) 등이 있다. 특히, 4×6배판인 판형의 크기는 187mm×257mm로 우리가 흔히 볼 수 있는 B5, 16절의 사이즈를 말한다.

2) 지질

지질은 교과서 용지를 말하며, 지질은 교과서의 몸체를 결정하는 기본 재질로서 교과서에 어떤 지질의 종이를 사용하느냐에 따라 활자, 색도, 인쇄 등의 효과를 결정하며, 또한 그 무게를 결정하기 때문에 지질의 선택은 대단히 중요하다(정성봉, 1999). 교과서 지질은 상질지[백상지(모조지), 등], 중질지[교과서지(서적지) 등], 하급지(갱지, 신문지 등) 및 고트지[아트지류(메트지 포함)] 등으로 구분할 수 있다.

3) 크기

글자의 크기는 변별성과 글의 가독성을 결정하는 중요한 요인이다. 변별성은 하나의 글자를 다른 글자와 구분하여 식별할 수 있는 정도를 말하며, 가독성은 단어, 문장, 연속된 글이 시각적으로 잘 보여 쉽고 빠르게 읽히는 정도를 말한다(정성봉, 1999). 글자 크기는 '급'(1급=0.25mm, 글자, 변의 길이가 1.4mm 크기를 뜻함)으로 하고, 영문 약칭은 'Q'로 사용한다. '포인트' 단위로 계산할 때에는 1p(포인트=1/72inch=0.3527mm=1.41111Q(급)로 나타낸다(김상우, 2002).

4) 색도

색도를 사전적으로 정의하면 눈으로 느끼는 색(색감 또는 색자극)을 말하는 것으로 색의 측색적(測色的)인 성질과 밝기(자극값)에 의해 정해지는데, 그중에서 밝기를 무시한 색의 성질을 색도라 한다. 인쇄 기술의 발달로 교과서에 사용하는 색도는 과거의 단색에서 벗어나 점차 다색 또는 원색화되어 가고 있다. 이러한 원색 및 다색화는 물체에 실체감을 주어 교과서의 내용 전달을 용이하게 하고, 이해를 촉진시킨다(정성봉, 1999). 즉, 색채의 사용은 책에 쉽게 접근할 수 있도록 하는 기능(접근의 용이성), 짧은 시간에 많은 내용을 읽을 수 있게 하는 기능(속독의 효과), 지루한 느낌을 덜 주어 책을 장시간 읽을 수 있게 하는 기능(다독의 효과)을 발휘하는데 효과가 있다(한국교육개발원, 1995). 과거에는 1~4도 이내, 8도 이내의 색도로 제한한 경우도 있었으나 현재 초등학교 교과서는 주로 4도, 지도서는 2도의 색도를 활용하는 경우가 많으며 검정교과서에는 제한이 없어 다양한 형태로 교과용 도서를 제작하고 있다.

나. 교육과정별 실과 교과서 외적 체제

초등학교 실과 교과서는 국정에서 검정으로 변화되어 왔다. 따라서 제1차 교육과정기부터 제7차 교육과정기까지는 교육부의 도서 편찬 체제 규정에 따라 외적 체제가 결정되었다. 이후 2007 개정 교육과정에서부터는 검정도서로 교과서가 개발되었기 때문에 실과 교과서의 외적 체제에서 차이를 나타내고 있다. 2015 개정 교육과정에서도 교과서 편찬 기준에서 판형, 지질, 색도 등 외형 체제를 교과별 특성을 고려하여 자율적으로 구성할 수 있도록 제시하고 있다. 국정도서였던 시기를 기준으로 각 교육과정별 실과 교과서의 외적 체제를 판형, 지질(표지와 본문 포함), 글자 크기, 색도(표지와 본문 포함)를 살펴보면 〈표 9-3〉, 〈표 9-4〉에 나타난 바와 같다.

표 9-3 교육과정에 따른 실과 교과서 외형 체제의 변화 : 발행 형태, 판형

교육과정기	발행 형태	외형 체제	비고 (단위 : mm)
제1차	국정 교과서	국판	210×148
제2차	국정 교과서	국판	210×148
제3차	국정 교과서	국판	210×148
제4차	국정 교과서	국판	210×148
제5차	국정 교과서	국판	210×148
제6차	국정 교과서	국판	210×148
제7차	국정 교과서	4×6배판	257×188
2007 개정	검정 교과서	4×6배판	257×188
2009 개정	검정 교과서	국배판	297×210

실과 교과서의 판형은 제1차 교육과정기 때부터 제5차 교육과정기까지 국판의 크기를 유지하였다. 국판은 148mm×210mm의 크기로 보관 및 이동의 용이성이 제공되는 장점이 있다. 실과 교과서의 판형은 제6차 교육과정기부터 과거의 국판 크기에 서 4×6배판의 크기로 사이즈가 커졌다. 교과서 판형으로 본 4×6배판은 187mm×257mm로, 우리가 흔히 볼 수 있는 B5, 16절의 사이즈를 말한다. 제7차 교육과정기부터 국판에 비해 크기가 커진 실과 교과서는 국판에서 볼 수 있는 단점, 즉 면이 좁아 다양한 레이아웃을 구사하기 어렵고, 교과서 쪽수가 많아져서 펼쳐보기가 불편하며, 여백이 좁아 학습하기에 불편한 점 등을 보완하여 그래픽의 분량도 늘릴 수 있게 되었으며, 레이아웃도 폭넓게 적용할 수 있게 되었다.

■ 표 9-4 교육과정에 따른 실과 교과서 외형 체제의 변화 : 지질, 글자 크기, 색도

교육과정기	지질		글자 크기	색도	
	표지	본문		표지	본문
제1차	백상지	갱지	20급(14p)	단색(1도)	단색(1도)
제2차	판면 마닐라지	갱지	20급(14p)	단색(1도)	단색(1도)
제3차	엠보싱(180)	미색 갱지(55)	20급(14p)	4도	단색(1도)
제4차	엠보싱 모조지(200)	미색 중절지(70)	20급(14p)	5도	단색(1도)
제5차	엠보싱 모조코딩(220)	미색 중절지(70)	20급(14p)	4도	4도
제6차	엠보싱 모조코딩(220)	미색 중절지(70)	20급, 17급	4도	4도
제7차	엠보싱 모조코딩(240)	고급 서적지(80)	18급	4도	4도

주 : (　　) 내는 종이의 중량으로 단위는 g/m²(1m²당 g수)

실과 교과서의 본문 지질은 제1차 교육과정기와 제2차 교육과정기에 갱지로 이루어져 있다. 갱지는 불투명도가 높고 종이가 얇아도 뒷면의 글자가 보이지 않는 장점을 가지고 있으나 종이 자체가 저급하여 고급스러운 이미지를 전혀 제공하지 못하였다.

제3차 교육과정기에는 이전에 사용하던 갱지의 단점을 보완한 미색 갱지(55)가 사용되었고, 제4차 교육과정기부터 제6차 교육과정기까지 미색 중질지(70)가 사용되었다. 미색 중질지는 쇄목 펄프와 화학 펄프의 혼합 제품으로 고급용지라고 볼 수 없으며, 특히 컬러 인쇄에는 부적합한 지종이다(정성봉, 1999). 이는 1980년대에 교과서 품질을 향상시키기 위해 저렴한 가격으로 개발된 지종으로 갱재와 백상지의 중간 제품이다(강환동, 1996).

제7차 교육과정기에 실과 교과서에는 교과서 보급을 위해 새로 개발된 고급 서적지가 사용됨에 따라 이전의 실과 교과서에 비해 지질이 많이 향상되었다고 볼 수 있다. 고급 서적지는 중질지보다 인쇄 효과 면에서 우수한 장점을 지니고 있다.

실과 교과서의 표지 지질은 제1차 교육과정기에 백상지, 제2차 교육과정기에는 판면 마닐라지, 제3차 교육과정기에는 모조지(180), 제4차 교육과정기에 엠모싱 모조지(200), 제5차와 제6차 교육과정기에 백색 엠보싱 모조코팅(220), 제7차 교육과정기에 백색 엠보싱 모조코팅(240)이 사용되어 제1차 교육과정기부터 현재까지 실과 교과서의 표지 지질은 꾸준히 향상되었다고 볼 수 있다.

실과 교과서의 본문에 사용되는 글자 크기를 교육과정 시기별로 살펴보면 제1차 교육과정기부터 제5차 교육과정기까지 20급(14p)이 사용되다가, 제6차 교육과정기에 실과교육과정이 3~6학년까지로 확대되면서 3학년 실과 교과서는 20급(14p), 4~6학년까지는 17급(11.5p)이 사용되었다. 즉, 제1차부터 제5차 교육과정기의 실과 교과서의 글씨 크기에 비해 제6차 교육과정기의 실과 교과서의 글씨 크기가 작아졌다고 볼 수 있다. 제7차 교육과정의 실과 교과서의 글씨 크기는 18급으로 제6차 교육과정기 때보다 크기가 커졌으나, 제1차부터 제5차 교육과정기의 실과 교과서 글씨 크기보다는 작아졌다. 이와 같은 변화는 계속되어 온 활자와 가독성 및 변별성에 대한 연구의 결과를 바탕으로 이루어졌다.

색도에 있어서 실과 교과서의 본문의 경우 제1차 교육과정기부터 제4차 교육과정기까지 단색(1도)이 사용되다가 제5차 교육과정기부터 교과서의 본문에 4도 이내의 원색화가 이루어지게 되었다. 실과 교과서의 표지의 경우 제1차와 제2차 교육과정기에는 단색(1도)이 사용되다가 제4차 교육과정기에 5도 이내의 원색이 사용된 기간을 제외하고는 제3차 교육과정기부터 제7차 교육과정기까지 모두 4도 이내의 원색이 사용되었다.

2015 개정 교육과정에서는 교과서 본문의 용지를 기존 교과서 용지(75g±3g)로 한정하고 있을 뿐 자율성을 부여하고 있다. 특히, 미술, 사회과 부도, 지리 부도, 역사 부도 과목과 같이 사진이나 그림이 많이 포함되는 교과서의 경우에는 120g/㎡의 용지를 사용할 수 있도록 허용하고 있으며 활동지나 부록의 경우 자율적으로 정할 수 있도록 규정을 제시하고 있다.

교육과정별 실과 교과서의 외적 체제에 대하여 종합하면 제1차 교육과정기부터 제7차 교육과정기까지 실과 교과서는 판형, 표지 및 본문의 지질, 글자 크기, 표지 및 본문의 색도가 모두 향상되었다. 다만, 글자의 크기는 제6차 교육과정기부터 작아지기 시작하였고, 제7차 교육과정기 때 가장 작았는데, 이 역시 활자와 가독성 및 변별성에 대한 연구의 결과를 바탕으로 이루어진 변화이기 때문에 향상되었다고 볼 수 있다. 또한 2007 개정 교육과정 이후에는 검정도서의 특성을 반영하여 외적 체제에서도 다양성을 반영하게 되었다.

실과 교과의 경우 교육의 정체성을 반영하고 학교 현장에서의 교육에 있어 다양한 애로점, 특히 현장 실습의 어려움 등을 고려해 볼 때 향후, 특히 삽화와 애니메이션 등과 같은 시각적 자료의 중요성이 타 교과서에 비해 월등하다고 볼 수 있다. 판형의 경우 보다 많은 삽화나 사진 등을 수록하기에 적합한 증보된 형태가 필수적이며 원색사진 도해 등은 그 인쇄의 질이나 형태가 보다 다채로워질 필요가 매우 높은 것이다. 이는 학생들이 실과 수업의 정체성인 KAP(Knowledge Attitude Practice)의 실천적 교육 목표를 지향하고 실과 수업에 흥미를 갖고 적극적으로 참여하도록 하기 위한 기초적인 교육 체계가 될 것이다.

2. 실과 교과서의 내적 체제

미군정 시대에는 교과서 편찬에 있어서 한글을 전용하다시피 하여 한자를 극도로 제한하였으며, 또한 횡서를 단행하였다. 군정 및 교육과정기 초기에는 모든 문교시책이 정부 수립까지의 과도적 조치 영역을 벗어나지 못하였던 관계로 교과과정과 교수요목 등이 신생 한국의 민족적 민주교육 이념의 구현에는 적합하지 못하였다. 교수요목기(1946~1954)에는 지금 우리가 사용하는 교육과정이라는 개념이 없었고 그 대신 대부분의 교과에서 단원명, 제재명, 내용 요소 등 가르칠 주제만을 열거하였다. 그러나 그 내용 수준이 학생들의 지적 능력에 비하여 높고, 교과 상호 간의 횡적인 관련도 고려하지 못하였다(노명완 외, 2004).

실과 교과서가 국정도서에서 검정도서로 전환되며 최근에는 동일한 내적 체제를 가지고 개발되지는 않는다. 집필진의 의도나 교육적 필요에 따라 다양한 내적 체제를 유지할 수 있게 되었기 때문이다. 여기서는 한국전쟁 이후에 이루어진 제1차 교육과정부터 검정도서로 전환되기 이전인 제7차 교육과정까지 제시된 실과 교과서의 내적 체제에 대하여 알아보도록 하겠다. 여기에서 제시되는 내적 체제에는 교과서 체제, 표지 내용, 차례 내용, 영역 내용, 본문 체제, 영역별 내용을 알아보도록 한다.

가. 실과 교과서의 내적 체제 변천

제1차부터 제7차 교육과정기까지 실과 교과서의 내적 체제 구성을 제시하면 [그림 9-1]부터 [그림 9-7]까지와 같다. [그림 9-1]부터 [그림 9-7]에서 보는 바와 같이 모든 교육과정기에서 특별하게 달라진 점을 볼 수 없다. 다만, 모든 교육과정기에 실습이나 해보기가 강조된 반면 제4차와 제5차 교육과정기에 실습이라는 단어 대신에 '우리의 할일'이라는 명칭을 사용하여 당시 교육과정의 철학적 배경이라고 할 수 있는 인간 중심 교육과정을 기반으로 하여 구성된 교육과정임을 알 수 있다.

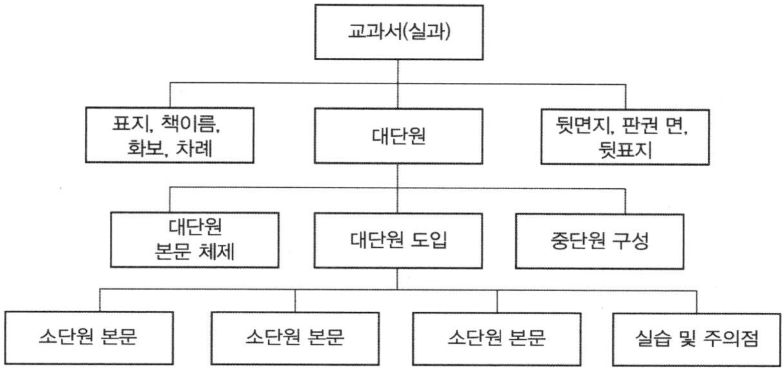

[그림 9-1] 제1차 교육과정기 실과 교과서 내적 체제 조직

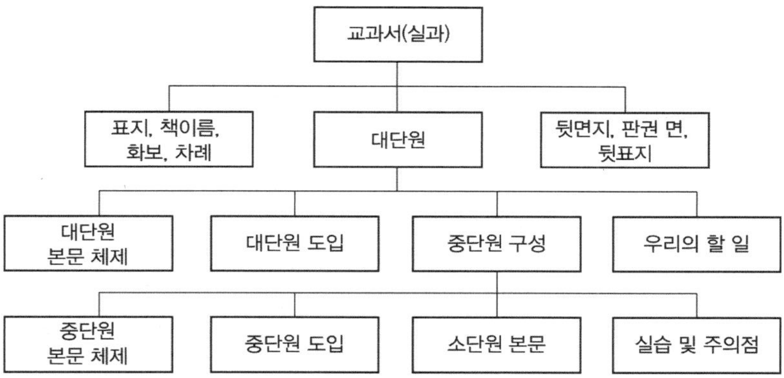

[그림 9-2] 제2차 교육과정기 실과 교과서 내적 체제 조직

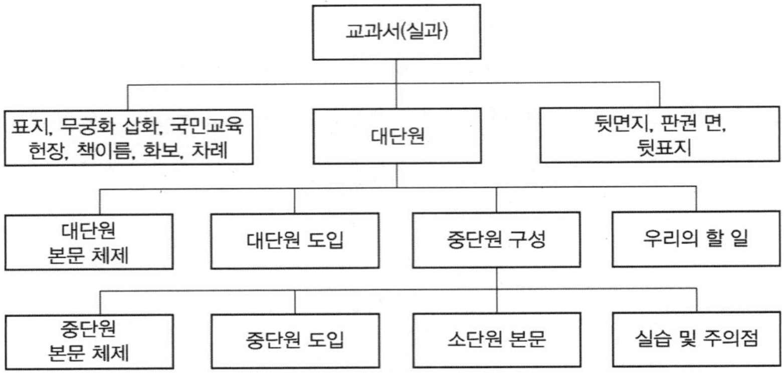

[그림 9-3] 제3차 교육과정기 실과 교과서 내적 체제 조직

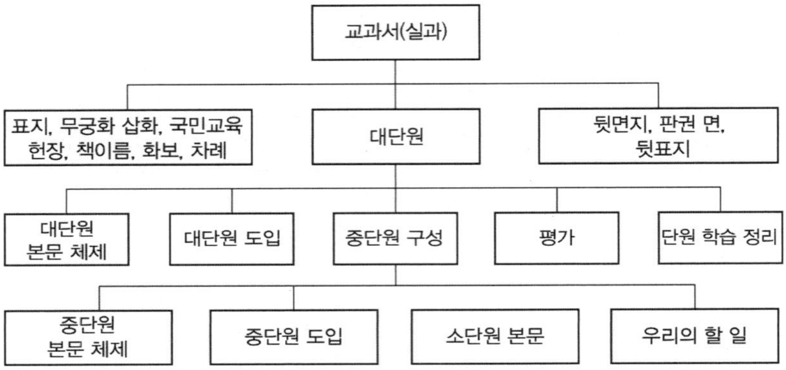

[그림 9-4] 제4차 교육과정기 실과 교과서 내적 체제 조직

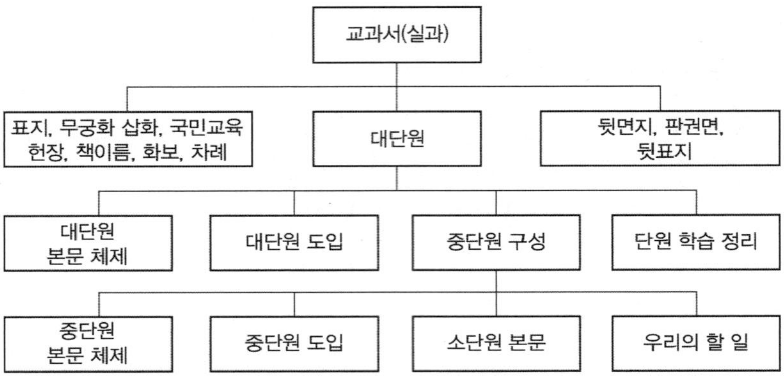

[그림 9-5] 제5차 교육과정기 실과 교과서 내적 체제 조직

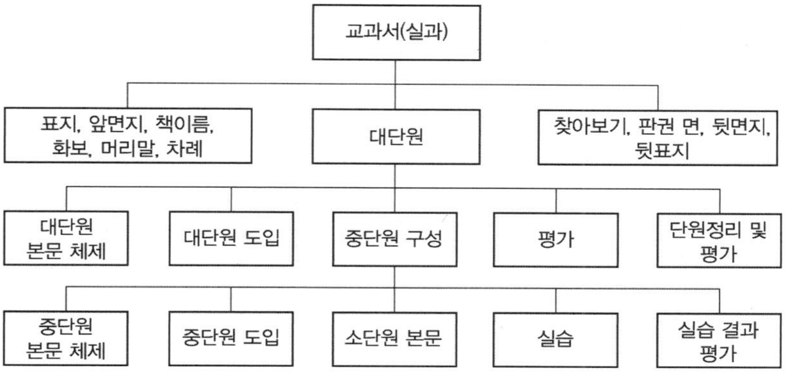

[그림 9-6] 제6차 교육과정기 실과 교과서 내적 체제 조직

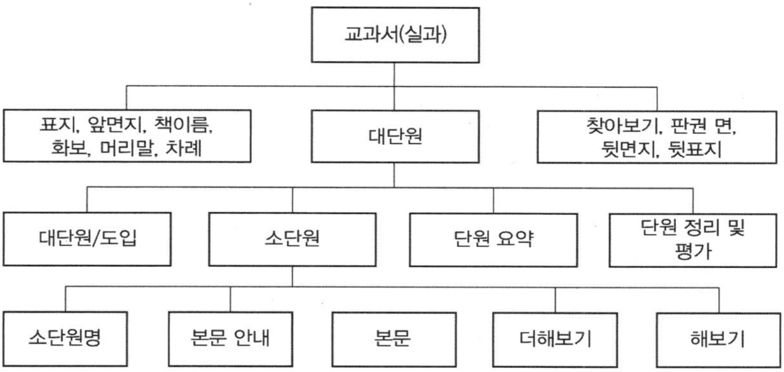

[그림 9-7] 제7차 교육과정기 실과 교과서 내적 체제 조직

나. 교육과정별 교과서의 내용 체제

교과서의 내용 체제 비교 결과는 〈표 9-5〉에 나타난 바와 같이 교육과정이 바뀌어 가면서 교과서의 내용 체제도 점차 체계적인 구성을 갖추게 되었다. 제1차 교육과정기의 교과서가 가장 간단한 내용 체제를 지니고 있는 반면 점차 교육과정의 변화에 따라 실과 교과서 역시 보다 친절한 내용 체제를 갖추게 되었다. 다만, 반공교육과 군사정권의 국수주의적인 교육 반영이 교과서의 체제에서도 볼 수 있는데, 제3차부터 제5차 교육과정기에 걸쳐 교과서에 '무궁화 삽화'와 '국민교육 헌장'의 삽입이 이를 증거하고 있다.

▌표 9-5 교육과정기별 교과서의 내용 체제

교육과정기	체제 내용
제1차	표지(책이름) → 차례 → 본문 → 뒤 표지(지은이, 펴낸이)
제2차	표지(책이름) → 책이름 → 차례 → 본문 → 뒤 표지(지은이, 펴낸이)
제3차	표지(책이름) → 무궁화 삽화 → 국민교육헌장(2쪽) → 책이름 → 차례 → 본문 → 뒤 표지(지은이, 펴낸이)
제4차	표지(책이름) → 무궁화 삽화 → 국민교육헌장(2쪽) → 책이름 → 차례 → 본문 → 뒤 표지 이면(지은이, 펴낸이)
제5차	표지(책이름) → 무궁화 삽화 → 국민교육헌장(2쪽) → 책이름 → 차례 → 본문 → 뒤 표지(판권 면)
제6차	표지(책이름) → 책이름 → 차례 → 본문 → 뒤 표지(판권 면) → 뒤 표지 이면
제7차	표지(책이름) → 안내 → 책이름 → 차례(2쪽) → 삽화 → 본문 → 뒤 표지(판권 면) → 뒤 표지 이면

다. 교육과정별 교과서의 표지 내용

각 교육과정별 실과 교과서의 표지 내용은 〈표 9-6〉에서 찾을 수 있는 것처럼 교육과정의 변화에 따라 점차 많은 정보를 제시하고 있다. 제1차부터 제4차 교육과정기의 실과 교과서의 표지 내용은 교과명, 학년 표시, 아동 실험 활동에 관한 사진 혹은 삽화 및 판권, 그리고 학년 · 반 · 이름 기록란(제3~4차)이 제시되는 등 매우 간단한 정보의 제공에 국한되었다.

▌표 9-6 교육과정기별 교과서의 표지 내용

교육과정기	표지 내용
제1차	• 앞표지 : 교과명, 학년 표시, 아동 실험 활동 사진 • 뒤표지 : 판권 • 뒤표지 안쪽 : 없음
제2차	• 앞표지 : 교과명, 삽화, 학년 표시 • 뒤표지 : 판권 • 뒤표지 안쪽 : 없음
제3차	• 앞표지 : 교과명, 학년 표시, 아동 실험 활동 사진 • 뒤표지 : 판권, 학년 반 이름 기록란 • 뒤표지 안쪽 : 없음
제4차	• 앞표지 : 교과명, 학년 표시, 아동 실험 활동 사진 • 뒤표지 : 학년 반 이름 기록란, 판권 • 뒤표지 안쪽 : 백지
제5차	• 앞표지 : 교과명, 학년 표시, 아동 실험 활동 사진 • 뒤표지 : 연구진, 집필진, 삽화가 등의 명단, 판권, 학년 반 이름 기록란 • 뒤표지 안쪽 : 백지

교육과정기	표지 내용
제6차	• 앞표지 : 교과명, 학년 표시, 아동 실험 활동 사진 • 뒤표지 : 학년 반 이름 기록란 • 뒤표지 안쪽 : 연구진, 집필진, 삽화가 등의 명단, 인용자료, 판권
제7차	• 앞표지 : 교과명, 학년 표시, 아동의 실험 장면 큰 사진 1개, 작은 사진 3개 실습 결과물 • 뒤표지 : 학년 반 이름 기록란, 앞표지의 사진이 이어짐 • 뒤표지 안쪽 : 연구진, 집필진, 심의진, 사진, 삽화, 편집, 표지자들의 명단, 개별 구입 안내, 인터넷 홈페이지 주소, 판권

그러나 제5차 교육과정부터는 위의 내용 외에 연구진, 집필진, 삽화가 등의 명단이 제시되면서 교과서의 개발자에 대한 정보가 제시되기 시작되었다. 제6차 교육과정기의 실과 교과서에는 제5차 교육과정기에 개발된 교과서에 제시된 정보 외에 인용 자료도 함께 제시되면서 보다 전문적인 교과서 개발 모습을 보여 주었다.

제7차 교육과정기에 개발된 실과 교과서에는 연구진, 집필진, 심의진, 사진, 삽화, 편집, 표지자들의 명단, 개별 구입 안내, 인터넷 홈페이지 주소까지 함께 제시함에 따라 교과서의 개발자의 책임을 강화하였다. 이에 따라 누가 어느 영역의 내용을 어떻게 개발하였는지 알 수 있게 되었으며, 따라서 교과서 개발 당시부터 그 책임 소재가 정확하게 되었다.

라. 교육과정별 교과서의 차례

교육과정별 실과 교과서의 차례 제시에는 〈표 9-7〉에 나타난 바와 같이 거의 변화가 없었다. 제1차부터 제5차 교육과정기에 개발된 실과 교과서의 차례는 삽화의 개수가 늘거나 삽화가 사진으로 바뀌는 등의 단순한 변화를 제외하면 단원명과 단원 시작 쪽수를 제시하는 단순한 형태로 구성되는 것이 유지되었다. 제6차 교육과정기에 개발된 실과 교과서에는 머리말과 차례, 단원명, 단원의 시작 쪽수가 제시되다가, 제7차에서는 2쪽에 걸쳐 대단원명과 소단원명이 제시되었으며, 대단원별로 관련 사진을 첨부함에 따라 보다 대단원에 대해 가장 단순하고도 기본적인 정보를 제공하게 되었다.

▮표 9-7 교육과정기별 교과서의 차례

교육과정기	차례 내용
제1차	단원명, 단원 시작 쪽수, 삽화
제2차	삽화 2개, 단원명, 단원 시작 쪽수
제3차	삽화 2개, 단원명, 단원 시작 쪽수
제4차	아동의 실습 활동 사진, 단원명, 단원 시작 쪽수
제5차	단원명, 단원 시작 쪽수
제6차	머리말, 차례, 단원명, 단원의 시작 쪽수
제7차	속표지 뒤쪽 뒷면부터 시작하여 2쪽 대단원명, 소단원명 제시, 소단원 시작 쪽수, 대단원별 관련 사진

마. 교육과정별 교과서의 내용 영역

각 교육과정마다 실과 교과서의 내용 영역에는 많은 변화가 있었다. 제1차 교육과정기에 개발된 실과 교과서는 모두 10의 내용 영역(미화작업, 재배, 사육, 공작, 기구 · 기계, 조리, 세탁, 재봉 · 뜨개질, 위생 · 보육, 문서 정리)으로 구성되었다. 제2차 교육과정기에는 7개 영역(가정생활, 일, 재배, 사육, 기구 제작, 생활 향상, 관리교육)으로 줄었다가, 제3차 교육과정기에는 9개 영역(재배, 사육, 설계 · 공작, 경영 · 계산, 식품 · 조리, 재봉 · 세탁, 기계 · 기구 조작, 주택 및 환경위생, 생활 계획)으로 다시 늘었다. 제3차 교육과정기까지 실과 교과서에 제시된 영역은 교과의 학문적 그리고 활동의 내용을 설명하는 형식으로 구성되었다. 교육과정별 교과서의 내용 영역은 〈표 9-8〉과 같다.

제4차 교육과정기부터 영역은 각 영역별 내용을 강조하기보다는 통합교육적인 목적으로 영역이 통합되어 4개 영역(생활 계획과 관리, 생활 기능, 소비와 절약, 일과 직업의 이해)으로 정리되었으며, 이러한 통합된 내용은 제5차 교육과정기까지 지속되었다. 제6차 교육과정기에는 하기 중심의 교육과정이 개발됨에 따라 새로이 4개 영역(다루기, 만들기, 가꾸기와 기르기, 건사하기)으로 구성되었다가 제7차 교육과정기에는 3개 영역(가족과 일의 이해, 생활 기술, 생활자원과 환경의 관리)으로 영역의 수가 줄었다. 그러나 제7차 교육과정기의 내용 영역은 하기 중심의 제6차 교육과정기에서 탈피하여 내용에도 변화가 있었고 영역명칭에도 환경이 강조되는 영역이 포함되는 등 큰 변화가 있었다.

표 9-8 교육과정기별 교과서의 내용 영역

교육과정기	영역 내용
제1차	10개 : 미화작업, 재배, 사육, 공작, 기구 · 기계, 조리, 세탁, 재봉 · 뜨개질, 위생 · 보육, 문서 정리
제2차	7개 : 가정생활, 일, 재배, 사육, 기구 제작, 생활 향상, 관리교육
제3차	9개 : 재배, 사육, 설계 · 공작, 경영 · 계산, 식품 · 조리, 재봉 · 세탁, 기계 · 기구 조작, 주택 및 환경 위생, 생활 계획
제4차	4개 : 생활 계획과 관리, 생활 기능, 소비와 절약, 일과 직업의 이해
제5차	4개 : 생활 계획과 관리, 생활 기능, 소비와 절약, 일과 직업의 이해
제6차	4개 : 다루기, 만들기, 가꾸기와 기르기, 건사하기
제7차	3개 : 가족과 일의 이해, 생활 기술, 생활자원과 환경의 관리

바. 교육과정별 교과서의 본문 체제

제1차부터 제7차 교육과정기에 이르기까지 교과서의 본문 체제 구성은 계속적인 변화가 거듭되었다. 각 교육과정기의 교과서 본문 체제 구성의 특징을 살펴보면 다음과 같다.

1) 제1차 교육과정기

제1차 교육과정에 의한 교과서의 본문 체제를 보면 먼저 단원은 도입 부문, 주제별 전개로 이루어져 있다. 주제별 전개는 소단원명의 내용을 학생들이 실제 수행할 수 있는 내용으로 서술되어 있다. 즉, 내용과 실습이 구분되지 않고 내용의 전개 후 바로 실행할 수 있는 내용을 제시함에 따라 실습이 이루어지는 내용으로 구성되어 있다.

특히, 제1차 교육과정기의 실과 교과서 내용은 직업교육적 성격이 강하여 학생들이 실제 사회에서 직업적으로 소용될 수 있는 작업의 내용이 많이 포함되어 있었으며, 여학생이 배우는 내용은 직업교육적인 내용뿐만 아니라 집안 살림에 필요한 내용까지 다루고 있다. 이는 제2차 교육과정기까지 계속되었다.

단원 도입에서는 단원명과 단원의 성격을 잘 나타내고 단원에 대한 흥미를 유발할 수 있는 내용의 사진을 실었다. 이러한 체제는 모든 교육과정기에 동일하게 나타나고 있다. 그러나 단원의 주제에 대한 설명이 단원별로 제공되기도 하고 누락되기도 하여 통일성은 없었다. 단원 주제는 주제명에 대한 서술과 이를 이루기 위한 구체적인 작업의 순으로 제시되었으며, 단원 정리나 평가는 제시되지 않았다.

2) 제2차 교육과정기

제2차 교육과정에 의한 교과서의 본문 체제 중 단원은 도입 부문, 주제별 전개, 과제 제시의 순으로 이루어져 있다. 주제별 전개는 제1차 교육과정기의 교과서와 동일한 구성을 이루고 있다. 단원 도입이나 단원 주제의 전개 모두 제1차 교육과정기의 교과서와 동일한 체제를 갖추고 있다. 다만, 단원의 마지막에 '우리의 할 일'이 추가되었다. 그러나 '우리의 할 일' 내용은 학습정리나 평가가 아닌 단원 내용의 실행을 야기할 수 있는 내용으로 구성되어 있다.

3) 제3차 교육과정기

제3차 교육과정에 의해 개발된 실과 교과서는 제2차 교육과정기의 실과 교과서와 동일한 구성과 체제를 이루고 있다.

4) 제4차 교육과정기

단원은 도입 부분, 주제별 전개, 학습 정리의 3단계로 구분되어 있다. 즉, 이전 교육과정에서 볼 수 없었던 '학습 정리'가 추가되어 있다. 단원의 도입에서는 사진을 통하여 동기 유발을 수행하고 있음은 이전 교육과정기와 동일하지만, 모든 단원에서 주제에 대한 설명이 제시된 것은 이전 교육과정기의 교과서와는 다른 체제를 갖추고 있음을 알 수 있다.

주제별 전개는 주제명에 이어 도달해야 할 목표를 제시하고, 주제의 성격에 따라 내용을 전개하거나 실습을 할 수 있도록 안내되어 있다. 또한 각 단원에는 학습정리가 제시되어 전체적인 학습 내용을 정리할 수 있도록 도와주고 있다. 소단원 끝에는 '우리의 할 일'이 제시되었고, 대단원의 끝에는 '학습정리'가 제시되었다.

5) 제5차 교육과정기

제5차 교육과정에 의해 개발된 실과 교과서의 체제는 제4차 교육과정기의 교과서와 동일한 구성과 체제를 이루고 있다.

6) 제6차 교육과정기

교과서의 본문 체제 구성은 단원별 전개 형식을 갖추고 있으며, 각 단원은 도입 부분, 주제별 전개, 학습 정리의 단계로 구분된다. 단원 도입은 사진을 이용한 동기 유발이 수행되고 있으며, 주제별 전개는 먼저 주제에서 도달할 목표를 제시하고 주제의 성격에 따라 내용을 전개하거나 실습을 수행하도록 구성되어 있다. 다만, 제5차 교육과정기와 다른 것은 실습 후에 복수 주제를 제시함으로써 지역적인 여건이나 학생의 발달 수준에 맞는 실습을 제공할 수 있도록 되어 있다는 것이다.

단원의 끝에는 학습 정리를 통하여 실생활에서의 적용을 모색할 수 있도록 도와주었다. 각 단원에는 대단원과 소단원에 학습 문제가 제시되었으며, 학습 주제와 이를 위한 학습 방법이 제시되었다. 단원의 끝에는 학습 활동의 정리에서 단원 학습 목표의 달성 여부를 확인하도록 질문이 제시되어 있다(김상우, 2002).

7) 제7차 교육과정기

각 단원에는 대단원명, 소단원명, 대단원 요약 내용, 단원 관련 사진을 제시하였다. 학습 내용을 위해서 먼저 주요 용어를 제시하여 본문 내용에 제시된 개념이나 내용을 전체적으로 이해할 수 있도록 하였고, 관련 지식이나 이론을 활동 중심으로 먼저 제시한 후 프로젝트 중심의 실습 제재가 복수로 제시되며 선택할 수 있도록 하였다. 다양한 학습 활동을 제시하여 수업이 학생 중심의 활동으로 이루어질 수 있도록 하였으며, 그 과정에서 학생의 고등사고능력을 향상시킬 수 있도록 구성되어 있다. 또한 실습 제재를 복수로 제시함으로써 학교와 학생의 수준에 맞는 활동을 선택하여 실시할 수 있도록 배려하였다. 읽기 자료를 제시하였는데, 이는 관련 내용을 교양적 수준에서 충분히 이해하는 데 도움이 되는 추가 정보 형태로 제공하는 것이다. 또한 각 소단원마다 보충 학습, 심화 학습을 제시하여 학생의 선택 가능성을 높였다. 마지막으로 단원의 끝에 내용 정리와 평가를 위한 단원 정리 및 평가를 다양한 방법으로 제시하여 단원별 학습 내용을 종합적으로 정리, 평가할 수 있도록 하였으며, 이때 다양한 학습 방법이 활용될 수 있도록 구성하였다(김상우, 2002).

3. 실과 교과서의 개발

실과 교과용 도서에 해당하는 교과서와 지도서를 개발하는 과정에서는 실과만의 특징을 반영할 필요가 있다. 따라서 실과 교과서와 지도서를 개발하기 위한 방향과 체제, 내용 선정 등 다양한 기준이 고시되어 있다. 다음은 2015 개정 교육과정에 따른 실과 교과서와 지도서의 방향에 관한 내용이다.

가. 교과서

검정도서의 개발은 교육 내용의 다양성을 확보할 수 있을 뿐만 아니라 엄정한 검정 절차로 그 질을 유지할 수 있다. 따라서 국가 수준에서 기본적인 교과서 개발 방향을 제시할 필요가 있다. 이는 교과서 개발 방향을 지키지 않은 교과서는 검정을 통과할 수 없기 때문에 교과서를 개발하는 데 매우 중요한 역할을 하게 된다. 교과서 개발에 관한 사항으로는 개발 방향, 구성 체제, 내용의 선정 및 조직, 기타 사항이 있다.

1) 교과서의 개발 방향[8)]

교과서의 개발 방향은 교과서 구성의 전체 흐름을 결정하게 된다. 특히, 실과는 실습과 체험 활동이 많기 때문에 이에 대한 안전사고 예방이 중요한 부분이다. 교과서 개발 방향에서는 이러한 점들을 고려하여 방향성을 제시하고 있다.

- 교과교육과정의 기본 방향 및 원칙, 교과서 개발 방향 등에 충실한 교과서를 개발한다.
- 실과의 영역인 '가정생활' 및 '기술의 세계'의 개정 방향에 부합하고 교육과정에서 제시한 핵심 개념과 역량을 반영한 교과서를 개발한다.

8) 해당 교과서의 개발 방향은 2015 개정 교육과정에 따른 실과 교과서 개발 방향임

- 교육과정 문서 항목인 성격, 목표, 내용 체계 및 성취 기준, 교수 학습 방법 및 평가 방향에서 제시한 내용들이 충실히 반영된 교과서를 개발한다.
- 학습자 중심의 교과서를 개발하여 자기 주도적 학습이 가능하도록 하고, 학습 내용은 다양한 방식으로 실생활에 적용이 가능하도록 실용 교과서를 개발한다.
- 학습자가 교과학습을 통해 그들의 실제 생활문제에 대한 배경과 맥락을 인식하고 이를 해결할 수 있는 대안을 탐색하는 과정을 교과서에 다뤄줌으로써 생활 속에서 학습 내용이 내면화될 수 있도록 개발한다.
- 실습과 체험 활동을 수행 시 요구되는 안전 수칙을 교과서에 제시하고 이를 실천하도록 하여 생활 속에서 일어날 수 있는 안전사고를 인식하고 예방하도록 개발한다.

2) 교과서의 구성 체제

앞서 살펴본 실과 교과서의 내적 체제 구성에서 과거 교육과정에서의 실과 교과서 구성 체제를 확인할 수 있었다. 하지만 검정도서로 전환되면서 교과서마다 다양한 구성을 가져갈 수 있게 되었다. 따라서 아주 세분화된 구성 체제를 제시할 필요성은 사라진 것이다. 하지만 기본적으로 지켜야 하는 내용들이 있고 교과서를 직접 사용하는 학생들을 고려하도록 큰 범위에서 구성 체제에 대한 기준을 제시하고 있다.

- 실과 교과서는 교사가 수업에서 교육과정을 구현할 수 있는 교수 자료인 동시에 학습자에게는 자기 주도적 학습이 가능하도록 구성한다.
- 단원의 내용은 각 단원의 성격과 관련된 국가 사회적 요구를 반영하도록 한다.
- 단원의 학습량은 성취 기준 범위와 수준을 고려하여 적정화하여 구성한다.
- 각 단원은 교육 내용에 대한 동기 유발, 교수 학습 활동, 정리 및 평가가 적절하게 이루어질 수 있도록 구성한다.
- 각 단원은 영역별 핵심 역량을 달성하기 위한 단원별 목표, 단원별 목표에 부합하는 내용, 그리고 타당한 평가 방법으로 구성한다.

3) 내용의 선정 및 조직

내용의 선정 및 조직에서도 특정 내용을 선정하라는 내용보다는 큰 흐름을 제시하고 있다. 이는 검정도서를 개발하는 과정에서 집필자나 저작자가 다양한 내용을 활용할 수 있도록 자율성을 부여한 것이다. 다만, 지나치게 경직된 내용이 담기지 않도록 실과의 특성을 반영한 실용성, 유용성, 흥미, 창의 융합적 사고, 비판적 사고 등이 포함되도록 권장하고 있다.

- 실과의 특성인 실용성, 유용성을 강조할 수 있고, 학습한 내용을 일상생활에 적극 응용 및 활용할 수 있는 내용을 선정한다.
- 학생의 흥미를 유발하는 동시에 생활에 대한 관심을 넓힐 수 있는 생활 경험 소재를 중심으로 내용을 선정한다.
- 학습 주제는 창의 융합적 사고 및 비판적 사고 등이 가능한 내용으로 선정하고, 실습 과제는 학습자가 성취감을 느끼는 동시에 나눔과 배려하는 마음을 가질 수 있는 경험 소재를 찾아 선정 조직한다.
- 실과에서 다루는 학습 내용은 중등 기술·가정교육 내용과의 연계를 고려하여 그 수준과 범위를 적절하게 선정한다.

4) 기타

기타 내용에 관한 내용은 대부분의 교과서에서 공통적으로 다루고 있다. 다만, 교과서별로 교육해야 하는 내용이나 시수가 다르기 때문에 교과서 분량에는 차이가 있을 수 있다. 실과에서 주의 깊게 살펴야 할 부분은 학습 자료 및 실습 재료 부분으로 안전과 활용성을 고려할 필요성을 제시하고 있다.

- 자료의 제시는 산업재산권, 저작권 등 지식 재산권과 관련하여 최신의 법규에 따른다.
- 표기 표현은 표준국어대사전(국립국어원) 및 최신 어문 규정에 따른다.
- 지명, 인명, 용어 등은 편수 자료 및 관련 자료에 의거하여 표기한다.
- 그림이나 사진 등을 활용하여 실험 실습과정을 세분화하여 알기 쉽게 제시한다.
- 사진, 삽화, 도표, 자료, 통계 등의 자료는 내용에 적합하고 최신의 것을 사용하되, 출처를 명확히 제시한다.

- 계량 단위는 국가 표준 기본법 등 관련 법규에 따른다.
- 웹 사이트 등의 자료는 공인된 기관에서 제시한 것을 활용한다.
- 학습 내용의 이해를 돕기 위한 사진, 삽화, 사례 등의 제반 자료는 인권 침해가 없어야 하며 교육적이어야 한다.
- 학습 자료 및 실습 재료는 구하기 쉽고, 다루기에 안전하며, 내구성이 있는 것으로 제시한다.
- 교과서 분량은 부록을 포함하여 책별 110쪽이며, 10% 범위 내에서 증감할 수 있다(다만, 가정생활과 기술의 세계 분야의 집필 쪽수는 균형 있게 구성한다).

5) 실과 교과서의 검정 기준

2015 개정 교육과정에 따라 만들어지게 되는 실과 교과서는 〈표 9-9〉와 같은 검정 기준에 따라 검정이 이루어지게 된다. 따라서 교과서를 개발하는 과정에서는 해당 심사 기준을 충족하도록 교재를 개발하게 되며 만들어진 교재는 이러한 심사 기준을 통과한 것이라 볼 수 있다.

표 9-9 실과 교과서의 검정 기준

심사 영역	심사 기준	배점
Ⅰ. 교육과정의 준수	1. 교육과정에 제시된 교과 성격 및 목표를 충실히 반영하였는가?	20
	2. 교육과정에 제시된 내용 체계 및 성취 기준을 충실히 반영하였는가?	
	3. 교육과정에 제시된 교수 학습 및 평가 방법을 충실히 반영하였는가?	
Ⅱ. 내용의 선정 및 조직	4. 교과 역량을 함양할 수 있도록 학습 목표, 내용과 활동, 교수 학습 방법, 평가를 유기적으로 연계하여 제시하였는가?	35
	5. 교육과정에 제시된 성취 기준을 고려하여 단원 내용의 수준과 범위 및 학습량이 적절한가?	
	6. 교육과정에 제시된 영역의 성취 기준이 고루 학습될 수 있도록 내용을 선정하고, 영역별 내용 요소 간 유기적인 연계성을 고려하였는가?	
	7. 실생활과 연계되어 흥미와 관심을 유발할 수 있도록 다양한 주제, 제제, 소재 등을 선정하고, 핵심 개념에 근거하고 있는가?	
	8. 학년 군별 내용 요소를 고려하여 학습 내용과 활동을 선정하고, 교과 역량을 기르는 데 적합하도록 선정되었는가?	
	9. 학생 관점에서 이해하기 쉽고, 자기 주도적 학습이 가능하도록 다양하고 창의적으로 구성되었는가?	
	10. 교육과정에 제시된 영역에 부합하는 안전한 실습을 위한 안내 및 안전사고 예방 수칙 등을 효과적으로 제시하였는가?	

<table>
<tr><th>심사 영역</th><th>심사 기준</th><th>배점</th></tr>
<tr><td rowspan="6">Ⅲ. 내용의 정확성 및 공정성</td><td>11. 개념, 용어, 이론 등은 그 내용이 객관적이고 정확한가?</td><td rowspan="6">20</td></tr>
<tr><td>12. 학습 활동 정리 및 평가를 위한 내용이나 문항에 오류가 없으며, 적절한가?</td></tr>
<tr><td>13. 사진, 삽화, 통계, 도표 및 각종 자료 등은 내용에 적합하며 공신력 있는 최근의 것으로서 출처를 분명히 제시하였는가?</td></tr>
<tr><td>14. 특정 지역, 인종, 문화, 계층, 인물, 성, 상품, 기관, 종교, 집단, 직업 등을 비방 왜곡 또는 옹호하지 않았으며, 집필자 개인의 편견 없이 공정하게 기술하였는가?</td></tr>
<tr><td>15. 한글, 한자, 로마자, 인명, 지명, 각종 용어, 통계, 도표, 지도, 계량 단위 등의 표기가 정확하며, 편찬상의 유의점(개발 방향 등)에 제시된 기준을 충실히 따랐는가?</td></tr>
<tr><td>16. 문법 오류, 부적절한 어휘 등 표현상의 오류가 없고 정확한가?</td></tr>
<tr><td rowspan="4">Ⅳ. 교수 · 학습 방법 및 평가</td><td>17. 교과 역량 함양과 창의융합적 사고를 유도하는 다양한 교수 · 학습 방법 및 평가를 제시하였는가?</td><td rowspan="4">25</td></tr>
<tr><td>18. 학생들이 스스로 학습하고 과제를 해결 수 있도록 다양한 교수 · 학습 방법과 학생의 성장을 촉진하는 평가를 제시하였는가?</td></tr>
<tr><td>19. 학생 참여와 협력 학습을 강화하여 체험 중심의 인성 교육을 구현할 수 있는 다양한 교수 · 학습 방법 및 평가 기법을 제시하였는가?</td></tr>
<tr><td>20. 교사와 학생, 학생들 간의 상호작용 및 협력이 가능하고 학생의 성장을 촉진하는 교수 학습 활동 및 과제를 제시하였는가?</td></tr>
<tr><td colspan="2">합계</td><td>100</td></tr>
</table>

나. 지도서

지도서의 가장 큰 특징은 교사들을 위한 것이라는 점이다. 교육과정이 개정되는 과정에서 교사들이 연수를 받기는 하지만 실제 교육해 본 경험이 없는 내용이 등장할 때에는 교사들에게 많은 혼란이 생긴다. 따라서 지도서는 교사들이 학생들을 지도할 수 있도록 많은 정보를 담고 있어야 하며 친절히 안내되어야 한다.

1) 지도서의 개발 방향

지도서의 개발 방향은 지도서의 특징을 잘 반영하고 있다. 해당 교육 내용에 대한 효율적인 교수 · 학습 방법이나 다양한 자료, 상세한 안내는 교육과정에 대한 이해가 낮은 교사들을 충분히 배려할 수 있도록 구성된다. 따라서 교과서 개발뿐만 아니라 지도서 개발에 있어서도 세심한 주의가 필요하다.

- 교육과정을 상세하게 안내하고 교육과정에 제시된 성격, 목표, 내용 체계 및 성취 기준, 교수 학습 및 평가 방법에 해당하는 내용을 충실히 반영한다.
- 교과서를 충실히 반영하고 교과서의 내용과 유기적으로 연계되도록 한다.
- 효율적인 교수·학습을 위한 안내서와 자료로서의 역할을 수행할 수 있도록 구성하고 교수 학습 방법, 평가 등에 대한 다양한 자료 및 활용 방법을 안내한다.
- 교사가 교과서에 제시된 실습 및 체험활동 과제는 쉽게 이해하여 수업에 적용할 수 있도록 상세히 안내하며 관련 자료를 다양하게 제시한다.
- 교수·학습 및 평가활동에서 요구되는 안전수칙을 제시하고 생활 속에서 일어날 수 있는 안전사고의 종류, 원인, 대처 방안 등 관련 자료를 다양하게 제시하여 활용할 수 있도록 한다.

2) 지도서의 구성 체제

지도서의 구성 체제는 교과서의 구성 체제에 비하여 상세히 제시된다. 지도서의 내용 또한 다양성을 충분히 인정하고는 있으나 형식에 있어서는 통일성이 있어야만 교사들이 쉽게 이해할 수 있고 시행착오를 줄일 수 있기 때문이다. 특히, 평가 도구의 제시나 시간 배정 등은 교사의 자율성에 맞길 수 있는 부분이지만 모든 교사들이 실과에 대한 이해가 높고 평가 도구를 개발할 수 있으며 시간 배정을 자유롭게 할 수 있는 능력을 갖추고 있다고는 할 수 없기 때문에 최적화된 형태로 이들 내용을 제시함으로써 교육에 있어서의 공백을 줄일 수 있도록 기준을 제시하고 있다.

- 지도서의 총론에는 교과교육과정, 교과서 및 지도서의 내용 구성 체제 및 활용, 실과교육의 목표 및 연간 교수 학습 계획 등을 제시한다.
- 지도서의 각론에는 단원 내용의 교육적 의의, 단원 관련 교과 역량, 단원 목표, 교과 역량을 함양할 수 있는 단원 교수·학습 계획 및 평가 도구 등을 제시한다.
- 각 단원별로 교육과정에 제시된 관련 성취 기준 해설 및 학습 요소를 상세하게 안내하고, 학습 목표, 준비물, 시간 배정, 참고할 수 있는 문헌이나 관련 웹사이트 등을 구체적으로 제시하여 교사가 단원별 내용을 연구하여 교수·학습 활동에 활용하는 데 용이하도록 구성한다.

3) 내용의 선정 및 조직

지도서의 내용 선정과 조직에서는 교사가 수업 상황에서 겪을 수 있는 문제들을 해결할 수 있도록 다양한 형태로 자료를 제시하도록 기준을 제시하고 있다. 특히, 수업에서 중요한 준비물, 핵심 발문 등의 제시는 교사들이 보다 쉽게 수업을 준비할 수 있도록 만들어 주는 요소들이다. 다만, 주의해야 할 점은 기준에서도 나타나듯이 해당 내용들이 예시로서 제시되어야 하며 정답으로 인식되도록 해서는 안 된다.

- 교과서의 내용은 명료하게 서술하되 그 수준과 범위가 교육과정을 벗어나지 않도록 한다.
- 교과서의 내용은 오류가 없도록 하고 객관적이고 보편타당한 이론에 근거하도록 한다.
- 총론에서는 실과교육과정과 교과서의 연관성을 알 수 있도록 교과서 편찬 방향 및 내용을 서술한다.
- 각론의 단원 개관, 단원 목표, 단원 교수 학습 계획은 교과서 단원 목표를 달성할 수 있고 교과서 내용에 부합하는 것으로 선정한다.
- 교과서에 제시된 주요 개념, 용어, 주제, 관점, 활동, 자료, 작품 등을 구체적으로 설명하고 안내하며, 과제나 활동은 다양한 문제 해결 방법과 예시 답안을 함께 제시한다.
- 교수 · 학습 상황에 따라 교사가 적절히 대처할 수 있도록 실습이나 체험 활동 등은 다양한 환경과 수업 조건을 고려하여 재료의 준비, 절차와 방법, 안전 및 유의사항, 보고서 양식, 평가 기준 등의 예를 제시한다.
- 단원 전개에서 단계별로 필요한 핵심 발문, 학습과제, 준비물, 수업과정, 참고 자료 등을 제시하여 교사의 수업 진행에 도움이 되도록 한다.
- 실습과 체험 활동은 수업시간에 실현 가능한 활동으로 제시하되, 지역 여건, 계절, 학교 및 학습자 특성 등을 고려하여 융통성 있게 선택할 수 있도록 그 내용을 선정하고 조직한다.

4) 기타

지도서 개발에서 기타 사항은 교과서 개발과 크게 다르지 않으며 보다 간단하다. 지도서에서는 교과서를 활용하기 위한 다양한 자료가 포함되어야 하기 때문에 지도서의 양에는 제한이 없는 것이 특징이다.

- 자료의 제시는 산업재산권, 저작권 등 지식 재산권과 관련하여 최신의 법규에 따른다.
- 사진, 삽화는 선명한 자료를 활용하고 도표, 통계 등의 자료는 내용의 이해를 돕는 최신의 것을 선정한다.
- 표기 표현은 표준국어대사전(국립국어원) 및 최신 어문 규정에 따른다.
- 지명, 인명, 용어 등은 편수 자료 및 관련 자료에 의거하여 표기한다.
- 계량 단위는 국가 표준 기본법 등 관련 법규에 따른다.
- 웹사이트 등의 자료는 공인된 기관에서 제시한 것을 활용한다.

5) 실과 지도서의 검정 기준

이와 같은 실과 지도서 개발 방향에 따라 개발된 지도서는 실과 지도서의 검정 기준에 따라 검정을 거치게 된다. 교과서보다 세분화된 내용은 아니지만 지도서 또한 검정도서이기 때문에 다양한 항목으로 검정을 거치게 된다. 〈표 9-10〉은 2015 개정 교육과정에 따른 실과 지도서의 검정 기준이다.

표 9-10 실과 지도서의 검정 기준

심사 영역	심사 기준	배점
Ⅰ. 교육과정 · 교과서 안내	1. 교육과정의 항목별 내용을 충실히 설명하고 있는가?	30
	2. 교과서 및 지도서의 개발 방향 및 구성 체제를 자세하게 설명하고, 활용 방법 및 학습 지도 계획 등을 구체적으로 안내하였는가?	
	3. 지도서의 구성 체제가 체계적이며 활용하기 편리하도록 교사의 입장에서 교육과정을 재구성하여 사용하기 편리하도록 구성하였는가?	
	4. 교과서 내용과 유기적으로 연계되어 있으며, 성취 기준별 관련 학습 요소 및 교수학습 자료를 교과 내용에 적합하게 제시하고 있는가?	

심사 영역	심사 기준	배점
II. 교수 · 학습 방법 및 평가	5. 학습 목표와 내용의 특성에 적합하고 학습자의 흥미와 관심을 높일 수 있도록 다양한 교수학습 방법 및 활동을 제시하였는가?	40
	6. 지역 여건, 학생의 개인차를 고려할 수 있도록 다양한 교수학습 활동이나 실습 자료 등을 제시하고 있는가?	
	7. 교수학습 단계별로 필요한 핵심 발문, 학습 과제, 준비물, 수업과정, 참고 자료 등을 제시하여 교사의 수업에 도움이 되도록 하였는가?	
	8. 교육 내용과 관련하여 각종 교육 매체의 활용이 적절하며, 매체의 특성 및 활용 방법 등을 구체적으로 안내하였는가?	
	9. 교과 목표, 성취 기준, 교수학습 방법에 부합하는 평가 기준을 제시하였으며, 교과 역량을 평가할 수 있는 평가 도구 및 방법을 제시하였는가?	
III. 내용의 정확성 및 공정성	10. 개념, 용어, 이론 등은 그 내용이 객관적이고 정확하며 그 의미를 이해하기 쉽게 설명하였는가?	30
	11. 사진, 삽화, 통계, 도표 및 각종 자료 등은 내용에 부합하며 공신력 있는 최근의 것으로서 출처를 분명히 제시하였는가?	
	12. 특정 지역, 인종, 문화, 계층, 인물, 성, 상품, 기관, 종교, 집단, 직업 등을 비방, 왜곡 또는 옹호하지 않았으며, 집필자 개인의 편견 없이 공정하게 기술하였는가?	
	13. 한글, 한자, 로마자, 인명, 지명, 각종 용어, 통계, 도표, 지도, 계량 단위 등의 표기가 정확하며, 편찬상의 유의점에 제시된 기준을 충실히 따랐는가?	
합계		100

논의

1. 교과용 도서 편찬 방법에 따른 장 · 단점을 논의해 보자.
2. 교과용 도서의 외적 체제가 학생들에게 미치는 영향을 논의해 보자.
3. 교과서는 사상이나 종교와 같은 교육 외적 요인에서 중립을 지킬 필요가 있다. 하지만 동일한 내용도 단순한 정보 전달이 아닌 가치가 포함되면 보는 시각에 따라 중립이 아니게 판단될 수 있다. 교과서가 지켜야 하는 중립성의 정도에 대하여 논의해 보자.
4. 2015 개정 교육과정에 이르러 국정 교과서와 검정 교과서가 늘어났다. 그 이유에 대해 논의해 보자.
5. 실과 교과서의 검정 기준과 검정 교과서의 공통 기준을 비교하여 실과 교과서의 특징을 논의해 보자.

참 | 고 | 문 | 헌

김형철(2012). 초등 국정도서 편찬방향. **교과서연구, 69**, 8-12.

김정호, 김만곤, 이춘식, 김종숙, 이림(2014). **인정도서 제도 개선 연구**. 한국교과서연구재단 연구 보고서 2013-02.

김재춘(2009). **교과서 검정 체제 개선 방안 연구**. 한국교육과정평가원 연구보고 RRP 2009-5.

김재춘(2012). 인정도서 정책 도입의 취지 : 의미와 과제. **교과서연구 67**, 13-16.

김재춘, 이경환, 김만곤, 박상철, 박소용, 배지현, 차영화(2011). **2009 개정 교육과정 및 교과교육과정에 따른 교과용 도서 구분(안) 연구**. 한국교과서연구재단 정책연구보고서 2011-04.

남수경, 김희경, 서승현, 이기석(2010). 국정도서 편찬제도의 문제점과 개선방안. **교육행정학연구, 28**(4), 257-279.

유학영, 김대행, 한상진(2003). **국정도서 발행 제도 개선에 관한 연구**. 한국교과서연구재단 연구보고서 2003-1.

유학영, 송규각, 윤광원(2009). **교과용 도서 검정과 채택의 발전 방안 연구**. 한국교과서연구재단 연구보고서 2009-1.

정광순, 박채형(2013). 2009 개정 초등통합 교과서 개발 과정 기술. **통합교육과정연구, 7**(2), 37-63.

정남용, 이성숙, 곽혜란, 이윤정(2006). 우리나라 교육과정 변화에 따른 실과 교과서의 체제 변화. **한국실과교육학회지, 19**(특별판), 87-130.

제10장

실과 단원의 구성과 전개

개요

이번 장에서는 실과 단원의 구성과 전개에 대하여 알아보고자 한다. 이를 위하여 기본 이론으로서 단원의 개념과 유형을 알아보고, 실제 실과 교과서에서 단원이 어떻게 구성되어 왔는지를 확인해보는 과정을 거친다. 특히, 실과의 경우 단원 내용에 따라 시기별로 조정이 필요한 경우가 있기 때문에 단원을 전개할 때 유의할 점을 살펴봄으로써 실과의 특징적인 단원 전개를 이해한다. 또한 지금까지의 교육과는 달리 다른 교과 교육 내용과의 연계를 통한 주제 중심 통합교육의 가능성을 살펴봄으로써 과거의 단원 구성과 전개, 앞으로 나아가야 할 단원 구성과 전개를 함께 고찰하였다.

목표

1. 단원의 개념과 유형을 이해할 수 있다.
2. 국정도서 시기 실과 교과서의 단원 구성과 전개를 살펴본다.
3. 검정도서 시기 실과 교과서의 단원 구성과 특징을 살펴본다.
4. 실과에서 주제 중심 통합교육의 가능성을 살펴본다.

1절 단원의 개념과 유형[9)]

개요

단원의 개념과 유형을 이해하는 것은 교과서를 이해하는 데 매우 중요한 부분이다. 왜 단원이 이루어져야 하며 어떻게 단원이 구성되는지를 이해하는 것은 단순한 지식 전달을 넘어서서 진정한 교육이 이루어지도록 만드는 교사의 자질이라 할 수 있다. 따라서 이번 절에서는 단원의 개념과 그 유형을 알아본다.

1. 단원의 개념

단원(單元, unit)은 어떤 주제나 내용을 중심으로 묶은 학습 단위를 의미한다. 이러한 학습 단위는 학습 내용이나 경험을 전체성과 통일성을 지니도록 조직되어져 있다.

가. 단원의 개념과 설계 방법

1) 단원의 개념과 정의

단원이란 학습자들이 배우고 교사가 가르칠 내용의 묶음이다. 실제 수업에서는 이 단원을 중심으로 수업이 이루어지기 때문에 실제 수업에 가장 가까운 단위이다. 실제 수업 상황에서 대부분의 교사와 학생은 단원을 중심으로 활동하게 된다. 김동환(2006)에 따르면 단원은 교육의 목적을 실현하는 과정 중의 하나이며 학생들이 흥미 있게 몰두할 수 있는 활동 계열이라 할 수 있다. 단원이라는 개념이 처음 도입된 것은 독일의 철학자이자 교육학자인 칠러(Tuiskon Ziller, 1811~1882)가 쓴 《일반교육학개론(Introduction to General Pedagogy)》(1856)에서이다. 이 책에서 칠러는 방법적 단원(methodische einheit)이라는 용어를 사용하였다. 이것은 어떤 방법을 가지고 학습을 완결하는 교육 내용의 통일체라는 뜻으로, 헤르바르트파의 형식적 교수단계(명료 → 연합 → 계통 → 방법의 4단계)를 가리키고 있었다. 단원

---

9) 이 내용은 고인규(2013)의 《Karl Heinrich Marx의 Praxis에 터한 실과 재배 단원 개발》 내용과 김종우(2006)의 《허스트의 사회적 실제 이론에 터한 실과교육과정 설계 모형과 단원 개발》 내용을 수정 · 보완하여 작성한 것임

(unit), 과(lesson), 주제(unit) 등은 교육과정 설계에 있어 기본적으로 동일한 개념이나 교육과정의 성격, 교과의 종류, 학습자의 특성에 따라 다른 의미로 사용되기도 한다. 전통적으로 교육과정의 구성에서는 과나 주제 등의 용어보다는 단원이라는 용어를 널리 사용하여 왔다. 교육과정 설계를 미시적인 수준에서부터 포괄적인 수준으로까지 정리해보면, 단시 수업, 단원, 코스, 교과와 과목, 각급 학교, 특정 프로그램으로 구분할 수 있으며 여기에도 단원이 속해 있다(강현섭, 이경섭, 1999). 따라서 단원은 학습 내용의 조직에 있어서 최저단위의 조직에 해당하는 것으로 학습의 가장 기초적이고 기본적인 내용의 묶음이라고 할 수 있다(고인규, 2013).

2) 교과목의 단원 구성

단원이 미시적 차원의 교육과정 설계라 할 때 단원 설계의 개념 역시 교육과정 설계와 관련하여 이해되어야 한다. 타바(Taba, 1962)는 교육과정 설계를 교육과정의 요소를 확인하는 진술이며, 이 요소들 간의 관계가 무엇인가를 기술하고, 교육과정 조직 원리와 교육과정이 운영되는 행정적 조건의 조직에 필요한 사항을 지시해 주는 것이라 하였다. 자이스(Zais, 1981)는 교육과정 설계를 교육과정의 구성요소, 즉 이념, 목적, 목표, 교과 또는 내용, 학습 활동, 평가의 본질과 그들의 체계적 배열을 말하는 것이라 했다. 온스타인과 헌킨스(Ornstein & Hunkins, 1999)는 교육과정 설계를 목적, 교과, 학습 경험, 평가 방법 등을 조직하는 방식이라 하였다. 서울대 교육연구소(1999)는 교육과정 설계를 교육의 목표를 설정하고 목표를 달성하기 위한 내용을 선정·조직하여 교육을 도울 단원을 조직하는 일련의 체계적 작업으로 정의하고 있다. 황미정(2005)은 교육과정 설계를 교육과정의 구성요소들, 즉 목적, 교과 또는 내용, 방법, 평가의 성격을 규명하고 이들을 적합한 원칙과 원리에 의하여 조직하는 활동으로 정의하고 있다. 이상의 내용을 종합한 결과, 단원 설계의 개념은 선정된 교육 목표를 달성하기 위한 내용 선정 및 조직이라 할 수 있다(고인규, 2013).

3) 단원 설정의 시기

단원 설정이 교과목의 목표 또는 내용의 선정과 조직보다 선행해야 한다는 주장의 근거는 사회 기능법에서 발견된다(이경섭, 1999). 이것은 단원 설정은 교육과정에 속하는 생활 영역 또는 교과들의 내용보다 선행한다는 것이다. 선행한다는 것은 스코프마다의 단원이 결정되면 그 다음에 이 단원을 학습하는 데 필요한 단원의 목표, 내용 등이 결정됨을 의미한다. 이렇게 볼 때 사회 기능법에 있어서 단원은 교과서나 코스에 포함되는 것이 아니고 교육과정의 구조에 속하는 기본 요소의 차원에 속함을 알 수 있다.

4) 단원의 제시 방식

설정된 단원들이 어떻게 제시되느냐의 문제는 단원 구성에 영향을 미친다. 단원 제시 방식은 질문 형식의 단원 제시와 주제 또는 모듈 형식의 단원 제시 방법이 있다. 질문 형식의 단원 제시 방식은 단원들이 단순한 결과 제시보다도 문제 해결과정이 학습자들의 작업을 중심으로 제시되어 있다. 주제 또는 모듈 형식의 단원 제시 방식은 표면적으로 포괄적인 주제명으로 표현되어 있으나 내면적으로는 기능적인 과제들이 여러 계열로 이루어져 있는 모듈 조직을 형성하고 있다. 그래서 포괄적인 주제 단원의 특징과 매우 세목적이면서 계열화되어 있는 모듈의 특징을 통합하려는 의도가 강하게 반영되어 있는 방식이다.

5) 단원 설계 단계

단원 설계의 일반적인 단계는 목표 설정, 내용의 선정 및 조직, 학습 활동과 단원 구성으로 이루어진다. 그러나 통합교육과정이나 주제 단원을 설계할 때에는 공통적으로 주제 선정이 먼저 이루어진다(황미정, 2005).

김종우(2006)는 '허스트의 사회적 실제 이론에 터한 실과교육과정 설계 모형과 단원 개발'을 주제로 하여 실과교육과정 설계 모형과 그에 따른 통합 단원 설계 단계를 제시하였다. 통합 단원 설계 단계는 주제 선정(대주제와 소주제, 목적, 단원의 정당성), 단원의 내용 구조 확인(내용 지식, 과정 기능, 중핵 개념), 단원의 학습 목표 설정, 교수·학습 및 평가 전략, 단원 지도상의 유의점으로 구성하였다.

2. 단원의 유형

가. 단원의 분류

단원의 종류를 내용상의 성격에서 고찰한다면, 크게 교재 단원(subject matter unit, 방법적 단원으로서 객관적인 지식이나 기능을 전달하기 위하여 조직된 것)과 경험 단원(experience unit, 학습자의 경험이나 요구 · 목적을 중심으로 한 활동으로 조직된 것)으로 나눌 수 있다. 후자는 다시 문제 단원(problem unit, 사회 생활에서 현실의 여러 문제를 다루는 것, 예를 들면 물건 사기, 경제의 짜임과 생활 등)과 활동 단원(activity unit, 학생의 심리적인 흥미를 중심으로 다루는 것, 예를 들면 달맞이, 추석날 등) 및 작업 단원(project unit, 학생의 실제적인 목적 활동을 다루는 것, 예를 들면 화단 만들기, 학급신문 편집 등)으로 나눌 수 있다(고인규, 2013).

교재 단원의 구성은 객관적인 학문적 지식 또는 기능의 계통에 따라서 구성하는 것이 원칙이며, 비교적 간단하다.

경험 단원의 구성은 경험 커리큘럼을 구성하는 작업의 일환으로 교육 목표의 설정, 교육과정의 골격 결정, 스코프(scope, 교육과정의 범위)와 시퀀스(sequence, 단원 계열)의 결정 등이 선행된 후에 학습할 문제를 선정하고 관련 자료를 모아 자료 단원을 구성한다.

단원의 구분 중에는 교사에게 필요한 자료 단원과 특정 학습자를 위한 학습 단원 또는 교수 단원으로 구분하는 방법도 있다.

자료 단원이란 교사가 학습자를 지도하기 위해 학습 단원을 계획하고 전개시키고 평가함에 있어서 도움이 되는 여러 가지 자료를 체계적이고 종합적으로 조사 · 분석한 조직을 뜻한다(김봉수, 1987). 즉, 교사가 학습자와 더불어 단원학습을 이끌어 나갈 때 필요한 여러 가지 재료를 저장한 학습 자료의 저장고 역할을 하는 것이다. 이와 같은 자료 단원의 작성자는 특정한 개인교사가 아니라 교과전문가, 교육과정전문가, 출판업자, 교사 집단 등이다(정성봉, 2002). 자료 단원의 구성 내용은 단원명, 단원의 개설, 단원의 영역, 학습 활동의 종류, 참고문헌과 교구, 평가 방법, 타 단원과의 관계, 단원의 이용 등이 포함된다(김종우, 2006).

학습 단원이란 한 교사가 담당하고 있는 어느 특정한 학습 집단을 위해서 조직하는 단원으로 교수 단원이라고도 한다. 즉, 교사가 자기 학급에서 전개하고자 하는 학습 단원을 사전에 계획한 하나의 도표, 개요, 혹은 취지이다. 학습 단원(단원계획)은 그 구성 내용으로 단원명의 결정, 단원의 개요(요지), 단원의 목표, 접근 또는 도입 방법, 단원의 전개과정(교사, 학생의 공동 활동), 학습 자료 또는 참고 자료와 같은 요소가 갖추어져야 한다(김종우, 2006).

단원은 묶이는 내용에 따라서 교과 중심, 경험 중심, 학문 중심 단원으로 분류할 수도 있다. 학문 중심 단원은 교과 중심 단원과 그 형태와 내용이 유사하기 때문에 제외하여 생각하면 교과 중심 단원과 경험 중심 단원으로 나누어 생각해 볼 수 있다.

첫째, 교과 중심 단원은 교재 계열의 최소 단위가 되기 때문에 교재 단원이라고 하며 단원이 학생들에게 검증된 교재를 가르치기 위한 성인의 의도에서 교재 내의 핵심이 논리적으로 조직된다(이경섭, 1991). 단원은 해당 교재의 논리에 익숙한 개인과 집단에 의해 사전 준비되며, 단순한 것에서부터 복잡한 것으로 조직된다. 교과 중심 단원으로 카스웰과 캠벨(Caswell & Campbell, 1935)은 제목 단원, 문제 단원, 주제 단원, 통칙 단원, 조사 단원이 있다고 하였다. 교과 중심 단원의 내용으로 제목(topic) 단원은 가장 흔하며, 미국의 발견, 헌법의 구성과 발달, 기체의 성질 등이 될 수 있다. 문제(problem) 단원은 통일성을 갖는 문제들로 학습 내용을 구성하며 문제들은 성인에 의해 결정되는 방식과 학생들의 흥미와 관심에 의해 결정되는 방식이 있다. 주제(theme)나 통칙(generalization) 단원은 주제를 중심으로 단원을 조직하며 열대 자연과 환경에 대한 인간의 적응 등이 이에 해당된다. 조사(survey) 단원은 수업 전에 학습 상황의 범위가 결정되며 학생 스스로의 경험과 상호작용하여 학습 문제를 해결하도록 한다.

둘째, 경험 중심 단원은 1920~1950년대까지 큰 영향력을 미쳤던 구성 방법이다. 경험 중심 단원은 학습자의 내적 통합과 학습자의 환경과의 통합에 중점을 둔다(박영무, 1992). 단원은 어떤 목적 달성, 욕구 충족에 대한 학생의 의도에서 심리적으로 조직되며, 학습자의 욕구를 충족시키고 바람직한 이해, 태도, 기능을 발달시키는 것이 단원 구성의 주된 목적이 된다. 그러므로 단원이 교과의 경계와 영역을 무시하고 기능적으로 조직되어 새로운 학습 장면에 맞는 협동 계획의 절차나 학습 경험과 다양한 자료를 활용하게 된다. 경험 중심 단원의 조직은 학생 중심의 단원이다. 학생의 목적, 흥미, 능력, 요구, 개인차, 경험과 환경을 고려하여 단원을 구성하며, 학생들이 다양한 활동과 경험에 참여하여 실질적인 성과를 내도록 하기 때문이다(유제순, 2008). 그러므로 경험 중심 단원은 교사와 학생이 공동으로 계획하여 단원을 구성하고 학습하도록 하는데, 학생들에게 고정된 학습 성과를 요구하지 않고 학습자 자신에게 의미 있는 학습을 해야 한다.

나. 통합 단원의 의미와 특징

각 영역의 학문들이 통합되는 방식에 대해 학자들마다 조금씩 다른 유형을 제시하는데(Jacobs, 1989 ; Fogarty, 1991 ; Drake& Burns, 2004), 드레이크와 번스(Drake & Burns, 2004)는 통합 단원 조직의 중심이 무엇이냐에 따라서 다학문적(multidisciplinary), 간학문적(interdisciplinary), 탈학문적(transdisciplinary) 통합 단원으로 구분하였다. 이들의 견해를 기초로 각 통합 단원의 특징을 살펴보면 다음과 같다(이윤복, 2014).

첫째, 다학문적 통합 단원은 하나의 주제를 중심으로 여러 교과의 내용을 선정하고 조직한다. 각 학문들은 같은 기간 동안 가르치는 쟁점이나 테마를 통하여 연결되지만, 독립된 수업에서 가르치기 때문에 교과 고유의 내용과 방법을 유지하게 되며 교사와 학생들은 통합 단원 수업과 개별 교과 수업의 차이를 느끼기 어렵다.

둘째, 간학문적 통합 단원은 여러 교과에서 공통되는 기능과 개념을 중심으로 학문 분야를 연결하여 각 학문 분야에서 공통되는 학습 요소와 학문적 표준들을 묶는다. 그러므로 간학문적 통합 안에서 학문 분야들의 내용은 다학문적 접근에 비해서 중요성이 덜하게 된다.

셋째, 탈학문적 통합 단원은 학문을 초월하여 학생의 질문, 관심, 흥미나 실생활의 맥락으로 교육과정 내용을 조직하는 방식이다. 학생들은 학문 분야의 기능과 간학문적인 기능을 현실 생활의 맥락에 적용하여 생활 기능을 함양한다. 이와 같은 다학문적, 간학문적, 탈학문적 통합 단원을 모형으로 제시하면 〈표 10-1〉과 같다(Drake & Burns, 2004 ; 이윤복, 2014에서 재인용).

▌표 10-1 다학문적, 간학문적, 탈학문적 통합 단원 비교

구분	다학문적 통합단원	간학문적 통합 단원	탈학문적 통합 단원
조직의 중심	여러 교과에서 공통되는 주제	간학문적인 개념과 기능	학생의 질문, 관심, 흥미 및 실생활의 맥락
지식에 대한 구상	지식은 학문 분야 구조를 통하여 학습	학문 분야는 공통된 기능과 개념으로 연결	모든 지식은 상호 의존하고 서로 연결
통합의 출발점	학문 분야의 절차나 표준적인 요소들	각 교과 간의 지식, 기능, 인성	학생의 관심과 질문, 실생활의 맥락
통합의 정도	보통	중간이나 강함	통합의 패러다임 전환
예시	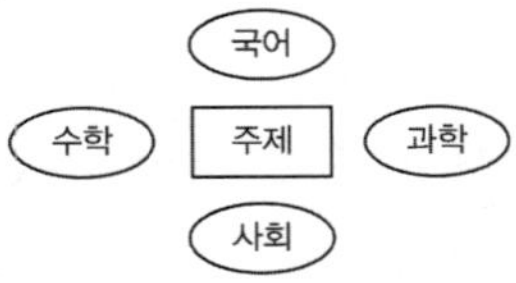		

2절 실과 단원의 구성과 전개

개요

단원이 하나의 학습 단원이라고 보았을 때 실과의 단원은 그 다양한 형태로 구성되어 왔다. 전형적인 형태의 단원을 유지한 경우도 있었으며 파격적으로 통합을 이루고자 했던 시기도 있었다. 그러나 최근에는 단원이 학습의 양을 결정하는 것처럼 인식되고 있어서 교육과정이 개정됨에 따라 학습양을 줄이기 위하여 단원의 수를 줄이는 모습을 찾아볼 수 있다. 실제 어떤 내용이 교육되는지보다는 겉으로 드러나는 수치에 집중하는 것이다. 여기에서는 실제 실과의 단원이 어떻게 구성되고 전개되고 있는지 알아봄으로써 실과에서의 단원을 살펴보고자 한다.

1. 단원의 구성

가. 교육과정과 교과서 단원

실과 교과서의 단원 구성에 관한 내용은 앞선 제7장에서 다룬 실과 교과서의 내적 체제에서 확인할 수 있다. 교육과정별로 단원의 구성 형태가 변화해 오며 새로운 내용이 추가되거나 기존의 내용이 삭제되기도 하였다. 이러한 이해를 바탕으로 여기서는 실과 교과서에서 다루는 주제를 중심으로 단원이 어떻게 구성되었는지 알아보도록 한다.

1) 제1~7차 교육과정에서의 교과서 단원 구성

제1차, 제3차, 제4차, 제5차 교육과정기에 개발된 실과 교과서의 단원은 4~6학년까지 각 학년별로 8개 단원으로 구성되어 모두 24개 단원이 포함되었다. 제2차 교육과정기에 개발된 실과 교과서는 교육과정의 큰 변화에 따라 학년별 이수 단원이 달라졌는데, 4학년에 7단원, 5학년에 9단원, 6학년에 10단원으로 전체 실과 교과서는 총 26단원으로 구성되었다.

'하기' 중심의 교육과정이 개발된 제6차 실과교육과정은 실과교육의 이수 학년에도 변화가 와서 제5차 교육과정기까지 4~6학년의 3년으로 구성되었던 것이 3~6학년의 4년으로 이수 학년이 늘게 되었다. 그러나 제6차 교육과정기의 실과

교과 교육 이수 시간은 학년별 1시간으로 축소됨에 따라 교육 내용도 축소될 수밖에 없었다. 따라서 제6차 교육과정기에 개발된 실과 교과서는 3~6학년까지 학년별로 6단원, 총 24단원으로 당시까지 개발된 실과 교과서 중 가장 낮은 단원 수의 교과서가 개발되었다.

제7차 교육과정기에 개발된 실과 교과서는 제6차 교육과정기에 4년 동안 이수되던 실과교육이 2년으로 축소되면서 가장 많은 변화를 겪게 되었다. 초등학교 3학년과 4학년의 이수 학년이 사라지고 5학년과 6학년으로 이수학년이 바뀌면서 교과교육과정의 구성에도 큰 변화가 이루어져 5학년과 6학년 각각 8개 단원인 총 16개 단원으로 실과 교과서가 구성되었다. 이에 따라 제7차 교육과정기에는 가장 적은 수의 단원으로 실과 교과서가 개발되었다.

표 10-2 교육과정기별 교과서의 내용 영역

교육과정기	단원 구성
제1차	4~6학년별 8단원, 전체 24단원으로 구성
제2차	4학년 7단원, 5학년 9단원, 6학년 10단원 전체 26단원으로 구성
제3차	4~6학년별 8단원, 전체 24단원으로 구성
제4차	4~6학년별 8단원, 전체 24단원으로 구성
제5차	4~6학년별 8단원, 전체 24단원으로 구성
제6차	3~6학년별 6단원, 전체 24단원으로 구성
제7차	5, 6학년이 8개 단원, 전체 16단원으로 구성

2) 2009 개정 교육과정에서의 교과서 단원

(1) 교육과정과 교과서 단원명

2009 개정 교육과정에서 실과 교과는 5~6학년군에 포함되면서 학년에 따른 교육 내용의 기준이 사라지게 되었다. 따라서 교과서를 개발하는 입장에서는 어떤 내용이 어느 학년에 배치되어야 하는지를 고민하게 되었다. 하지만 검·인정 교과서를 사용할 때 생기는 문제로 학생이 전학하는 과정에서 특정 내용을 이수하지 못하게 되는 경우가 발생할 수 있다. 따라서 교과서를 집필할 때에는 학년별로 교육할 내용을 선정하고 이를 조율하는 과정을 거치게 된다.

▮표 10-3 2009 개정 교육과정에서의 실과교육 내용

영역 과목 (학년군)	가정생활	기술의 세계
실과 (5~6학년군)	• 나와 가정생활 –나의 성장과 가족 –가정일과 가족원의 역할	• 생활과 기술 –기술과 발명의 기초 –창의적인 제품 만들기
	• 나의 균형 잡힌 식생활 –나의 영양과 식사 –건강 간식 만들기	• 생활 속의 동 · 식물 –인간 생활과 동 · 식물 –동 · 식물 자원과 환경
	• 나의 자립적인 의생활 –건강하고 안전한 옷차림 –스스로 하는 옷 관리	• 생활과 정보 –정보 기기와 사이버 공간 –멀티미디어 자료 만들기와 이용
	• 쾌적한 주거와 생활자원 관리 –주거 공간과 생활자원 관리 –용돈과 시간 관리	• 생활과 전기 · 전자 –전기 · 전자의 이용 –로봇의 이해
	• 건강한 식생활의 실천 –건강하고 안전한 식사 –음식 만들기와 식사 예절	• 생활 속의 동 · 식물 이용 –생활 속의 식물 가꾸기 –생활 속의 동물 돌보기
	• 창의적인 의생활의 실천 –생활 속 헝겊 용품 만들기 –환경과 나눔의 생활 용품 만들기	• 나의 진로 –일과 직업의 세계 –진로 탐색과 진로 설계

〈표 10-3〉은 2009 개정 교육과정에 등장하는 실과 교과의 교육 내용이다. 교육과정에서는 특정 내용이 특정 학년에 교육되어야 한다는 기준이 제시되어 있지는 않지만 〈표 10-4〉에서 보는 바와 같이 실제 교과서가 만들어지는 과정에서는 특정 학년에서 동일한 내용이 교육되고 있음을 확인할 수 있다. 교과서에 따라서 해당 내용이 교육되는 시기에는 차이가 있다. 일부 교과서의 경우 가정생활이 1, 2, 3단원으로, 기술의 세계가 4, 5, 6단원으로 제시되는 경우도 있으며 일부 교과서에서는 가정생활과 기술의 세계 내용이 번갈아가며 등장하는 경우도 있다. 〈표 10-4〉에 제시된 순서는 가정생활과 기술의 세계를 구분하여 교과서에 등장하는 순서대로 배열한 것이다. 여기에 등장하는 단원명을 살펴보면 교육과정에 제시된 내용의 명칭과 동일함을 알 수 있다.

표 10-4 2009 개정 교육과정 속 단원 배치

구분		A	B	C	D	E	F
5학년	가정생활	• 나와 가정생활 • 나의 자립적인 의생활 • 나의 균형 잡힌 식생활	• 나와 가정생활 • 나의 균형 잡힌 식생활 • 나의 자립적인 의생활	• 나와 가정생활 • 나의 자립적인 의생활 • 나의 균형 잡힌 식생활	• 나와 가정생활 • 나의 균형 잡힌 식생활 • 나의 자립적인 의생활	• 나와 가정생활 • 나의 균형 잡힌 식생활 • 나의 자립적인 의생활	• 나와 가정생활 • 나의 균형 잡힌 식생활 • 나의 자립적인 의생활
	기술의 세계	• 생활 속의 동 · 식물 • 생활과 기술 • 생활과 정보	• 생활 속의 동 · 식물 • 생활과 기술 • 생활과 정보	• 생활과 기술 • 생활 속의 동 · 식물 • 생활과 정보	• 생활과 기술 • 생활 속의 동 · 식물 • 생활과 정보	• 생활 속의 동 · 식물 • 생활과 기술 • 생활과 정보	• 생활과 기술 • 생활 속의 동 · 식물 • 생활과 정보
6학년	가정생활	• 창의적인 의생활의 실천 • 건강한 식생활의 실천 • 쾌적한 주거와 생활자원 관리	• 쾌적한 주거와 생활자원 관리 • 건강한 식생활의 실천 • 창의적인 의생활의 실천	• 쾌적한 주거와 생활자원 관리 • 건강한 식생활의 실천 • 창의적인 의생활의 실천	• 쾌적한 주거와 생활자원 관리 • 건강한 식생활의 실천 • 창의적인 의생활의 실천	• 건강한 식생활의 실천 • 쾌적한 주거와 생활자원관리 • 창의적인 의생활의 실천	• 쾌적한 주거와 생활자원 관리 • 건강한 식생활의 실천 • 창의적인 의생활의 실천
	기술의 세계	• 나의 진로 • 생활 속의 동 · 식물 이용 • 생활과 전기 · 전자	• 생활 속의 동 · 식물 이용 • 생활과 전기 · 전자 • 나의 진로	• 생활 속의 동 · 식물 이용 • 생활과 전기 · 전자 • 나의 진로	• 생활과 전기 · 전자 • 생활 속의 동 · 식물 이용 • 나의 진로	• 나의 진로 • 생활 속의 동 · 식물 이용 • 생활과 전기 · 전자	• 생활과 전기 · 전자 • 생활 속의 동 · 식물 이용 • 나의 진로

교육과정에서 제시하고 있는 교육 내용이 꼭 단원명과 일치할 필요는 없으나 교육과정에서 제시하고 있는 교육 내용이 해당 내용들에 대한 대표성을 가지고 있기 때문에 단원명으로 사용이 적절하다. 또한 단원명을 통일함으로써 교과서를 활용하는 교사나 학생의 입장에서도 쉽게 비교할 수 있다. 다만, 검정 교과서가 교육 내용의 다양성을 확보하기 위한 방안이라고 보았을 때 지나치게 획일적인 형태로 제시되고 있음은 개선해야 할 만한 사항이다.

(2) 단원 구성 예시 : '로봇의 이해' 단원 체제

2009 개정 교육과정에서의 실과 교과서는 2007 개정 교육과정과 마찬가지로 검 · 인정 교과서를 채택하고 있기 때문에 교과서를 집필하는 사람과 출판하는 업체에 따라 다양한 특성을 나타내고 있다. 실과 교과서가 검정도서로 전환된 이후의 단원 체제에 대하여 살펴보기 위하여 김아롱과 이철현(2015)이 분석한 '로봇의 이해' 단원의 내용을 살펴보면 〈표 10-5〉와 같다.

▌표 10-5 '로봇의 이해' 단원 체제

구분		A	B	C	D	E	F
도입	소단원명	로봇의 이해	로봇의 이해	로봇의 이해	로봇의 이해	로봇의 이해	로봇의 이해
	단원 열기	생각 열기	수술로봇 다빈치	창의 열기	배움 열기	생각 톡톡	이야기 속 생각 여행
	학습 목표	무엇을 배울까요	무엇을 배울까요	소단원 목표 나열	주제 나열	무엇을 배울까요	소단원 목표 나열
전개	본문	본문 텍스트	본문 텍스트	본문 텍스트	본문 텍스트	본문 텍스트	본문 텍스트
	삽화	삽화	삽화	삽화	삽화	삽화	삽화
	단원 보조 자료	용어 설명 인터넷 사이트 더 알아보기	용어 설명	용어 설명 더 알아보아요 말풍선	용어 설명 반짝 발명	한 걸음더	말풍선
	체험 활동 자료	선택 활동	선택 활동	활동해보기	선택 활동	스스로 해보기	체험해보기
		로봇 제작하기 보고서 작성 정보 수집하기	로봇 구상하기 조사하기 시합하기	로봇 제작하기 로봇 구상하기 평가하기	로봇 제작하기 로봇 구상하기	로봇 제작하기 로봇 구상하기 시합하기	로봇 구상하기
정리	진로	직업여행	생생 직업탐험	생생 직업이야기	다양한 직업의 세계	진로탐험	직업과의 만남
	단원 정리	대단원 정리 (십자말풀이) 평가하기	단원 마무리 스스로 평가해보아요	대단원 마무리 (가로세로열쇠)	대단원 마무리하기 (주사위 게임)	대단원 놀이터 (가로세로퍼즐, 게임)	단원 마무리
페이지 수		12p	12p	12p	14p	14p	14p

출처 : 김아롱, 이철현(2015). 2009 개정 교육과정에 따른 실과 교과서 '로봇의 이해' 단원 분석. 한국실과교육학회지, 28(3), p. 151.

소단원명과 진로에 대한 내용이 들어가는 것은 동일하지만 도입, 전개, 정리에서 대부분 서로 다른 형태로 단원을 전개하고 있음을 확인할 수 있다. 또한 체험활동 자료의 경우 각 교과서별로 제시하고 있는 로봇이 다르다. 교과서의 다양성 측면에서는 국정도서일 때보다 나아진 면이 많다고 할 수 있으나 다양한 로봇을 교사가 모두 다루어보지 못했다는 점은 결국 수업과 교구에 대한 교사의 이해도가 낮을 수밖에 없음을 의미한다. 이처럼 단원의 형태를 살펴보면 검정도서의 장점뿐만 아니라 단점도 확인할 수 있다.

3) 2015 개정 교육과정에서의 교과서

2015 개정 교육과정에 등장하는 내용 요소는 〈표 10-6〉과 같다. 2009 개정 교육과정에 따른 교과서에 비추어 보았을 때 2015 개정 교육과정의 교과서 또한 영역과 내용 요소가 대단원명과 소단원명으로 제시될 가능성이 높다.

표 10-6 2015 개정 실과교육과정의 내용 요소

영역	핵심 개념	내용 요소 초등학교(5~6학년)	영역	핵심 개념	내용 요소 초등학교(5~6학년)
인간 발달과 가족	발달	• 아동기 발달의 특징 • 아동기 성의 발달	기술 시스템	창조	• 생명 기술 시스템 • 식물 가꾸기 • 동물 돌보기
	관계	• 나와 가족의 관계 • 가족의 요구 살피기와 돌봄		효율	• 수송 기술과 생활 • 수송 수단의 안전 관리
가정 생활과 안전	생활 문화	• 균형 잡힌 식생활 • 식재료의 특성과 음식의 맛 • 옷 입기와 의생활 예절 • 생활 소품 만들기		소통	• 소프트웨어의 이해 • 절차적 문제 해결 • 프로그래밍 요소와 구조
	안전	• 안전한 옷차림 • 생활 안전사고의 예방 • 안전한 식품 선택과 조리	기술 활용	적응	• 일과 직업의 세계 • 자기 이해와 직업 탐색
자원 관리와 자립	관리	• 시간 · 용돈 관리 • 옷의 정리와 보관 • 정리정돈과 재활용		혁신	• 발명과 문제 해결 • 개인 정보와 지식 재산 보호 • 로봇의 기능과 구조
	생애 설계	• 가정생활과 일 • 가정일의 분담과 실천		지속 가능	• 친환경 미래 농업 • 생활 속의 농업 체험

교과서에 등장하게 되는 단원의 구성은 교육과정에서 제시하고 있는 내용을 벗어날 수는 없으나 내용 요소에서 제시하고 있는 내용 안에서는 자유롭게 구성이 가능하다. 따라서 교과서 집필에 따른 의도에 따라 교과서별로 다양한 특성을 나타낼 수 있다.

단원의 구성은 단순히 단원의 전개 방식만을 결정하는 것이 아니다. 일례로 학교에서 교과서를 선정할 때에는 다양한 기준을 고려하게 된다. 이때 외형적인 부분과 교사가 보고 이해할 수 있는 수준에서 교과서를 선정하게 되는 경우가 다분하다. 결국 교과서의 단원 전개 방식이 학생들에게 적용되어 교과서를 선정하는 기준이 되기도 하는 것이다. 따라서 실제 교과서를 개발한 사람들이 어떠한 의도를 가지고 개발하였는지를 이해하고 교과서의 활용 방안이나 단원의 구성을 체계적으로 이해하여야만 합리적인 교과서를 선택할 수 있다.

4) 교과서 부록의 활용[10)]

교과서에서 부록을 활용하는 것은 학습 목표를 이루기 위한 활동에서 이해를 돕고 보다 원활한 수업이 진행될 수 있도록 도움을 주기 위함이다. 최근의 교과서들은 다양한 형태의 참고·보충자료를 교과서에 제시함으로써 다양한 콘텐츠로 교육을 진행할 수 있도록 돕고 있다. 부록은 이러한 콘텐츠의 일부라고 할 수 있다.

실과 교과서에서 부록은 국정 교과서에서 검정 교과서로 전환된 2007 개정 교육과정 실과 교과서에서부터 찾아볼 수 있다. 2009 개정 실과 교과서 6종에서 부록의 양은 평균 권당 12쪽으로 한 단원에 평균 2쪽씩 제공하고 있다. 출판사에 따라 제공되는 분량은 최대 25회, 최소 7회로 출판사의 특징에 따라 차이가 있다. 부록을 활용하고 있는 단원은 교과서를 발행하고 있는 출판사마다 차이가 있다. A출판사의 경우 부록의 수가 8개인 반면 B출판사의 경우 19개의 부록을 활용하는 등 출판사별로 차이가 있으며 단원별 저자에 따라 단원에서 활용하고 있는 부록의 수에도 차이가 있다.

실제 첨부되는 부록의 수에 차이는 있으나 교과서에서 학생들의 활동을 돕기 위하여 부록을 활용하는 것은 최근의 추세라고 할 수 있다. 따라서 여기서는 실과 교과서에 제시되고 있는 부록의 유형과 그 내용에 대하여 알아보고자 한다.

(1) 붙임딱지형

붙임딱지는 학습자가 학습 내용을 손쉽게 정리 및 활동할 수 있도록 만든 자료이다. 앞면에는 글이나 그림을 인쇄하고 뒷면에는 접착제를 발라 놓아서 쉽게 붙일 수 있다. 교과서에서 제시되고 있는 붙임딱지의 유형은 정리형 붙임딱지, 활동형 붙임딱지, 평가형 붙임딱지로 분류할 수 있다.

정리형 붙임딱지는 실과 학습에서 기본 개념과 원리 이해 등 이론 학습 다음 제공되는 학습 내용의 정리를 돕기 위한 붙임딱지를 의미한다. 사진, 삽화, 낱말,

---

10) 이 내용은 정석우, 이춘식(2016)의 《실과 교과서의 부록 활용 실태 조사 연구》를 바탕으로 수정·보완한 것임

공백 등 다양한 대상을 인쇄하여 학습자가 뜯어 교과서에 붙임으로써 습득한 개념을 퍼즐, 짝짓기, 빈칸 채우기 등의 활동 형식으로 활용하고 있고, 전 영역에서 폭넓게 활용되고 있다.

활동형 붙임딱지는 학습 활동을 위한 붙임딱지로 교과서 활동에 필기구를 사용함으로써 한계를 갖는 그림으로 표현하기나 꾸미기 등의 불편함을 개선하기 위한 것이다. 학습 시간 단축과 학습자의 학습 준비 절감 측면에서 장점을 갖는다. 실물을 대신하여 사진이나 삽화가 인쇄된 자료가 필요한 식생활이나 의생활 단원에서 주로 활용된다.

평가형 붙임딱지는 단원 학습 중 습득한 개념과 원리의 이해를 바탕으로 활동을 한 뒤 학습 내용에 대한 평가를 위한 붙임딱지를 의미한다. 주로 자기 평가를 위한 측정도구로서 제공되며, 성취도 수준에 따라 붙임딱지의 수나 색, 모양에 단계별로 차등을 두어 평가할 수 있도록 한다. 실과 교과서에서 제시되는 평가형 붙임딱지는 실생활 반성과 관련된 자료로 식생활이나 진로, 가족생활 등에서 활용된다.

(2) 보고서형

보고서는 과제에 대한 현황과 탐구 결과 등을 정리한 활동지이다. 실과 교과서에서 보고서는 학생들이 스스로 활동에 대한 기록을 작성하기 위한 양식을 제공하고 있다. 보고서의 유형은 실습 보고서, 조사 보고서, 재배 · 사육 일지로 분류할 수 있다.

실습 보고서는 실과 학습에서 주를 이루는 실습 준비, 계획, 평가에 사용되는 활동지이다. 활동에 필요한 준비물과 활동 순서, 주의사항 등을 활동 전에 기록하여 실습에 대한 계획을 세우고 실습 중 활동에 대한 점검에 사용된다. 실습 후 작품에 대한 평가와 실습 내용에 대한 자기 평가를 기록할 평가지도 함께 수록되어 실습의 전 과정에서 사용되는 활동지이다.

조사 보고서는 조사의 목적에 따라 학생 스스로 조사 활동을 한 후 조사 결과에 대한 내용을 정리하기 위한 활동지이다. 선정한 주제에 대한 조사 방법과 내용, 정리, 평가 등이 수록된다. 학생 스스로 자료를 수집하고 정리하는 활동에 적합하며 실과 교과에서는 주로 진로, 동 · 식물, 정보 등에서 활용된다.

재배 · 사육일지는 동 · 식물을 기르는 활동에서 사용되는 활동지로, 재배일지는 식물을 심는 실습 활동 후 가꾸기 활동에 대한 내용을 기록하고 재배 식물에 대한 관찰을 바탕으로 그림이나 글로 변화 모습을 나타내기도 한다. 사육일지 또한 동물의 성장 모습을 관찰하고 돌본 내용을 기록하며 동물의 생김새를 글과 그림으로 나타낸다.

(3) 제도형

제도는 초등학교 실과에서 다루고 있는 목제품 만들기 단원과 관련된 활동이다. 제품 구상도와 제작도로 구성되며, 제품 구상도는 스케치를 바탕으로 물건의 외형을 등각투상이나 경사투상으로 그려서 치수를 표기한 것이고 제작도는 만들 물건을 정면도, 평면도, 측면도의 정투상법으로 치수를 표기한 도면을 말한다. 실과 교과서에서 제공하는 구상도와 제작도는 목공품을 제작하기 위한 자료로 초등학교 수준에 적합하게 그릴 수 있도록 되어 있다.

(4) 놀이형

학습 내용을 바탕으로 규칙을 정해 두고 하는 놀이 활동으로 차시 학습 중이나 정리 단계에서 주로 활용되는 활동이다. 놀이 활동에 필요한 준비물을 수록하고 있으며, 교과서에서 제시되는 부록의 놀이 활동 자료는 교과서 재질의 한계로 주로 카드형 놀이 활동과 보드형 놀이 활동이 주를 이루고 있다.

(5) 활동지형

실과 교과에서는 다양한 방법을 통하여 활동지를 제공하고 있다. 활동지의 구체적인 예를 들면, 학습 자료 제작, 성장 카드 만들기, 생활계획표 작성 등 실과 전 영역에서 활용되고 있는 유형이다. 앞에서 제시한 부록의 유형들도 넓은 범위에서는 활동지로 분류가 되지만 지면에 여백이나 그림을 두어 학생들이 꾸미거나 내용 채워 넣기, 접어 붙이기 등의 활동을 할 수 있도록 제시된 활동지로 그 범위를 한정하여 생각할 수 있다.

이상에서 제시한 실과 교과서 부록의 유형을 정리하면 〈표 10-7〉과 같다.

▮표 10-7 실과 교과서 부록의 유형 정의

부록 유형	세부 유형	정의
붙임딱지형	정리형 붙임딱지	본 개념과 원리 이해 등 이론 학습 다음 제공되는 학습 내용의 정리를 돕기 위한 붙임딱지
	활동형 붙임딱지	교과서 활동에 필기구를 사용함으로써 한계를 개선하기 위한 붙임딱지로 다른 붙임 딱지
	평가형 붙임딱지	습득한 개념과 원리의 이해를 바탕으로 활동을 한 뒤 학습 내용에 대한 평가를 위한 붙임딱지
보고서형	실습 보고서	실습의 준비, 계획, 평가에 사용되는 활동지
	조사 보고서	학생 스스로 조사 활동을 한 후 조사 결과에 대한 내용을 정리하기 위한 활동지
	재배 · 사육일지	동 · 식물을 기르는 활동에서 사용되는 활동지
제도형	구상도/제작도	실과 교과서에서 제공하는 구상도와 제작도는 목공품을 제작하기 위한 자료
놀이형		학습 내용을 바탕으로 규칙을 정해 두고 하는 놀이 활동
활동지형	학습 자료, 카드 만들기, 생활계획표 등	지면에 여백이나 그림을 두어 학생들이 꾸미거나 내용 채워 넣기, 접어 붙이기 등의 활동을 할 수 있도록 제시된 활동지

2. 단원의 전개[11)]

단원은 다양한 배경을 가지고 전개되게 된다. 일례로 단원의 순서는 교육과정에 제시된 순서를 따르는 것이 아니라 계절을 고려하거나 학기간 부담을 고려하여 배치되기도 한다. 이 외에도 단원의 내용 소재나 제시 방법, 체제 등은 다각도로 고려된다.

가. 단원 배치 측면

1) 계절성을 고려한 단원 배치

실과의 교육 내용 중 꽃 가꾸기나 채소 가꾸기를 가장 효과적으로 학습하기 위해서는 3월 중에 실습이 이루어져야 한다. 하지만 대부분 학교 현장에서는 교과서 단원 순서대로 수업이 이루어지기 때문에, 이와 관련된 단원이 후반부에 배치되어 있을 경우 5월 이후에 수업이 이루어지는 경우도 있다. 따라서 실제로 실습이

11) 이 내용은 김형균(2007a)의 《초등학교 실과 교과서의 전향적 개발 방안》을 바탕으로 수정 · 보완한 것임

이루어지기 어려운 경우가 많다. 바느질을 통한 생활용품 만들기의 내용이 겨울용품과 관련되어 있을 경우에는 가급적 2학기 말에 학습이 이루어지도록 배치를 해야 할 필요가 있다.

2) 의미와 효과를 고려한 단원 배치

실과는 학생들이 5학년에 올라오며 처음 접하게 되는 교과목이다. 따라서 학생들의 관심이 타 과목에 비해 높을 수 있다. 이러한 측면에서 첫 단원은 가급적 이론적이고 추상적인 내용보다는 직접 몸으로 체험해보는 내용으로 구성하는 것이 바람직하다.

3) 학기 간 학습 부담을 고려한 단원 배치

2015 개정 교육과정에서는 가정생활 6개, 기술의 세계 6개로 총 12개의 내용을 4학기에 걸쳐 교육하도록 제시하고 있다. 따라서 학기 간 학습 부담이 고루 분산될 수 있도록 한 학기에 3개의 단원을 편성하는 것이 바람직하다. 다만, 실습 위주의 내용이 한 학기에 몰리게 될 경우 학습의 부담이 늘어날 수 있기 때문에 이론 중심의 내용과 실습 중심의 내용을 적절히 섞어서 배치하는 것이 중요하다.

나. 단원 내용 소재 및 제시 방법 측면

1) 흥미, 학습량과 수준을 고려한 내용 소재

교과서에서는 많은 정보를 빠뜨림 없이 제공하는 것이 아니라, 학습의 방법과 가치 그리고 기쁨을 맛볼 수 있도록 하는 일이 중요하다. 그것은 흐름이 있는 구성을 통해 가능하다. 많은 것을 제시해야 많이 학습할 것이라는 기대는, 인간이 지니고 있는 배움에 대한 자발적인 의지와 욕구, 그리고 능력을 간과한 논리이다.

교과서는 학습자의 흥미를 자극해서 학습에의 의욕을 불러일으키는 작용을 하지 않으면 안 된다. 또한 학습자로 하여금 미지의 세계에 대한 기대와 동경을 갖게 하는 매력을 갖지 않으면 안 된다. 교과 수업을 자기 학습 중심의 방향으로 전환하고 그러한 자기 학습을 원조하는 과정으로 조직, 전개하기 위해서는 교과서가 학습자 스스로 학습 방법을 궁리하고 생각하는 계기를 만들고 도아주어야 한다.

그러기 위해서는 교과서가 계획을 세우는 법, 조사하는 법, 관찰하고 실험하는 법, 토론, 발표, 보고하는 요령 등 학습하는 방법을 흥미 있고 이해하기 쉽게 제시하는 데 많은 배려를 해야 한다.

어느 한 이론 혹은 아이디어에 대해 소개할 때 그러한 아이디어를 탄생시키기까지의 역사와 그에 내제되어 있는 수많은 사회적 · 정치적 · 문화적인 요인들의 영향, 그리고 적대가설이나 이론, 쟁점 등을 연관시켜 알려줄 필요가 있다.

2) 다양한 형태의 내용

학습자들의 인지 발달의 순서, 질문의 순서 등 경험적인 계열을 기초로 내용이 조직 전개되어야 한다. 각종 데이터, 일화, 실험이나 관찰 결과, 기사, 자서전, 판계, 일기 등 생생하고 흥미 있는 일차 자료 들을 다양하게 제시해 줄 필요가 있다.

또한 학습자의 필요나 선호하는 읽기 유형을 기초로 하여 자신이 하는 순서대로 정보를 획득할 수 있게 해야 한다. 학습자로 하여금 자기 주도적이고 융통적이며 풍부한 인지적 환경을 제공하고 관계적인 사고를 촉진할 수 있는 내용을 제시해 주는 것은 기존의 전통적인 교과서가 지닐 수 없었던 융통성, 비선형적 구조 그리고 방대한 최신 정보에 대한 자유로운 접근 가능성 등의 다양한 내용을 갖추어져야 한다.

3) 학습 과제 제시와 학습을 정착시킬 수 있는 내용

학습자가 주체적이고 창조적인 학습 활동을 전개하기 위해서는 학습 목표와 과제를 명확하게 파악하고 의식하는 것이 무엇보다 중요하다. 따라서 학습재로서 교과서의 주요한 기능은 학습자가 학습하고자 하는 내용에 관해서, 그 목표와 과제를 명료하게 제시하여 학습자로 하여금 무엇을 어떻게 학습할 것인가를 의식하게 하고, 스스로 목표 달성을 위한 방법과 전략을 탐색하게 하는 것이라고 할 수 있다.

학습 결과에 대한 자기 평가를 포함하여 학습의 성과를 정착시키는 기능을 교과서가 갖도록 유의해야 한다. 지나간 학습의 절차, 과정을 되돌아보고 점검하면서 학습의 성과를 정착시키는 것이 중요하며, 앞으로의 학습 과제나 방법을 탐색하도록 자극하는 기능을 추가해야 할 것이다.

4) 타 교과와 차별화될 수 있는 내용

어떤 교과이든지 타 교과와 중복은 완전히 피할 수는 없다. 이것은 교과 간의 통합성 측면에서 일면 바람직한 면도 있다. 즉, 타 교과의 내용을 더욱 심화시키든지, 다른 측면으로 차별화한다면 학생들에게는 지식의 통합적 측면이 길러질 수 있다.

다. 단원의 체제 측면

단원 체계는 단원의 특성과 성격에 따라서 다양하여야 한다. 과거의 교과서는 단원의 특성이나 성격이 고려되지 않고 일률적으로 하다 보니 다소 억지스러운 면이 있었다. 따라서 새로운 교과서는 단원의 특성에 따라 분량이나 체제가 다양하게 제시되어야 한다.

1) 각 단원에 공통적으로 적용할 수 있는 체제

본문은 가능한 양을 줄이고, 본문과 연관된 읽을거리, 사이버체험과 실제 체험 장소 소개, 환경과 관련된 내용, 직업과 관련된 내용, 단원 정리 및 평가의 체제를 가급적 공통적으로 할 필요가 있다.

2) 이론을 바탕으로 실천을 행하는 단원

이론을 바탕으로 주로 실천하는 단원은 의미를 잘 생각해 보고 계획하고 실천하는 것이 중요한 목표이다. 따라서 체제를 생각해보기, 알아보기, 조사해보기, 실천 계획하기, 실천해보기로 제시할 수 있다.

3) 이론을 바탕으로 실습을 행하는 단원

이론을 바탕으로 실습을 행하는 단원은 이론적인 내용을 배운 후 관련된 실습을 통하여 기능의 습득을 주된 목적으로 한다. 따라서 체제를 연관지어보기(실과 내 단원, 혹은 타 교과), 선택해서 해보기, 더해보기로 제시할 수 있다.

4) 정보 기기를 이용하여 실습을 주로 행하는 단원

정보 기기를 주로 활용하는 단원은 문제 해결하기, 찾아(검색)보기, 탐색해보기, 자료 만들어 보기로 제시할 수 있다.

3. 타 교과와의 연계[12)]

실과 교과의 내용들은 실생활과 관련된 내용이 주를 이루고 있기 때문에 타 교과의 내용과 중복되는 경우가 많다. 특히, 이론을 실생활에 적용하면서 학생들의 이해도를 높이고자 하는 교육의 흐름상 실과 교과의 내용과 중복되는 경우는 늘어나고 있다. 이 중 2015 개정 교육과정에 새롭게 등장한 수송 기술과 관련하여 타 교과와의 연계성을 알아보면 다음과 같다.

가. 과학 교과목에서의 수송 기술교육

과학 교과목에서는 수송 기술교육과 관련된 내용이 〈표 10-8〉과 같이 5~6학년 군에 '속력', '속력과 안전'이라는 내용 요소로 등장한다.

표 10-8 2015 개정 과학 교육과정에서의 수송 기술교육 관련 내용

영역	핵심 개념	일반화된 지식	내용 요소		
			초등학교		중학교
			3~4학년	5~6학년	1~3학년
힘과 운동	시공간과 운동	물체의 운동 변화는 뉴턴 운동 법칙으로 설명된다.		• 속력 • 속력과 안전	• 등속 운동 • 자유 낙하 운동

12) 이 내용은 이동원(2016)의 《실과 교과의 수송 기술교육 패러다임 변화와 미래 전략》의 내용을 수정 · 보완한 것임

수송 기술을 이해하기 위한 기본적인 지식으로 과학적 지식이 필요함은 당연하다. 하지만 단순한 과학적 지식을 습득하는 데 그치지 않고 안전에 관한 내용이 등장함으로써 안전이 수송 기술교육에 미치는 영향을 다시금 확인할 수 있다. 특히, '일상생활에서 경험할 수 있는 충돌 상황에서 빠른 물체와 느린 물체에 의한 피해의 차이를 알고 속력과 연관된 안전 수칙을 지키도록 한다.'고 목표를 제시하면서 '[6과07-03] 일상생활에서 속력과 관련된 안전사항과 안전장치의 예를 찾아 발표할 수 있다'는 성취 기준을 제시함으로써 실과에서 다루고자 하는 자전거에서의 제동장치에 관련된 내용을 포함시키고 있다. 또한 탐구 활동에서 속력과 관련된 교통 안전 수칙 조사하기를 제시함으로써 실과의 교과 내용과 함께 수송 기술의 원리, 구조, 안전, 규칙에 이르는 포괄적인 내용을 교육할 수 있도록 제시하고 있다.

교수・학습 시 유의사항에서 제시하고 있는 '속력과 관련된 안전사항에 관해서는 실천적 습관 형성을 위하여 빠른 물체의 위험성을 인식시키는 데 중점을 두도록 한다.'는 내용은 안전에 관한 실천적 습관 형성을 중요시함으로써 과학과에서만 다루는 것이 아니라 타 교과와의 연계가 필요하다는 의미를 내재하고 있다.

나. 체육 교과목에서의 수송 기술교육

체육 교과목에서는 수송 기술교육과 관련된 실제적인 내용들이 과거의 교육과정부터 다루어져 왔다. 특히, 자전거, 인라인 스케이트와 같이 학생들이 여가 활동에서 즐길 수 있는 운동들은 체육 교과에서 자주 다루어지던 내용이다. 체육 교과에서 다루고 있는 수송 기술교육 관련 내용을 살펴보면 〈표 10-9〉와 같다.

표 10-9 2015 개정 체육 교육과정에서의 수송 기술교육 관련 내용

영역		신체 활동 예시
건강	(가) 건강과 체력	일상생활에서 실천할 수 있는 체력 운동(맨손체조, 줄넘기 등), 기본 생활 습관 형성 활동(몸의 바른 자세, 손 씻기, 양치질, 올바른 식습관 등)
	(나) 여가와 운동 방법	일상생활에서 실천할 수 있는 여가 활동(걷기, 자전거 타기, 플라잉디스크, 제기차기, 투호, 사방치기 등), 기초체력 측정 및 증진 활동(스트레칭, 팔굽혀펴기, 왕복달리기, 전력달리기 등)
안전	(가) 신체 활동과 수상 활동 안전	신체 활동과 관련된 안전사고의 종류와 원인 조사 활동, 수상 안전사고 예방 및 대처 활동 등
	(나) 운동 장비와 게임 활동 안전	운동 장비와 관련된 안전사고의 종류와 원인 조사 활동, 게임 안전사고 예방 및 대처 활동 등

체육 교과에서 제시하고 있는 신체 활동 예시를 살펴보면 '여가와 운동 방법', '운동 장비와 게임 활동 안전'에 있어서 수송 기술교육과 관련된 내용을 찾을 수 있다. 특히, '여가와 운동 방법'에서 제시하고 있는 자전거 타기는 학생들이 많이 접하기 때문에 2009 개정 교육과정 이전에도 여가 활동으로 자주 제시된 바 있으며 자전거 타기 교육과 관련되어 교육청과 학교 차원에서 자전거 면허증 발급과 같은 다양한 형태의 교육이 이미 이루어진 바 있다. 또한 안전하게 자전거를 타기 위하여 갖추어야 할 보호 장비에 관한 내용도 함께 제시된 바 있어 수송 기술, 특히 자전거와 관련하여 연계성을 충분히 찾을 수 있다. 여기서 다루어지는 자전거 관련 내용은 실과 교과에서 다루어지는 내용과는 달리 실제 자전거를 타는 활동이기 때문에 실과의 수송 기술 내 자전거와 겹친다고 볼 수 없다. 실과, 과학, 체육에서 등장하는 수송 기술 관련 내용은 서로 통합되어 교육되었을 때 수송 기술의 안전 또는 자전거의 안전에 관한 전반적인 교육이 이루어질 수 있도록 제시되어 있다.

다. 사회 교과목에서의 수송 기술교육

사회 교과에서 등장하는 수송 기술교육의 내용은 실과, 과학, 체육에서 제시하고 있는 내용과는 달리 수송 기술의 사회적 영향에 초점이 맞추어져 있다. 〈표 10-10〉은 2015 개정 사회 교육과정에서 수송 기술교육 관련 내용을 나타낸 것이다.

사회과에서는 수송 기술교육의 내용은 교통수단의 발달이 우리 생활에 어떤 영향을 미쳤는지와 어떻게 변화해 왔는지를 탐구하고 있다. 하지만 이와 유사한 내용이 실과(기술 · 가정)에서도 제시되고 있음을 확인할 수 있다. 중등 수송 기술의 교수 · 학습방법 및 유의사항에서는 '에너지의 효율적인 사용 방안의 모색과 수송 기술의 발달, 그에 따른 사회의 변화를 이해하고, 수송 기술의 발달은 보다 가속화되고 있음을 알 수 있도록 한다'라고 제시하고 있으며 이는 사회과에서 제시하고 있는 성취 기준인 '[4사 01-05] 옛날과 오늘날의 교통수단에 관한 자료를 바탕으로 하여 교통수단의 발달에 따른 생활 모습의 변화를 설명한다'와 '[4사 01-06] 옛날과 오늘날의 통신수단에 관한 자료를 바탕으로 하여 통신수단의 발달에 따른 생활 모습의 변화를 설명한다'에 유사한 내용을 담고 있다.

▌표 10-10 2015 개정 사회 교육과정에서의 수송 기술교육 관련 내용

<table>
<tr><th rowspan="3">영역</th><th rowspan="3">핵심 개념</th><th rowspan="3">일반화된 지식</th><th colspan="4">내용 요소</th></tr>
<tr><th colspan="2">초등학교</th><th>중학교</th><th rowspan="2">고등학교</th></tr>
<tr><th>3~4학년</th><th>5~6학년</th><th>1~3학년</th></tr>
<tr><td>인문 환경과 인간 생활</td><td>경제 활동의 지역 구조</td><td>지표상의 자원은 공간적으로 불균등한 분포를 보이고, 인간의 경제 활동은 지역에 따라 다양한 구조를 나타내며, 여러 요인에 의해 변화한다.</td><td>교통수단의 발달과 생활 모습의 변화</td><td>국토의 산업과 교통 발달의 특징 및 변화 모습</td><td>• 농업 입지와 변화
• 공업 입지와 변화
• 서비스업 입지와 변화
• 자원의 편재성
• 자원과 인간 생활
• 지속 가능한 자원 개발</td><td>• 자원의 의미와 자원 문제
• 농업의 변화와 농촌 문제
• 공업의 발달과 지역 변화
• 상업 및 서비스업 변화와 공간 변화
• 교통 · 통신 발달과 생산 및 소비 공간의 변화
• 세계의 주요 에너지 자원
• 세계의 주요 식량 자원
• 세계 주요 자원의 국제 이동
• 세계 주요 지역의 산업 구조
• 세계 주요 지역의 공업 지역</td></tr>
</table>

5~6학년군에서 제시하고 있는 '[6사 01-06] 우리나라의 산업 구조의 변화와 교통 발달과정에서 나타난 특징을 탐구한다'의 성취 기준 또한 교통의 측면에서 변화와 발달과정을 살펴보는 내용을 담고 있다.

라. 기타 교육과정 속 수송 기술교육 내용의 구성

실과 교과에서 수송 기술교육이 지속적으로 교육되고 발전되어 나가기 위해서는 다른 교육과정들과의 연계를 고려하지 않을 수 없다. 다행스럽게도 초등학교 교육과정상에 나타나 있는 수송 기술교육의 내용은 각 교과의 특성에 맞게 제시되고 있어 성취 기준상의 중복 요소를 찾을 수 없었다. [그림 10-1]과 같이 처음부터 수송 기술교육을 초등학교에서 교육하기 위하여 다양한 교과에 내용을 분할하여 포함한 것이라고 생각될 정도로 다양한 교과에서 수송 기술교육의 일부분을 담당하고 있다. 특히, 진의남, 김용익, 고인규(2016)가 교육과정 개발과정의 한계와 대안에서 제시하고 있는 현장 친화적 접근에 대한 진보, 초 · 중 · 고 간 계열성 확보 및 활동, 체험 중심의 재미있는 교육의 실현에 관한 관점이 충분히 반영된 것으로 판단된다. 이로 인하여 수송 기술교육이라는 이름으로 통합적인 교육이 이루어질 수 있는 형태를 가지고 있다. 결과적으로 초등학교에서의 수송 기술교육은 교과의 특성을 반영하여 다학문적으로 구성되어 있음을 확인할 수 있었다.

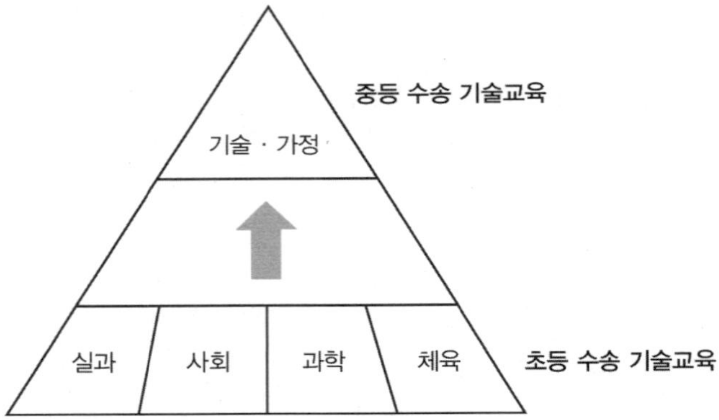

[그림 10-1] 수송 기술교육 내용의 변화과정

다만, 이러한 내용이 교과서 개발 단계에서 적용되기에는 어려움이 따른다. 지도서를 개발하는 과정에서 다른 교과목의 내용과 연계되는 것을 알려줄 수는 있으나 실제 교과서를 개발하는 집필진이 독립되어 있고 이미 만들어져 있는 교과서를 바탕으로 실과 교과서를 구성하는 것이 아니기 때문에 타 교과와의 연계를 확신할 수 없다. 특히, 시기적으로 동일한 시기에 교육될 수 있도록 단원을 배치하는 것은 어려운 일이다. 따라서 해당 내용이 타 교과와 연계하여 교육하기에 적합한 내용이라고 하더라도 교과서를 개발하는 단계에서 이를 고려할 수는 없다. 결국 타 교과와의 연계를 통한 주제 중심의 교육은 교사의 손에서 이루어질 수밖에 없는 것이 현실이다.

논의

1. 단원의 개념과 유형에 따른 한계점과 그 극복 방안을 논의해 보자.
2. 2009 개정 교육과정에서 '로봇의 이해' 단원에 등장하는 단원의 체제를 바탕으로 합리적인 교과서 단원의 체제에 대하여 논의해 보자.
3. 실과 교과서에서 부록을 어떻게 활용할 수 있을지 논의해 보자.
4. 2015 개정 교육과정에서 이론을 바탕으로 실천을 행하는 단원과 이론을 바탕으로 실습을 행하는 단원을 찾아 그 특징을 논의해 보자.
5. 실과 교과의 수송 기술은 타 교과와 함께 교육되고자 할 때 다학문적, 간학문적, 탈학문적 통합 단원 중 어떤 통합 단원에 어울리는지 논의해 보자.

참 | 고 | 문 | 헌

강현석, 이경섭(1999). 교육과정 설계상의 주요 쟁점 분석. **교육과정연구, 17**(1), 137-165.

고인규(2013). **Karl Heinrich Marx의 Praxis에 터한 실과 재배 단원 개발.** 한국교원대학교 대학원 박사학위논문.

교육과학기술부(2011). **사회과 교육과정.** 교육과학기술부 고시 제2012-14호 [별책 7].

교육과학기술부(2011). **실과(기술 · 가정) 교육과정.** 교육과학기술부 고시 제2011-361호 [별책 10].

교육과학기술부(2011). **체육과 교육과정.** 교육과학기술부 고시 제2011-361호 [별책 11].

교육부(1997). **실과(기술 · 가정) 교육 과정.** 교육부 고시 제1997-15호.

교육부(1997). **중학교 교육과정.** 교육부 고시 제1997-15호 [별책 3].

교육부(2015). **과학과 교육과정.** 교육부 고시 제2015-74호 [별책 9].

교육부(2015). **체육과 교육과정.** 교육부 고시 제2015-74호 [별책 11].

교육부(2015). **사회과 교육과정.** 교육부 고시 제2015-74호 [별책 7].

교육부(2015). **실과(기술 · 가정)/정보과 교육과정.** 교육부 고시 제2015-74호 [별책 10].

교육인적자원부(2007). **고등학교 교육과정(I).** 교육인적자원부 고시 제2007-79호[별책 4].

군정청, 문교부(1946). **교수요목집(1).**

기남호, 최유현(2004). 초 · 중고등학교 실과(기술 · 가정) 교과서 내적 체제의 비교 분석. **한국기술교육학회지, 4**(2), 18-33.

김경아, 최준섭(2013). 기술 · 가정 2 교과서 '에너지와 수송 기술' 단원 분석. **한국기술교육학회지, 13**(3), 245-263.

김기열, 이슬미, 함형인, 이정훈, 허혜연(2015). '에너지와 수송 기술 체험활동'에서 실습주제 특성에 따른 실습 과제 선정. **실과교육연구, 21**(2), 115-132.

김봉수(1987). **현대교육과정론.** 학문사

김아롱, 이철현(2015). 2009 개정 교육과정에 따른 실과 교과서 '로봇의 이해' 단원 분석. **한국실과교육학회지, 28**(3), 143-160.

김용익(2015). 2015 실과(기술 · 가정)에서 초등기술교육 내용 구성에 관한 소고. **한국실과교육학회지, 28**(3), 57-79.

김인식 역(1997). **교사와 교육과정 설계.** 경남대학교 출판부.

김종우(2006). **허스트의 사회적 실제 이론에 터한 실과교육과정 설계 모형과 단원 개발.** 한국교원대학교 대학원 박사학위논문.

김형균(2007a). 초등학교 실과 교과서의 전향적 개발 방안. **실과교육연구, 13**(1), 43-60.

김형균(2007b). 차기 실과 교과서의 단원설계 및 내용요소 개발. **실과교육연구, 13**(3), 39-62.

김희필(2015). 기술(수송) 영역 평가 및 내용 구성 방향. **한국실과교육연구학회 추계학술대회 자료집**, 125-134.

류청산(1999). 현행 초등학교 실과 교과서의 체제 분석과 전향적 모형 개발. **경인교육대학교 초등교육연구원, 16**, 147-185.

이경섭(1999). **교육과정 쟁점 연구.** 교육과학사.

이윤복(2014). **내러티브에 기초한 주제 중심 통합단원 개발.** 경북대학교 대학원 박사학위논문.

진의남, 김용익, 고인규(2016). 2015 개정 초등실과 '기술의 세계' 영역 교육과정 개발 연구. **실과교육연구, 22**(1), 97-114.

정석우, 이춘식(2016). 실과 교과서의 부록 활용 실태 조사 연구. **실과교육연구, 22**(1), 189-204.

정성봉(2002). **실과-기술가정 교육과정론**. 교학사.

최유현, 이동원, 문대영, 임윤진, 이진우, 정정숙, 이승원, 정영석(2015). 지식재산보호교육에 있어서 학습촉진요인과 학습장애요인 분석. **한국실과교육학회지, 28**(4), 99-116.

황미정(2005). **개념 기반의 주제 중심 단원 설계 준거 개발**. 경북대학교 대학원 박사학위논문.

Bruner, Jerome S.(1960). *The Process of education*. Cambridge, Mass : Harvard University Press.

Goodlad, J. I.(1963). *Planning and organizing for teaching*. Washington, DC : National Education Association.

International Technology Education Association(2000). *Standards for technological literacy; Content for the Study of Technology*. Reston, VA : Author.

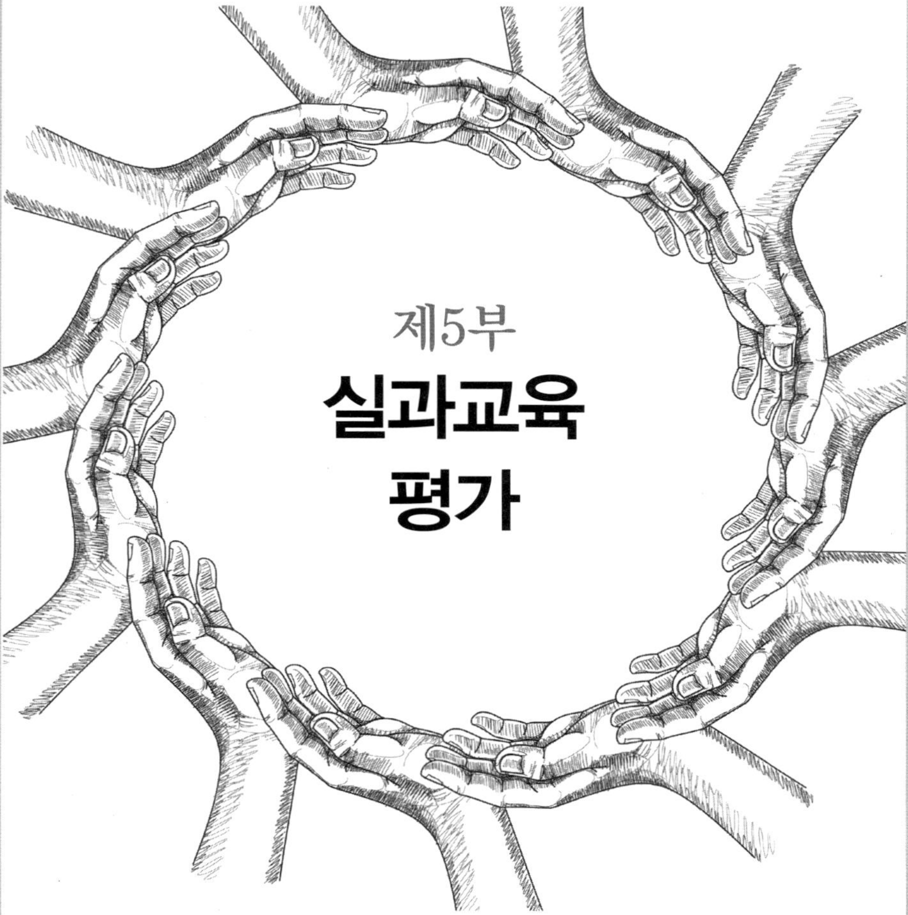

제5부
실과교육 평가

제11장
실과교육 평가의 기초

개요

평가란 끊임없이 목표에 비추어 판단을 내리는 과정이라고 한다. 실과교육 평가가 실천되기 위해서는 먼저 학습 목표가 확인된 이후 평가를 어떤 상황에서 해야 할 것인가를 결정해야 한다. 실과교육 평가의 결과는 각 과정에 송환되어 영향을 미치면서 실제 활동과정에서 유기적인 관계가 있다. 평가는 평가 도구가 작성되어야 하고 과학적인 평가 도구 분석을 거친 후 검사라는 형식을 통해서 정보를 수집하여야 한다. 이 장에서는 평가의 기본 개념과 평가 절차상 강조해야 된다고 생각하는 평가 도구의 개발 절차 및 모형에 특히 ㅂ 중을 두었다.

목표

1. 실과교육 평가의 개념을 설명할 수 있다.
2. 평가의 목적과 유형을 이해한다.
3. 평가를 위한 각종 도구를 개발할 수 있다.

1절 실과교육 평가의 개념

개요
이 절에서는 교육 평가 개념에 대하여 알아보고 이를 토대로 실과교육 평가 방법을 탐색하기 위하여 먼저 일반적인 교육 평가의 개념을 고찰할 것이다. 이를 위해 평가의 정의, 측정관, 평가관, 총평관, 교육 평가의 기능, 교육 평가의 유형, 도구상의 문제점, 평가 도구의 유형, 평가 도구의 기준 등에 대하여 알아본다.

1. 실과교육 평가의 개념적 고찰

가. 평가의 정의

교육학 분야에서 가장 장족의 발전을 이룬 분야를 들라고 한다면, 교육 측정 및 교육 평가 분야를 들 수 있다. 학습에서, 교수에서, 연구에서, 학교 행정에서 측정 및 평가가 발전시킨 전문적 기술이나 이론을 넓게 이용하고 있지 않은 분야는 없다.

평가의 사전적 의미는 '어떤 사물의 가치를 판단하는 것'이다. 이 말을 그대로 교육에 적용하면 교육 평가는 '어떤 교육의 가치를 판단하는 것'으로 볼 수 있다. 우리가 행한 교육의 질을 판단하는 것을 교육 평가로 보아도 크게 틀리지는 않을 것이다. 그러나 교육의 질이라는 것이 무엇이며, 평가의 기능을 어느 범위까지 확대할 것인가가 문제이다. 그래서 학자들마다 교육 평가를 조금씩 다르게 정의하고 있다. 타일러(R. W. Tyler) 등은 '교육 목적이나 목표의 달성 여부를 확인하는 과정'으로 정의하였고 스테이크(R. E. Stake)나 스크리븐(M. Scriven) 등은 목표 수준이나 성취 수준 지향적인 평가관을 비판하고 어떤 경험이나 활동과정의 가치를 판단하는 데 중점을 두었다. 또한 스터플빔(D. Stufflebeam)은 교육 평가를 '의사 결정 대안들을 판단하는 데 유용한 정보를 기술, 획득 그리고 제공하는 과정'으로 정의하면서 평가의 궁극적인 목적을 의사 결정을 돕는 데 두었다. 위의 정의들을 간단히 목표 지향적 의미, 탈목표 가치 판단 지향적 의미, 의사 결정 지향적 의미로 볼 수 있다.

블룸(Bloom, 1970)은 검사(testing)를 정의하여 '학습자에게 어떤 변화가 일어났는지, 또 일어났다면 어느 정도인지를 결정하기 위한 증거를 체계적으로 수집하는 과정'으로 정의하고 있다. 이와 같은 과정에 접근하는, 즉 증거를 수집하는 과정을 보는 접근 방법에 세 가지 관점이 존재한다. 측정관(measurement), 평가관(evaluation), 총평관(assessment)이 그것이다. 이 세 가지 관점은 목적, 과정, 결과를 판단하는 눈이 전혀 다르다. 이렇듯 교육 평가란 보는 입장에 따라서 다양한 뜻을 가지고 있기 때문에 그 입장에 따라 평가가 어떤 뜻을 가지고 있는가를 다음과 같이 설명하고 토론하고자 한다.

1) 측정관

평가(evaluation)를 측정(measurement)과 동의어로 보고 평가를 일정한 법칙에 따라 대상이나 사태에 수치를 매기는 과정으로 본다. 측정의 개념은 분트(W. Wundt), 골턴(F . Galton), 비네(A. Binet)와 같은 초기의 실험심리학, 심리 측정, 검사 제작 이론에서 출발한다. 인간의 행동 특성, 예컨대 지능, 성적, 흥미, 가치, 도덕심, 운동 기능 등도 안정성이 있는 것으로 보며, 이것들은 시간적, 공간적으로 보아 별로 변화하지 않는다고 본다. 따라서 이와 같은 가정은 어떤 현상이든 정확, 정밀하게 측정할 수 있다는 관점을 취하게 된다.

측정관은 이와 같은 안정성이 있는 특정한 어떤 행동 특성의 어느 시점에서의 개인의 반응을 표본으로 하기 때문에 가장 문제가 되는 것은 개인의 반응 점수의 신뢰성 및 객관성이 유지되느냐에 관심이 집중된다. 즉, 점수에서의 오차가 있느냐 없느냐는 문제가 주된 관심의 대상이다. 만약 신뢰성이 없거나 혹은 객관성이 없으면 아무리 타당성이 있는 측정이라고 해도 측정관에서는 쓸모 없는 증거, 의미 없는 증거로 간주된다. 요컨대, 신뢰성이 타당성에 우선한다고 보는 것이 측정관이다. 측정관을 대표하는 사람으로 서스톤(Thurstcne, 1938), 스트롱(Strong, 1943), 굴릭슨(Gulliksen, 1950) 등을 들 수 있다.

2) 평가관

평가관(evaluation)은 측정관과는 달리 자연 속에 존재하는 모든 실재나 인간의 행동 특성은 안정성이 없고 언제나 변화한다는 것이다. 교육도 교육적 노력이나 교육적 작용을 투입함으로써 학습자에게 어떤 변화를 일으키려고 하는 것이 궁극적 목적이다. 평가를 하기 위해 동원되는 여러 가지 도구, 검사, 과정도 교육매체에 의해 발생한 학생의 변화에 제일차적 관심이 있다. 즉, 평가는 학습자에게 일어난 다양한 변화를 판단하는 일련의 절차로 볼 수 있다.

평가관은 평가 도구의 객관성, 신뢰성, 능률성을 문제 삼기는 하지만 이것들은 부차적이고, 가장 핵심적인 것은 평가 도구의 내용 타당성(content validity) 및 목표 타당도이다. 즉, 평가 도구가 교수과정에서 의도했던 목표를 얼마나 잘 대표하고 있으며 그것을 측정해 내고 있느냐의 정도에 의해 내용 타당도가 결정된다. 비록 신뢰도와 객관도가 다소 없더라고 교육 목표를 제대로 평가하고 있을 것을 바란다. 그러므로 이 내용 타당성을 보장하기 위해 평가에서는 간접적인 증거보다 직접적인 증거를 수집하려고 한다.

평가관을 대표하는 사람으로는 스미스(Smith)와 타일러(Tyler, 1942), 블룸(Bloom, 1956), 푸르스트(Furst, 1958), 크론바흐(Cronbach, 1963) 등을 들 수 있다.

3) 총평관

흔히 평가라는 개념 속에서 같이 혼용되어 쓰이고 있는 개념 중의 하나가 총평(assessment) 혹은 전인격 평가이다. 이 용어는 머레이(Murray, 1938)가 《인성의 연구》라는 저서에서 처음 사용되었다. 총평의 개념은 개인의 행동 특성을 특별한 환경, 특별한 과업, 특별한 준거 상황에 관련시켜 의사결정을 하려는 것이었다.

총평의 가장 주된 개념을 개인과 환경의 상호작용에 관심을 갖는다. 머레이는 인간의 행동 특성을 평가하기 위해 인간이 가지고 있는 욕구 체제와 인간을 둘러싸고 있는 환경이 주는 압력 체제로 나누어 그 사이의 역동적 관계를 분석했는데, 이와 같은 욕구-압력 체제의 특징을 곧 인간과 환경과의 상호작용을 분석하려는 데 있다. 마찬가지로 역할 이론(role theory)도 환경이 요구하는 역할과 개인이 이 환경 속에서 수행해야 할 역할과의 상호 관계를 효능적으로 분석, 진단하는 데 있다.

총평의 주된 장점은 개인과 환경에 관한 증거를 추구하는 데 있다. 이 두 가지 종류의 증거를 관련시키려는 노력은 인간의 행동 변화의 현상을 이해하는 데 중요한 공헌을 했다. 더욱이 두 가지 종류의 증거를 관련시켜 설명, 예언하기 위해 발전시킨 구인, 모형, 이론의 창안 및 도입은 검사 발전에 획기적인 공헌을 했다고 판단된다.

총평관을 대표하는 사람은 데이브(Dave, 1963), 울프(Wolf, 1964), 헤스와 십맨(Hess & Shipman, 1965), 스토돌스키(Stodolsky, 1995), 페이스와 스턴(Pace & Stern, 1958) 등이 있다.

4) 측정관, 평가관, 총평관의 비교

표 11-1 측정관, 평가관, 총평관의 특징 비교

구분	측정관(measurement)	평가관(evaluation)	총평관(assessment)
개념	안정성과 객관성을 전제로 한 전형적인 방법 (지능, 성적, 흥미, 가치 등)	학습자에게 일어나는 다양한 변화를 판단하는 일련의 절차	• 시공을 초월한 전인격(全人格) 평가 • 병원의 임상적 평가
검사의 강조점	• 규준집단에 비추어본 개인의 양적 기술 • 간접적 측정 • 정적 세계, 개인의 정적 특성 • 객관도와 신뢰도 중시 (타당도는 부차적) • 순수 측정이 가능하다고 신념 • 표준 도구의 개발	• 사회적 가치(교육 목적)에 비추어 본 양적 및 질적 기술 • 직접적 평가 • 계속 변화하는 세계, 개인의 변화하는 특성 • 내용타당도 중시(객관도와 신뢰도는 부차적) • 순수측정 불가능 신념 • 구체적 상황에 필요한 도구 개발	• 효과적 기능 혹은 전체 적합도에 비추어 본 질적 기술 • 간접적 및 직접적 증거 • 역동적 분석에서 추리한 행동과 환경의 현재 평형상태 • 구인타당도 중시 (신뢰도, 객관도 고려) • 순수측정 불가능 신념 • 구체적 상황에 필요한 도구 개발
타당화의 과정	• 검사 결과와 개인에 관한 다른 판단과의 비교 • 한 검사 결과와 다른 검사 결과와의 비교 • 예언타당도, 공인타당도, 내적 합치도	• 검사 상황과 교육 목적의 비교 • 검사 상황 속의 개인과 교육 목적의 비교 • 내용타당도, 목표타당도	• 자체 타당화(장면 반복) • 총평과 평가와의 비교 • 일치도
검사 결과의 이용	• 예언, 분류, 자격 부여, 실험 • 검사 영향의 완전배제/통제(오차변량으로 간주) • 진단에는 관심이 없음	• 예언, 실험, 교수 프로그램의 효과 판정(분류, 자격 부여, 선발은 부차적) • 검사 영향의 최대 이용, 성적 증진, 동기화의 수단으로 이용(중요한 교수변인으로 간주) • 사회가치에 비추어 본 교육목표 달성도의 진단	• 예언, 자격부여, 분류, 실험, 선발 • 검사조건 아래서의 측정의 영향을 강조 (자기평가보고서) • 규준 상태나 역할에 비추어 본 진단 및 예언
채점/검사 결과의 해석	• 객관적 • 반응의 정확성과 속도 • 점수의 합산 및 종합 • 단일점수 • 집단규준에 비춰본 해석	• 객관적 및 주관적 • 반응의 형태, 모든 적절한 반응 • 형태와 유형 • 하위점수 유형 프로필 • 교육 목표에 비춰본 해석	• 주관적 • 반응의 과정, 전체반응 • 과정 • 각종 검사의 점수 • 준거의 분석에서 추리한 가설, 구인, 모형에 비춰본 해석

〈표 11-1〉은 학생들이 습득한 지식이나 태도는 변하지 않고 안정적일 것이라는 전제하에 발달한 측정관, 학습자는 부단히 변화한다는 전제하에서 다양한 변화를 관찰하고 판단하는 평가관, 그리고 시공을 초월한 전인격적 평가인 총평관의 특징을 비교한 표이다. 이 세 가지 관점은 서로 보완적인 위치에 있다. 평가는 특수한 경험에 의해 학생에게 일어난 변화의 정도를 결정하는 데 관심이 있다. 그러나 이 변화를 기술하고 검사하는 능률적이고 정확한 방법은 측정의 힘에 의존하는 바가 크다.

나. 평가의 기능

교육 평가의 기능은 다음과 같다.

- 학습 동기를 강화하는 기능이 있다. 학습 동기는 크게 내적 동기와 외적 동기로 나누어진다. 평가는 대부분의 경우 외적 동기와 관련이 있다. 예를 들면, 시험에 대비한 공부가 이에 속한다. 일종의 사회적 압력을 가하여 동기를 유발하는 방법이다.
- 학부모, 상급학교, 지역사회의 필요를 충족시킨다. 학부모에게 자녀 이해의 자료 제공 및 학업 성취도의 정도를 알려줌으로써 가정교육에 도움을 준다. 또한 대학에서 요구하는 내신 성적 작성 및 취업에 필요한 성적과 같은 필요를 충족시킬 수도 있다.
- 교수 · 학습과정에 도움을 준다. 넓게는 교육의 과정, 좁게는 교수 · 학습과정에 도움을 준다. 학생들 학력의 현 상태 파악, 학습 곤란의 진단, 목표 달성도의 수시적인 조사, 개인차의 확인 등은 교사의 반성 자료가 되며 이에 기초하여 교수 · 학습 방법을 개선할 수 있다.
- 교육 정치의 기능이 있다. 학생이 자기의 능력을 최대한으로 발휘할 수 있는 교육 상태에 학생을 배치하는 것을 교육 정치라고 한다. 대학 입학, 진급, 집단 조직 등이 교육 정치와 관련이 있는데, 이러한 교육 정치 활동에 평가가 공헌한다.
- 선발의 기능이 있다. 선발의 대표적인 예로서 선발시험, 고등학교 배치고사 같은 것을 들 수 있다.

또한 최유현(2001)은 실과교육 평가의 의미를 실과 교과 목표를 달성시키기 위한 수단적 활동, 학생들의 실과적 행동 특성을 이해시키고, 교사의 교수과정에 도움을 주는 것으로 제시하였다.

다. 평가의 유형

교육 평가의 유형 구분은 관점에 따라 달라지며 여기에서는 내용상의 유형과 도구상의 유형으로 나눈다.

1) 내용상의 유형

(1) 능력 평가와 인성 평가

평가를 능력(ability)의 측면과 인성(personality)의 측면으로 나눈다. 능력은 사람이 무엇을 할 수 있느냐(What a person can do)에 관련된다. 이것은 적성(aptitude)과 학력(achievement)으로 나누고, 적성은 장차의 학습 및 발달력의 예언적 성격을 띤다. 적성을 다시 일반 적성과 특수 적성으로 나눈다. 일반 적성은 지능을 말하며 특수 적성은 예능 적성, 수공 적성, 사무 적성 등과 같은 것을 말한다. 학력은 과거에 얼마나 배웠는지를 말하는 개념이다.

인성은 사람이 무엇을 하려고 하느냐(What a person will do)에 관련되는 개념이며 다음과 같은 측면의 평가가 있다.

- 성격(character) : 사회적 가치와 결부된 개인의 행동을 말한다. 예를 들면, 협동, 친절, 정직, 충성 등에 관한 측면이다.
- 적응(adjustment) : 개인이 자기가 속한 사회에서 어울려서 살고 안락하게 살 수 있는 행동의 형태를 말한다. 흔히 말하는 적응된 생활, 부적응된 생활은 이것을 말한다. 적응검사는 가정생활, 대인 생활, 학교 생활과 같은 장면을 대상으로 한다.
- 기질(temperament) : 인성 평가 중 가장 오래된 측면이며 인간의 정력, 기분, 생활양식에 관한 평가이다. 예를 들면, 내향, 외향 또는 다혈질, 신경질, 담즙질 또는 이론형, 경제형, 심미형, 사회형, 권력형, 종교형과 같은 것을 가려내는 평가이다.

• 흥미(interest) : 찾으려고 하는 혹은 피하려고 하는 행동 경향을 말한다. 대표적인 것으로 직업 흥미가 이에 속한다.
• 태도(attitude) : 사건, 사물, 인물에 대한 행동 경향을 말한다. 예를 들면, 학습 습관, 교직 태도에 관한 평가 같은 것을 말한다.

(2) 상대 평가와 절대 기준 평가

상대 평가(norm-referenced)라 함은 개인의 지위(학력, 지능, 성격 등)를 타인과의 비교에 의하여 상대적으로 판단하는 평가를 말한다. 즉, 평가의 기준은 타인이 된다. 가장 대표적인 예는 1976년 이전에 생활기록부에 학력 평가의 결과를 공식적으로 기재할 것을 요구하던 평가의 방법이다. 일개 학년 또는 일개 학급을 단위로 하여 성적이 좋은 순서에 따라 수 10%, 우 20%, 미 40%, 양 20%, 가 10%로 평가하도록 하는 방법이다. 이와 같은 평가의 방법은 개인의 상대적 지위는 알려주지만 그 개인이 설정된 교육 목표를 어느 정도 달성하였는지는 제시해 주지 못한다는 단점이 있다.

절대 평가라 함은 주어진 교육 목표 달성도의 평가이다. 즉, 준거지향측정(criterion-referenced measurement)이다. 이때의 준거는 교육 목표가 되는 셈이다. 교육 평가의 기준은 목표인바 목표 달성도를 평가할 수 있는 평가 도구를 제작하고 이 도구에 따라 평가된 결과를 타인과 비교함이 없이 그대로 기록하는 평가의 방법이다. 예를 들면, 수, 우, 미, 양, 가로 평가하고 수는 교육 목표의 90% 이상 달성자, 우는 80~90% 달성자 등으로 정한 경우 어떤 학습의 전원이 90% 이상의 달성 정도를 나타내면 전원에게 '수'의 성적을 주는 평가의 방법이다.

(3) 진단 평가, 형성 평가 및 총괄 평가

종래 학력 평가라고 하면 총괄 평가(summative evaluation)가 그 대부분을 차지하고 있었다. 그러나 최근에 수업이론의 발달과 더불어 평가의 개념도 다양해졌으며 진단 평가(diagnostic evaluation), 형성 평가(formative evaluation)의 개념과 기술이 보편화되기 시작하였다. 진단 평가는 과거에도 특수한 필요에 따라 실시되었지만 형성 평가는 최근에 도입된 개념이다.

① 진단 평가

진단 평가는 학생들의 정치(placement), 선수학습의 결핍 여부의 판정, 학습 장애의 진단 등을 위하여 실시된다. 정치는 학생들을 그들의 능력에 알맞는 위치를 찾아내어 그곳에 배치함으로써 학습 효과를 얻기 위한 활동을 의미하며 정치를 위한 검사는 대부분의 경우 단원, 학기, 학년 초에 실시한다.

선수학습의 결핍 여하에 대한 판정을 위하여 실시되는 진단검사도 단원, 학기, 학년 초에 실시된다. 이 검사는 대부분의 경우 수업처방의 목적을 위하여 실시되며 선수학습이 결핍된 학생이 찾아지면 이들에게는 특별과정을 제공하여 이를 보충하도록 한다. 학습 장애의 진단은 수업과는 직접 관계가 없으면서도 학습 실패의 원인이 되고 있는 제요인을 밝히는 데 목적을 두고 있다.

② 형성 평가

수업 활동이 진행되는 과정에서, 그 수업 활동이 주어진 수업 목표를 달성해 나가고 있는지를 계속적으로 점검해 나가는 평가 형태를 형성 평가라고 한다. 형성 평가의 목적은 학습 성취 정도를 기록하고, 보고하고, 보관하는 데 있는 것이 아니라, 학습 과제의 숙달 정도를 결정하고 숙달하지 못한 부분을 지적하는 데 있다. 따라서 형성적 평가는 종래 생각하던 평가의 개념과는 다르며 수업의 일부이다.

형성 평가는 학생들의 학습 곤란이 특별히 어디에 있는지를 확인해 줌으로써 학습 교정에 대한 방향을 제시해 주는 동시에 학습 동기 강화에 도움을 주기도 한다. 이러한 형성 평가에 대한 계획은 총괄적 평가 계획보다 세밀하게 짜여져야 할 것이다. 총괄적 평가는 단원 종료 후에 1회 정도로 끝나기 때문에 모든 학습 요소를 포함시킬 수 없으나 형성적 평가는 2~3시간의 수업이 끝난 후 짧은 시간을 잡아 수업 시간 중에 실시하기 때문에 비교적 포괄성 있게 중요 학습 요소를 망라할 수 있다.

③ 총괄적 평가

총괄적 평가라 함은 일정 기간의 수업이 끝난 후 그 동안의 학습 성과를 총괄적으로 사정하는 평가이며 흔히 말하는 월말고사, 중간고사, 학기말고사, 학년말고사 등이 이에 해당한다.

종래의 학습 성과의 평가라고 할 때는 총괄 평가를 의미하였다. 총괄 평가는 형성 평가와는 달리 학습 성과의 총합적인 평가이기 때문에 목표 달성 정도의 절대 평가의 성격을 지니지만 경우에 따라서는 학생 상호 간의 우열을 비교하는 상대 평가의 성격을 띠기도 한다. 그리고 그 결과는 기록되고 보존되며 학생 및 학부모에게 통지용으로 쓰인다. 또한 장래 성적의 예측 및 생활기록부 작성의 기본 자료로 활용되며 필요에 따라서는 취업의 구비서류, 상급학교 진학을 위한 내신성적의 작성과 같은 행정적 목적에 쓰인다.

위에서 언급한 진단 평가, 형성 평가, 총괄 평가의 유사점과 차이점을 간략하게 제시하면 〈표 11-2〉와 같다.

표 11-2 진단 평가, 형성 평가, 총괄 평가의 유사점과 차이점

구분	진단 평가	형성 평가	총괄 평가
기능	• 배치 : 선수 기능의 습득 유무의 결정 • 학습 전 성취 수준의 결정 • 교수 방법의 대안에 관련된 특성에 따른 학생의 분류 • 지속적 학습 곤란의 원인 진단	• 학습 단원에 관련된 학생의 진보 상황을 교사 · 학생에게 피드백 • 학습 단위의 구조에 따라 오류를 확인함으로써 교정, 교수방법의 대안을 제시	• 학습 단원, 학기, 학년의 종말에 학생성적의 판정 및 자격 부여
시간	• 학습 시초 : 학습 시초, 학기, 학년의 시초에 배치를 위하여 실시 • 수업 도중 : 정상 수업으로는 학생이 계속해서 도움을 못 받을 때 수업 도중에 실시	• 수업이 진행 중일 때 실시	• 일련의 학습과제, 학기, 학년의 끝에 실시
강조점	• 지적, 정의적, 심리운동적 행동 • 신체적, 환경적, 심리적 요인	• 지적 행동 • 정의적 특성	• 일반적으로 지적 행동 : 교과에 따라 심리 운동적 행동과 정의적 특성
검사 도구의 형태	• 사전검사를 위해서 • 형성 평가 도구 및 총합 평가의 도구 • 표준화 학력 검사 • 표준화 진단 검사 • 교사 제작의 평가 도구, 관찰 및 체크리스트	• 학습 목표에 맞게 특별히 제작된 형성 평가 도구 • 교사가 제작하는 것이 원칙	• 종말 혹은 총괄 평가 도구

출처 : 황정규(1993 : 342).

2) 도구상의 유형

(1) 주관식 평가와 객관식 평가

주관식 평가와 객관식 평가는 교육계 및 사회에서 많은 논쟁을 일으키는 문제이다. 흔히 전자를 기술식 평가, 논문형 평가, 서답형 평가라고도 하며 후자는 ○×식 평가, 선다형 평가 등으로 불린다. 이중 ○×식 평가라 함은 잘못된 표현이다. 왜냐하면 객관식 평가에 여러 유형이 있는데, 그중의 하나가 ○×형이라는 별명을 가진 진위형이기 때문이다. 종래는 주관식 평가밖에 없었으나, 1950년에 있었던 중학교 입학을 위한 국가고사가 나타남에 따라 객관식 평가가 보편화되기 시작하였다.

그후 준거화 검사의 발달은 객관식 평가 보급에 더욱 박차를 가하고 있으며 최근에 이르러서는 고등학교 배치고사, 대학입학 학력고사의 영향을 받아 초·중등학교에서는 거의 객관식고사 일색으로 되고 있다. 이에 따라 객관식 고사의 폐단에 대한 비판이 강하게 나타나고 있으며, 교육부에서도 학교사태에서는 주관식 고사의 시행을 적극 권장하고 있다.

주관식 고사와 객관식 고사의 구분 중 중요한 것이 수험자의 반응방식이다. 전자는 수험자가 답을 구상하거나 상기하여 기입하는 형식인데, 후자는 제시된 답지들 중에서 수험자가 선택을 하도록 되어 있다. 양자의 차이점은 〈표 11-3〉과 같다.

표 11-3 주관식 평가와 객관식 평가의 비교

구분	주관식 평가	객관식 평가
반응의 자유도	넓음	좁음
반응의 특색	문항이 요구하는 관련 지식뿐만 아니라 구상력, 표현력 등이 내포됨	문항이 요구하는 관련 지식만 내포됨
반응의 강조점	종합적인 이해가 요구됨	정확한 지식이 요구됨
문항 표집	일반적으로 부족함	충분히 할 수 있음
채점의 객관도	비교적 낮음	상당히 높음
추측의 작용	비교적 적음	비교적 큼
출제 소요 시간	적음	많음
채점 소요 시간	많음	적음

출처 : 김호권 등(1996 : 31).

이 외에 주관식 평가는 비교적 높은 정신 기능인 적용력, 분석력, 종합력, 평가력을 재는 데 알맞으나 객관식 평가는 자칫하면 지식이나 이해 평가에 치우칠 가능성이 있다. 또한 객관식 평가는 문항 제작에 고도의 기술을 요한다. 특히, 차원이 높은 정신 기능의 평가 문항의 제작을 위해서는 특별한 교육을 받아야 하며 내용도 깊이 알고 있어야 한다. 대부분의 객관식 평가 문항이 지식에 치우쳐 있는 것도 기술이 미숙하기 때문이다.

(2) 교사 작성검사와 표준화검사

검사는 무슨 목적을 위하여 누가 어떻게 작성하느냐에 따라서 교사 작성검사와 표준화검사로 나누어진다.

교사 작성검사라 함은 필요에 따라 교사가 제작하는 검사를 말한다. 이때의 교사는 개인일 수도 있고 집단일 수도 있다. 학교에서 실시하는 학력고사의 경우는 개인의 출제에 의하지만 학기말고사의 경우는 공동출제에 의하는 수가 있다. 또한 고등학교 배치고사나 대학 입학 학력고사는 전문가 집단에 의하여 신중히 제작되지만 역시 교사 작성검사에 속한다. 이 문제는 표준화검사의 특징을 살펴보면 알 수 있을 것이다.

교사 작성검사와 표준화검사의 차이점을 들면 다음과 같다.

첫째, 교사 작성검사는 교사 개인이나 집단에 의하여 작성되지만 표준화검사는 고도로 훈련된 교과 또는 평가전문가에 의하여 작성된다.

앞에서 지적한 바와 같이 교사 작성검사도 고등학교 배치고사나 대학 입학 학력고사와 같이 국가적 수준에 이르면 전문가에 의하여 작성되지만, 이때의 전문가는 교과전문가이며 평가전문가는 아니다. 표준화검사는 평가의 소양을 갖춘 교과전문가나 또는 평가전문가에 의하여 작성이 된다.

둘째, 표준화검사는 대부분의 경우 개인이나 집단의 평가 결과를 해석할 수 있는 규준(norm)이 있으나 교사 적성의 검사는 이러한 규준이 없다.

표준화검사는 상대 평가이며 전국 수준에서의 특정 개인이나 집단의 상대적인 지위를 분명하게 알려주는 특징이 있는데, 교사 작성검사의 경우는 대부분의 경우 절대 평가이며 상대적인 지위를 알려주지 못한다. 설혹 상대 평가를 실시하였다 하여도 극히 소 범위에서의 상대적 지위를 알려줄 뿐이다. 표준화검사에서 개인이나 집단의 상대적 지위를 알려주는 기준을 규준이라고 한다. 규준은 통계처리 결과 설정이 된다. 예를 들면, 지능지수(IQ), 학년규준(grade norm), 백분위규준(percentile norm), 표집점수(T 또는 Z점수), 학령규준(예 : 정신연령) 같은 것이 있다.

셋째, 교사 작성검사는 작성 절차가 간단하지만 표준화검사 작성 절차에서는 반드시 예비 검사의 절차를 거친다.

교사 작성검사는 대부분의 경우 교육 목표 이원분류표의 작성 → 검사 도구 제작 → 검사 실시 → 결과 처리 및 분석의 절차를 밟는다. 그러나 표준화검사에서는 교육 목표 이원분류표의 작성 → 검사 도구 제작 → 예비 검사 실시 → 통계 처리 및 분석 → 문항 수정 → 본검사 실시 → 통계 처리 → 규준 작성의 절차를 밟는다. 즉, 표준화검사의 작성은 절차가 훨씬 복잡하며 신중을 기한다.

넷째, 교사 작성검사의 실시는 실시의 방법 자체가 엄격히 규정되어 있지 않지만 표준화검사는 실시 방법 자체가 표준화되어 있다.

교사 작성검사는 대부분의 경우 검사 실시자의 자의에 따라 융통성 있게 검사가 실시되지만 표준화검사는 실시 절차 자체가 엄격히 규정되어 있으며 검사자에 따른 융통성을 인정하지 않는다. 시간, 실시 전의 지시사항, 피검사자의 질문에 대한 처리 등 세부적인 면에 이르기까지 엄격히 규정되어 있다. 이렇게 함으로써 강원도나 서울이나 제주도에서의 실시 방법을 동일하게 할 수 있다.

다섯째, 교사 작성검사 도구는 대부분의 경우 특정 집단에 한하여 사용하지만 표준화검사는 전국적 수준에서 광범위하게 사용할 수 있다. 예를 들면, 학기말고사 문제를 제작하면 어떤 한 학교에서만 사용되는데, 지능검사 같은 표준화검사는 전국적으로 넓게 사용된다.

여섯째, 교사 작성검사는 학력고사가 주류를 이루고 있는데, 표준화검사는 학력검사, 지능검사, 성격검사, 적응검사, 적성검사 등 다양하다. 교사가 지능검사, 인성검사와 같은 검사 도구를 제작한다는 것은 극히 어려운 일이다.

일곱째, 교사 작성검사에 비해 표준화검사는 타당도, 신뢰도, 객관도가 높다. 좋은 평가 도구는 추론할 타당도, 신뢰도, 객관도가 높아야 한다. 그런데 교사 작성검사에서는 특별한 경우를 제외하고는 타당도, 신뢰도, 객관도를 표시하지 않는다. 그러나 표준화검사에서는 이와 같은 기준이 표시됨으로써 좋은 평가 도구임을 제3자에게 설명하고 있다.

2절 평가 도구 개발 절차 및 모형

개요

이 장에서는 평가의 여러 이론적 지식에 바탕을 두고 평가 도구를 개발하는 절차를 살펴보고 다양한 평가 도구 개발 모형에 대해 알아본다.

1. 평가 도구 구비 조건

어떤 평가 도구를 사용하여 평가하느냐는 평가 결과에 큰 영향을 미친다. 잘못된, 좋지 못한 평가 도구를 사용하는 경우는 개인이나 집단을 있는 모습 그대로를 알 수 없을 뿐 아니라 믿을 수도 없다.

예를 들면, A, B 두 사람 중의 영어실력이 A가 월등히 좋은데도 불구하고 평가 결과는 B가 높은 점수를 얻는다든지 또는 정직한 사람이 부정직하다고 평가되어서는 안 된다.

따라서 평가 도구의 제작 및 선정에 있어서는 좋은 평가 도구이어야 한다는 것이 필수조건이다. 좋은 평가 도구를 판단하는 기준으로서는 타당도(validity), 신뢰도(reliabilty), 객관도(objectivity)를 들고 있다. 이 세 가지 기준이 모두 좋으면 비로소 좋은 평가 도구라고 할 수 있다.

가. 타당도

타당도라고 하는 것은 '어떤 측정하려는 것을 어느 정도 충실히 측정하고 있는지에 대한 정도'를 말한다. 즉, 무엇을 재고 있느냐에 관련되어 있다. 지능을 재려면 지능 자체를 정확하고 충실하게 재야 하며 다른 것을 재서도 안 되고 부정확하게 재서도 안 된다.

타당도에는 논리적 타당도(logical validity), 예언적 타당도(predictive validity), 동종검사타당도(congruent validity), 이종검사타당도(concurent validity) 등이 있다. 논리적 타당도는 안면타당도(face validity), 내용타당도(content validity)라고도 한

다. 이 타당도는 측정하려고 하는 내용을 명백히 정의한 다음에 과연 평가 내용이 정의대로 이루어졌는지를 전문가가 판단함을 말한다. 예를 들면, 실과학력검사의 경우는 실과교육의 목표를 분석적으로 진술하고 검사 내용 자체가 과연 실과교육의 목표를 충실히 재고 있는지를 전문가가 판단하는 방법이다.

나. 신뢰도

신뢰도는 '여러 번 측정에서 오차가 벌어지는 정도'를 말한다. 신뢰도에 영향을 주는 요인으로서는 첫째는, 시간의 안정성(temporal stability)을 들 수 있을 것이다. 시간의 변화에 따라 그 전의 측정 당시의 기후, 분위기, 감독 태도 등과 같은 외적 조건과 피로, 정신적 긴장, 최근의 경험 등과 내적 조건이 달라지면 신뢰도에 영향을 미친다.

둘째는, 문항표집의 적부성(adequacy of item sampling)을 들 수 있다. 예를 들면, 논문식 평가에 있어서 문항 수가 1~2개인 경우 어떤 문항이 출제되느냐에 따라서 결과는 크게 달라질 가능성이 있다. 또한 학습한 내용 중에서 골고루 출제된 경우와 한쪽에 치우친 경우도 결과는 달라진다.

셋째는, 문항의 동질성(homogeneity of item)의 문제이다. 예를 들면, A, B 두 개의 산수검사가 있는 경우 A검사는 가산만으로 되어 있고, B검사는 가, 감, 승, 제가 고루 섞여 있다고 하자. 이때 갑이 가산에서는 상당히 능하나 감, 승, 제에는 신통치 않다면 A검사에서는 90점 정도, B검사에서는 20점 정도 받을 가능성이 있다. 즉, 첫 번째의 산수검사에서는 90점, 두 번째의 산수검사에서는 20점을 받게 된다.

넷째는, 집단의 특징(character of groups)과 관련된다. 동질 집단의 신뢰도는 이질 집단의 신뢰도보다 낮다. 왜냐하면 동질 집단에서의 측정횟수에 따르는 개인의 약간의 점수 변화는 개인의 상대적 지위변동에 크게 영향을 미치기 때문이다.

다. 객관도

객관도라 함은 '측정 결과의 채점이 채점자 간에 또는 시간의 흐름에 따라 어느 정도 일치하느냐 하는 정도'를 말한다. 따라서 검사자 신뢰도(tester's reliability)라고도 한다. 객관도를 높이기 위해서는 검사문항 자체를 객관화해야 한다. 완전히 객관화된 문항의 채점은 기계에 의해서는 가능하다. 대학입학 학력고사의 채점이 컴퓨터에 의하여 이루어지는 것을 보아도 알 수 있다. 다음으로 검사자의 소양을 높이는 일이다. 훈련받은 검사자들에 의한 채점은 논문형 검사인 경우, 채점자 간에 차이가 별로 나타나지 않는다. 세 번째로는 다수인에 의한 채점 결과의 평균을 들 수 있다. 이 경우 극단적인 점수는 제외하는 수도 있다. 끝으로 반응 내용에만 충실한 채점을 해야 한다는 점을 들 수 있다. 글씨를 깨끗이 썼다든지, 평소에 학습태도가 좋은 학생이라든지 등과 같은 인상에 영향을 받지 않도록 조심해야 할 것이다.

2. 평가 도구의 개발 절차와 모형

가. 평가 도구 개발 절차

교육 현장에서의 실과 평가의 목적은 주로 실과 교과를 교수 학습한 후 학생들의 학습 결과에 대한 평가 및 교수 학습 개선을 위한 정보의 획득이다. 따라서 이러한 목적을 달성하기 위해 교사는 교수 학습과정상에서 다양한 형태로 평가를 실시하게 되는데, 교사는 그럴 때마다 적합한 평가 도구를 필요로 한다.

실과 평가 도구는 실과교육과정에서 추구하는 실과교육 목표 및 교육 현장의 상황 분석을 통해 추출된 기준에 의거하여야 하며, 평가 도구 자체의 신뢰도를 높여 평가 결과 활용에 객관성을 확보해 주어야 한다. 평가 도구를 개발하기 위해서는 아래와 같은 절차를 따라야 하는 것이 바람직할 것이다.

1) 평가 내용의 결정

평가 내용을 결정하기 위해서는 최소한 세 단계를 거쳐야 한다. 먼저 특정 단원의 내용을 구조화하고 그 다음에 세부 영역별로 목표를 행동 목표로 진술하며 마지막으로 앞의 두 단계를 거쳐 2원 목표 분류를 하여 영역별로 어떤 행동 특성이 평가되어야 하는가를 구체적으로 분류한다.

2) 평가 장면 선정

평가 장면이란 학생들의 특정한 학습의 결과가 구체적으로 표시되고 행동의 증거로서 나타날 수 있는 여러 가지 조건이나 기회를 말한다. 실험 실습 결과에 대해 평가되어야 할 경우에는 행동 유형 중에서 기능적인 면이 많기 때문에 실습이나 실험실에서 여러 가지 기자재를 가지고 평가가 이루어진다. 그렇기 때문에 평가를 실시할 때에는 평가를 실시할 장소, 평가에 필요한 자료, 도구 등이 사전에 충분히 계획 검토되어 준비되어야 한다.

3) 평가 도구 선정 및 제작

평가 도구 제작은 평가의 중요한 절차 중의 하나이며, 요점이라고도 할 수 있다. 그래서 평가 도구를 어떻게 제작하느냐에 따라 평가가 성공적이냐 보잘 것 없는 결과를 초래하느냐를 구분지어 주는 관건이 되기도 한다. 바람직한 평가 도구가 지녀야 할 조건은 많다. 대체로 타당성, 신뢰성, 객관성, 실용성 면에서 바람직한 것이 요구되고 있다.

4) 평가 실시

실과에서 큰 비중을 차지하는 기능 학습에서는 과제나 단원 전 영역에 걸치는 관련 지식의 이해가 선행된 후에 기능의 습득이나 실천이 이루어져야 하므로, 어떤 과제나 단원의 관련 지식에 대한 지도가 끝난 후에는 기능 습득의 단계로 들어갈 만큼 충분한 지식, 이해의 학습이 이루어졌는가를 측정해야 한다. 또 실습 기능 습득 단계에서도 각 요소 기능별로 충분한 학습 경험이 이루어졌는지를 확인하기 위해 자기 상호 평가와 함께 교사의 교정, 보충을 위한 요소 기능별 형성 평가가 실시되어야 한다.

5) 평가의 해석 및 활용

평가 결과의 해석은 비 숫자적인 언어로 행동과 결부시킴을 뜻한다고 보아도 좋다. 평가 결과에 대한 해석은 크게 나누어 개인적인 해석과 집단적인 해석이 있다. 개인적인 해석은 학생 개개인의 결함의 소재를 밝히고, 그 원인을 구명하여 그에 따른 지도 방법을 찾는 것을 목적으로 한다. 개인적인 해석이 개인을 진단 치료함을 목적으로 하고 있는 데 반하여 집단적 해석은 집단의 장점이나 결함을 찾고, 그 원인을 규명하고 지도방법을 모색하는 것을 목적으로 하는 방법이다.

교육 평가의 결과는 학생, 교사의 지도, 수업 상황 등을 개선하고 확인하는 데 다방면으로 활용된다. 평가 결과의 활용은 평가의 목표와 결부되어 있다. 실기를 평가한 경우 학생이 실기를 얼마나 성취했는지를 확인할 수 있고, 어떻게 하면 훌륭하게 성취할 수 있나를 위하여 활용될 수 있을 것이다.

나. 평가 도구 개발 모형

실과 교수 학습 결과 점검 및 교수 학습 개선의 목적으로 이루어지는 실과 평가를 위해서는 평가를 구현해 내는 도구가 꼭 필요하다. 따라서 평가 도구의 제작과 선정은 교수 학습 활동에 기초하여 이루어져야 한다. 그런 의미에서 교사는 실과 교수 학습 평가에 대한 사전 지식을 갖추어야 하며 이것이 충족되었을 때 실과 평가 도구의 제작과 선정 작업은 좀 더 수월할 것이고 좋은 평가 도구의 제작에 한발 더 다가설 수 있을 것이다.

[그림 11-1]은 일반적으로 실과 평가 도구 개발에 활용될 수 있는 실과 평가 도구 개발 모형이다. 이 모형은 실과 교수 학습 평가 절차 모형에 근거하여 평가자가 수행해야 할 작업들에 대한 구체적인 절차와 수행 단계를 나타낸 것이다.

실과 평가 도구를 제작하려면 일단 평가 문항 제작자는 실과교육과정에 대한 제반 사항, 즉 실과교육 목표, 실과교육 내용 체계, 실과 교수학습에 적합한 교수학습 모형, 실과교육 평가의 주요 방향 및 지침 등에 대한 기본적인 인식을 갖추고 있어야 한다. 또한 평가 도구 제작에 필요한 각종 정보와 기능에 대하여 숙달되어 있어야 한다.

각 단계에 대한 자세한 설명은 다음과 같다. '단계 1'에서는 평가 목적을 확인하고, 평가 행동의 유형을 구체화한다. 즉, 단원을 구조화한 다음 단원의 구조화된 내용들에 대해 목표를 행동 목표로 진술한다. '단계 2'는 평가 도구를 개발한다. 구체적으로는 교육과정을 분석하고, 평가 목표를 진술하며, 평가 기준을 설정한 후 평가 도구를 제작한다. '단계 3'에서는 평가를 실천하기 위한 수단이 되는 것을 말한다. 여기에서는 평가 문항을 개발하고, 실기 평가를 위한 기준표를 작성한다.

또한 평가를 실제로 직접 실행하는 단계로 평가 실시 시 유의점을 파악하고, 평가 목적에 맞는 장면이 설정될 수 있도록 한다. '단계 4'는 평가를 해석하고 평가하는 단계로 평가과정의 개선점 및 평가 활용 방법을 모색한다.

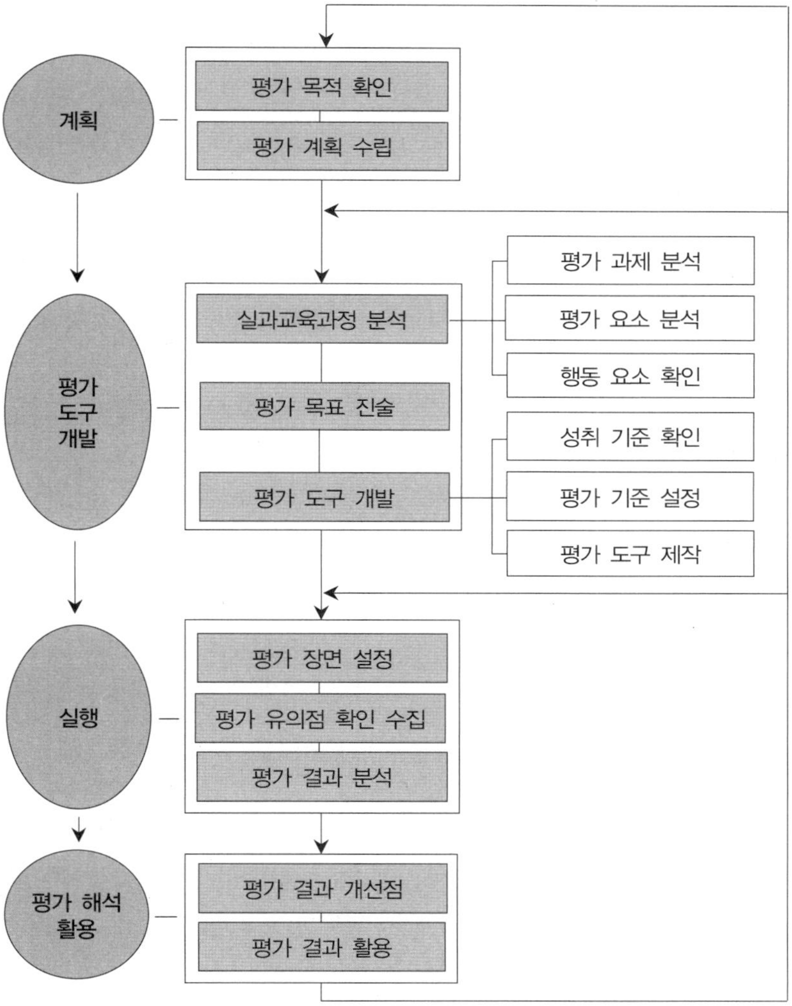

[그림 11-1] 실과 평가 도구 개발 절차 모형

논의

1. 평가를 정의하고 그 의의에 대하여 논의해 보자.
2. 진단 평가, 형성 평가, 총괄 평가의 차이점에 대하여 논의해 보자.
3. 측정관, 평가관, 총평관의 차이점에 대하여 토론해 보자.
4. 실과 교과의 평가상의 특성을 정리하여 토론해 보자.
5. 평가 도구의 종류를 알아보고 각 도구의 작성 방법 및 장 · 단점을 정리하여 보자.

참 | 고 | 문 | 헌

김종서, 이영덕, 정원식(1993). **최신 교육학 개론**. 교육과학사.

김호권 외(1996). **현대 교육 평가론**. 교육출판사.

이무근, 원상봉(2000). **직업교육과정과 평가**. 교육과학사.

류청산 외 3인(2002). **실과교육학 원론**. 도서출판 엘리트.

류청산 외 5인(2003). **실과교육학 이론 편**. 도서출판 엘리트.

방기혁(2008). 실과교육을 위한 평가 체제의 개발. **한국실과교육학회지**, **21**(4), 1-17.

전국교대 실과교육연구회(2009). **실과교육 이론과 실제 Ⅰ**. 양서원.

전국교대 실과교육연구회(2001). **실과교육론**. 양서원.

정성봉(1996). 초등학교 실과 질적 평가 방법. **실과교육연구**, **2**(1).

최유현외 2인(1999). 학습과 평가를 통합한 실과 수행중심 수업전략의 개발과 적용. **한국실과교육학회지**, **12**(2), 39-57.

최유현(1997). 초등실과교육의 대안적 평가 방향 탐색. **한국실과교육학회지**, **10**(1), 77-94.

황정규(1993). **학교 학습과 교육 평가**. 교육과학사.

제12장 실과교육 평가 방법

개요

우리나라 초등학교 교육과정은 1945년 해방으로부터 1954년까지의 교수요목기를 거쳐 2015 교육과정 개정까지 오는 과정에서 비판되고 검토되었다. 이러한 교육과정 변천과정에서 실과의 평가 방법 등이 어떻게 변화해 왔는지를 분석함으로써 실과교육의 정체성을 확립하고, 앞으로의 발전 방향에 대한 시사점을 찾아보기로 한다.

목표

1. 각 교육과정별 실과교육의 목표, 내용, 지도 방법 등을 이해한다.
2. 실과교육의 정체성을 확립하고 평가 발전 방향에 대한 시사점을 말할 수 있다.
3. 새로운 교육과정에서 요구되는 평가 방법을 제시할 수 있다.
4. 실과교육의 목표 분류에 따라 단원별로 평가 방법을 제시할 수 있다.

1절 교육과정별 실과 평가 방법

개요

교육과정별로 실과의 평가 방법이 어떻게 이루어졌는지 살펴본다. 교육과정은 제7차 교육과정까지는 차수기로, 그 이후로 현재까지는 개정 연도기로 명명하였다. 교육과정의 정의를 '학습자가 학습할 것으로 계획된 목표, 내용, 교수학습 방법, 평가의 체계'라고 할 때, 실질적으로 교육과정에 평가가 들어온 시기는 제4차 교육과정기부터이다. 따라서 제1~3차 교육과정기는 평가 방법이 제시되어 있지 않아 평가될 수 있는 목표 부분을 제시하였다.

1. 차수기 교육과정(제1~7차)

가. 제1차 교육과정기(1954~1962)의 실과의 목표

이 시기 실과교육의 방향을 제시해 주는 실과교육 목표는 전체 목표 아래 하위 목표가 8개항으로 제시되고 있는데, 이 당시 목표의 특징은 자립 생활 및 실생활에 필요한 기초적인 기능 이외에도 직업에 대한 기초적인 이해를 상당히 강조하고 있다는 점이다.

초등학교(구 국민학교) 실과의 목표는 일상생활에 필요한 의, 식, 주와 직업에 대하여 기초적인 이해와 기능과 지식을 얻어서, 부지런한 성격을 길러 가정 및 사회의 일원으로서 잘 협력하고 활동하여 건전한 생활을 영위할 수 있는 능력을 갖게 함에 있었다.

이것을 좀 더 밝혀 보면 다음과 같다.

- 생활에 필요한 것을 자신이 만들고 처리해 나간다는 것의 중요성을 자각시킨다.
- 실생활에 필요한 일에 대한 기초적인 지식과 기능을 가지게 한다.
- 실생활에 있어 연구적인 태도와 고안 · 창작하는 능력을 조장하여 생활 개선과 산업 개량에 이바지하게 한다.
- 근로를 애중하는 정신을 기르며, 실천성 있는 성격을 기른다.
- 협조의 정신과 책임감을 조장한다.
- 일을 함에 있어서는 계획성 있고 질서 있고 안전하게 수행해 나가는 습성을

기른다.

- 어느 정도 자기의 능력, 환경과 직업의 성격을 판별할 줄 알아서 올바른 직업 선택을 할 수 있는 능력을 가지게 한다.
- 국가 산업에 관한 이해를 가지게 한다.

당시의 실과교육 목표는 생활교육이라는 데 기본적인 이념을 두고 있으며, 학습의 대상은 실생활에 필요한 일, 또는 기능에 두고 아동 중심, 경험 중심에 입각한 새 인간의 형성을 요구하고 있다. 그리고 자작 생활 및 실생활에 대한 기초적인 기능 이외에도 직업 선택에 대한 목표를 뚜렷하게 내세운 것이 특색이다. 아울러 생활 개선과 산업 개량에 이바지할 수 있도록 노력과 창작하는 능력을 키우고, 일을 계획성 있게 처리하면서 국가 산업에 대한 이해를 구하고 있다.

나. 제2차 교육과정기(1963~1973)의 실과교육 목표

제2차 교육과정기의 목표를 살펴보면 1차의 목표와 거의 같으며 단지 전제 목표 아래 하위 목표가 8개항에서 5개항으로 축소 조정되었고, 일에 대한 목표가 많았던 것이 특징이다. 또한 이때의 교육과정부터 종래에는 없었던 학년 목표가 설정되었다.

국민학교 실과교육의 목표는 일상생활에 필요한 의, 식, 주와 직업에 대하여 기초적인 이해와 기능 및 태도를 길러, 가정과 사회의 일원으로서 실천 협력하는 생활을 영위할 수 있게 함에 있다.

구체적으로 하위 목표를 살펴보면 다음과 같다.

- 실생활에 필요한 것을 자신이 스스로 만들고 처리해 나가려는 태도를 기른다.
- 실생활에 필요한 일에 대한 기초적인 지식과 기능을 기른다.
- 실생활에 필요한 일에 대한 연구적인 태도와 창조적인 능력을 기른다.
- 근로를 애호하고 소질과 능력에 알맞은 일을 선택할 수 있게 한다.
- 국가 산업 경제의 당면 과제에 대한 이해를 깊게 하고, 사회와 협동할 수 있는 소양을 길러 생활의 개선과 산업의 향상에 이바지하게 한다.

다. 제3차 교육과정기(1974~1981)의 실과교육 목표

1973년의 실과 목표는 일반 목표 5개항과 학년 목표로 구분하여 제시되었는데, 이때에는 일반 목표에 전제되는 목표를 제시하지 않고 바로 세부 목표가 제시되었으며, 종래의 목표보다 생산자와 소비자의 교육을 강조한 점이 특징이다.

구체적으로 살펴보면 다음과 같다.

- 의, 식, 주 및 산업 등에 대한 초보적인 경험을 통하여 실생활에 필요한 기초 지식과 기능을 길러 현대 생활을 영위할 수 있는 자질을 기른다.
- 가정 및 사회 생활에 있어 생산자로서 갖추어야 할 능력을 기르고 아울러 현명한 소비자로서의 제품의 선택, 구매, 사용, 관리 등에 관한 기초적 능력을 기른다.
- 자발적 노력과 여가를 활용하는 태도를 길러 생활을 향상시키며 개척하려는 창조적 생활 태도를 기른다.
- 의무, 책임, 협조 등의 인간 관계를 이해시키고 가정과 사회에 대한 올바른 이해력을 길러 명랑한 민주시민으로서 생활할 수 있게 한다.
- 실생활에 필요한 기초적 지식의 습득을 통하여 장차의 자기 직업과 적성에 대한 관심을 가지게 한다.

라. 제4차 교육과정기의 평가 방법

제4차 교육과정기에서는 목표, 내용 그리고 새로이 평가에 대해서 언급함으로서 일련의 체계를 갖춘 교육과정이라는 점도 발전적인 한 면이다. 결국 제4차 실과교육과정은 당시 국내 · 외 정세 및 교육 사조가 교육과정 취지에서 잘 반영되었고, 내용 구성에 있어서도 현실에 바탕을 두고 목표, 내용, 평가 등 일련의 체계를 갖춘 교육과정이라 판단된다(곽연상, 1995 : 50-51).

- 실과에 대한 지식뿐만 아니라, 실기 활동, 근로에 대한 적극적이고 긍정적인 태도, 기구를 다루는 기능 등을 균형 있게 평가하도록 한다.
- 일의 결과뿐만 아니라 계획과 과정에 대한 계속적인 평가가 이루어지도록 한다.

마. 제5차 교육과정기의 평가 방법

- 평가는 지식의 이해력뿐만 아니라, 실기 활동, 근로에 대한 적극적이고 긍정적인 태도 등을 균형 있게 평가하도록 한다.
- 실습의 평가는 일의 결과뿐만 아니라, 계획과 과정에 대한 계속적인 평가가 이루어지도록 하고, 다양한 평가 방법을 적용하도록 한다.
- 자기 평가에 있어서는 학생들이 스스로 평가할 수 있도록 명료한 평가 기준을 제시하여 주도록 한다.

바. 제6차 교육과정기의 평가 방법

- 목표를 준거로 하여 평가하되, 이해력, 실기 능력, 실습 활동에 대한 태도 등을 평가하도록 한다.
- 실습의 평가는 일의 결과뿐만 아니라, 계획과 과정에 대한 계속적인 평가가 이루어지도록 한다.
- 노작 활동 및 실습의 평가는 학습한 내용이 고루 평가되도록 다양한 평가 방법을 적용하여 실시하도록 한다.
- 자기 평가에 있어서는 학생들이 충분히 이해할 수 있도록 단계별로 평가 기준을 명료하게 제시하여 평가한다.
- 다루기, 만들기, 가꾸기 및 기르기, 건사하기 영역의 기능에 대한 평가는 가급적 실기 평가 방법을 적용하도록 하고, 실기의 비율이 전체 평가에 60% 이상 반영되도록 한다.
- 실기 능력에 관한 평가에서는 다음 사항에 중점을 두도록 한다.
  - 다루기 영역에서는 연모, 기구 등을 바르게 다루고 사용할 수 있는 능력을 평가하는 데 중점을 두도록 한다.
  - 만들기에서는 계획 단계부터 완성할 때까지의 전 과정을 단계별로 평가하여 반영하도록 한다.
  - 가꾸기 및 기르기 영역은 여건이 허락하면 개인별로 이수한 것을 평가하되, 그렇지 않을 경우 공동으로 수행하면서 전 과정을 경험하게 하고, 각 단계별로 평가 준거를 제시하여 실시하도록 한다.

- 건사하기 영역에서는 일의 계획, 실행, 결과, 생활에의 적용 등에 중점을 둔다.

사. 제7차 교육과정기의 실과 평가 방법

- 교과 또는 영역의 목표와 내용을 염두에 두고 평가를 실시하되, 어느 특정 영역이나 내용에 치우치지 않도록 해야 한다.
- 단순하고 지엽적인 내용의 평가를 지양하고, 교육과정에 제시되어 있는 목표에 대한 성취 수준을 전반적으로 평가하되 다음 사항에 중점을 두어 평가한다.
  - 기본적인 개념이나 원리, 사실 등 관련 지식의 이해
  - 의사 결정 능력과 응용력, 창의력을 발휘한 문제 해결 능력
  - 실습 방법과 절차에 따른 실습 능력, 도구나 용구를 바르게 사용하는 능력과 태도
  - 성실하게 실습에 임하고 합리적으로 문제를 해결하려는 태도
- 각 영역별 특성을 고려하여 과정이나 성과를 수시로 평가하고 지필 평가 외에 학생 활동의 관찰, 면담 등 여러 가지 방법이 적절히 활용되도록 하되, 사전에 평가의 기준, 방법, 시기 등을 계획하여 실시하도록 한다.
- 실험 · 실습, 실기 등의 평가에서는 평가 항목을 세분화, 단계화하여 평가 기준을 작성, 활용함으로써 객관적인 평가가 될 수 있도록 한다. 그리고 평가의 기준이 되는 요소들을 학생에게 미리 알려줌으로써, 평가의 목표와 유의해야 할 점 등을 정확히 이해할 수 있도록 한다.
- 정의적 영역을 강조하여 다루는 내용을 지필 평가할 경우에는 선다형보다는 서술형 문항을 활용하여 가치, 태도 등을 간접적으로 평가하도록 한다.
- 실기 평가에서는 결과뿐만 아니라 준비 및 과정도 중요시하고, 특히 과정의 평가는 가급적 지도 시간 단위별로 실시하여 평가의 타당성을 높이고 과제 학습이나 가정에서의 실습 결과도 평가에 반영할 수 있다.
- 실습 평가는 양적 평가뿐만 아니라 질적 평가에 중점을 두고, 다양한 평가 방법을 적용하도록 한다. 특히, 기능에 대한 평가는 가급적 실기 평가 방법을 적용하도록 하고, 실기의 비율이 전체의 60% 이상 반영되도록 한다.
- 문제 해결에 대한 태도, 가치관의 평가는 자율적인 학습 경험을 발전시켜

나갈 수 있는 자기 평가와 함께 실천에 주안점을 둔 평가가 이루어지도록 한다. 자기 평가에 있어서는 학생들이 스스로 평가할 수 있게 명료한 기준을 제시하여 주도록 한다.

- 평가 결과는 학습 목표, 학습 지도 방법, 지도 계획 등에 반영하여 전반적인 학습과정의 보완 및 진로 지도에 활용하도록 한다.

2. 개정 연도기 교육과정(2007~2015)

가. 2007 개정 교육과정기

1) 평가 계획

- 평가 계획 수립 시 영역별 특성을 고려하여 학습자의 학습 능력을 타당하고 신뢰성 있게 평가하되, 교육 내용과 평가 목표에 적합한 다양한 평가 방법을 사용하여 지식, 기능, 태도 등의 측면을 평가하도록 한다.
- 평가 시기, 평가 목적, 평가 상황, 평가자 등을 종합적으로 고려하여 양적 평가와 질적 평가, 지필 평가와 수행 평가 등을 다양하게 활용하도록 한다.
- 수행 평가는 교육 목표와 교육 내용에 따라 찬 · 반 토론법, 실기 시험, 실험 · 실습법, 관찰법, 자기 평가 및 동료 평가, 프로젝트, 포트폴리오 등 다양한 방법을 적절히 활용하되 평가의 기준, 방법, 시기 등은 사전에 계획하여 실시하도록 한다.

2) 평가 내용

- 평가는 교육과정에 제시되어 있는 목표에 따른 성취 수준을 전반적으로 평가하되 다음 사항에 중점을 두어 종합적으로 평가한다.
  - 기본적인 개념이나 원리, 사실 등 관련 지식의 이해
  - 의사 결정 능력과 응용력, 창의력을 활용한 문제 해결 능력
  - 실험 · 실습 방법과 절차에 따른 실험 · 실습 능력, 도구나 용구를 바르게 사용하는 능력
  - 학습 내용을 실생활에 적극적으로 실천해 보려는 태도

- 실험 · 실습, 실기 등의 평가는 평가 항목을 세목화, 단계화하여 평가 기준을 작성, 활용하여 객관적인 평가가 될 수 있도록 한다. 특히, 과정 평가는 가급적 수업 시간 내에 실시하고 평가하여 가정 학습 과제로 연장되지 않도록 유의한다.
- 수업 중 활동 내용을 평가할 경우, 교사 평가 이외에 학생들의 동료 평가, 자기 평가 등 다양한 평가 방법을 활용하여 학생들의 참여 의식을 높인다.

3) 평가 결과의 활용

평가 결과는 교육 목표, 교육 내용, 교수 · 학습 방법, 평가 계획 등에 반영하도록 하며, 학습자의 자기 진단을 위한 자료 및 진로 지도에 활용하도록 한다.

나. 2011 개정 교육과정기

1) 평가 계획

- 학생의 학업 성취도 평가는 학습자의 학업 능력을 타당하고 신뢰성 있게 평가할 수 있도록 교육 목표의 성취를 중심으로 하되, 학년 군 및 영역별, 학습 내용별로 교육과정에 제시된 성취 기준의 성취를 중심으로 평가 계획을 설정하도록 한다.
- 학생의 학업 성취도 평가에서는 교육 목표와 교육 내용, 성취 기준의 성취를 염두에 두고 평가하되, 지적 영역, 정의적 영역, 기능적 영역의 모든 영역이 균형 있게 평가될 수 있도록 계획한다.

2) 평가 목표와 내용

- 평가의 목표는 학습자가 실과(기술 · 가정)교육과정에서 제시한 교육 목표 및 성취 기준을 달성하였는가를 전반적으로 평가하되, 구체적으로 다음과 같은 사항에 중점을 두어 평가한다.
  - 기본적인 개념이나 원리, 사실 등의 기본 지식과 배경 지식의 이해 능력
  - 자료 수집 능력, 의사 결정 능력, 창의력 등을 활용한 실천적 문제 해결 능력

- 실험 및 실습 방법과 과정에 따른 실천적 수행 능력
- 학습 내용을 실생활에 적극적으로 적용해 보려는 실천적 태도

• 평가의 내용은 원칙적으로 교육과정에 제시된 성취 기준의 범위와 수준에 근거하되, 다양한 교수·학습 활동과정에서 활용한 자료 및 교수·학습 활동 결과로 산출된 자료를 활용하여 교수·학습과의 연계를 강화한다.

3) 평가 방법

• 평가 목적, 평가 내용이나 영역, 평가 결과 활용 등을 종합적으로 고려하여 검사 도구를 제작·적용하고, 점수를 산출하는 양적 평가와 수량화되지 않은 다양한 형태의 자료를 수집하여 평가하는 질적 평가를 적절하게 활용하도록 한다.

• 양적 평가는 채점이 용이하고, 객관도와 신뢰도가 높으며, 비교적 넓은 범위의 교육 내용을 문항으로 측정할 수 있는 장점을 지녔다. 진위형, 선다형, 배합형의 유형이 있는데, 이 중 선다형 문항은 단순한 사실이나 지식의 측정뿐 아니라 학습자의 적용력, 분석력, 종합력, 평가력 등의 고등 정신 기능까지 측정할 수 있다. 따라서 학습자의 고등 사고 능력을 측정할 수 있는 양질의 선다형 문항을 개발하여 양적 평가에 활용하도록 한다.

• 질적 평가의 대표적인 유형인 수행 평가는 교육 목표와 교육 내용에 따라 시각 자료 만들기, 도표나 그림에 제목 붙이기 등의 '구성적 반응'을 요구하는 방법, 연구보고서와 실험·실습보고서, 포트폴리오 등의 특정 산출물을 요구하는 방법, 구두 발표나 시연, 토의 및 토론과 같은 특정 활동을 요구하는 방법, 구두질문에 대한 답변, 면담, 학습일지와 같은 과정을 규명하는 방법 등의 다양한 방법을 적절히 활용한다. 단, 평가의 기준과 방법, 시기 등은 학습자가 미리 준비할 수 있도록 반드시 연간 교수·학습 및 평가 계획서에 근거하여 실시한다. 또한 수행평가가 어느 한 시기에 집중되지 않도록 한다.

• 교사 외에 학습자 본인과 동료 등 평가의 주체를 다양화하여 평가에서의 학습자들의 참여 의식을 높이며, 평가 결과에 대한 학습자 자신의 책임을 강화한다.

• 수행평가를 실시할 때는 평가 항목을 세분화, 단계화한 채점 기준을 작성,

활용하여 객관적인 평가가 될 수 있도록 한다. 그러나 지나치게 세분화된 채점 기준은 평가의 실용도를 감소시키므로 유의한다.

- 수행 평가는 다양한 교수·학습 활동과 연계하여 실시하는 것을 원칙으로 하여 가급적 수업 시간 내에 실시하고 평가하여 가정학습 과제로 연장되지 않도록 유의한다.

4) 평가의 활용

학습자의 학업 성취를 위한 평가 결과는 학생의 평정 점수 외에 학생의 자기 진단을 위한 자료 및 학업 개선의 자료로 활용하며, 궁극적으로 학생의 적성 파악 및 진로 지도의 기초 자료로 활용하도록 한다.

다. 2015 개정 교육과정기

2015 개정 교육과정은 평가를 영역별로 제시한 점이 2011 개정 교육과정과는 다른 점이다.

1) 인간 발달과 가족

- '인간 발달과 가족' 영역에서는 실제적인 사례와 경험을 중심으로 보고서를 작성한 후 평가할 수 있다.
- '성적 발달과 관련된 자기 관리'에서는 실천 점검표, 자기 평가지 등과 같은 체크리스트를 활용한 평가를 실시할 수 있다.

2) 가정생활과 안전

- 균형 잡힌 식사에 대한 평가에서는 올바른 식습관을 실천하고 있는지, 편식을 교정하려고 노력하는지 등과 같은 과정 중심의 평가가 이루어질 수 있도록 한다.
- 간단한 생활 소품 만들기에서는 소품 만들기 계획, 준비, 제작, 뒷정리의 전 과정을 평가한다. 특히, 최종 결과물만 평가하기보다는 처음, 중간 및 최종 결과물을 비교하여 학생의 성장 정도를 평가하도록 한다.

• 한 그릇 음식을 만드는 모둠 활동에서는 협력과 맡은 역할을 책임감 있게 수행하였는지를 평가에 반영하도록 한다.

3) 자원 관리와 자립

• 모둠 활동을 평가할 때에는 과제 결과물뿐만 아니라 수행과정에서의 상호작용, 의사소통, 역할 충실도 등을 평가에 반영하도록 한다.
• 시간 및 용돈 관리는 학생들의 실제 생활을 중심으로 합리적으로 소비하고 있는지를 지속적으로 점검하고 수시로 피드백하여 자기 평가, 동료 평가 등을 실시할 수 있다.

4) 기술 시스템

• 재배일지나 사육일지를 활용하는 평가를 통해 식물이나 동물을 가꾸고 기르면서 경험한 일의 소중함, 책임감, 생명존중, 배려 등의 인성 및 정의적 측면을 평가할 수 있다.
• 수송 수단 만들기에서는 수송 수단의 기본 요소 충족, 다양한 재료 활용, 창의적 아이디어 적용 여부 등의 평가 요소를 중심으로 서술형 채점 기준표를 사전에 제시하여 학생들이 활동 수행 시 참고할 수 있도록 하며, 시연과정에서 동료 평가나 자기 평가를 실시하도록 한다.
• 수송 수단의 안전 관리 평가에서는 안전과 관련된 자전거의 기본 요소를 파악하고 있는지에 대해 구술로 평가하고, 체크리스트 형식의 안전 점검표를 만들어 자전거 안전 관리에 대한 자기 평가를 실시하도록 한다.
• 다양한 평가 도구를 활용하여 소프트웨어 교육을 통한 컴퓨팅 사고력의 향상 정도를 측정할 수 있도록 한다.

5) 기술 활용

• 자신에 대한 이해, 직업 세계에 대한 탐색을 바탕으로 포트폴리오를 작성하여 발표하고 평가하도록 한다.
• 창의적인 제품 만들기는 기능성, 창의성, 실용성, 경제성, 심미성 등을 중심

으로 문제 해결과정과 결과를 종합적으로 평가하도록 하며, 평가의 요소 및 기준은 학교의 여건에 따라 달리 할 수 있다.

- 개인 정보 보호와 지식 재산 보호에 대한 기본적인 기준과 절차에 대해 체크리스트를 구성하여 자신의 이해 여부와 노력 정도를 평가해 보도록 한다.
- 생활 속에서 로봇이 활용된 예를 찾아 어떻게 작동하는지를 분석하고, 다양한 로봇의 활용 분야에 대해 조사하여 작성한 연구 보고서를 대상으로 평가한다.
- 체험 활동에 대한 평가는 결과 중심의 평가를 지양하고 과정과 결과를 종합적으로 평가할 수 있도록 한다.

2절 교육 목표 영역별 실과 평가의 방향

개요

실과에 대한 지식뿐만 아니라 문제 해결 능력, 기초적인 생활 기능, 근로에 대한 태도 등을 균형 있게 평가하기 위해서는 실과학습을 통해서 기대되는 행동 면을 크게 지적 · 정의적 · 심동적 영역으로 구분할 필요가 있다. 구분된 각 행동 영역에 있어서의 평가는 목표의 수준 및 학습 내용, 학습 장면과 관련하여 적절한 방법으로 실시되어야 할 것이다. 여기서는 실과 교과의 중요도에 따라 심동적 영역을 먼저 제시하고, 두 번째로는 정의적 영역을 제시하며, 마지막으로 인지적 영역을 제시하였다.

1. 심동적 영역에 대한 평가

기능적인 면은 특히 실과의 실습과정에서 강조되고 있는 행동 영역이다.

실과학습 경험에 의해 습득된 개개의 기초 기능들은 연계를 이루어 과제를 수행하는 바탕이 될 수 있다. 이들 기능적인 면의 학습 목표들은 구체적인 경험을 통해서 일정한 수준의 성취를 요구하고 있으므로 평가에 있어서는 기능적 영역의 학습 목표 수준을 확인하여 평가 기준을 작성하고 그에 따라 실천과정의 행동과 기초 기능의 습득 정도를 관찰해야 한다.

실과에서의 기능 평가는, 기능 습득의 수준이 전문적인 숙련에 있는 것이 아니므로 실기에 대한 구체적인 체험을 갖도록 하고 이를 문제 해결에 적용할 수 있도록 하는 정도에서 고려되어야 한다. 또 실습 과제의 요소 기능을 단계별로 분석하여 평가 기준을 설정한 다음에는 실습과정에서도 평가가 실시되어야 하고 그 결과는 실습 후의 제작품 평가와 종합될 수 있어야 한다.

실과 작업 요소별 기능에 대한 평가 기준 척도를 작성할 때는 실과의 기본 기능 정착에만 집착할 것이 아니라 정확도에 관심을 가질 필요가 있다. 그러한 기본 기능의 습득 정도 내지 기능의 정확도는 3단계 정도의 신뢰로운 객관적 적정치를 설정해서 평정하되, 해당 학년 수준에서 달성해야 할 최소한의 수업 목표 달성도로 하는 것이 바람직하다.

간단한 체크리스트나 평정법에 의한 평가 양식을 만들어 활용하는 경우, 학습자가 조작하는 과정이나 작업의 결과를 점검할 수 있는 세부 항목으로 구성해야 하며, 실습과정과 실습 후의 결과에 대한 평가를 겸할 수 있어야 한다.

평가 방법으로는 교사의 작업 중 실기 평가를 위주로 하여 학생 상호 간의 평가 또는 자기 평가, 완성 작품의 평가 등을 병용할 수 있다.

가. 실기 평가 방법

기능적인 면의 평가라 하면 흔히 실기 평가에서의 특징적인 면이라고 지적되고 있다. 이는 실기 평가에서는 다른 평가에 비해 기능적인 면에서의 평가에 특히 신경을 써서 비중을 크게 두어야 한다는 말과도 통한다. 기능적 능력에 대한 평가는 지식에 대한 평가와 마찬가지로 성취에 대한 어떤 기준의 세트를 요구한다. 보통 그러한 기준을 성취의 정교함이라고 하며, 흔히 성취의 신속성이라고 한다. 기능은 연습에 의해서 개선이 되는 것으로 알려져 있으므로, "학습이 되었다", "학습이 안 되었다"라고 하는 감각에서 완숙 수준을 정의하기를 기대하는 것은 비현실적이다. 성취에 대한 기준은 완숙 수준의 달성 여부를 파악하기 위해서 결정되어야 한다(이무근 외 2인, 1991 : 320).

실기 평가란 단순히 학생들의 실기 능력의 향상 정도를 알아보는 것뿐만 아니라 그 이외에 여러 가지로 활용될 수 있다는 것을 명심해야 한다. 그래서 평가는 될 수 있는 한 폭넓은 의미로 해석하고 다양하게 활용해야만 한다. 그래서 실기 평가는 학생의 실험 실습과정과 더불어 실습하는 태도, 실습이 끝난 다음에 학생들이 만들어 낸 작품들을 평가하는 방법을 염두에 두고 하되 정확한 판단을 내려야 한다.

1) 교사가 평가하고자 하는 측정이 가능한가?

교사는 테스트에서 그가 기대하는 사항을 측정할 수 있는가를 확인하여야 한다. 테스트를 정확히 하기 위해서는 테스트의 문제들이 완전히 해독될 수 있어야 한다. 학생에 따라 테스트의 문제를 정확하게 해독하지 못함으로써 결과에 차이가 있었을 때 이는 테스트에서 기대했던 능력의 차이가 아니라 문장의 해독력을 테스트한 결과가 될 것이다. 기능을 지도하는 교사는 간혹 본래의 기대하였던 목적에 전혀 빗나가는 테스트를 작성하게 될 때가 있다. 구체적인 실책의 실례를 들어보면 다음과 같다.

- 기능적 솜씨를 테스트하려고 한 것이 속도의 테스트로 변질되는 일
- 질이나 작업 속도를 테스트하고자 한 것이 작업의 분석과 계획 능력의 테스트가 되는 일

위와 같은 실책을 범하지 않기 위해 교사는 사전에 문제를 세밀하게 분석하여 원하는 바를 정확하게 측정할 수 있을 것인가를 검토하여야 한다.

2) 평가 내용이 전반적으로 정확하게 측정이 가능한가?

같은 내용의 교육 훈련을 받은 학생에게 실시한 테스트의 결과는 대개 유사한 결과가 나타나리라고 기대되는 것이 당연하다. 그러나 나타난 결과에 많은 차이가 나타났다면 교육 성과의 측정이나 교육 방법 개선에 도움이 될 테스트가 될 수 없다. 테스트 결과의 심한 불일치는 실력을 반영할 수 없을 만큼의 문제 수가 충분하지 못하였든가 또는 테스트의 범위가 교육된 과정의 일부분에 치우쳐서 그 부분에 능숙한 학습자에게만 유리하고 다른 학습자에게는 불리한 출제에서 기인한다. 그러므로 테스트는 학습된 전체에 걸쳐서 광범하게 출제하여 학습자의 성과를 공정하게 측정할 수 있어야 한다.

3) 채점 방법이 객관적인가?

좋은 테스트가 될 수 있는 제일 중요한 요소는 그 평가에 교사 개인적인 의견이나 판단이 작용될 수 없어야 한다. 테스트의 평점이 교사의 기분으로 좌우될 수 있는 것이라면 학생들의 성적은 교사에 의하여 결정된 것이 되고 테스트에 의하여 결정된 것이 되지 못한다. 이상적인 테스트란 누구에 의한 채점이든 같은 평점이 나올 수 있는 것이라야 하고 여하한 조건하에서도 교사의 판단에 좌우되는 따위의 개인적 의견이 결과에 반영되는 요소는 배제되어야 한다. 흔히 테스트가 교사의 즉흥적인 판단에 의하여 작성되고 교사의 기분이나 환경에 따라 평점 기준이 변화된다면 테스트로서 공정성의 결여는 물론 학생들의 원성을 받게 된다.

4) 채점과 실시과정이 용이했는가?

테스트가 위에서 열거한 제 요건을 갖추고 있는 경우라도 그 시행 절차가 복잡하든가 채점 방법이 너무 까다롭고 많은 시간이 소요되면 교사의 부담이 너무 커서 충실한 채점을 하기 힘들다. 그러므로 이런 요인 때문에 테스트의 가치를 떨어뜨릴 수도 있다.

나. 실기 측정 요소 및 채점 요령

실기 테스트는 목적에 따라 제 요소 중의 한 가지 또는 두 가지 이상의 기능 요소를 테스트하도록 계획될 수 있다. 따라서 실기는 머리로 사고하고 손놀림으로 숙달하며 실습에 대한 건전한 태도로 임하였는가를 객관적이고 합리적인 방법으로 다음과 같이 측정해야 한다. ① 작업을 시작하여 완수하기까지의 직무의 분석 및 계획능력을 테스트한다. ② 작업 완성의 속도를 테스트한다. ③ 지식의 적용 및 판단 능력을 테스트한다.

실기 측정이 가능한 평정 방법으로는 ① 합격 또는 불합격, ② 최저 기준과 최고 기준 사이를 척도로 등차를 두는 평가이다. 작업의 최저 기준이 되는 항목을 간단명료하게 기술하여 놓고 중간 기준 및 최고 기준까지 참가되어 도달하여야 할 기준을 추가해 나가는 방법이다. 이런 평정 방법을 쓰면 학습자들은 어느 정도가 통과 수준이고, 어느 정도가 최고 수준인가를 잘 이해할 수 있게 된다. 실기 테스트를 채점하는 방법으로 객관성을 기하는 방법으로서, 직무를 측정할 수 있는 부분을 나누어 점수를 배정한다. 점수배당에 있어서는 테스트하는 사람의 개별적 가치판단의 차이가 있을 수 있기 때문에 점수의 차를 적게 하여 3점 내지 5점 정도로 폭을 좁히도록 한다.

2. 정의적 영역의 평가

정의적 영역에 대한 평가는 내재적 목표 달성이라는 관점에서 다루어져 소홀히 여겨지는 경향이 있다. 실과의 태도 면을 평가함에 있어서도 제작 실습 시 동일한 과정에서 전원의 평가 자료를 얻는 것이 바람직하지만 한 사람의 교사가 많은 학생의 행동을 동시에 체크하기는 곤란하며, 한 가지 주제를 중심으로 공동학습을 하는 경우에 개개인의 학생이 각기의 다양한 분업적 행동을 하는 경우가 많아지므로 이것을 같은 기준에서 처리하기란 어려운 일이다. 뿐만 아니라 실과는 가정학습을 비롯하여 실습, 조사, 관찰 등과 같이 학습 활동이 다양하고 복잡한 행동을 포함하므로 태도 평정 기준의 분석 설정이 어렵다고 하는 제한점이 따른다.

그러나 목표의 가치 면에서 실과의 흥미 · 태도 · 목표들은 인지적 영역이나 심동적 영역에 관련된 목표보다 학습 초기에 있어서 혹은 학습의 결과로서 더 큰 중요성을 가진다고 볼 때, 태도 평가의 어려움을 극복하기 위한 노력과 개선의 연구는 계속되어야 할 것이다.

실과교육을 통해서 기대할 수 있는 정의적 영역의 행동 특성으로는 생활에 적응하려는 노력, 공동체의식, 봉사하는 태도, 예절 지키기, 환경 보호, 자기 실현을 위한 노력, 일의 존엄성을 수용하는 태도 등을 들 수 있다.

이 외에도 일을 행함에 있어서 습관화되어야 할 태도로는 일을 깨끗하게 함, 일에 대한 적극성, 일의 절차를 따름, 안전을 지킴, 재료와 용구 등을 잘 준비함, 작업 결과를 정리함 등이 있다.

이처럼 실과의 태도는 그 유형이 다양하고 또 수업 조건에 따른 변화가 쉽게 나타나는 특징을 가지므로 평가 또한 획일적이어서는 곤란하다.

태도의 평가 방법에는 행동하는 것을 직접 보고 평가하는 직접 관찰 방법과 학습자의 표현 등을 매개로 해서 평가하는 간접적인 방법 등이 동원될 수 있다.

초등학교 실과에서는 과제에 따라 실습 보고서 및 가정학습과제 실천일지 또는 조사 · 관찰 학습장에 평정 항목을 설정하거나 별도의 태도 검사를 이용하는 등, 다른 조건하에서의 행동 증거를 수집함으로써 보다 신뢰로운 평가를 하도록 유도할 수 있다. 어떤 행동을 관찰할 때 이를 사실대로 기록하지 않거나 객관적인 관찰이 되지 못할 가능성이 있음을 고려하여, 피험자의 반응 경향을 미리 예상하고 평가에 임해야 할 것이다.

실과의 정의적 평가 방법은 크게 의미분석법, 리커트 척도, 면접과 개별적 논의, 보고서 작성, 체크리스트법이 있다. 이 중 면접법을 설명하면 다음과 같다.

면접법은 평가자와 학생이 서로 대화를 통해서 얻고자 하는 자료나 정보를 수집하여 평가하는 방법이다. 즉, 평가자가 학생과 직접 대면하여 평가자가 질문하고 학생이 대답하는 과정을 통해 지필 평가나 서류만으로 알 수 없는 사항 등을 알아보고 그것을 평가하는 방법이다. 면접진행 절차에 따라 구조화된 면접, 구조화되지 않은 면접, 반 구조화된 면접으로 나눈다.

구조화된 면접은 사전에 치밀한 계획을 세워서 면접을 진행시키는 것을 말한다. 구조화된 면접에서는 정보를 비교할 수 있고, 신뢰도가 높으며, 미숙한 면접자도 심사할 수 있고, 질문어구나 구성에서 오는 오류를 방지할 수 있는 장점이 있다.

구조화되지 않은 면접은 면접 계획은 세우되 면접 목적만을 명백히 하고 방법은 면접자에게 일임하는 것이다. 이것은 면접에서 목적하는 바의 정보를 깊이 있게 얻을 수 있고, 면접 상황에 따라 융통성 있는 면접을 할 수 있는 점이 있으나 면접을 위한 고도의 기술이 필요하며 면접의 표준화를 할 수 없다는 문제점이 있다.

반 구조화된 면접은 사전에 면접에 관한 치밀한 계획을 세우되 면접장에서 면접자가 융통성 있는 면접을 진행시키는 방법이다. 이것의 장점은 보다 심도 깊은 정보를 얻을 수 있다는 점, 사전에 예상할 수 없었던 정보나 자료를 얻을 수 있다는 점, 진행상 융통성을 발휘할 수 있다는 점 등을 들 수 있다.

3. 인지적 영역에 대한 평가

실과에서, 지식 수준의 행동 유목들은 문제 해결이나 기능학습과정에 있어서도 거쳐야 할 하위의 지력(知力)이 바탕이 되며, 고차적 지력에 해당하는 문제 해결 능력 수준의 행동 유목들은 일을 대상으로 하는 실과교육에서 특히 중시되고 있어 평가 또한 많은 비중을 차지하게 된다.

지식과 문제 해결력을 포함하는 인지적 영역에 대한 평가를 하기 위해서는 타 교과에서와 마찬가지로 다음과 같은 절차를 따르게 된다.

1단계는, 평가되어야 할 지적인 영역 속에서의 구체적 학습 목표가 어떤 수준의 것인가를 검토하는 일이다. 따라서 실과에서 기대하는 행동 유목과 학습 내용을 구조화한 이원 분류에 의거하여 분명한 목표를 확인해야 한다.

2단계는, 어떤 평가 기법을 사용할 것인지를 검토하는 일이다. 지필검사를 실시할 것인지 또는 보고서나 실천일지를 기록하게 하여 검토할 것인지 등을 선정해야 한다. 단순한 사실의 기억에 해당하는 낮은 수준의 지적 영역에 대한 평가 기법은 높은 수준의 문제 해결 능력을 평가하기 위한 기법과는 차이가 있기 때문이다.

3단계에서는 검사 형태를 어떤 것으로 할 것인지, 진위형 · 단답형 · 완결형 · 배합형 · 선다형 등과 같은 객관식 검사 또는 과제를 주어 풀게 하는 검사 등에서 선택한 후 마지막 단계에서 타당성 · 객관성 · 실용성 · 신뢰성 있는 문항 작성을 하게 된다.

실과의 지적 영역에 대한 평가는 보통 선다형 또는 문장체 테스트에 의한 지필 검사를 하거나 질의에 의한 방법을 많이 이용하며, 문제 해결 능력을 측정하기 위해서는 그 외에 실습 보고서, 관찰 학습장, 가정 학습과제 실천일지 등의 분석 방법도 가능하다. 수업 장면에서 흔히 실시하는 질의에 의한 방법은 지식, 이해의 정도를 수시로 파악하여 즉시 학생 지도에 반영하는 데는 적절하거나 개인의 절대적인 성취 수준을 평정하기에는 어렵다.

실과에서는 지적 영역 평가를 위한 지필검사를 실시하는 경우, 단편적인 지식 수준의 평가에 그쳐서는 안 되며 개별적인 지식을 특정 과제 해결이나 생활 문제와 관련시켜 구체적인 관계를 파악하고 판단, 종합해 나갈 수 있는 지력의 평가가 강조된다. 원칙적으로 학습 결과가 복잡한 경우는 복합형 문항을 쓰는 것이 바람직하고, 문제 해결력의 평가 문항 제작에 있어서는 일반적인 지식으로는 해답할 수 없도록 배려할 필요가 있다.

〈표 12-1〉에 의하면 선택형은 어떤 형태로든지 미리 답이 제시되고, 이 제시된 답 중에서 피험자가 정답이라고 생각하는 답을 고르게 하는 문항 형식이다. 선택형은 크게 진위형, 배합형, 선다형으로 나누어진다. 서답형은 피험자 자신이 답을 공급 또는 만들어 넣어야 하는 형식의 문항을 통틀어 말한다. 서답형은 크게 완성형, 단답형, 논문형으로 나눈다.

완성형은 문항의 중간 중간에 빈칸이나 공란을 설정해 놓고 거기에 적합한 단어나 구를 써넣게 하는 방법이다.

단답형은 대답이 간단한 단어, 구, 절, 문장으로 표시되도록 하는 문항이다. 논문형은 제목, 혹은 주제만 제시된 유형 중에서 학습 목표, 내용 등을 종합적으로 판단하여 평가 장면을 선택한다.

이러한 평가 장면의 선택은 교사의 고유 영역이고 전문성이 요구되는 사항이다.

▍표 12-1 선택형 문항과 서답형 문항의 유형

구분	진위형		
선택형	배합형	단순배합형, 복합배합형, 분류 배합형, 관계 분석형, 관계 분류형, 공변 관계형	객관형
	선다형	최선답형, 정답형, 다답형, 합답형, 불완전 문답형, 부정형	
서답형	완결형	완성형	
	단답형	단구적 단답형, 서술적 단답형	
	응답제한 논문형	문항 제한 논문형, 내용 범위 제한 논문형, 서술 양식 제한 논문형	주관형
	응답 자유 논문형	단독 과제형, 자료 제시형	

출처 : 박도순, 홍후조(1999), p. 371을 재구성.

논의

1. 실과교육과정 변천과정에서 평가 체제상 측면에서의 차이점에 대하여 논의해 보자.
2. 실과교육과정에서 특히 강조되어야 할 점에 대하여 논의해 보자.
3. 2015 개정 실과교육과정의 평가 체제상의 장점을 정리해 보자.
4. 2015 개정 실과 교과서 단원 평가에 대한 구상을 해보자.

참 | 고 | 문 | 헌

곽병선(1995). **교육과정**. 배영사.

곽상만(1994). **교육과정 해설 '실과'**. 교육과학사.

곽상만 외(1995). **실과교육**. 교육과학사.

_________(1963). **국민학교 교육과정** 〈교육부령 제119호〉. 교육부.

_________(1963). **국민학교 교육과정 해설**. 교학도서주식회사.

_________(1973). **국민학교 교육과정** 〈교육부령 제310호〉. 교육부.

_________(1973). **국민학교 교육과정**. 삼화출판사.

_________(1981). **국민학교 교육과정** 〈교육부고시 제442호〉. 교육부.

_________(1982). **국민학교 교육과정**. 대한교과서 주식회사.

_________(1988). **국민학교 교육과정 해설**. 교육부.

_________(1988). **문교 40년사**. 교육부.

_________(1992). **국민학교 교육과정 해설**. 교육부.

_________(1992). **국민학교 교육과정**(교육부 고시 제1992-16호), 교육부. 1992.

_________(1995). **국민학교 교육과정** 〈교육부령 제44호〉. 교육부.

곽연상(1995). 국민학교 실과교육과정의 변천에 관한 고찰. 전남대학교 교육대학원 석사학위논문.

교육과학기술부(2011). 교육과학기술부 고시 제2011-361호[별책 2]. 211-224.

교육과정 · 교과서 연구회(1995). **한국 교과교육과정의 변천**. 대한교과서 주식회사.

교육부(1994). **국민학교 교육과정 해설**. 대한교과서 주식회사.

교육부(1999). **초등학교 교육과정해설(Ⅳ)-수학, 과학, 실과**. 대한교과서 주식회사.

권혁정(1991). 국민학교 실과교육목표 변천에 관한 연구. 건국대학교 교육대학원 석사학위논문.

김영기, 류청산(1996). 초등 실과교육의 학문적 체계 정립에 관한 기초 연구. **실과교육연구, 2**(1).

김종서, 이영덕, 이홍우(1993). **교육과정**. 한국방송통신대학.

류청산 외 5인(2003). **실과교육학 이론 편**. 도서출판 엘리트.

류청산 외 3인(2002). **실과교육학 원론**. 도서출판 엘리트.

박도순, 홍후조(1999). **교육과정과 교육평가**. 문음사.

전국교대 실과교육연구회(2009). **실과교육 이론과 실제 Ⅰ**. 양서원.

전국교대 실과교육연구회(2001). **실과교육론**. 양서원.

윤계중(1993). 국민학교 실과 교과서 및 교육과정 변천에 관한 연구. 경희대학교 대학원 석사학위논문.

이경섭, 이홍우, 김순택(1992). **교육과정**. 교육과학사.

이무근, 원상봉(2000). **직업교육과정과 평가**. 교육과학사.

이무근(1993). **직업 · 기술교육에서의 교육과정**. 배영사.

이영덕(1997). **교육과정과 수업의 탐구**. 교육과학사.

이현주, 류청산(1997). 초등학교 실과교육과정 변천과정. 논문집. 인천교육대학 학위논문.

정성봉(1982). 국민학교 실과교육과정 변천에 관한 연구. **한국농업교육학회지, 14**(1).

최영진(1983). 실과교육 발전의 과제와 전망. **인천교육대학 논문집, 17집** 교육 편.

함종규(1976). **교육과정**. 형설출판사.

함종규(1976). **한국 교육과정 변천사 연구**. 숙명여자대학출판부.

제13장 실과교육 평가의 실제

개요

이 장에서는 실과교육 평가 도구의 개발 절차에 따라 각 실과 단원의 성취 기준, 평가 요소, 평가 방법과 평가 방안을 탐색하였다. 또한 수행 평가의 다양한 유형에 따른 평가 도구 및 평가 방법을 예시하여 예비교사와 현장 교사들에게 평가의 계획, 도구 개발, 적용 시 실질적 도움을 될 수 있도록 내용을 구성하였다.

목표

1. 실과 각 영역의 평가 도구 개발 전략을 이해한다.
2. 수행 평가의 여러 유형을 이해한다.
3. 수행 평가의 영역별 도구 개발 방법을 이해한다.
4. 현장에 맞는 평가 도구를 제작하고 그것을 실시할 수 있다.

1절 실과 교과서 단원 평가

개요

2011 개정 실과교육과정의 단원을 크게 이해 및 실천 중심 단원, 이해 및 실습 중심 단원, 정보 단원으로 나누어 각각의 평가 방법과 방안에 대해 제시하였다. 또한 실제 교과서의 단원 평가를 제시함으로써 이해를 높였다.

1. 이해 및 실천 중심 단원의 평가 도구

가. 나와 가정생활과 일과 직업의 세계 단원 평가 방법

대단원	중단원	성취 기준(목표 분류 영역)	평가	
			평가 요소	평가 방법
나와 가정생활	나의 성장과 가족	• 자신의 성장과 발달을 이해(인지) • 가족과 가정생활의 의미와 소중함 알기(인지) • 건강한 가족과 가정생활을 위해 필요 조건 이해(인지)	이해 지식	• 서술형 • 논술형 • 구술시험
	가정일과 가족의 역할	• 가정일의 종류와 중요성 알기(인지) • 가족 구성원으로서 할 수 있는 일 알기(인지) • 가족 구성원으로서 할 수 있는 일 하기(심동) • 가족 간에 협력과 배려를 실천하기(심동)	이해 실천	• 논술형 • 토론법 • 관찰법 • 포트폴리오
일과 직업의 세계	일과 직업의 세계	• 일과 직업의 의미와 중요성 알기(인지) • 정보매체를 활용하여 다양한 직업의 종류와 특성 파악하기(인지) • 일과 직업에 대한 긍정적인 태도 가지기(정의)	이해 지식 태도	• 논술형 • 토론법 • 관찰법 • 포트폴리오
	진로탐색과 진로설계	• 스스로 진로 탐색하기(인지) • 진로 설계하기(심동)	이해 실천	• 포트폴리오

- 학습한 내용에 대한 이해를 바탕으로 가정에 대한 인지적인 영역과 정의적인 영역의 변화에 중점을 두어 평가하도록 한다.
- 학습한 내용을 실제 생활에서 실천하는지의 여부를 중점적으로 평가한다.
- 가정과 직업 세계에 대한 일의 이해와 그 소중함을 아는지를 평가한다.
- 자신의 특성에 적합하고 관심 있는 분야의 진로를 계획하는 과정을 이해했는가를 평가하도록 한다.

• 평가 방법은 서술형, 논술형, 토론법, 관찰법, 포트폴리오 등이 있다.

나. 쾌적한 주거와 생활자원 관리 단원 평가 방법

대단원	중단원	성취 기준(목표 분류 영역)	평가	
			평가 요소	평가 방법
쾌적한 주거와 생활자원 관리	주거 공간과 생활자원 관리	• 생활 쓰레기 줄이기(심동) • 올바른 분리 처리와 재활용하기(심동) • 쾌적한 주거 환경을 유지할 수 있는 능력 기르기(심동)	실천	• 서술형 • 토론법 • 실천보고서 • 포트폴리오
	용돈과 시간 관리	• 생활자원의 의미와 관리 중요성 알기(인지) • 효율적인 시간 관리하기(심동) • 합리적인 용돈 관리하기(심동)	태도 이해 실천	• 서술형 • 포트폴리오 • 실천보고서

• 쓰레기를 줄이려는 마음을 행동으로 나타낼 수 있는가를 평가한다.

• 자원 활용의 실제와 환경과의 관계를 파악하는 과정에서 이를 인식하고, 적극적 관심을 가지는 태도 측면에 초점을 둔다.

• 재활용의 개념과 실제를 인식하고, 제작과 활용과정에 대한 이해와 관심을 평가한다.

• 자신이 원하는 재활용품을 계획 · 구상하는 창의력, 문제 해결력과 준비 · 수행하는 과정에서의 태도 측면을 평가한다.

• 용돈 기입장의 실제 작성 결과와 예산서 및 결산서를 중심으로 포트폴리오 형식의 평가를 실시한다.

• 평가 방법은 서술형, 토론법, 실천보고서, 포트폴리오 등이 있다.

다. 생활 속의 동·식물 단원 평가 방법

대단원	중단원	성취 기준(목표 분류 영역)	평가	
			평가 요소	평가 방법
생활 속의 동·식물	인간생활과 동·식물	• 동·식물자원의 중요성과 가치 이해(정의) • 생활 속에 이용할 수 있는 동·식물의 종류(인지) • 동·식물 이용 방법을 설명한다(인지).	태도 지식	• 서술형 • 토론법 • 연구보고서 • 포트폴리오
	동·식물자원과 환경	• 동·식물의 자원으로서의 가치(정의) • 저탄소 녹색성장과의 관계 이해(인지) • 친환경적인 농·축산물의 생산과 이용을 체험(심동)	태도 이해 체험	• 서술형 • 포트폴리오 • 체험보고서

• 학습한 내용을 실제 생활에서 실천할 수 있도록 평가한다.

• 키우고 싶은 애완동물 기르기에 대한 기본적인 개념 및 과정 이해와 실제 기를 수 있는 기본 능력을 갖추었는지 평가하도록 한다.

• 평가 방법은 서술형, 토론법, 연구보고서, 체험보고서, 포트폴리오 등이 있다.

라. 이해 및 실천 중심 단원(생활 속의 동·식물) 평가 내용

출판사	페이지	내용
교학사	114	콩나물 기르기 실습 결과를 평가하고 느낀 점을 적어봅시다.
동아출판	62	다음 그림을 보고 동·식물을 우리 생활 속에서 어떻게 이용하고 있는지 번호를 써넣어 봅시다.
	63	스스로 평가해 보아요
미래엔	70	질문에 알맞은 낱말을 사과나무에서 찾아 바구니에 써넣어 봅시다.
	71	종이 죽에 씨앗을 넣어 새싹 종이를 만들어 보기
비상교육	42	보기에서 설명하는 용어를 글 상자에서 찾아 표시하며 이 단원에서 배운 내용을 정리하여 봅시다.
천재교과서	116	이 단원에서 배운 내용으로 퍼즐을 풀어 봅시다.
천재교육	45	실습 후 준비물을 알맞게 정리하였습니까?

2. 이해 및 실습 중심 단원 평가 도구 개발 방향

가. 생활 속의 동 · 식물 이용 단원 평가 방법

대단원	중단원	성취 기준(목표 분류 영역)	평가	
			평가 요소	평가 방법
생활 속의 동 · 식물 이용	생활 속의 식물 가꾸기	• 생활 속의 식물 가꾸기 방법과 과정 이해(인지) • 꽃이나 채소를 가꾸어 이용(심동)	이해 체험	• 서술형 • 포트폴리오 • 연구보고서
	생활 속의 동물 돌보기	• 동물 돌보는 과정 및 성장과정 이해(인지) • 애완동물이나 경제동물 실제 생활에 이용(심동)	이해 체험	• 서술형 • 포트폴리오 • 연구보고서

• 실습 평가는 식물과 동물은 생명이 있고, 가꾸고 기르는 방법에 차이가 있다는 특징을 고려하여 이루어져야 한다.
• 실기 평가 시 특히 객관성에 유의하여야 한다.
• 경제동물의 사육과정을 이해하고, 그 생산물의 현명한 이용 및 소비를 위해 필요한 기본적인 지식과 기능을 학습하였는지 알아본다.
• 평가 방법은 서술형, 포트폴리오, 연구보고서 등이 있다.

나. 나의 균형 잡힌 식생활과 건강한 식생활의 실천 단원 평가 방법

대단원	중단원	성취 기준(목표 분류 영역)	평가	
			평가 요소	평가 방법
나의 균형 잡힌 식생활	나의 영양과 식사	• 6대 영양소의 중요성(인지) • 자신의 식사 반성 및 평가(정의)	지식 태도	• 서술형 • 포트폴리오
	건강 간식 만들기	• 간식의 중요성 이해(인지) • 간식상 차리기(심동)	지식 실습	• 실기평가 • 포트폴리오
건강한 식생활의 실천	건강하고 안전한 식사	• 식품 표시의 내용과 의미 이해하기(인지) • 현명한 음식 선택(심동)	이해 실습	• 서술형 • 실기 평가
	음식 만들기와 식사 예절	• 전통 한식의 우수성 이해하기(인지) • 밥을 이용하여 간단한 음식 만들기(심동)	이해 실습	• 서술형 • 실기 평가 • 연구보고서

- 수업 중에 교사의 관찰에 의한 과정 중심적 평가에 기초한 문제 해결력, 기구 사용 능력에 주안점을 둔다.
- 학습한 내용에 대한 이해를 바탕으로 가정에 대한 인지적인 영역과 정의적인 영역의 변화에 중점을 두어 평가하도록 한다.
- 학습한 내용을 실제 생활에서 실천하는지의 여부를 중점적으로 평가한다.
- 평가 방법은 서술형, 실기 평가, 연구보고서, 포트폴리오 등이 있다.

다. 나의 자립적인 의생활과 창의적인 의생활의 실천 단원 평가 방법

대단원	중단원	성취 기준(목표 분류 영역)	평가	
			평가 요소	평가방법
나의 자립적인 의생활	건강하고 안전한 옷차림	• 옷의 다양한 기능과 역할을 이해하기(인지) • 건강하고 안전한 옷차림하기(심동)	인지 실천	• 서술형 • 포트폴리오
	스스로 하는 옷차림	• 옷의 생산 및 소비와 환경 관계 이해(인지) • 옷의 종류와 용도에 맞게 정리 보관(심동) • 간단한 수선하기(심동)	지식 실습	• 실기평가 • 포트폴리오
창의적인 의생활의 실천	생활 속 헝겊 용품 만들기	• 간단한 생활용품 만들기(심동)	이해 실습	• 서술형 • 실기평가
	환경과 나눔의 생활용품 만들기	• 바느질 도구를 이용하여 생활용품을 창의적으로 만들기(심동)	이해 실습	• 서술형 • 실기평가 • 연구보고서

- 학습한 내용을 실천할 수 있도록 평가한다.
- 실습 평가는 사전에 평가 기준을 세워야 하며, 실습과정과 결과에 대한 평가가 균형을 이루도록 하고 평가 시 객관성을 가지도록 한다.
- 용품 만들기 과정에서의 기초 바느질 능력 및 태도를 평가한다.
- 바느질 용품을 만드는 기능적인 측면과 함께 용품을 계획, 창의적으로 구상, 준비, 수행하는 과정에서의 태도를 평가한다.

라. 생활과 전기 · 전자와 생활과 기술 단원 평가 방법

대단원	중단원	성취 기준(목표 분류 영역)	평가	
			평가 요소	평가 방법
생활과 전기 · 전자	전기 전자의 이용	• 전기 전자 제품의 기본 원리 이해하기(인지) • 전자 부품을 이용하여 제품 만들기(심동)	이해 실천	• 서술형 • 토론법 • 실습평가 • 포트폴리오
	로봇의 이해	• 로봇의 간단한 작동 원리 이해하기(인지) • 센서를 장착한 로봇 체험하기(심동)	태도 체험	• 서술형 • 체험보고서
생활과 기술	기술과 발명의 기초	• 다양한 제품 찾기(인지) • 기술과 발명과의 관계 이해하기(인지) • 발명에 필요한 간단한 기법 익히기(심동)	지식 실습	• 서술형 • 포트폴리오
	창의적인 제품 만들기	• 발명기법 이용하여 창의적인 생활용품 만들기(심동)	실습	• 실기평가 • 포트폴리오

- 수업 중에 교사의 관찰에 의한 과정 중심적 평가에 기초한 문제 해결력, 기구 사용 능력에 주안점을 둔다.
- 전자부품의 이해도를 평가하고 스스로 전자제품을 제작할 수 있는 능력 평가에 주안점을 둔다.
- 실습 활동의 과정과 결과를 동시에 평가할 수 있도록 채점 기준표를 미리 준비한다.
- 학습한 내용을 실천할 수 있도록 평가한다.
- 실습 평가는 사전에 평가 기준을 세워야 하며, 실습과정과 결과에 대한 평가가 균형을 이루도록 하고 평가 시 객관성을 가지도록 한다.
- 평가 방법은 실습 평가, 실기 평가, 서술형, 포트폴리오, 체험보고서 등이 있다.

마. 이해 및 실습 중심 단원(생활과 전기 · 전자) 평가 내용

출판사	페이지	내용
교학사	85	다음 전기/전가 제품의 원리와 제품들을 서로 관계있는 것끼리 연결해 봅시다.
	85	다음 각각의 설명에 해당하는 전자 부품의 이름을 적어 봅시다.
	85	자동 취침 등 만들기의 각 과정에서 이루어지는 활동 내용을 간단히 정리해 봅시다.
	94	다음 로봇의 종류 중 하나를 선택하여 로봇이 하는 일을 조사하여 적어 봅시다.
	94	다음 설명에 해당하는 로봇의 구성 요소를 적어 봅시다.
	94	라인트레이서 만들기의 각 과정에서 이루어지는 활동 내용을 간단히 정리해 봅시다.
	95	생활 속에서 편리하게 사용하는 제품에는 어떤 센서가 활용되는지 알아봅시다.
동아출판	92	다음 여러 가지 전자 부품 및 센서의 모양과 기능을 바르게 연결하여 봅시다.
	93	전기 · 전자 제품의 이용 형태를 세 가지 이상 말할 수 있습니다.
	93	전기 · 전자 제품의 기본 원리를 바르게 이해하고 있습니다.
	93	주요 전자 부품의 기능을 설명할 수 있습니다.
	93	일상생활에서의 로봇 이용 사례를 세 가지 이상 말할 수 있습니다.
	93	로봇의 작동 원리를 바르게 이해하고 있습니다.
	93	여러 가지 센서의 모양과 그 기능을 알고 있습니다.
미래엔	72	여러 가지 센서의 모양과 그 기능을 알고 있습니다.
비상교육	102	짝과 함께 주사위 놀이를 하면서 이 단원에서 배운 내용을 정리하여 봅시다.
천재교과서	114	다음의 설명이 맞으면 O표, 틀리면 X표를 따라 집을 찾아가 봅시다.
	114	다음 구분에 알맞은 전기 · 전자 제품을 두 가지 써 봅시다.
	115	다음 전자 부품의 이름을 쓰고, 어떠한 기능을 하는지 빈칸에 알맞은 말을 써 봅시다.
	115	다음 전기 · 전자 제품에서 사용할 수 있는 센서에는 어떤 것이 있는지 써 봅시다.
천재교육	108	발명 기법이 쓰인 발명품을 보기에서 찾아 써 봅시다.
	109	발명 아이디어 기법에 대해 간단히 설명해 봅시다.
	109	다음 빈칸에 알맞은 재료나 공구를 보기에서 찾아 써 봅시다.

3. 실과 정보과학 단원 평가

가. 생활과 정보 단원 평가 방법

<table>
<tr><th rowspan="2">대단원</th><th rowspan="2">중단원</th><th rowspan="2">성취 기준(목표 분류 영역)</th><th colspan="2">평가</th></tr>
<tr><th>평가 요소</th><th>평가 방법</th></tr>
<tr><td rowspan="2">생활과 정보</td><td>정보 기기와 사이버 공간</td><td>• 정보 기기의 종류와 기능 이해하기(인지)
• 정보 기기의 다양한 활용방법 익히기(심동)
• 올바른 정보 의식 가지기(정의)
• 정보 기기와 사이버 공간을 이용하기(심동)</td><td>이해
태도
활용 능력</td><td>• 서술형
• 실기 평가
• 포트폴리오</td></tr>
<tr><td>멀티미디어 자료 만들기와 이용</td><td>• 소프트웨어로 창의적인 발표 자료 만들기(심동)
• 정보 기기로 멀티미디어 자료 만들기(심동)</td><td>활용 능력</td><td>• 실기 평가</td></tr>
</table>

- 정보과학 영역의 5학년은 기능 위주의 실기 평가를 주로 사용하고, 6학년은 수행 평가 이론에 근접한 다양한 평가 방법과 질적 평가 방법을 활용하는 것이 바람직하다.
- 정보과학 영역은 수업과 평가가 분리된 측정 위주, 시험 위주, 자격증 취득 위주의 평가가 아니라 교수·학습 맥락에서 학생들의 진정한 의미의 발전과 수업의 개선을 위해 평가하는 것이 바람직하다.
- 정보과학 영역의 학습자들의 기능 수준이 일정하지 않을 경우가 많기 때문에 수업 중에 반드시 진단 평가를 실시하는 것이 바람직하다.
- 정보과학 영역의 교수·학습 및 평가가 컴퓨터를 주 매체로 하기 때문에 평가 장면이 대단히 중요하다. 따라서 정보과학 영역의 평가는 수업 시간 중에 평가 장면이 보장된 상태에서 관찰이나 실습 장면, 자기보고서 등을 활용하는 것이 바람직하다.
- 정보과학 영역의 지필 평가는 가능한 한 모두 실습에 바탕을 둔 지필 평가가 이루어져야 하며 실기 평가도 심동적 영역에 포함되는 모든 행위에 대한 평가를 포함하여야 한다.
- 정보과학 영역의 실기 평가는 평가 척도표를 만들어 해당란에 표시해서 점수를 내는 방법을 사용하고 자기 평가 시는 학생들이 충분히 이해할 수 있도록 단계별로 평가 기준을 명료하게 제시하는 것이 바람직하다.

• 정보과학 영역은 실제 생활과도 밀접한 관련이 있는 내용을 가지고 평가하는 것이 바람직하다.

• 정보과학 영역의 기능적 솜씨를 테스트하려고 한 것이 속도의 테스트로 변질되는 일과 같은 실책을 범하지 않기 위해 교사는 사전에 문제를 세밀하게 분석하여 원하는 바를 정확하게 측정할 수 있을 것인가를 검토하여야 한다.

나. 2011 개정 교육과정 교과서 단원 평가 내용

교과서	페이지	내용
교학사	133	다음 빈칸에 알맞은 내용을 써 넣어 이 단원에서 배운 내용을 정리해 봅시다.
	133	다음 평가 기준에 따라 나의 정보 기기 활용 정도를 평가해 봅시다.
	133	다음 사이버 공간과 정보 기기를 이용하는 방법이 맞으면 ○, 틀리면 ×표를 해 봅시다.
	142	내가 만든 멀티미디어 자료의 실습 보고서를 작성해 봅시다.
	145	다음 정보 기기가 지닌 다양한 기능을 모두 연결하여 봅시다.
	145	나의 일주일 인터넷 사용 계획표를 작성하여 올바른 인터넷 사용 습관을 기르고, 또 '인터넷 쉬는 날'도 지정하여 봅시다.
	145	멀티미디어 자료 만들기 과정을 간단하게 정리해 봅시다.
동아출판	170	바른길로 따라가며 정보 박사가 되어 봅시다.
	171	스스로 평가해 보아요.
	171	실천다짐
미래엔	134	주사위를 던져 나온 수만큼 이동하여 그 칸의 물음에 답하여 봅시다.
비상교육	144	빙고 놀이를 하면서 이 단원에서 배운 내용을 정리하여 봅시다.
천재교과서	140	설명에 맞는 정보 기기와 연결해 봅시다.
	140	순서에 맞게 나열해 봅시다.
	141	게임을 통해 정리해 봅시다.
천재교육	142	사다리 타기하여 나오는 빈칸에 각각의 기능을 가진 정보 기기를 보기에서 찾아 써 봅시다.
	142	정보기기의 설명으로 맞으면 ○표, 틀리면 ×표를 해봅시다.
	143	단어를 이용하여 사이버 공간의 의미를 써 봅시다.
	143	저작권을 침해한 행동은 어느 것인지 빈칸에 V표 해봅시다.

2절 실과 수행 평가

개요

수행 평가는 교과의 목표와 본질에 근거한 평가 관점의 변화를 의미한다는 점에서 실과의 특성에 비추어 활용 가능한 방법이다. 따라서 실과 교과에서 활용할 수 있는 서술형(주관식) 검사, 논술형 검사, 구술시험, 토론법, 실기시험, 실험 · 실습법, 면접법, 관찰법, 자기 평가와 동료 평가, 연구보고서법, 포트폴리오 평가, 홀리스틱(Holistic) 평가, 기타 평가 등에 대한 예시를 제시하고자 한다. 수행 평가는 피평가자가 직접 구성적으로 창출하는 학습과제의 수행과정이나 결과를 평가자가 직접 관찰하고 그 결과를 전문적으로 판단하는 평가 방식이라고 할 수 있다.

1. 수행 평가의 뜻과 필요성

가. 수행 평가의 의미

일반적으로 '수행(performance)'이란 구체적인 상황에서 실제로 행동하는 과정이나 그 결과를 의미하며, 수행 평가란 "학생 스스로가 자신이 알고 있거나 생각하고 있는 것, 즉 자신의 능력을 나타낼 수 있도록 답을 작성(구성)하거나, 발표하거나, 산출물을 만들거나, 행동으로 나타내도록 요구하는 평가"를 의미한다. 여기서 '행동'이란 단순히 신체를 움직이는 것만을 의미하는 것이 아니라 말하거나, 듣거나, 읽거나, 쓰거나, 그리거나, 만들거나, 더 나아가서 그것을 계획하고 준비하는 과정까지도 포함하는 인간의 모든 활동을 의미한다.

넓은 의미에서 수행 평가란 선택형 문항에 의한 평가 방식을 제외한 모든 형태의 평가 방식을 포괄하는 것으로 볼 수 있다.

수행 평가에서는 학생의 지식이나 기능을 평가함에 있어 선택형 검사와 같이 정답을 선택할 수 있는 능력이 곧 '지식을 안다'거나 '지식을 습득했다'고 가정하는 것을 부정하고, 학생이 답안을 구성하거나 행동으로 직접 나타내는 것을 통해 지식이나 기능의 습득 여부를 실제로 측정 · 평가하는 데 초점을 둔다.

이런 특성 때문에 수행 평가라는 용어는 '직접 평가(direct assessment)', '진짜 평가(authentic assessment)', '과정 지향적 평가(process-oriented assessment)', '대안

평가(alternative assessment)', '질적 평가(qualitative assessment)', '포트폴리오 평가(portfolio assessment)', '전체적 맥락의 평가(contextual assessment)' 등의 용어와 더불어 사용되고 있다. 그러나 이들 용어의 의미는 상황에 따라 다소 달리 해석될 수 있다.

나. 실과교육에서 수행 평가의 필요성

1) 창의적 문제 해결 능력을 기르기 위하여

실과 교과는 그 원천이나 내용, 교육 방법이 다양하여 지식기반 사회에서 요구하는 창의적 문제 해결 능력을 기르기에 적합한 교과이다. 그럼에도 전통적인 평가 방법이나 절차는 창의성이나 문제 해결 능력을 기르기보다 타인과의 상대적 비교를 강조하고 선택형 검사나 단답형 검사에 의존함으로써 단편적인 지식의 암기식 교육을 조장하여 실과교육의 본질적 목표인 창의적 문제 해결 능력을 효율적으로 기를 수 없었다. 따라서 창의성, 문제 해결 능력 등 고등 사고 기능을 직접적으로 평가함으로써 궁극적으로 그런 능력을 신장하도록 유도할 필요가 있다.

2) 여러 측면의 지식이나 능력을 지속적으로 평가함과 동시에 교수-학습 활동을 개선하기 위하여

전통적인 평가는 교수-학습의 결과를 한두 번에 걸쳐 총괄적으로 평가하는 방식이었기 때문에 어떤 학생이 특정 문항에 대하여 왜 틀렸는지 그 원인에 대한 자세한 정보를 제대로 수집할 수 없었다. 따라서 교수-학습 결과뿐만 아니라 그 과정에 대한 자세한 정보의 수집과 아울러 학생 개개인의 특성과 수준을 여러 가지 측면에서 지속적이면서도 종합적으로 평가할 필요가 있다.

3) 학생의 인지적으로 아는 것뿐만 아니라, 아는 것을 실제로 적용할 수 있는지 여부를 파악하기 위하여

실과교육 평가에서는 학생들의 명제적 지식의 수준뿐만 아니라, 절차적 지식의 수준을 파악하는 일이 중요하다. 왜냐하면 실과교육에서는 학생들이 인지적으로 알고 있느냐의 여부도 중요하지만 아는 것을 실제로 행동으로 옮기거나 적용할 수 있는지의 여부를 파악하는 일은 더더욱 중요하기 때문이다.

4) 학습자 개인에게 의미 있는 학습 활동이 이루어지도록 하기 위하여

실과교육에서 학습자가 이해하지도 못하는 단순한 사실이나 정보를 기계적으로 암기하여 시험을 치르고 나서 모두 잊어버린다면 무의미할 뿐만 아니라 시간 낭비일 뿐이다. 따라서 보다 적극적으로 평가의 내용이나 절차를 각 개인에게 의미 있게 구성함으로써 개개인의 학습과 이해력을 향상시킬 필요가 있다.

2. 서술형 및 논술형 검사

서술형 검사란 흔히 주관식 검사라고 하는 것으로, 문제의 답을 선택하는 것이 아니라 학생들이 직접 서술(구성)하는 검사 형태이다. 보통은 모범 답안을 상정하고 있는 경우가 대부분이나, 학생들이 단순히 암기하고 있는 수준이 아니라 문제 해결의 과정을 제대로 이해하고 있는지를 파악하기 위한 경우가 대부분이다.

논술형 검사란, 일종의 서술형 검사이기는 하지만 특별히 상정하고 있는 정답이 없는 상태에서 개인 나름의 생각이나 주장을 창의적이고 논리적이면서도 설득력 있게 조직하여 작성해야 함을 강조한다는 점에서 서로 구별된다.

가. 서술형

<table>
<tr><th>교과</th><th>실과</th><th>영역</th><th>가정생활</th><th>평가 내용 요소</th><th>나의 성장과 발달</th><th>교과서 관련</th><th>5학년 1단원</th></tr>
<tr><td>평가 관점</td><td colspan="7">아동기에 나타날 수 있는 성적 발달 변화를 남녀별로 정확하게 서술하는 정도</td></tr>
<tr><td>수행 평가 문항</td><td colspan="7">아동기에 나타나는 남녀의 성적 발달 변화를 설명하라.</td></tr>
<tr><td rowspan="3">평가 기준</td><td>3</td><td colspan="6">• 주제에 대해 정확하게 이해하고 표현함
• 견해가 주제와 일치하고 다른 사람에게 설득력 있게 작성됨</td></tr>
<tr><td>2</td><td colspan="6">• 주제에 대해 충실하게 표현함
• 주제에 대해서는 적절히 접근했으나 설득력이 부족함</td></tr>
<tr><td>1</td><td colspan="6">• 주제에 대해서 적절히 다루지 못함
• 표현 능력도 부족하고 설득력도 없음</td></tr>
<tr><td colspan="5">평가 방법</td><td colspan="3">평가 시 유의점</td></tr>
<tr><td colspan="5">서술형 문장을 평가 기준에 따라 평가한다.</td><td colspan="3">일반적인 발달이 아닌 남녀 간의 성적 발달 차이를 정확히 알고 있는가를 평가한다.</td></tr>
</table>

나. 논술형

1) 문항

다음 내용들이 포함되도록 하여 자신의 생각을 글로 써보시오. • 가정에서 가족들의 역할 수행이 왜 중요한지를 탐색해 본다. • 자기의 가정에서 자신의 역할이 가정생활에 미치는 영향을 생각해 본다. • 자신의 위치에서 할 수 있는 가정일을 찾아 계획하고 실천할 것을 찾아본다.

2) 채점 기준표

평가 준거	평가 척도		
	내용(70%)	논리적 조직화(20%)	분량 및 표현(10%)
상	• 문제 파악을 정확히 하여 중심 주제의 초점을 흩뜨리지 않고 일관적이다. • 기초가 되는 개념 지식이 내용에 풍부하게 반영되었다. • 문제 해결에 대한 결론을 이끌어 내기 위한 충분한 설명이 있다. • 내용이 타당하게 제시되었다.	• 기초가 되는 개념적 지식이 논술 진행에 조직적으로 적절히 사용되었다. • 서론, 본론, 결론이 적절히 나누어져 있고, 내용 간의 논리적 연결관계가 자연스럽다.	• 똑같은 표현을 반복적으로 사용하지 않는 등의 풍부한 표현력이 있다. • 논술문에 적절한 정확한 어휘가 사용되었다. • 문장이 간결하고, 적절히 구조화되어 있다. • 분량이 적절하다.
중	• 문제를 정확히 파악하여 초점이 뚜렷하다. • 기초가 되는 개념 지식이 부분적으로 사용되었다. • 문제 해결에 대한 결론을 이끌어 내기 위한 내용이 교과서적이다. • 내용의 타당성이 충분하지 않다.	• 기초가 되는 개념적 지식이 논리 전개에 사용되었으나, 어색한 연결을 보인다. • 서론, 본론, 결론의 체계를 갖추고 있으나, 매끄럽게 결론으로 진행하지 못한다.	• 표현력이 있으나, 읽는 이를 흡입하지 못한다. • 논술문의 문장 구조를 보이나, 부분적으로 만연체가 보인다. • 어휘 사용이 제한적이다. • 핵심 이외의 내용을 서술하여 분량이 다소 많다.
하	• 중심 주제에서 벗어나고 있고 기초가 되는 개념적 지식이 내용에 거의 반영되어 있지 못하다. • 문제 해결을 위한 바람직한 내용이 거의 포함되어 있지 못하고 타당성이 결여되어 있다.	• 기초가 되는 개념적 지식이 논술 전개에 조직적으로 사용되지 못했다. • 서론, 본론, 결론의 체계를 거의 갖추고 있지 못하다.	• 표현력이 미흡하고, 대체로 만연체이며 논술문의 문장 구조를 보이지 않는다. • 부정확한 어휘가 사용되었고, 표기법에도 어긋난 경우가 많다. • 내용이 빈약하여 분량이 지나치게 적다.

3. 토론법

사회적으로나 개인적으로 서로 다른 의견을 제시할 수 있는 토론 주제를 가지고, 개인별로 찬반 토론을 하도록 하거나 집단으로 나누어 집단별 찬반 토론을 하도록 한 다음, 찬성과 반대 의견을 토론하기 위해 사전에 준비한 자료의 다양성이나 충실성, 그리고 토론 내용의 충실성과 논리성, 반대 의견을 존중하는 태도, 토론 진행 방법 등을 총체적으로 평가하는 방법이다.

1) 문항

가족 갈등의 원인을 정의하고 그 갈등을 해결할 수 있는 방안에는 무엇이 있는가?

2) 채점 기준표

평가 요소	평가 척도				
	우수	적절	보통	미흡	매우 미흡
주제를 정확하게 파악하고 있는가?					
주제에 대한 장 · 단점 제시를 논리적 근거를 들어 설명하는가?					
주제에 대한 장 · 단점 제시를 충분히 하는가?					
장점이나 단점을 극대화시킬 수 있는 방안 제시에 어느 정도 창의성이 있는가?					
적극적으로 토론에 참여하는가?					
토론 규칙을 준수하는가?					
상대방이 발표한 내용의 핵심을 제대로 파악하고 대응하는가?					

4. 자기 평가

자기 평가(self-evaluation) 보고서법이란 개별 학생 스스로가 특정 주제나 교수 · 학습 영역에 대하여 학습과정이나 학습 결과에 대한 자세한 자기 평가 보고서를 작성 · 제출하도록 한 다음 그것을 이용하여 교사가 평가하는 것이다. 이러한 자기 평가 보고서는 학습자로 하여금 자신의 학습 준비도, 학습 동기, 성실성, 만족도, 다른 학습자들과의 관계, 성취 수준 등에 대해 스스로 생각하고 반성할 수 있는 기회를 제공할 뿐만 아니라, 교사로 하여금 교사가 시행한 해당 학습자에 대한 관찰이나 수시로 시행한 평가가 타당하였는지를 비교 · 분석해 볼 수 있는 기회를 제공한다.

1) 문항

방울토마토 모종 심기 자기 평가

2) 채점 기준표

평가 요소	평가 척도				
	매우 잘했음	잘했음	보통임	잘못함	매우 잘못함
모종은 좋은 것으로 잘 골랐는가?					
모종 심기에 필요한 도구를 알고, 바르게 사용할 수 있는가?					
모종 심기에 필요한 준비물을 잘 갖추었는가?					
모종은 알맞은 깊이로 잘 심었는가?					
모종이 잘 자라게, 거르지 않고 물을 잘 주었는가?					
곁순 따기는 잘 해주었는가?					
지지대를 잘 세워주고 묶어 주었는가?					

5. 연구보고서법

이 방법은 여러 가지 연구 주제 중에서 학생의 능력이나 흥미에 적합한 주제를 선택하되, 그 주제에 대하여 자료를 수집 · 분석 · 종합하여 연구보고서를 작성, 제출하도록 하여 평가하는 방법이다. 실과에서 연구보고서에 의한 평가는 자기 주도적인 학습을 유도하면서, 창의성, 문제 해결력, 분석 능력을 향상시킬 수 있는 기회를 주면서, 이러한 능력을 평가해 줄 수 있다는 측면에서, 또 수업 중에는 시간의 제약으로 다루기에 다소 내용과 수준이 있는 심화학습 내용에 대한 내용을 다룰 수 있다는 점에서 중요하게 활용할 수 있는 평가 방법이 된다.

1) 문항

자신이 발명품을 만드는 과정과 완성품에 대한 연구보고서를 작성하여 제출하시오.

2) 채점 기준표

평가 항목	평가 요소	평가 척도			점수
		3	2	1	
연구 방법	자료 수집 : 관련되는 자료나 정보를 만족할 만큼 다양하고 충분하게 수집하였는가?				
	자료 분석 및 종합 : 수집한 자료를 연구 문제와 목적에 맞게 분석했고, 합리적으로 종합하였는가?				
연구 결과	연구 결론 도출이 선명하며, 창의적인 결과가 나타났는가?				
보고서 작성 방법	보고서 작성법에 맞도록 보고서를 작성하였는가?				
연구 태도	준비도 및 성실성 : 선정한 연구 주제에 대한 보고서를 작성하기 위하여 충분한 시간과 노력을 부여하였는가?				
	공동 팀원과의 관계(공동보고서의 경우) : 이 연구를 수행하기 위한 팀원과 상호 협력학습을 잘 하였는가?				
연구 발표	발표 준비 : 보고서 발표를 위한 준비(발표 도구, 자료 마련 등)를 충분히 하였는가?				
	발표 태도 : 준비한 보고서를 충분히 이해하고 소화하여, 설득력 있게 발표하였는가?				
계		24점 만점			점

6. 조사법

학생들이 자기 스스로 각종 정보를 수집하고 조사하는 것으로 연구보고서법과는 다르게 연구보고서 발표회나 학생들 간 연구보고서의 상호 교환은 제한될 수 있다.

1) 문항

나의 진로에 대해 조사하기

2) 채점 기준표

단원명	나의 진로		
평가 과제	나의 특성을 바탕으로 진로 탐색하고 설계하기		
평가 영역	지식, 기능, 태도	평가 유형	조사
평가 관점	자신의 특성(적성, 흥미 등)을 바탕으로 진로를 계획할 수 있는가?		
평가 기준	매우 잘함	자신의 특성(적성, 흥미)에 알맞은 직업을 찾고 자신의 진로를 계획할 수 있다.	
	잘함	자신의 특성(적성, 흥미)에 알맞은 직업을 어느 정도 찾고 자신의 진로를 어느 정도 계획할 수 있다.	
	보통	자신의 특성(적성, 흥미)에 알맞은 직업을 어느 정도 찾지만, 자신의 진로를 계획하는 데 어려움을 느낀다.	
	노력 요함	자신의 특성(적성, 흥미)에 알맞은 직업을 찾는 데 어려움을 느끼고 자신의 진로를 계획하는 데에도 어려움을 느낀다.	
평가상의 유의점	자신의 적성과 흥미를 바탕으로 자신의 진로를 탐색하고 실천 계획을 세울 수 있는지를 평가한다.		

7. 실기 시험

수행 평가를 위한 실기 시험에서는 가능한 한 교수-학습 활동과 평가 활동을 분리하지 않고 수업 시간에 자연스러운 상황하에서 평가하는 것이 바람직하다. 실기 시험은 기능 중심으로 이루어질 수 있는 생활 기술 영역의 어느 특정 소단원에서 통제된 어느 한 영역만을 평가하는 것이 아니라, 예를 들면 목제품의 구상,

도구와 재료의 준비, 제작의 전 과정을 관찰함으로써 조작적 능력과 기초 지식의 합리적인 적용 여부 등 실제 수행 능력을 평가할 수 있다.

1) 문항

조별 조리실습에 대한 실기 평가

2) 채점 기준표

평가 항목	평가 요소	평가 척도		
		상	중	하
삼색주먹밥 만들기	만드는 순서는 잘 지켜졌는가?	3	2	1
	위생, 안전에 주의하여 조리하였는가?	3	2	1
	조리 도구는 바르게 사용하였는가?	3	2	1
	맛있게 만들어졌는가?	3	2	1
	뒷정리는 잘하였는가?	3	2	1

8. 실험 · 실습법

실험 · 실습법은 과학 또는 실과 교과에서 많이 사용되는 것으로 어떤 과제에 대해서 학생들로 하여금 직접 실험 · 실습을 하게 한 다음 그 결과 보고서를 제출하게 한다. 이때 개인 단위로 실험 · 실습을 하게 할 수도 있고 팀을 구성하여 공동 작업을 하게 할 수도 있다. 평가자는 학생들의 실험 · 실습과정을 직접 관찰함과 아울러 제출된 결과 보고서를 동시에 고려하여 평가하게 된다.

1) 문항

우리 학급을 소개하는 멀티미어 동영상을 만들어 보시오.

2) 채점 기준표

평가 요소	평가 척도		
	상(3)	중(2)	하(1)
주제에 맞게 내용 구성이 잘되었는가?			
알맞은 정보 기기를 활용하였는가?			
독창적인 내용으로 구성되었나?			
프로그램을 잘 활용하였나?			
자료가 알맞은 곳에 적절히 포함되었나?			
내용은 효과적으로 전달되었나?			

9. 포트폴리오법

포트폴리오(portfolio)법이란 보통 자신이 쓰거나 만든 작품을 누가적이면서도 체계적으로 모아 둔 개인별 작품집 혹은 서류철을 이용한 평가 방법이라 할 수 있다.

포트폴리오를 통해 학생들은 자기 자신의 변화과정을 알 수 있고, 자신의 강점이나 약점, 성실성 여부, 잠재 가능성 등을 스스로 인식할 수 있으며, 교사들은 학생들의 과거와 현재의 상태를 쉽게 파악할 수 있을 뿐만 아니라 앞으로의 발전 방향에 대해 쉽게 조언할 수 있다. 이 평가 방법은 단편적인 영역에 대해 일회적으로 평가하지 않고 학생 개개인의 변화 · 발달과정을 종합적으로 평가하기 위해 전체적이면서도 지속적으로 평가하는 것을 강조하는 것으로 수행 평가의 대표적인 방법 중의 하나로 각광받고 있다.

1) 문항

올바른 식습관은 나의 성장을 돕고, 건강을 유지할 수 있도록 한다. 식습관은 하루 아침에 이루어지는 것이 아니기 때문에 꾸준히 노력해야 한다. 한 달 동안 자신의 식습관을 다음 사항에 유의하면서 포트폴리오로 만들어 보자.

- 식사를 제때에 했는지 점검하기 위해 식사 시간을 적는다.
- 음식을 다양하게 먹었는지 음식의 종류를 적거나 사진으로 남긴다.
- 하루 중 먹은 간식의 종류를 적는다.
- 음식의 양을 적당하게 먹었는지 적는다.
- 가족과 함께 식사하면서 나눈 이야기를 적는다.

2) 채점 기준표

소영역	상(6)-A	중(3)-B	하(1)	점수
포트폴리오를 성실하게 작성하였는가?	제출기일 엄수	1일 이상 경과 제출	2일 이상 경과 제출	
제시한 5개 항목을 빠뜨리지 않고 기록하였는가?	5개 항목 기록	4~2개 항목 기록	1~0개 항목 기록	
산출물에 대한 발표를 잘 하였는가?	발표 준비도, 발표 내용의 적절성이 모두 만족	발표 준비도, 발표 내용의 적절성이 1개항만 만족	발표 준비도, 발표 내용의 적절성이 모두 미흡	
바람직한 방향으로 식습관의 태도가 변화하고 있는가?	매우	보통	미흡	
최종 작품의 질은 우수한가?	기록이 성실하고, 생각과 느낌의 표현이 구체적임/진지하게 고민하고 수행과정이 생생하게 드러남 → 항목 중 1개 이상 해당	기록이 성실하고, 생각과 느낌의 표현의 구체성이 결여/표현의 일관된 상투성 → 항목 중 1개 이상 해당	기록이 극히 불성실/생각과 느낌의 자발성 결여로 베낀 흔적 발견 → 항목 중 1개 이상 해당	
총점				

논의

1. 성취 기준의 개념을 정의하고 각 실과 각 영역의 성취 기준에 대한 토론을 해보자.
2. 현장에서 실제로 사용할 수 있는 평가 도구는 어떤 절차와 방법이 있는지 조사해 보자.
3. 개발된 평가 도구를 현장에 적용했을 때의 타당성에 대하여 토론해 보자.
4. 실과 한 영역과 내용을 선정하여 평가 문항을 작성하여 서로 토론해 보자.

참 | 고 | 문 | 헌

교육부(2015). **초등학교 교육과정**. 교육부 고시 제2015-74호 별책10.

교육과학기술부(2011). **초등학교 교육과정**. 교육과학기술부 고시 제2011-361호 별책 2. 211-224.

권혁수 외 16인(2015). **교육부 검정 실과 6학년 교과서**. (주)미래앤.

김형균(2015a). 2011 개정 실과 교과서의 '쾌적한 주거와 생활자원관리' 단원 비교 분석. **한국실과교육학회지, 28**(4), 117-133.

김형균(2015b). 2011 개정 실과 교과서의 '나의 진로' 단원 비교 분석. **교육논총, 52**(2), 21-38.

류청산(1997). 제6차 실과교육과정용 교과서의 학년별 문제점 및 개선방안. **한국실과교육학회지.**

서우석 외 17인(2015). **교육부 검정 실과 6학년 교과서**. 동아출판.

송현순 외 8인(2015). **교육부 검정 실과 6학년 교과서**. 비상교육.

이상원 외 11인(2015). **교육부 검정 실과 6학년 교과서**. 천재교육.

이춘식 외 6인(2015). **교육부 검정 실과 6학년 교과서**. 천재교과서.

전국교대 실과교육연구회(2015). **실과교육**. 양서원.

전국교대 실과교육연구회(2009). **실과교육 이론과 실제 Ⅰ**. 양서원.

전국교대 실과교육연구회(2001). **실과교육론**. 양서원.

정성봉 외 10인(2015). **교육부 검정 실과 6학년 교과서**. (주)교학사.

■ 찾아보기

■ 저자소개

▣ 방기혁

• 서울대학교 졸업
• 서울대학교 대학원 교육학석사
• 서울대학교 대학원 교육학박사
• 현재, 광주교육대학교 실과교육과 교수
• 주요 저서 : 농업과학과 교육(교육과학사, 2008)
  실과교육의 이해(양서원, 2011) 외 다수
• 주요 논문 : 학교환경 요인에 따른 실과교육과정 운영의 문제 및 개선 방안(2012)
  2007~2015 개정 교육과정기의 초 · 중등학교 교양농업교육 내용 분석(2016) 외 다수
• 주요 관심 : 교양농업교육, 실과교육, 다문화교육 등

▣ 이춘식

• 충남대학교 졸업
• 충남대학교 대학원 교육학석사
• 서울대학교 대학원 교육학박사
• 현재, 경인교육대학교 생활과학교육과 교수
• 주요 저서 : 발명과 설계기술(한국학술정보원, 2014)
  테크놀로지의 세계1,2,3(랜덤하우스, 2010) 외 다수
• 주요 논문 : 2009 개정 실과(기술가정) 교육과정에서 '기술의 세계' 영역의 핵심 개념 연구(2015)
  Cultural Implications of Korean Traditional Woodcraft Furniture(2013) 외 다수
• 주요 관심 : 초등기술교육, 발명교육, 전통목공예

▣ 김형균

• 서울대학교 졸업
• 서울대학교 대학원 교육학석사
• 서울대학교 대학원 교육학박사
• 현재, 공주교육대학교 실과교육과 교수 및 대학원 진로교육전공 주임 교수
• 주요 저서 : 실과교육원론(도서출판 엘리트, 2002)
  실과교육의 이해(양서원, 2011) 외 다수
• 주요 논문 : 초등학교 학생의 진로 인식에 대한 연구(2014)
  2011 개정 실과교과서의 '생활과 정보' 단원 비교 분석(2016) 외 다수
• 주요 관심 : 진로/직업교육, 실과 교과서 연구, 실과교육연구통계

▣ 김종우

- 서울교육대학교 졸업
- 한국교원대학교 대학원 교육학석사
- 한국교원대학교 대학원 교육학박사
- 현재, 제주대학교 교육대학 초등교육과 교수
- 주요 저서 : 실과 수업 컨설팅, 이렇게 해봐요!(교육과학사, 2008)
  초등학교 교육과정해설서-수학, 과학, 실과-」(교육부, 2C08) 외 다수
- 주요 논문 : 학교 텃밭의 교양 농업 교육 적용 사례 분석과 교육 효과 탐색(2014)
  초등교사 양성 교육을 위한 실과교육학 필수과목 강의 비교 분석(2016) 외 다수
- 주요 관심 : 실과교육, 학교 농업, 친환경 주거

▣ 이동원

- 부산교육대학교 졸업
- 부산교육대학교 교육대학원 교육학석사
- 충남대학교 대학원 교육학박사
- 현재, 부산교육대학교 실과교육과 교수
- 주요 저서 : 발명과 지식재산교육론(박문각, 2015)
  초등 기술교육 탐구(도서출판 구덕, 2015) 외 다수
- 주요 논문 : 발명교사 PCK에 근거한 발명교육 프로그램 평가준거 개발(2014)
  지식재산보호교육에 있어서 학습촉진요인과 학습장애요인 분석(2015) 외 다수
- 주요 관심 : 초등실과교육, 발명교육, 지식재산교육

실과교육과정과 평가

1판 1쇄 인쇄 — 2016년 8월 25일
1판 1쇄 발행 — 2016년 8월 30일

저　　자 - 방기혁 이춘식 김형균 김종우 이동원

발 행 인 - 강 철 원
발 행 처 - 양 성 원
주　　소 - 경기도 파주시 월롱산로 71(야동동)
전　　화 - 031-946-3861(代)
팩　　스 - 031-946-3864
이 메 일 - tnwpub@naver.com
출판등록 - 2015년 8월 31일 제 2015-000211 호

ISBN 979-11-87118-76-3

정가 19,000원